CORBA
Kommunikation und Management

Springer
Berlin
Heidelberg
New York
Barcelona
Budapest
Hongkong
London
Mailand
Paris
Singapur
Tokio

Claudia Linnhoff-Popien

CORBA
Kommunikation und Management

Mit 167 Abbildungen und 7 Tabellen

 Springer

Dr. Claudia Linnhoff-Popien
Lehrstuhl für Informatik IV
RWTH Aachen
Ahornstraße 55, D-52056 Aachen

ISBN-13:978-3-642-72116-8

Die Deutsche Bibliothek – Einheitsaufnahme

Linnhoff-Popien, Claudia:
CORBA – Kommunikation und Management/Claudia Linnhoff-
Popien. – Berlin; Heidelberg; New York; Barcelona; Budapest;
Hongkong; London; Mailand; Paris; Singapur; Tokio: Springer,
1998
   ISBN-13:978-3-642-72116-8   e-ISBN-13:978-3-642-72115-1
   DOI: 10.1007/978-3-642-72115-1

Umschlaggestaltung: Künkel + Lopka, Werbeagentur, Heidelberg
Satz: Reproduktionsfertige Vorlagen der Autorin
SPIN 10663054   33/3142– 5 4 3 2 1 0 – Gedruckt auf säurefreiem Papier

Vorwort

Haben Sie auf unterschiedlichen Plattformen wichtige Programme, die Sie häufig benutzen? Sind Sie gerade am Überlegen, welche Verteilungsinfrastruktur Sie Ihrem Unternehmen für ein IT-Konzept vorschlagen können, das auch im nächsten Jahrtausend noch Bestand hat? Haben Sie bereits erste Erfahrungen zum Beispiel mit CORBA gemacht und sind nun enttäuscht, daß alles viel zu langsam läuft? Oder aber fürchten Sie, daß Ihr System den ständig wachsenden Nutzeranforderungen nicht mehr gerecht werden kann?

Dann lohnt es sich vielleicht, einen Blick in die vor Ihnen liegenden Seiten zu werfen. Sicherlich werden Sie aus der Fülle der betrachteten Architekturen und der Vielzahl der Erfahrungen, die mittels prototypischer Implementierungen gemacht wurden, einige hilfreiche Anregungen entnehmen können. Das vorliegende Buch entstand innerhalb der letzten zwei Jahre und basiert auf Ergebnissen meiner Habilitationsschrift, die hier um praktische Aspekte erweitert wurde.

Am Lehrstuhl des von mir sehr geschätzten Professor Dr. Otto Spaniol (RWTH Aachen) fand ich stets den Freiraum, neue Dinge auszuprobieren und persönliche Interessen mit dienstlichen Pflichten zu verbinden – eine solide Basis, um auch gerne über die normale Arbeitszeit hinaus Stunden an Schreibtisch und Rechner zu verbringen. Die Herren Professoren Alexander Schill (TU Dresden) und Martti Tienari (Uni Helsinki) haben sich ebenfalls intensiv mit dem Inhalt dieser Seiten beschäftigt und gaben noch manchen wertvollen Hinweis. Für dieses Arbeitsumfeld bedanke ich mich herzlich.

Sehr fruchtbare Anregungen ergeben sich stets aus Diskussionen am Rande von Konferenzen und Projekten. Besonders wertvolle Impulse für meine Arbeit erhielt ich in zahlreichen kritisch-konstruktiven Gesprächen insbesondere mit Eike Gegenmantel (Philips Aachen), Matthias Leclerc (Dresdner Bank Frankfurt), Luigi Logrippo (University of Ottawa), Zoran Milosevic (DSTC Brisbane), Elie Najm (ENST Paris), Dorina Petriu und Jerome Rolia (Carleton University of Ottawa), Doug Schmidt (Washington University of St. Louis) und Gerd Schürmann (GMD Fokus Berlin).

Von unschätzbarem fachlichen Wert waren stets die lebendigen Diskussionen und Arbeiten in unserer Forschungsgruppe ‚Verteilte Systeme' an der RWTH Aachen. Allen Kollegen und Diplomanden gilt mein besonderer Dank. Stefan Gruner hat enormen Anteil am Korrekturlesen und an originellen Kommentaren. Tobias Haustein hat mich sehr durch seinen elanvoll-gewissenhaften Arbeitsstil beeindruckt. Axel Küpper ist mit seiner fürsorglichen Offenheit wohl einer meiner herausfordernsten Kritiker. An Steffen Lipperts mag ich die herzlich-direkte Art, Dinge einfach auf den Punkt zu bringen. Stefan Meier habe ich sehr hinsichtlich seiner beharrlichen Arbeitsweise geschätzt. Bernd Meyer hat entscheidenen Anteil an den fundamentalen Grundsteinen. Peter Reichl erinnerte mich stets daran, neben der Arbeit auch die anderen Dinge des Lebens nicht zu vergessen. Michael Semrau hatte eine angenehm-ruhige Art. Und an Dirk Thißen mag ich das unkompliziert-kreative Engagement, das dem einer großen Ameise ähneln könnte.

Und dann sind da noch die vielen Kleinigkeiten, die am Ende alles so machen, wie es sein soll und die doch niemand mehr sieht. Frank Imhoff hat neben der Gestaltung von Graphiken und Layout an so manchem Abend den Bus durch eine persönliche Nach-Hause-Fahrt ersetzt. Thomas Lewandowski hat ebenfalls Anteil an der vorliegenden Gestaltung. Mein Bruder rettete mich mit kulinarischen Köstlichkeiten oft vor dem Verhungern. Doch am wichtigsten war stets das behagliche Gefühl, daß mein Ehemann mir auch in Streßzeiten verlieh: da ist jemand, der immer für mich da ist, der gerne auf mich wartet und mein Leben mit meiner Arbeit akzeptiert.

Aachen, im Juli 1998   **Claudia Linnhoff-Popien**

Inhaltsverzeichnis

1 Einleitung

Seit Menschengedenken ist ein Streben nach Kommunikation und Kooperation vorhanden. Ein Schritt in diese Richtung ist die Entwicklung von Rechnernetzen und Informationssystemen. Der Nutzer eines Verteilten Systems möchte ein Fenster in die Welt haben, er möchte auf seinem Computer alle nur denkbaren Informationen und Funktionalitäten aktuell verfügbar machen.

Das Internet ist in diesem Zusammenhang von besonderer Bedeutung. Es ermöglicht den Zugriff auf Daten, die weltweit verfügbar sind. Diese Informationen lassen sich mit Hilfe von Browsern in Sekundenschnelle auf den eigenen Rechner holen. Mail-Programme ermöglichen es, Informationen gezielt zu verschicken und Kontakte zwischen Kommunikationspartnern zu pflegen.

Allerdings ist es in diesem Szenario – trotz Zugriff auf alle Daten – noch nicht möglich, entfernte Dienste zu nutzen. Zu heterogen sind oft die verwendeten Rechner, auf denen Software vorliegt, zu verschieden und uneinheitlich die Programme, die auf diesen Computern laufen. Es ist nicht unproblematisch, innerhalb eines Verteilten Systems von jedem Rechner auf die komplette Funktionalität jedes anderen zuzugreifen. Gesucht ist also ein universelles Mittel zur Lösung der entstehenden Probleme.

Seit ungefähr 15 Jahren gibt es ein Schlagwort, das alle genannten Probleme zu beseitigen verspricht – die Objekttechnologie. Grundlegende Objektmodelle sollen nicht nur die Kommunikation zwischen heterogenen Softwarekomponenten ermöglichen, sie sollen auch Fehlertoleranz, Leistungs- sowie Echtzeitfähigkeit und ein optimales Laufverhalten des Systems bereitstellen. Diese Ansprüche auf der Basis von existierenden Softwarepaketen zu erfüllen ist jedoch ein globales Ziel, dem nur schrittweise nähergekommen werden kann.

Forschungseinrichtungen und vor allem die Industrie sind heute so weit entwickelt, daß sie eine solide Basis für die gewünschte universelle Rechnerkommunikation bereitstellen. Grundlage dafür ist das Objektmodell. Nach

[Sc 97] stellt sich ein Objekt dem Entwickler gegenüber als eine Black Box mit einer öffentlichen Schnittstelle dar. Mittels dieser Schnittstelle kann der Programmierer das Objekt in eigenen Programmen verwenden, ohne etwas über dessen Implementation zu wissen. Die Grundidee besteht darin, Programmiersprachenunabhängigkeit dadurch zu gewährleisten, daß man die Schnittstellendefinition von der Implementierung trennt. Die Definition dieses Objektmodells soll garantieren, daß Objekte von verschiedenen Entwicklern in aller Welt in den unterschiedlichsten Programmiersprachen entwickelt werden und zusammenarbeiten können.

Ein Verteiltes System besteht aus einer Vielzahl von Komponenten unterschiedlicher Hersteller, die im allgemeinen nicht aufeinander abgestimmt sind, d.h., neben der Softwareheterogenität kommt noch eine Hardwareheterogenität hinzu. Objekte sollen jedoch auch über Prozeß- und Rechnergrenzen hinweg genutzt werden können. Aus diesem Grund wurde das Objektmodell in Richtung eines Verteilten Objektmodells erweitert. Dieses Modell realisiert zusätzlich die Aufgabe, über eine Referenz entfernte Objekte zu lokalisieren und Methodenaufrufe an entfernte Objekte zu realisieren. Dieses Verteilte Objektmodell ist damit die Grundlage für Kommunikation in Verteilten Systemen, in denen die Funktionalität der Rechner auch von anderen Rechnern genutzt werden kann.

Ein Ansatz für ein solches Verteiltes Objektmodell liegt der Common Object Request Broker Architecture (CORBA) zugrunde. Dieser Standard wurde in seiner ersten Version im Dezember 1991 und in der erweiterten Version 2.0 im Jahre 1994 von der Object Management Group vorgestellt. CORBA bietet einen Softwarebus, der die Verwaltung von Objekten und Methodenaufrufen regelt, wobei sowohl Programmiersprachen- als auch Plattformunabhängigkeit zum Ziel gesetzt war. Damit ist es möglich, den o.g. Anforderungen gerecht zu werden, d.h., Objekte in einer beliebigen – zunächst objektorientierten – Sprache zu implementieren und auf beliebigen Rechnern auszuführen. Ein im Verteilten System existierender entfernter Client kann dann über den auf einem Netzwerk basierenden Softwarebus eine Objektreferenz auf dieses Objekt erhalten, Methodenaufrufe übermitteln und das entsprechende Ergebnis zurückgeliefert bekommen.

CORBA und andere Verteilungsplattformen, die im zweiten Kapitel einzeln vorgestellt werden, zeichnen sich jedoch durch zahlreiche Restriktionen aus. So ist Interoperabilität der Soft- und Hardware zwar möglich, dafür fehlt es den Verteilungsplattformen jedoch an anderen Ausprägungen, die für zentrale Systeme selbstverständlich sind. Bereits in [Ta 92] und [Ta 95] wird davon gesprochen, daß Verteilte Systeme ein Defizit hinsichtlich ihrer Software besitzen. Ganze Klassen neuer Komplexitäten führen dazu, daß die Entwicklung von Software diesen neuen Produkten, die sich durch eine positive Entwicklung der Hardware hinsichtlich Prozessorkapazität, Preis und Verteilung ergeben, einfach hinterherhinkt. Dieses Softwaredefizit geht damit einher, daß Algorithmen und Architekturen nicht ohne weiteres von der zentralen auf die verteilte Struktur, von Daten- auf Objekttypen übertragbar sind.

An dieser Stelle setzt die vorliegende Arbeit an. Aus den Anforderungen von speziellen Anwendungsszenarien abgeleitet soll ein bestehendes Defizit an Mechanismen beseitigt werden. Die betrachteten Schwerpunkte fokussieren dabei insbesondere auf Kommunikations- und Managementmechanismen für objektorientierte verteilte Umgebungen. Bezüglich der Kommunikation ist es der Normalfall, daß Verteilungsplattformen einfache synchrone Aufrufe unterstützen. Die schnelle Übertragung asynchroner Daten ist standardmäßig nicht vorgesehen, in zahlreichen Anwendungen jedoch unabdingbar. Ein ähnliches Defizit ergibt sich aus Managementsicht. In einem Verteilten System besteht die Möglichkeit, Managementplattformen, die kommerziell vorwiegend für homogene Systeme angeboten werden, einzusetzen oder aber alternativ bestehende Managementmechanismen auf Verteilungsplattformen zu erweitern. Dieser zweite Ansatz klingt unter der Zielsetzung einer verteilten Managementarchitektur wesentlich vielversprechender. Aus diesen beiden Schwerpunkten ergibt sich eine Reihe konkreter Mechanismen und Methoden, die im Rahmen der vorliegenden Arbeit vorgestellt werden und die die Funktionalität eines Verteilten Systems deutlich bereichern.

Im folgenden Kapitel wird zunächst sehr allgemein auf Grundprinzipien und Architekturen Verteilter Systeme und Verteilungsplattformen eingegangen. Als Präsenzplattform für Implementierungen und Messungen der entwickelten und vorgestellten Erweiterungen und Methoden wird durch die Arbeit hindurch der CORBA-Ansatz gewählt. Die Wahl für diesen Ansatz ergab sich zum einen daraus, daß CORBA auf dem klassischen Verteilten Objektmodell aufbaut, zum anderen wird CORBA in der Literatur durchgehend empfohlen. Diese Architektur ist ein wichtiger Standard für die Integration von Software und wird auch in Zukunft noch an Bedeutung gewinnen. CORBA ist kommerziell bereits in Systemen mit mehr als 2000 Clients im Einsatz und in vielen Implementierungen erhältlich.

Dieser CORBA-Standard wird mit seinen einzelnen Komponenten vorgestellt und ein Vergleich existierender CORBA-Implementierungen vorgenommen. Um den Softwarelebenszyklus durchgängig zu unterstützen, wird eine Entwurfsmethodik vorgestellt, die sowohl den aktuell üblichen und bewährten objektorientierten Entwurf einbezieht, jedoch auch die Anforderungen an eine allgemeingültige Verteilungsplattform – also die Trennung von Schnittstellenbeschreibung und Implementierung – berücksichtigt.

Das dritte Kapitel gibt einen Überblick über die aktuellen CORBA-Dienste. Diese Dienste sind innerhalb der Gesamtarchitektur standardisiert und stellen grundlegende Funktionalitäten bereit, die von Anwendungsprogrammierern und Entwicklern gleichermaßen genutzt werden können. Von besonderer Bedeutung innerhalb dieses dritten Kapitels ist ein CORBA-Dienst, der sogenannte Trading Service. In seiner standardisierten Funktionalität hat dieser Dienst die Aufgabe, einem Nutzer des Verteilten Systems Anwendungsdienste zu vermitteln. Dabei wird eine Spezifikation des gesuchten Dienstes hinsichtlich Diensttyp und -eigenschaften gefordert und der Dienst aus der Angebotsmenge ausgesucht, der diese Spezifikation am besten erfüllt. Alternativ kann auch eine Menge von Diensten ausgewählt werden, welche den gesuchten Anforderungen genügt. Ein im dritten Kapitel vorgestellter Ansatz integriert eine sogenannte Evaluationskomponente in einen Trading Service, um dessen Funktionalität grundlegend zu erweitern. So ist es mittels dieser Komponente möglich, nicht nur einen bzw. mehrere Dienste auszuwählen, die eine gegebene Spezifikation exakt erfüllen, sondern im Falle der Nichtexistenz solcher Dienste den Dienst auszuwählen, der der gegebenen Spezifikation unter gewissen Auswahlkriterien am nächsten kommt oder nur innerhalb eines angegebenen Intervalls von der gewünschten Spezifikation abweicht. Ein solcher Dienst, der eine Annäherung an die Spezifikation eines gesuchten Dienstes darstellt, wird dann als der bestmögliche Dienst vom Trading Service an den Client zurückgegeben.

Das vierte Kapitel beschäftigt sich mit dem Datentransfer in Verteilungsplattformen. In der Regel basieren Client/Server-Systeme auf dem Mechanismus des Remote Procedure Calls, wobei eine synchrone Kommunikation zugrunde liegt. Oft ist jedoch – zum Beispiel zur Übermittlung von Nachrichten oder für Backups von Daten – eine asynchrone Kommunikation erforderlich. Diese Form der Kommunikation ist in Verteilungsplattformen nicht ohne weiteres realisierbar. Aus diesem Grund werden im vierten Kapitel verschiedene Möglichkeiten untersucht und bewertet, asynchrone Kommunikation basierend auf synchronen Kommunikationsmechanismen effizient zu realisieren. In diesem Kapitel werden verschiedene Transferformen vorgeschlagen und untersucht: eine Oneway-Kommunikation, asynchrone Kommunikation basierend auf der synchronen Kommunikation und basierend auf einer verzögert synchronen Kommunikation (die vom CORBA-Standard 2.0 innerhalb des Dynamic Invocation Interfaces analog definiert werden) sowie auf der Basis des Event Services. Diese Formen der Datenübertragung werden in verschiedenen Umgebungen getestet und optimiert. Ferner wird Gruppenkommunikation in klassischer Form und quasi nebenläufig auf der Basis von Threads realisiert und bewertet.

Das fünfte Kapitel beschäftigt sich mit Monitoring und Uhrensynchronisation in Verteilten Systemen. Da in diesen Systemen keine globale Uhr existiert, auf die jeder Prozeß in Echtzeit zugreifen kann, werden Formen der logischen Uhrensynchronisation untersucht, die es einem Entwickler oder Anwender ermöglichen, Zeitdauern von Prozessen über Rechnergrenzen hinaus zu ermitteln. Diese Uhren sind Voraussetzung für eine Zeitmessung in Prozessen, die verteilt im System ablaufen. Auf dem Uhrenkonzept basierend wird eine dynamisch erweiterbare Managementarchitektur vorgeschlagen, die Ressourcen eines Verteilten Systems als Managed Objects modelliert und zur Laufzeit verwalten kann. Problematisch können für das Management Engpässe und Überlastungen eines Verteilten Systems werden. Sind diese erkannt, ist ihre Beseitigung erforderlich.

Das sechste Kapitel untersucht die Möglichkeit, Serverobjekte eines Verteilten Systems zur Laufzeit zu replizieren. Ausgehend von bestehenden Mechanismen der klassischen Datenreplikation werden Konzepte für die Objektreplikation vorgeschlagen. Da Objekte nicht nur über einen Zustand, sondern auch über Verhalten definiert werden, sind sie wesentlich komplexer als reine Datenstrukturen. Aus diesem Grund lassen sich existierende Datenreplikationsverfahren nicht ohne weiteres auf die Objektreplikation übertragen. Es werden verschiedene Modelle zur Objektreplikation entwickelt: das Server Pool Model, das Object Stream Model, das Factory Object Model, das Factory Server Model und in einem späteren Abschnitt das Plug In Model. Es erfolgt die Beschreibung sowie Diskussion von Protokollen, die Konsistenz von replizierten Objekten realisieren. Eine Bewertung verschiedener Prozesse in der Replikationsarchitektur kommt zu dem Ergebnis, daß das ROWA-A Protocol in einem angenommenen Anwendungsszenario mit mehr Lese- als Schreibzugriffen und einem entfernt realisierten Primary Server am leistungsfähigsten ist. Ein weiterer Abschnitt greift das Problem der Objektmigration auf. Nach einer Motivation durch Mobile Agenten wird das Plug In Model zur Objektmigration unter CORBA vorgestellt und bewertet.

Nach der Vorstellung der Replikation und Migration, soll diese Funktionalität genutzt werden, um Clientanfragen gezielt auf verschiedene Replikate der Server zu verteilen. Ziel ist es, nach minimaler Zeit Antwort auf eine gestellte Anfrage zu erhalten. Während es bereits verschiedene Ansätze zum

Management in Verteilten Systemen gibt, existiert jedoch noch keine auf CORBA bezogene Load Balancing Strategie, die – verteilt realisiert – zur Laufzeit eine Zuteilung der Clientanfragen auf einzelne Replikate vornimmt. Die im sechsten Kapitel vorgestellte Architektur wird in einer verteilten Testumgebung unter verschiedenen Kriterien bewertet.

Das siebte Kapitel besitzt ebenfalls die Zielstellung, Engpässe eines Verteilten Systems zu vermeiden. Dabei wird jedoch nicht von einem bestehenden System ausgegangen, das zur Laufzeit optimiert wird, sondern die theoretische Modellierung und Analyse von universellen Verteilten Systemen mit einzelnen Broadcast- und Multicastanfragen untersucht. Zu diesem Zweck wurde eine approximative Analysemethode entwickelt, die bei gegebenen Ankunfts- und Bedienraten von Anfragen an ein Verteiltes System die mittlere Antwortzeit dieser Anfragen berechnet. Das Prinzip dieser Methode besteht darin, ein Verteiltes System als Warteschlangenmodell zu modellieren, wobei Broadcast- und Multicastanfragen mit Hilfe von Fork-Join-Netzen beschrieben werden. Vermaschte Fork-Join-Netze werden durch eine geeignete Reduzierung der Kapazität von Serverobjekten in Untersysteme zerlegt, deren Analyse sich auf bestehende Verfahren der Bewertung von Fork-Join-Netzen zurückführen läßt. Die Rücktransformation dieser reduzierten Szenarien ergibt schließlich die approximativen mittleren Antwortzeiten für Anfragen an das Client/Server-System.

Diese Analysemethode wird einer numerischen Analyse basierend auf Petrinetzen sowie einer Simulation der Szenarien gegenübergestellt.

Das Buch gibt eine grundlegende Einführung in die Welt der Verteilungsplattformen. Einzelne Forschungsarbeiten wurden von der Autorin bereits in Journals und auf Konferenzen veröffentlicht [KüPo 96], [MAP 96], [MZP 96], [KPM 96], [PoKü 96], [ThLi96], [MZL 97], [RLT 97], [LiTh 97], [TLL 97], [LiMe 98]. Das vorliegende Werk ist jedoch methodisch aufbereiteter, thematisch wesentlich breiter und geht hinsichtlich der Ergebnisse bei weitem über die in den Artikeln enthaltenen Forschungsergebnisse hinaus.

2 Verteilte Objekte in CORBA

In diesem Kapitel werden grundlegende Entwicklungen auf dem Gebiet der Verteilten Systeme vorgestellt. Dabei wird von einer Bestimmung der Begriffe Verteiltes System und Verteilungsplattform ausgegangen und eine Vielzahl von Implementierungen und Produkten diskutiert. Der wohl am weitesten verbreitete Ansatz ist die Common Object Request Broker Architecture (CORBA), die von der Object Management Group (OMG) entwickelt wurde. Das Grundkonzept dieses Standards wird vorgestellt und auf die einzelnen Implementierungen eingegangen. Schließlich erfolgt ein Exkurs, wie Verteilte Systeme zielgerichtet auf diesen Ansatz hin entworfen werden können.

2.1
Verteilte Systeme und Verteilungsplattformen

Im folgenden wird zunächst das Prinzip Verteilter Systeme vorgestellt, danach wird auf verschiedene Verteilungsplattformen eingegangen.

2.1.1
Prinzip Verteilter Systeme

Nachdem der Computer sich vom einfachen Rechner hin zum leistungsfähigen Großrechner entwickelt hat, war es selbstverständlich, daß es sich dabei um eine zentrale Komponente handelt, auf die später ggf. mehrere Nutzer zugreifen konnten. Heute, mehr als 50 Jahre nach der Erfindung erster Computer, sind Begriffe wie Rechnernetze und Informationssysteme gebräuchlich. In jedem Fall sind mehrere zentrale Komponenten miteinander vernetzt, die Daten austauschen können. Aus Anwendungssicht hat sich für eine solches Szenario der Begriff des Verteilten Systems herausgebildet.

In der Literatur gibt es ganz unterschiedliche Begriffsbestimmungen eines Verteilten Systems. Das Verständnis ist historisch gewachsen und unterliegt immer noch einem ständigen Wandel. In [Ta 92] findet sich auf Seite 364 die Definition, man habe es immer dann mit einem Verteilten System zu tun, falls 'multiple interconnected CPUs work together'. Dem gegenüber ist auf Seite 382 die Rede von einem Verteilten System als 'collection of machines that do not have shared memory'.

An dieser Stelle soll das Verteilte System in seiner allgemeinsten Form betrachtet werden. Darunter fallen alle Arten von Client/Server-Systemen sowie Multiprozessorsystemen, d.h., Systeme, welche aus Knoten bestehen, die selbst Uniprozessor oder Multiprozessor sein können. In Anlehnung an [SPM 94] wird ein Verteiltes System deshalb mit folgender Begriffsbestimmung betrachtet:

Ein Verteiltes System ist ein System mit räumlich verteilten Komponenten, die keinen gemeinsamen Speicher benutzen und einer dezentralen Administration unterstellt sind. Zur Ausführung gemeinsamer Ziele ist eine Kooperation der Komponenten möglich. Werden von diesen Komponenten Dienste angeboten und angebotene Dienste genutzt, so entsteht ein Client/Server-System, im Falle einer zusätzlichen zentralen Dienstvermittlung ein Tradingsystem.

Eine Einordnung Verteilter Systeme in den Kontext des aus der Datenkommunikation bekannten OSI-Referenzmodells ist dabei nicht unproblematisch. Generell kann man sagen, daß Verteilte Systeme die Funktionalität der oberen drei Schichten dieses Referenzmodells abdecken.

Entwicklung Verteilter Systeme

Für die Entwicklung Verteilter Systeme gab es im wesentlichen vier Gründe bzw. Voraussetzungen, die den Übergang von den zentralen zu den Verteilten Systemen erst möglich machten. In Anlehnung an [Ge 95] sollen diese im folgenden diskutiert werden:

- **Leistungsexplosion bei Prozessoren**
  Die Rechenleistung von Mikroprozessoren hat sich im letzten Jahrzehnt etwa alle zwei Jahre verdoppelt, die Kapazität von Halbleiterchips alle drei Jahre vervierfacht. Stetig wachsende Leistung bei schrumpfenden Preisen und Abmessungen bildete die Grundlage dafür, daß immer mehr Rechner immer komplexere Software ausführen können.

- **Entwicklung schneller Netze**
  Die Bereitstellung schneller, lokaler Datennetze bildet die ökonomische Voraussetzung dafür, Personal Computer und Workstations zu verbin-

den. Die Einführung der Ethernet-Technik in den siebziger Jahren kann dabei als Wegbereiter für verteilte Softwaresysteme gesehen werden.

- **Fortschritte in der Softwaretechnik**
  Innerhalb der letzten drei Jahrzehnte sind erhebliche Fortschritte im Bereich der Softwaretechnik zu beobachten. Die Akzeptanz von programmiersprachlichen Konzepten wie Prozedur, Modul und Schnittstelle schuf die Voraussetzungen für die grundlegenden Mechanismen Verteilter Systeme. Konsequenzen waren der Remote Procedure Call und die objektorientierte Modellierung Verteilter Systeme.

- **Abkehr von hierarchischen Strukturen**
  Im Bewußtsein der Nutzer war außerdem die Abkehr von streng hierarchischen Organisationsformen in Unternehmen notwendig. Dies führt allgemein zu einer Dezentralisierung und schafft flache Führungsstrukturen.

Bei der Entscheidung für einen Zentralrechner oder ein Verteiltes System sind nun verschiedene Überlegungen zu berücksichtigen.

Vor- und Nachteile Verteilter Systeme

Zunächst gibt es zwei Gründe, die ganz klar für Zentralrechner sprechen. Zum einen betrifft dies das sogenannte Grosch´e Gesetz, das besagt, daß sich die Rechenleistung einer CPU proportional zum Quadrat ihres Preises verhält. Um das Doppelte der Leistung zu erreichen, ist es demnach erforderlich, das Vierfache zu investieren. Mit der Entwicklung der Mikrotechnologie verlor dieses Gesetz jedoch an Bedeutung.

Ein anderes Argument für Zentralrechner mit hoher Leistungsfähigkeit sind Überlegungen zur Leistungsbewertung. Die mittlere Antwortzeit T, die zwischen dem Abschicken einer Anfrage und dem Erhalten der Antwort vergeht, läßt sich bei gegebener Ankunftsrate λ und mittlerer Bedienrate μ als $T=1/(\mu-\lambda)$ berechnen. Faßt man n Rechner zu einem Pool zusammen, so ergibt sich theoretisch $T(pool)=T/n$, d.h. der Pool arbeitet im Mittel n-mal so schnell, wie n einzelne Rechner, die in der Summe die gleiche Kapazität bereitstellen.

Da sich Verteilte Systeme wesentlich später entwickelt haben als zentrale, besteht beim Übergang zu diesen Verteilten Systemen ein Softwaredefizit. In [Ta 92] wird von einem radikalen Unterschied gesprochen. Die neue Qualität des entstehenden Systems kann zudem völlig neue Fehlerarten verursachen. Auch aus Sicht des Datenschutzes sind Verteilte Systeme bedenklicher, denn vernetzte Daten ermöglichen generell einen einfacheren Zugriff als dies bei separater Datenhaltung der Fall ist.

Diesen beiden Nachteilen steht jedoch eine Reihe von Vorteilen Verteilter Systeme gegenüber. Eine ausführliche Diskussion der Vorteile befindet sich in [PSW 95], an dieser Stelle soll lediglich eine kurze Zusammenfassung gegeben werden.

Verteilte Systeme ermöglichen eine stetige Anpassung der Größe eines Systems. Den neu hinzukommenden Anforderungen an das Computersystem eines expandierenden Unternehmens kann durch Erweiterungen bestehender Komponenten zeitgemäß entsprochen werden. Bestehende Lösungen sind dabei integrierbar. Existierende Systeme können von neu hinzugekommenen Systemkomponenten genutzt werden, ohne daß ein System gleicher Funktionalität neu entwickelt werden muß. Die sukzessive Systemerweiterung. minimiert dabei das Risiko der Überlastung einzelner Systemkomponenten, indem stets auf die gleichmäßige Auslastung sowohl bestehender als auch neu hinzukommender Module geachtet wird. Die überschaubare organisatorische Verwaltung bedingt schließlich eine kosteneffektive Realisierung. Das System wird flexibel und anpaßbar. Hinzu kommt, daß der Eigentümer einer Ressource die Möglichkeit hat, das Management dieser Komponente selbst zu übernehmen. In jedem Fall steht es ihm frei, bei Bedarf einzugreifen, um seine eigenen Interessen wahrzunehmen. Die einzelnen Bestandteile des Verteilten Systems sind weitestgehend autonom. Im Falle eines Fehlers oder sogar Ausfalls einer Systemkomponente können die übrigen Einheiten im Idealfall unbeeinflußt weiterarbeiten, indem sie den Störfall überbrücken.

Neben der Eigenschaft der Überbrückung von Heterogenität – die allerdings erst durch den Zusammenschluß von verschiedenen Rechnern unterschiedlicher Hersteller zustandekommt – ist der Begriff der Verteilungstransparenz bei Verteilten Systemen von Bedeutung. Darunter versteht man das Verbergen von Implementierungsdetails und von Komplexität eines Verteilten Systems. Interne Vorgänge werden vor dem Betrachter verborgen, und der Nutzer wird entlastet.

Es gibt viele verschiedene Ausprägungen von Verteilungstransparenz, die ebenfalls in [PSW 95] aufgeführt sind, als Beispiel sollen nur die Ortstransparenz genannt werden, welche die Systemtopologie verbirgt, und die Replikationstransparenz, die das Anlegen redundanter Kopien von Datenbeständen des Netzes vom Nutzer fernhält.

Um ein Verteiltes System in seiner Wirkungsweise zu verstehen, sollen im folgenden die Grundlagen eines Client/Server-Systems betrachtet werden.

Das Client/Server-Modell

Das allgemeine OSI-Referenzmodell konzeptioniert zwar eine Methode zur Realisierung von Kommunikation in Verteilten Systemen, durch die Verwendung der sieben Schichten wird die Kommunikation zwischen zwei Systemkomponenten jedoch recht schwerfällig. Jede der OSI-Schichten erweitert beim Senden die zu übertragende Nachricht um einen eigenen Protokollinformationsteil, der beim Empfang der Nachricht wieder entfernt wird. Es entsteht ein beachtlicher Verwaltungsaufwand, der insbesondere in LANs einen großen Anteil haben und schnell zu Leistungseinbußen führen kann. Um die Kopfmanipulation nicht zu einem Engpaß werden zu lassen, ist ein Modell notwendig, das durch einen reduzierten Verwaltungsaufwand effizient arbeitet – das Client/Server-Modell.

Dieses Modell unterscheidet zwischen zwei Arten von Komponenten: den Servern, die eine Funktionalität realisieren und diese im Verteilten System als Dienst anbieten, und den Clients, von denen der Dienst genutzt werden kann. Eine Systemkomponente kann sowohl als Client als auch als Server fungieren, je nachdem, ob sie Dienste anbietet oder nutzt. Die Kommunikation basiert dabei auf einem einfachen verbindungslosen Anfrage/Antwort-Protokoll.

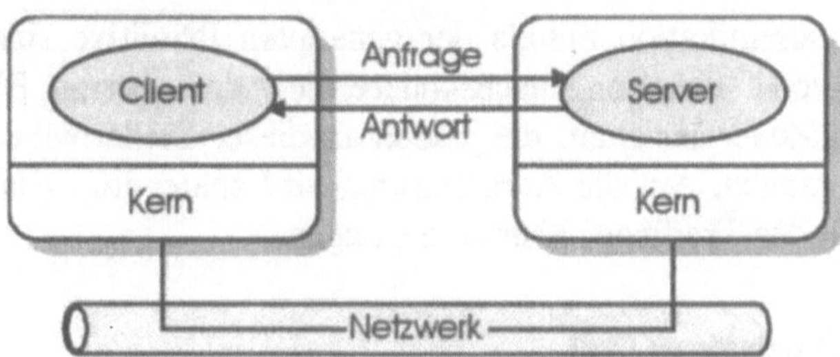

Abb. 2.1. Das Prinzip des Client/Server-Modells

Um einen Dienst zu nutzen, sendet der Client eine Anfragenachricht an den entsprechenden Server, dieser sendet nach der Abarbeitung der Anfrage das Ergebnis an den Client zurück. Diese von den Kernen durchgeführte und über das Netzwerk vollzogene Kommunikation ist schematisch in Abb. 2.1 dargestellt.

Überträgt man die verbindungslose Kommunikation des Client/Server-Modells auf das OSI-Referenzmodell, so wird deutlich, daß lediglich drei der sieben Protokollschichten benötigt werden. Die physikalische Schicht und die Verbindungsschicht werden durch Hardware realisiert, nach [Ta 96] zum Beispiel durch einen Ethernet- oder Token-Ring-Baustein. Die Menge der erlaubten Anfrage- und Antwortnachrichten wird in der Sitzungsschicht festgelegt. Die eigentliche Verteilungsplattform besitzt dann die OSI-Schicht vier als Schnittstelle, auf die sie ebenso zugreift, wie auf das zur Verfügung stehende Betriebssystem.

Auf der Basis dieses Modells kann mit nur zwei Systemaufrufen, die von den Kernen ausgeführt werden, die gesamte Kommunikation in Verteilten Systemen abgewickelt werden. Zum einen ist dies der zum Senden benutzte Aufruf `send(addr,&message)`, welcher eine durch den Zeiger `&message` referenzierte Nachricht an den Prozeß `addr` schickt. Der Aufrufer bleibt für die Dauer dieses Vorgangs blockiert. Ist die Nachricht empfangen und in den lokalen Speicher des Empfängers kopiert, so erfolgt eine Entblockierung. Der zweite Systemaufruf ist der zum Empfangen benutzte Aufruf `receive(proc,&message)`. Dabei bleibt der Aufrufer blockiert, bis eine Nachricht beim Empfänger am Gate `proc` angekommen ist. Diese Nachricht wird in den durch `&message` referenzierten Speicher geschrieben und die Blockierung aufgehoben.

Bei dieser Kommunikation mittels der genannten Primitive sind verschiedene Aspekte von Bedeutung, insbesondere die Adressierung, Blockierung, Pufferung und Zuverlässigkeit, die jedoch an dieser Stelle nicht weiter diskutiert werden sollen. Auf die Adressierung wird später im Zusammenhang mit dem Dienst des Tradings näher eingegangen.

Der Remote Procedure Call

Obwohl das Client/Server-Modell geeignete Primitive für eine effiziente Kommunikation in Verteilten Systemen darstellt, weist es doch Schwächen auf. Die Prozeduren `send` und `receive` basieren auf dem Austausch von Nachrichten. Unabhängig vom verwendeten Mechanismus zur Lokalisierung geht dabei jedoch die Ortstransparenz des Servers verloren, da der Client den Server direkt adressieren muß.

Statt dieses Konzepts soll die Kommunikation vielmehr auf einem Mechanismus basieren, der die Nutzung der Dienste von lokalen und entfernten Servern gleich erscheinen läßt. Die Grundlage dieses neuen Ansatzes wurde 1982 in der Dissertation von Nelson geschaffen, die Ergebnisse wurden dann 1984 von Birell und Nelson [BiNe 84] veröffentlicht. Bei ihrem Ansatz zum Aufruf entfernter Unterprogramme sollen Programme gleichermaßen andere Programme aufrufen, die sich auf dem gleichen oder auf anderen Rechnern befinden. Durch eine Art Kapselung der Kommunikation bleibt dabei der Nachrichtenaustausch für die aufrufenden Clients verborgen. Dieser Mechanismus arbeitet wie folgt.

Ein klassischer Unterprogrammaufruf hat die Struktur einer Operation und einer Menge von Parametern. Bei einem Aufruf werden die Parameter, die Rücksprungadresse sowie lokale Variablen auf dem Stack abgelegt. Anschließend wird der aufrufende Prozeß suspendiert, und das Unterprogramm erhält die Kontrolle. Nach Beendigung der Berechnungen des Unterprogramms wird das Ergebnis in einem Register abgelegt und die Kontrolle an den aufrufenden Prozeß zurückgegeben. Dieser Prozeß entfernt abschließend die Parameter vom Stack.

Der entfernte Prozeduraufruf, der sogenannte Remote Procedure Call (RPC), hat nun die Zielsetzung, den Aufruf zu übernehmen, insbesondere die Entferntheit des auszuführenden Unterprogramms transparent zu halten. Diese Realisierung von Ortstransparenz erfolgt beim RPC mittels Client- und Serverstubs, die in Bibliotheken verwaltet werden. Stubs sind für die Abwicklung des Nachrichtenaustauschs verantwortlich. Zu jedem Unterprogramm gibt es einen entsprechenden Clientstub. Soll ein entferntes Unterprogramm genutzt werden, so wird die entsprechende Bibliothek eingebunden, und bei einem Aufruf des entfernten Unterprogramms wird dann de facto der Clientstub aufgerufen.

Im Gegensatz zu einem lokalen Unterprogramm, das die auf dem Stack befindlichen Daten zur Berechnung verwendet, verpackt der Clientstub diese Parameter in eine Nachricht und übermittelt diese durch Aufruf der Operation `send` an den Server. Ein anschließendes `receive` suspendiert den Clientstub bis zum Erhalt des Ergebnisses. Dieser Ablauf ist in Abb. 2.2 schematisch dargestellt.

Die beim Client/Server-Modell vorhandenen Mechanismen zur Adressierung des Servers, d.h. programmierte Netzadressen im Client, Lokalisierung durch Broadcast und Verwendung eines Name-Servers oder Traders, sind auch im Kontext der RPC-basierten Kommunikation denkbar. Allerdings würde mit diesen Lösungen oft wieder die Transparenz verlorengehen.

Aus diesem Grund gibt es eine Alternative, das dem RPC eigene Verfahren des dynamischen Bindens. Dieses stellt eine flexible Methode dar, die Ortstransparenz zu gewährleisten und gleichzeitig ein erneutes Übersetzen der

Programme zu vermeiden, falls z.B. ein Server auf einen anderen Rechner verlagert wird. Die Grundlage für das dynamische Binden bildet dabei eine formale Spezifikation des Servers, zum Beispiel mittels der Interface Definition Language (IDL) [OMG 95], die von manchen Autoren auch als Interface Description Language bezeichnet wird, vgl. [Re 96]. In dieser Spezifikation sind alle für die Unterprogramme relevanten Typen der Parameter und Ergebniswerte angegeben, so daß aus diesen Informationen – ggf. automatisch mittels eines Compilers – Client- und Serverstubs generiert werden können.

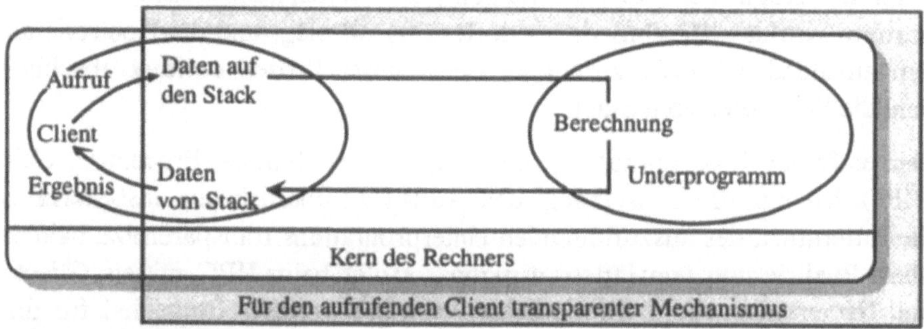

a) lokaler Unterprogrammaufruf

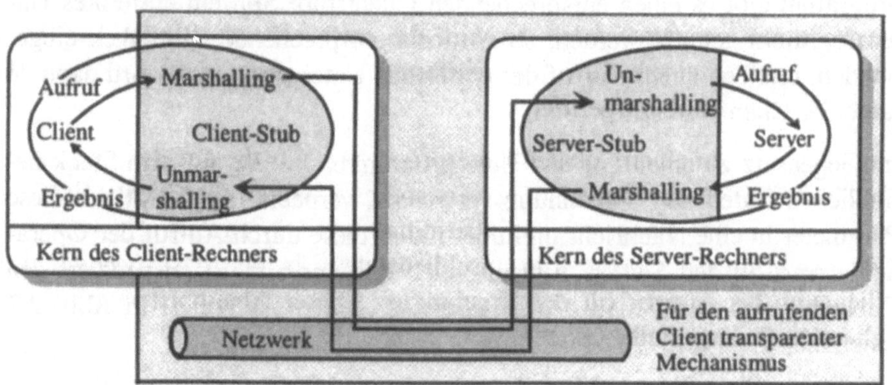

b) Remote Procedure Call

Abb. 2.2. Das Prinzip des lokalen (a) und entfernten (b) Prozeduraufrufs

Dynamisches Binden wird in der Regel mit Hilfe von Stubs realisiert. Eine Ausnahme stellt jedoch das Dynamic Invocation Interface des CORBA-Standards dar, bei dem ein Interpreter für die Aufrufe zur Laufzeit anhand der IDL-Beschreibung das Marshalling durchführt. Bei der Initialisierung eines Servers registriert sich dieser mit einem Objekt, das als Binder bezeichnet wird, d.h. Name, eventuell eine Versionsnummer und ein eindeutiger Bezeichner werden vom Server zum Zwecke der Registrierung exportiert. Wird nun von einem Client ein entferntes Unterprogramm aufgerufen, so sendet der Clientstub zuerst eine Nachricht an den Binder, um die Schnittstelle des Servers zu importieren, d.h. den Server, der das Unterprogramm zur Verfügung stellt, zu lokalisieren. Die zugeordnete Adresse wird dann vom Binder in Form einer Nachricht zurückgeschickt. Dabei können vom Binder Aufgaben des Konfigurationsmanagements übernommen werden. Falls mehrere Server die gesuchte Funktionalität bereitstellen, kann der Binder durch zweckmäßige Verteilung der Clients auf die Server eine gleichmäßige Lastverteilung erreichen. Dieser Sachverhalt wird in einem späteren Kapitel genauer untersucht. Ferner kann der Binder die registrierten Server durch periodische Abfragen überprüfen und ggf. entregistrieren.

Das dynamische Binden hat jedoch auch Nachteile. So entsteht ein erhöhter Aufwand durch das Exportieren und Importieren von Schnittstellen. Außerdem ist der Binder eine zentrale Komponente. Damit ist wieder eine gewisse Abhängigkeit vorhanden, und diese Komponente darf nicht ausfallen.

Nach der Lokalisierung des Zielrechners kann die Nachricht verschickt werden. Der Serverstub kann der Nachricht die enthaltenen Parameter entnehmen und das Unterprogramm aufrufen, das jetzt lokal auf dem Rechner vorhanden ist, indem er die Parameter und die Rücksprungadresse auf den Stack legt und dem Unterprogramm die Kontrolle übergibt. Gleichzeitig bleibt für den Server transparent, daß es sich um einen RPC handelt. Die Übermittlung der Ergebnisse erfolgt auf dem analogen Weg.

Aus der Heterogenität der in einem Verteilten System befindlichen Komponenten resultieren Probleme bei der Parameterübergabe des RPCs. Aus diesem Grund müssen die Prozesse des Marshallings, also das Verpacken eines Prozeduraufrufs in eine Nachricht, und das Unmarshalling, das Entpacken einer Nachricht, durch die Client- und Serverstubs koordiniert werden. Dazu gibt es verschiedene Möglichkeiten. Die Implementierer können beispielsweise ein kanonisches Format zugrunde legen, d.h. alle verwendeten Formate auf dieses abbilden. Alternativ kann auch ein beliebiges Format verwendet werden, wobei zunächst in spezifizierter Form angegeben wird, um welches Format es sich handelt, und dann ggf. eine Umwandlung in das auf dem Zielrechner bzw. auf dem Rückrechner vorhandene Format erfolgen.

Weitere Problemfelder betreffen die Behandlung von Fehlern, die Atomarität von Prozessen, verschiedene Semantiken und andere Gebiete.

Verteilungsplattformen

Zur Überbrückung von Verteilung und zur Realisierung von Verteilungstransparenz bedarf es geeigneter Softwareinfrastrukturen. Diese werden als Verteilungsplattformen bezeichnet. Synonyme Begriffe sind die Middleware, die Verteilungsinfrastruktur oder nach einer Klassifikation der Verteilten Systeme gemäß [Ta 92] in vier Gruppen auch das Netzbetriebssystem. Da der englische Begriff der Distributed Platform sehr gebräuchlich ist, soll im folgenden von Verteilungsplattformen gesprochen werden.

Die Verteilungsplattform unterstützt die Interaktionen zwischen den auf potentiell heterogenen Rechnern laufenden Anwendungskomponenten. Diese Verteilungsplattform wird dem lokalen Betriebssystem hinzugefügt oder übernimmt selbst die Aufgaben des Betriebssystems. Auf diese Weise wird die Verteilung transparent gehalten, d.h., Anwendungen werden von den komplexen Details interner Vorgänge abgeschirmt.

Die Schnittstellen einer Verteilungsplattform sind in Abb. 2.3 schematisch dargestellt: während die Anwendungen direkt auf die Verteilungsplattform zugreifen, nutzt diese selbst wieder das Betriebssystem des Rechners und greift auf Dienste der OSI-Transportschicht zu.

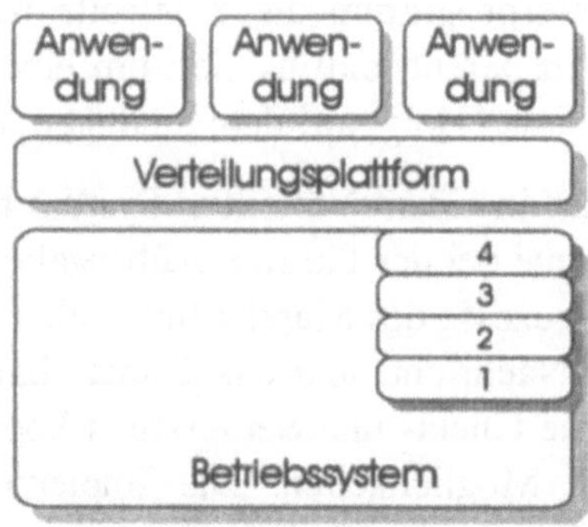

Abb. 2.3. Schnittstellen einer Verteilungsplattform

Einer Verteilungsplattform können viele individuelle Systeme zugrunde liegen, auf denen sie aufsetzt. Gleichzeitig kann auch eine Vielzahl von Anwendungen auf die Verteilungsplattform zugreifen.

Obwohl der Begriff der Verteilungsplattform recht jung ist, gibt es mittlerweile drei prinzipiell verschiedene Ansätze, die sich kommerziell entwickelt haben. Im folgenden soll ein kurzer Überblick gegeben werden, auf den im Rahmen dieser Arbeit primär betrachteten Ansatz der Common Object Request Broker Architecture soll dann ausführlicher eingegangen werden.

ANSAware

Das Produkt ANSAware ist aus einer Reihe von Hochschul- und Forschungsprojekten im Rahmen des Projekts Advanced Network System Architecture (ANSA) entstanden. Die ANSAware ist eine Plattform für die Entwicklung verteilter Anwendungen, die verschiedene Betriebssysteme und Transportdienste unterstützt. So existiert die Version 4.1 beispielsweise für die Betriebssysteme SunOS, HP UX, VMS, MS DOS und unterstützt die Transportdienste TCP oder UDP.

Auf dem jeweiligen Betriebssystem setzt der Thread Service auf (vergleiche auch Abschnitt 4.2), der vom RPC benötigt wird. Dieser wiederum wird vom Notification Service, der Object Factory und dem Trader verwendet. Mit Hilfe der Factory können auf einem Rechner Betriebssystemprozesse erzeugt und gelöscht werden, während der Notification Service das Senden von unbestätigten Nachrichten ermöglicht. Über der Factory und dem Trader setzt ein sogenannter Node Manager auf. Dieser wird für die Einrichtung von Diensten und entsprechenden Servern benötigt. Dazu wird über die Factory für jeden neuen Server ein Betriebssystemprozeß erzeugt und der neue Dienst im Trader gespeichert. Der Anwendungsprogrammierer kann auf alle Dienste zugreifen.

Die Programmentwicklung unter ANSAware erfolgt nach einem gängigen Prinzip. Zunächst wird die Schnittstelle eines Dienstes in einer ANSA-spezifischen Interface Definition Language spezifiziert, die auch als ANSA IDL bezeichnet wird. Aus dieser IDL-Spezifikation werden entsprechende Client- und Serverstubs generiert, während Client- und Server-Code mit einem Compiler übersetzt werden und die auszuführenden Programme bilden.

Die Arbeiten der ANSA sind aus zwei Gründen von besonderer Bedeutung. Zum einen besteht ein enger Zusammenhang zwischen den Standardisierungsarbeiten des Open Distributed Processings und der ANSAware. Wesentliche Ideen und Beiträge des ODPs resultierten aus der ANSAware-Entwicklung, obwohl die ODP-Konzepte schließlich die der ANSAware überholten. Zum anderen ist ANSAware das erste kommerzielle Produkt, das einen Trader anbot. Trotz seiner unzureichenden Sicherheitskonzepte ist

ANSAware gerade wegen dieser Funktionalität des Tradings an Forschungseinrichtungen und Universitäten weit verbreitet.

Distributed Computing Environment

Die Distributed Computing Environment (DCE) wurde von der Open Software Foundation (OSF) entwickelt. Diese Non-Profit-Organisation, ein
Konsortium internationaler Computerfirmen, machte sich dabei zum Ziel,
eine globale Interoperabilität unter heterogenen Systemen zu ermöglichen,
wobei eine praktisch offene Computerumgebung bereitgestellt wird. Um
diese Zielstellung zu realisieren, wurden offene Softwaretechnologien vorgestellt, diese bewertet und ausgewählte Lösungen lizensiert.

Von der OSF wurde neben dem DCE-Ansatz und neben anderen Produkten
wie der graphischen Benutzeroberfläche MOTIF und dem Betriebssystem
OSF/1 noch ein weiteres besonders interessantes Produkt entwickelt, die Distributed Management Environment (DME). Diese beiden OSF-Ansätze,
das DCE und das DME, sind aus Sicht der Verteilten Systeme am bedeutendsten, wobei DCE die Basis für die Implementierung verteilter Anwendungen ist und dabei auch eine Reihe von verteilten Diensten anbietet. DME
richtet sich primär an den Problembereich des Netz- und Systemmanage-
ments, wobei die Managementprotokolle CMIP und SNMP unterstützt werden [DME 92]. Aus Anwendungssicht hat sich jedoch die in Konkurrenz zu
DME stehende Managementplattform HP Open View als dominant erwiesen, so daß sich abzeichnet, daß die in Beziehung zu DME stehenden Arbeiten aufgrund des mangelnden Erfolgs eingestellt werden.

Im folgenden soll die DCE-Architektur näher betrachtet werden, die etwa
seit 1992 als Produkt vorliegt [OSF 92a], [OSF 92b]. Dieses Produkt DCE
faßt bestimmte Rechner eines Verteilten Systems zu einer DCE-Zelle zusammen, wobei diese Zellen meist administrative oder organisatorische Einheiten bilden. Oft gibt es für einen DCE-Dienst in jeder Zelle einen Service,
beispielsweise den Cell Directory Service (CDS). Werden DCE-Zellen untereinander verbunden, so stehen dafür eigene Dienste oder Objekte zur Verfügung, ein solcher Dienst ist der Global Directory Service (GDS).

Alle Komponenten des DCE basieren auf lokalen Betriebssystem- und
Transportdiensten. Darauf baut – in Analogie zur Architektur der ANSA-
ware – der Thread Service und darauf eine Ebene des RPCs auf. Auf dem
RPC basieren dann der Time Service, der GDS mit dem aufbauenden CDS,
der Security Service, das Distributed File System und der Diskless Support
Service.

Dem grundlegenden DCE fehlt ein Objektmodell, eine Tradingkomponente ist auch nicht vorgesehen. Aus diesen Mängeln haben sich zahlreiche Forschungsarbeiten ergeben. So ist u.a. eine objektorientierte Erweiterung des DCE vorgenommen worden.

Ein weiterer Ansatz kommerzieller Verteilungsplattformen ist der von der Object Management Group vorgeschlagene Ansatz der Common Object Request Broker Architecture (CORBA), der im nachfolgenden Absatz eingeführt wird. Er lehnt sich in seinem Grundprinzip an das Modell der ANSAware an und betrachtet Anwendungen als eine Menge kommunizierender Objekte. DCE dagegen hatte eine verteilte Anwendung als eine Menge von Client- und Serverprogrammen betrachtet, die mittels eines RPCs kooperieren.

Aktuelle verwandte Ansätze – das DCOM und Java-RMI – werden im folgenden vorgestellt und mit dem CORBA-Ansatz verglichen.

2.1.2
DCOM, CORBA und Java-RMI

Bei der Auswahl einer geeigneten Software-Infrastruktur gibt es einige prinzipiell verschiedene Ansätze, von denen im folgenden drei aktuelle Konzepte vorgestellt und verglichen werden.

Es kann keine allgemeine Empfehlung gegeben werden, welche Plattform die beste ist. Neben grundlegenden Gemeinsamkeiten besitzt jede Architektur Vor- und Nachteile. Der Anwender muß deshalb bei der Entscheidung für eine Verteilungsplattform immer sein System betrachten und für dieses spezielle Szenario nach einer möglichst optimalen Lösung suchen.

DCOM

Microsofts Distributed COM (DCOM) ist eine Erweiterung des Component Object Models (COM), welches das Objektmodell von Microsoft innerhalb eines Rechners umsetzt [DCOM 96]. Diese Entwicklung dient einer Kommunikation zwischen Objekten auf verschiedenen Computern, die über LAN, WAN oder auch das Internet miteinander verbunden sind. Mittels DCOM kann eine Anwendung verteilt werden, d.h. DCOM ist eine Middleware für verteilte Anwendungen.

COM geht dabei zunächst von der Wechselwirkung zwischen Komponenten und ihren Clients aus, die sich auf einem Rechner befinden. Es definiert, wie eine Verbindung arbeiten kann, wobei der Client in einer Komponente Methoden aufruft. In heutigen Systemen wird eine Kommunikation über Prozeßgrenzen hinweg als Interprozeßkommunikation durch das Betriebssystem unterstützt. COM ermöglicht eine vollständig transparente Form der Kommunikation. Ein Beispiel [Wi 97] ist eine Anwendung, die Adreßinformationen aus einer Datenbank unter Verwendung von COM anfordern will. Zunächst wird mittels COM von dem Objekt, welches sich die Daten aus der Datenbank besorgt, eine Instanz erzeugt. Die Anwendung kann dann beliebige Anfragen in Form von Methodenaufrufen an das COM-Objekt schikken, um die Daten abzufragen oder zu modifizieren. Ist dieser Prozeß seitens der Anwendung beendet, so teilt die Anwendung dies COM mit, und das Objekt wird wieder freigegeben. Der Vorteil von COM besteht darin, daß es einen binären Standard definiert, wie Klassen bzw. Objekte verwaltet und deren Methoden aufgerufen werden können. Dadurch ist es unerheblich, welcher Compiler für eine Komponente verwendet wird, und es ist möglich, Sprachen zu mischen, so daß C++-Objekte beispielsweise mit Java- oder Pascal-Objekten oder auch Skript-Sprachen zusammenarbeiten können. Da COM einen Großteil der Verwaltung unterstützt, bedeutet es für die Programmierung kaum einen Unterschied, ob sich zwei Objekte im gleichen Prozeß befinden, oder über Prozeßgrenzen hinweg kommunizieren.

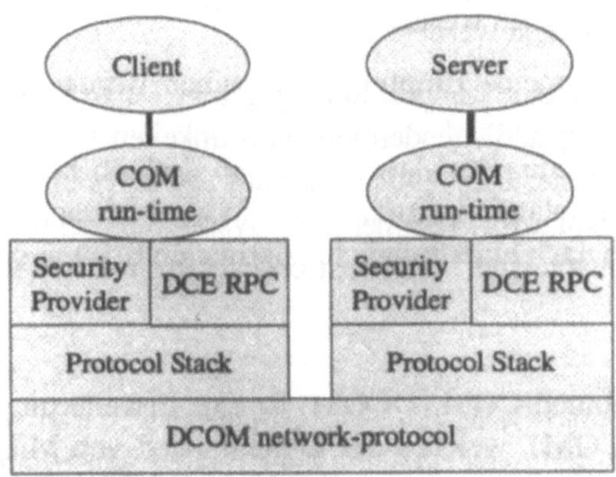

Abb. 2.4. Die DCOM-Architektur

Befinden sich der Client und eine erforderliche Komponente auf verschiedenen Rechnern, so ersetzt – vereinfacht betrachtet – DCOM die lokale Interprozeßkommunikation durch ein Netzwerkprotokoll, siehe Abb. 2.4. [DCOM 98] spricht von seinem Grundkonzept als „TCP/IP der Objekte". Sowohl dem Client als auch der Komponente bleibt dabei verborgen, daß die Verbindung entfernt aufgebaut wird. DCOM ist mittlerweile fester Bestandteil von Windows 95 und NT 4.0.

CORBA

CORBA ist die Spezifikation einer offenen Architektur, welche die Interoperabilität von Anwendungen in einer verteilten Umgebung zum Ziel hat. Diese Spezifikation wurde von der Object Management Group erarbeitet, zur Zeit gehören diesem Gremium über 800 Mitglieder an – gleichermaßen Hersteller und Anwender von Informationssystemen. Zu dem entwickelten Standard existieren mittlerweile zahlreiche Implementierungen, bei denen es sich um kommerzielle Produkte oder aber frei verfügbare Software handelt.

Bei dem CORBA zugrundeliegenden Objektmodell wird zwischen Schnittstellenbeschreibung und Implementierung getrennt, jedes Objekt verfügt über eine Schnittstelle, über welche auf das Objekt zugegriffen werden kann. Der Aspekt der Kapselung vermeidet damit unkontrollierbare Abhängigkeiten von anderen Objekten.

Die zentrale Komponente des CORBA-Standards ist der Object Request Broker (ORB), welcher die Kommunikation zwischen Objekten zum Ziel hat. Der ORB nimmt von Clients Aufträge zur Ausführung von Operationen entgegen, leitet sie zum Server zwecks Ausführung einer Operation weiter und veranlaßt dort ihre Ausführung. Danach liefert er die Ergebnisse an den Client zurück. Durch diese Arbeitsweise des ORBs können sich Client und Server auf verschiedenen Rechnern mit verschiedenen Betriebssystemen befinden – der ORB besitzt Mechanismen, die erforderlich sind, um den Server zu finden, den Client auf das Erhalten der Antwort vorzubereiten und die erforderliche Kommunikation auszuführen. Die Objekte können ferner in verschiedenen Programmiersprachen implementiert sein. Wie ein Operationsaufruf dem ORB zugeleitet wird, regelt das sogenannte Language Mapping der verwendeten Programmiersprache.

Um eine Interoperabilität zwischen den verschiedenen Implementierungen zu erhalten, wurde CORBA 2.0 entwickelt. Die Interoperabilität basiert auf dem Internet Inter-ORB Protocol, das einen Datenaustausch zwischen zwei Object Request Brokern gewährleistet. Somit ist es möglich, eine CORBA-Implementierung mit einer anderen quasi zu verbinden, um über die Produkte von verschiedenen Herstellern hinweg Anwendungen zu entwickeln und die Vorteile der einzelnen Implementierungen auszunutzen.

In [Re 96] wird der CORBA-Ansatz als eine beachtliche Menge technologisches Know-How charakterisiert, das einen selten erreichten Konsens innerhalb der Computerindustrie darstellt.

Java-RMI

Auch Java bietet Objekten die Möglichkeit, über Rechnergrenzen hinweg miteinander zu kommunizieren. Dazu existiert das von Sun entwickelte Konzept der Remote Method Invocation (RMI), das eine netzweite Java-zu-Java-Kommunikation auf Objektebene ermöglicht.

Der RMI-Ansatz [RMI 98] stellt ein einfaches Modell für das verteilte Rechnen mit Java-Objekten dar, wobei ein Java-Objekt sowohl ein neues Java-Objekt als auch ein einfacher Java-Wrapper für ein existierendes Application Programming Interface (API) sein kann. Grundlegend betrachtet ist RMI der RPC-Mechanismus von Java. In diesem Sinne erweitert RMI das Java-Modell, um überall lauffähig zu sein. Wird RMI in Systeme integriert, so übernimmt dieses Modell die Vorteile von Java, zum Beispiel hinsichtlich Sicherheit. Innerhalb von RMI ist ein Default RMI Security Manager vorhanden, der Zugriffe kontrolliert.

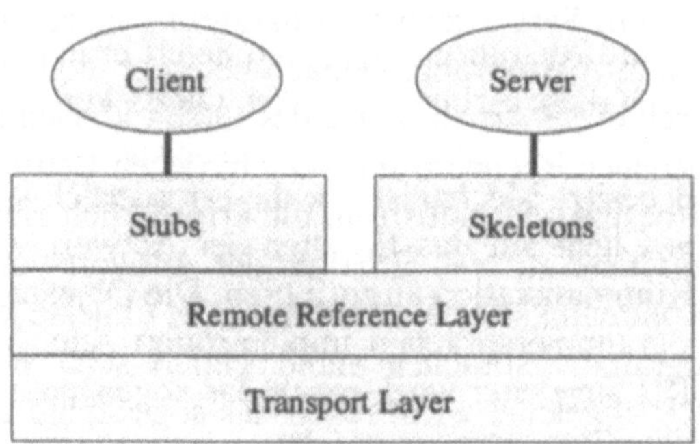

Abb. 2.5. Die Java-RMI-Architektur

Eine RMI-Architektur besteht gemäß der in [Mer 97] gewählten Darstellung aus drei Schichten, siehe Abb. 2.5. Die Stub/Skeleton-Schicht dient der Erzeugung und dem Handling von Requests zwischen Client und Server. Dabei bedienen sich Dateien eines Java-eigenen Serialization-Mechanismus, der die Umwandlung von Objekten in Streams realisiert. Der Remote Reference Layer ist für die korrekte Ausführung einer Operation zuständig. Um Fehlern in einer verteilten Umgebung entgegenzuwirken, bedient sich RMI sogenannten Remote Exceptions. Zusätzlich besteht die Möglichkeit, Objekte zu replizieren und damit eine gewisse Fehlertoleranz zu erreichen. Eine unterbrochene Verbindung kann möglicherweise automatisch wiederhergestellt werden, und persistente Objekte können dynamisch erzeugt und geladen werden. Da diese Funktionalität im Remote Reference Layer bereitgestellt wird, ist die Realisierung für den Benutzer des Stub/Skeleton-Layers transparent. Für das eigentliche Verbindungsmanagement ist der Transport Layer zuständig. Diese Schicht dient dem Auf- und Abbau der Kommunikationsverbindungen, der Registrierung vorhandener Objekte und der Weiterleitung von Client-Aufrufen. Die aktuelle Realisierung der Transportschicht basiert auf Java-Sockets und TCP/IP.

Nach [Mer 97] läßt sich zum Praxiseinsatz von Java-RMI zur Zeit noch relativ wenig sagen. Während einige Unternehmen RMI bereits in der Praxis einsetzen, wird andererseits auf kleinere Kinderkrankheiten hingewiesen.

Pro und Contra der Ansätze

Bei der Gegenüberstellung der Ansätze erweisen sich zwei Arbeiten sehr nützlich, die zum einen DCOM und CORBA [Pu 97], zum anderen CORBA und Java-RMI [Mer 97] gegenüberstellen.

Während es sich bei DCOM und Java-RMI um Produkte handelt, ist CORBA keine Implementierung, sondern eine Spezifikation, für die allerdings zahlreiche Implementierungen vorhanden sind – um DCOM auch als Standard deklarieren zu können, hat Microsoft das DCOM an die Open Group übergeben. Daraus folgt, daß DCOM und Java-RMI innerhalb dieser Systeme keine Kompatibilitätsprobleme bedingen, bei CORBA sind die einzelnen ORBs zum Teil nicht vollständig kompatibel. Anders betrachtet, ist bei einer Entscheidung für DCOM bzw. Java-RMI zunächst eine Herstellerabhängigkeit vorhanden, während man bei CORBA herstellerunabhängig ist.

Die Entwicklung einer Anwendung verläuft bei allen drei Ansätzen im wesentlichen in folgenden Schritten. Zunächst wird die Schnittstelle spezifiziert, dann werden mittels eines Compilers Stubs bzw. Skeletons – also Stubs auf Serverseite – erzeugt und der Server implementiert. Seitens des Clients kann dieser dann genutzt werden.

Die Realisierung der einzelnen Schritte unterscheidet sich bei den verschiedenen Ansätzen. So dient bei DCOM und CORBA eine sprachunabhängige Interface Definition Language zur Beschreibung der Schnittstellen, bei Java-RMI werden die Schnittstellen bereits in Java beschrieben und können durch zu spezifizierende Ausnahmebehandlungen auf Fehler reagieren. Die Schnittstellenspezifikation in Java hat einerseits den großen Vorteil, daß der Programmierer in der gewohnten Sprache bleiben kann, andererseits aber den Nachteil, daß momentan lediglich Java-Objekte einbezogen werden können. Die CORBA- und DCOM-Schnittstellenbeschreibungssprachen ähneln sich. In CORBA können nutzerdefinierte Datentypen spezifiziert werden, und es gibt eine aufgereifte Fehlerbehandlung, bei DCOM müssen Fehlerbehandlungen in Form von Bitmustern kodiert werden. Zur Benennung einer Schnittstelle weist in DCOM ein Hilfsprogramm jeder Schnittstelle einen global eindeutigen Bezeichner zu, CORBA dagegen strukturiert den Namensraum hierarchisch, wodurch der Name einer Schnittstelle als ein Pfad beschrieben wird, der von der Wurzel bis zu dem Knoten reicht, an dem die Schnittstelle angeordnet ist. Ein in CORBA definierter Naming Service – der in DCOM nicht existiert – bildet einen Namen auf eine Objektadresse ab.

CORBA unterstützt eine Reihe von Programmiersprachen, als Beispiele seien C, C++, Smalltalk, Cobol und Java genannt, DCOM unterstützt C, C++ und dann auch Java, wohingegen Java-RMI auf die Benutzung von Java eingeschränkt ist.

Auf einen Vergleich der internen Realisierungsansätze der einzelnen Plattformen soll an dieser Stelle nicht eingegangen werden.

Abschließend soll erwähnt werden, daß seitens CORBA daran gearbeitet wird, mittels einer One-Way- oder Two-Way-Interoperabilität CORBA-Objekte der DCOM-Welt zugänglich zu machen und umgekehrt.

Fazit

Steht fest, für welches Umfeld man eine Technologie auswählen möchte, so kann in Anlehnung an [Mer 97] zusammengefaßt werden, daß Java-RMI innerhalb einer reinen Java-Umgebung eine geeignete Lösung sein kann, DCOM erscheint für reine Windows-Umgebungen sinnvoll – allerdings soll die Software AG dabei sein, DCOM auf unterschiedliche Plattformen zu portieren, so daß es demnächst auch außerhalb der Microsoft-Welt zugänglich sein wird. CORBA-Implementierungen sind dagegen für eine ganze Reihe von Plattformen, Betriebssystemen und Programmiersprachen bereits vorhanden. Aus diesem Grund ist in heterogenen Umgebungen CORBA vorzuziehen. Bezüglich Stabilität und Praxiseinsatz spricht momentan auch alles für CORBA – während sich DCOM und Java-RMI noch im Beta-Stadium befinden bzw. aus diesem gerade heraus sind, existieren CORBA-Anwendungen schon seit einigen Jahren erfolgreich in der Praxis.

Um insbesondere auch im heterogenen Umfeld arbeiten zu können, soll im folgenden CORBA verwendet werden. Viele der entwickelten und untersuchten Methoden lassen jedoch auch Einsatzmöglichkeiten und Rückschlüsse für DCOM und Java-RMI zu.

2.2
Der CORBA-Ansatz

Die wohl zur Zeit bedeutendste Architektur für eine Verteilungsplattform ist die sogenannte Common Object Request Broker Architecture (CORBA) der Object Management Group (OMG). Die OMG wurde 1989 als Konsortium von acht Firmen, u.a. Digital, SunSoft, American Airlines, Canon, Philips Telecommunications und Hewlett Packard mit der Zielsetzung gegründet, unter Verwendung der Objekttechnologie die Interoperabilität von Anwendungen in heterogenen verteilten Umgebungen zu ermöglichen.

Bei der Erstellung verteilter Software sollen nach [Re 96] insbesondere die folgenden Punkte berücksichtigt werden:

- Vereinheitlichung des Vokabulars zur Beschreibung Verteilter Systeme,

- Vereinheitlichung der Programmierschnittstellen, um einen einheitlichen Zugriff auf entfernte Ressourcen auch für verschiedene Betriebssysteme in gleicher Form zu ermöglichen,

- Entwurf einer universellen Kommunikationsplattform, mit der eine Zusammenarbeit verschiedener, unabhängig voneinander entwickelter Systeme möglich ist,

- Entwicklung von Werkzeugen für die Verteilung von Software auf verschiedene Rechner und

- Erarbeitung von allgemeinen Mechanismen zur sinnvollen Wiederverwendung in vielzähligen Anwendungen.

Mittlerweile zählt die OMG über 800 Mitglieder (Stand Frühjahr 1998) und ist ein angesehener Verbund von Hardwareherstellern, Softwareentwicklern, Forschungsinstituten und Anwendern. Mittels sogenannter Requests for Proposals wurden technologiebasierte Vorschläge gesammelt und mit der daraus entwickelten Object Management Architecture (OMA) eine grundlegende Architektur für die Entwicklung von verteilten Anwendungen vorgeschlagen.

Durch das Einhalten des Standards wird es möglich, Anwendungen zu entwickeln, die ohne Änderung am Programmcode auf verschiedenen Hardwarearchitekturen und Betriebssystemen lauffähig sind. Der Anwender hat damit die Freiheit, den Computer zu nutzen, der aktuell am besten seinen Anforderungen entspricht.

2.2.1
Die Object Management Architecture

Der grundlegende Baustein für verteilte Anwendungen ist in der Object Management Architecture – wie der Name bereits vermuten läßt – das Objektmodell. Ein Objekt ist eine Modellierung jeder möglichen Komponente der realen Welt. Um dieses Objekt zu bestimmten Aktionen zu veranlassen, werden Operationen definiert. Ferner besitzt das Objekt mindestens eine Schnittstelle, an welcher die Operationen aufgerufen werden können.

Ein Objektsystem ist nach dem OMG Objektmodell eine Sammlung von Objekten, die einen dienstanfragenden Kunden von einem Dienstanbieter durch eine wohldefinierte und eingekapselte Schnittstelle isoliert.

An dieser Stelle sollen allgemeine Ausführungen zu Objektmodellen eingeschoben werden, um ein Gefühl für die Wirkungsweise dieses bekannten Konstrukts zu bekommen.

Das allgemeine Objektmodell

Das Grundprinzip des Objektmodells – die Trennung von Schnittstellenbeschreibung und ihrer Implementierung – ist bereits in der Einleitung erwähnt worden. Diese Unabhängigkeit wird dadurch ermöglicht, daß nicht das Objekt als Instanz einer Klasse, sondern die Klasse selbst in einer sprachenunabhängigen Form beschrieben wird. Ein Mechanismus erzeugt dann Instanzen von Klassen und Methodenaufrufe, die innerhalb der Schnittstellendefinition einer Klasse beschrieben werden. Durch das Prinzip des Objektmodells, Schnittstelle und Implementierung zu trennen, wird der Zustand eines Objekts gekapselt. Eine Modifikation dieses Zustands ist nur durch verschiedene, in einer Schnittstellendefinition enthaltene Methoden veränderbar. Nach [Sc 97] ist für den Entwickler der Umgang mit Objekten um so transparenter, je strikter das Modell der Kapselung eingehalten wird.

Dann ist auch die Gefahr kleiner, daß sich Objekte innerhalb des Gesamtsystems gegenseitig negativ beeinflussen.

Verschiedene Ausprägungen eines solchen Objektmodells sind wünschenswert. So besteht der Anspruch, daß im Falle der Neuerzeugung eines Objekts mit erweiterter Funktionalität eine Versionsverwaltung auf der Basis der Schnittstellendefinition bereitgestellt wird. Dadurch lassen sich Objekte unterschiedlicher Versionen gegeneinander austauschen, ohne die laufenden Aktivitäten anderer Objekte zu beeinflussen. Diese Herangehensweise wird insbesondere von objektorientierten Programmiersprachen unterstützt, wobei aber noch Unterschiede bestehen. So unterstützt die objektorientierte Programmiersprache C++ Mehrfachvererbung, Java dagegen nur die Ableitung einer Klasse von genau einer Superklasse, also lediglich Einfachvererbung. Ein Objektmodell muß die Wiederverwendung bestehender Klassen unterstützen, und Klassenbibliotheken müssen sich dynamisch zur Laufzeit binden lassen. Ebenso ist es notwendig, Methodenaufrufe in Verteilten Objektmodellen erst zur Laufzeit aus der Schnittstellendefinition generieren zu können, damit Objekte gegeneinander austauschbar sind. Um auch außerhalb eines Prozeßraumes eines Methodenaufrufers eine Referenz auf Objekte erhalten zu können, muß das Verteilte Objektmodell spezielle Mechanismen bereitstellen. Über diese Referenz werden dann Methodenaufrufe an das entfernte Objekt übermittelt, was insbesondere in heterogenen Umgebungen Probleme mit sich bringen kann. Dabei müssen sich Client und Objekt auf ein einheitliches Datenaustauschformat mit fest definierten Datentypen einigen. In diesem Zusammenhang besteht ein entfernter Methodenaufruf aus dem Auffinden eines entfernten Objekts, dem Zusammenstellen und Verpacken des Methodenaufrufs – dieser Prozeß wird auch als Marshalling bezeichnet –, dem Versenden des Aufrufs an das entfernte Ziel, dem Entpacken – also Unmarshalling – der Ausführung der Methode sowie Zurücksendung des Ergebnisses. Generell sollte ein Objektmodell ferner Mechanismen für die Instantiierung, Verwaltung und Löschung entfernter Objekte zur Verfügung stellen.

Nach [Sc 97] kam einer der ersten Ansätze für ein Verteiltes Objektmodell von Next, und zwar der Ansatz der Portable Distributed Objects (PDOs). PDOs sind allerdings nicht sprachneutral, sondern müssen in Objective C erstellt werden und in der sogenannten OpenStep-Umgebung ablaufen. 1995 hat Next jedoch die Absicht verkündet, die PDOs CORBA-konform zu gestalten.

Das Objektmodell in CORBA

Das konkrete Objektmodell der OMG kann im Prinzip als klassisch angesehen werden. Es beschreibt ferner Konzepte, die von praktischer Natur sind, wie die – oben bereits genannte – Objekterzeugung, Anfragen, Typen und Signaturen sowie Konzepte, welche die eigentliche Objektimplementierung betreffen.

Vorteil objektorientierter Systeme ist ihre Modularität. So können Objekte in vielfältiger Weise in Anwendungen integriert werden, mehrere Objekte können kombiniert oder existierende Anwendungen geeignet erweitert werden. Daraus ergeben sich auch bei CORBA kurze Entwicklungszeiten und eine flexible Struktur der Software.

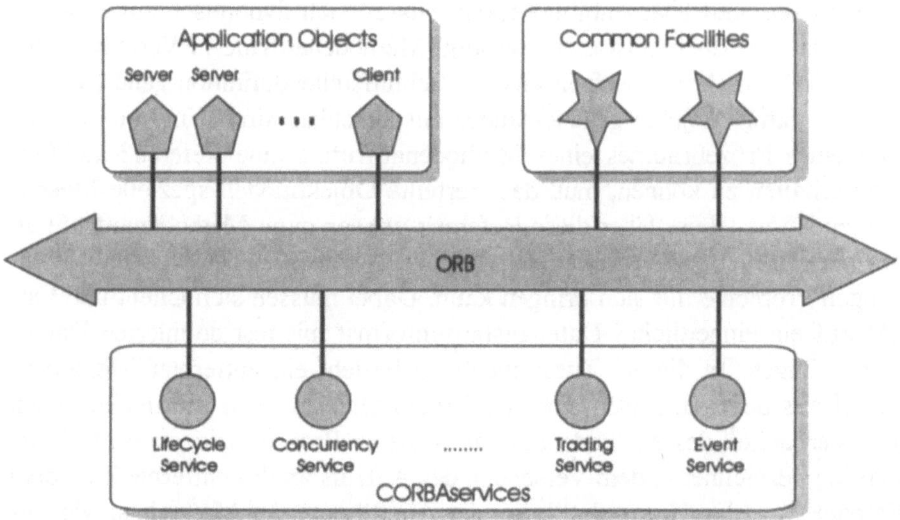

Abb. 2.6. Die Object Management Architecture

Ein zentraler Aspekt bei CORBA ist die Beschreibung von Objektschnittstellen. Zu diesem Zweck stellt die OMG eine eigene Schnittstellenbeschreibungssprache bereit, die Interface Definition Language genannt wird. Mit dieser Sprache wird spezifiziert, welche Schnittstelle ein Objekt anbietet, d.h. welche Operationen auf dem Objekt ausführbar sind, welche Parameter diese Operationen benötigen, welche Attribute das Objekt besitzt und welche Ausnahmebehandlungen für das Objekt definiert sind.

Wie von der IDL zur eigentlichen Objektimplementierung übergegangen wird, ist Gegenstand der nachfolgenden Abschnitte.

Die folgenden Ausführungen zur Common Object Request Broker Architecture beziehen sich auf die Version 2.0 des CORBA-Standards, die im Juli 1996 zuletzt aktualisiert wurde.

Die OMG hat verschiedene separate Standards geschaffen, die eine Reihe von Komponenten identifizieren. Dabei werden von der OMG jeweils die Schnittstellen von den Objekten mittels der IDL spezifiziert, die eigentliche Realisierung und Implementierung der Funktionalität bleibt dem Anwendungsprogrammierer überlassen, wobei zum Teil Standardlösungen angeboten werden, bzw. einzelne Implementierungen käuflich erhältlich sind.

In der Grundarchitektur ist die Object Management Architecture ein vierteiliges Gebilde. Das Herzstück ist der sogenannte Object Request Broker, der sich wie ein Softwarebus durch das System zieht. Auf ihn greifen drei verschiedene Klassen von Diensten zu, und zwar die Application Objects, die Common Facilities, die auch als CORBAfacilities bezeichnet werden, und die Basisdienste, die sogenannten CORBAservices, siehe Abb. 2.6.

2.2.2
Der Object Request Broker

Ein sehr anschaulicher Vergleich zur Bedeutung des ORBs ist in [Re 96] enthalten: Vergleicht man eine verteilte und OMA-basierte Anwendung mit einem menschlichen Organismus, dann entspricht der Object Request Broker dem Nervensystem. Wie die Nervenbahnen alle Organe unseres Körpers durchziehen, so verbindet der ORB alle Objekte einer Anwendung miteinander und ermöglicht ihre Kommunikation und damit ihr koordiniertes und aufeinander abgestimmtes Zusammenwirken. Ohne Nervensystem ist kein menschlicher Organismus und ohne ORB keine OMA-basierte Anwendung arbeitsfähig.

Der ORB ermöglicht es, innerhalb eines Verteilten Systems eine Anfrage von einem Client an eine Objektimplementierung zu senden. Der Client ist dabei eine Komponente, die eine Operation ausgeführt haben möchte, und die Objektimplementierung ist der Code, der das auszuführende Programm – ein Objekt, auch Serverobjekt genant – implementiert. Sie beschreibt das Verhalten des Objekts. Aus Sicht des Betriebssystems werden mehrere Objektimplementationen – die ggf. auch über verschiedene Betriebssystemprozesse verteilt sein können – zu einem Programm, dem sogenannten Server, zusammengefaßt.

Im Zusammenhang mit Clientanfragen spricht man auch von Methodenaufrufen, den sogenannten Requests.

Der ORB ist für alle Mechanismen zuständig, die erforderlich sind, um den Server zu finden, den Client auf das Erhalten der Antwort vorzubereiten und die erforderliche Kommunikation auszuführen. Bei dieser Vorgehensweise realisiert der Client Ortstransparenz, d.h., die Schnittstelle, die der Client sieht, ist vollständig unabhängig davon, wo sich das eigentliche Objekt befindet und in welcher Programmiersprache es implementiert ist.

Wie ein Operationsaufruf dem ORB zugeleitet wird, regelt das Language Mapping der verwendeten Programmiersprache. Notwendig ist dabei jedoch die gemeinsame Nutzung des ORB als Kommunikationsschnittstelle. Diese ist auch grundlegende Voraussetzung für die Interoperabilität zwischen verschiedenen Anwendungen. Verwenden Sender und Empfänger des Requests verschiedene lokale Darstellungsformate für ihre Daten, so übernimmt der ORB deren Konvertierung.

Ein Request wird von einem Objekt bearbeitet, indem das Objekt eine Operation ausführt. Dabei können vom Client mitgelieferte Argumente der Operation verarbeitet, der Zustand des Objekts verändert und Resultate berechnet werden, welche dem Client zurückgegeben werden. Im Falle eines Fehlers erfolgt die Meldung einer Ausnahmesituation, die als Exception bezeichnet wird.

Abb. 2.7 verdeutlicht die interne Struktur eines Object Request Brokers. Insbesondere läßt sich durch diese Darstellung besser nachvollziehen, welche Möglichkeiten es gibt, einen Clientaufruf zu realisieren.

Die oberen Kästchen in Abb. 2.7 verdeutlichen, daß es verschiedene Schnittstellenarten gibt. Dabei werden drei mehr oder weniger flexible Klassen von Schnittstellen unterschieden:

- Schnittstellen, die insgesamt nur einmal bestehen können und für alle ORBs identisch sind – wie beim ORB-Interface, beim Dynamic Invocation Interface und beim Dynamic Skeleton Interface,

- Schnittstellen, die für den speziellen Umgang mit Objekten bestimmt sind und pro Operation einmal gebraucht werden können, diese kommen bei den IDL Stubs sowie Skeletons vor und

- Schnittstellen des Object Adapters, die genau einmal generiert werden.

Die Pfeile nehmen eine zusätzliche Klassifikation der Schnittstellen vor, sie zeigen jeweils von der rufenden zur gerufenen Komponente. Ein nach unten weisender Pfeil bezeichnet dabei ein sogenanntes Normal Call Interface, ein nach oben weisender Pfeil ein Up-Call Interface.

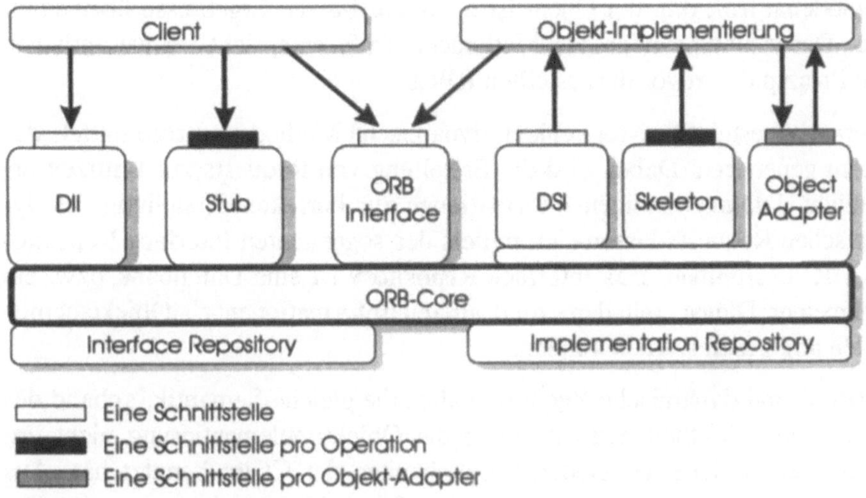

Abb. 2.7. Die interne Struktur des ORBs

Über die genannten Schnittstellen hinaus gibt es noch nichtstandardisierte Schnittstellen, auf denen die höheren Schnittstellen aufsetzen, zum Beispiel für die Kommunikation eines Stubs oder eines Skeletons mit dem ORB-Kern. Auf diese Schnittstellen hat der Entwickler von Anwendungen jedoch keinen Zugriff.

Der ORB besteht selbst wieder aus mehreren Komponenten. Das Dynamic Invocation Interface (DII), das Dynamic Skeleton Interface (DSI), der Object Adapter und der ORB-Kern werden in Form von Bibliotheken von der CORBA-Plattform bereitgestellt. Die CORBA-Plattform umfaßt dabei die Entwicklungsumgebung und das Laufzeitsystem, das als CORBA-Implementierung von Herstellern bereitgestellt wird. Die Stubs und Skeletons werden vom Entwickler aus den IDLs generiert und dem System hinzugefügt.

Für einen Operationsaufruf werden vom ORB zwei prinzipiell verschiedene Methodenaufrufe bereitgestellt. Dabei unterscheidet man zwischen statischen und dynamischen Aufrufen. Der einfachere Aufruf ist der statische,

welcher auf der Nutzung der IDL-Stubs basiert. Wie der Begriff ‚statisch'
bereits andeutet, basiert diese Methode darauf, daß die Schnittstelle des
aufgerufenen Objekts, insbesondere ihre Operationen und Parameter, bereits
zur Zeit der Anwendungsentwicklung bekannt sind, da ansonsten kein Stub
generiert und in das Programm eingebunden werden kann. Enthält der statische Aufruf einen Rückgabewert, so handelt es sich um einen synchronen
Methodenaufruf, d.h. der Client ist blockiert, bis die Ergebnisse übermittelt
sind. Der Ablauf synchroner Methodenaufrufe entspricht im wesentlichen
dem Prinzip des zuvor dargestellten RPCs.

Alternativ besteht die Möglichkeit, dynamische Methodenaufrufe mittels des
DII zu generieren. Dabei wird die Erstellung von Requests zur Laufzeit ermöglicht. Die notwendigen Informationen zur korrekten Erstellung des dynamischen Requests lassen sich mittels des sogenannten Interface Repositories (IR) bestimmen. Das Interface Repository ist eine Datenbank bzw. ein
allgemeiner Dienst, mit dem zur Laufzeit Informationen zu Objektschnittstellen abgerufen werden können.

Statische und dynamische Requests haben die gleiche Semantik, anhand des
empfangenen Methodenaufrufs kann die Objektimplementierung nicht unterscheiden, welche der beiden Möglichkeiten der Client benutzt hat. Aus
seiner Sicht sind diese Alternativen demzufolge gleichwertig.

Zur Identifizierung eines Objekts fügt der Client dem Methodenaufruf stets
eine Objektreferenz bei sowie den Namen der aufzurufenden Operationen
und die aktuellen Werte der Argumente.

Die Objektimplementierung kann zu jeder Zeit den ORB oder den Object
Adapter (OA) aufrufen, um zum Beispiel aus der dem Request mitgeliefer-
ten Objektreferenz einen Zeiger auf die zum Objekt gehörenden Daten zu
ermitteln.

Im Zusammenhang mit dem ORB-Kern ist schließlich noch das Implementation Repository zu erwähnen. Dieses Verzeichnis stellt auch einen Dienst
ganz allgemeiner Art dar. Es enthält die notwendigen Informationen für die
Lokalisierung und Aktivierung der Objektimplementierungen durch den
ORB. Neben dieser Basisfunktionalität für den ORB ist eine Verwendung
des Implementation Repositories zur Speicherung zusätzlicher Informationen bezüglich der ORB-Objekte möglich, dies betrifft zum Beispiel Debug-
ger-Informationen, administrative Kontrollinformationen und Informationen
zur Ressourcenallokation.

Im folgenden soll auf die Funktionsweise der einzelnen Bestandteile des ORBs noch detaillierter eingegangen werden.

Der Object Adapter

Der Object Adapter ist für die Aktivierung von Objekten sowie die Aufrufe ihrer Methoden zuständig. Damit umfaßt sein Verantwortungsbereich die Generierung und Interpretation der Objektreferenzen, welche von den statischen bzw. dynamischen Gerüsten, den Skeletons, zur Komposition der Requests verwendet werden können. Zugleich bietet der Object Adapter die Grundlage für den Zugriff von Objekten auf die Dienste des ORBs. Im CORBA-Standard wird dabei bewußt von einer genauen Definition der vom Object Adapter bereitgestellten Dienste abgesehen, um eine flexible und effiziente Anpassung an spezielle Umgebungen zu ermöglichen. Je nachdem, welche Dienste im Kern des ORBs bereits realisiert sind, kann der Object Adapter unter Bereitstellung einer Schnittstelle die Methodenaufrufe direkt an den ORB weiterleiten. Nicht vom ORB unterstützte Dienste können durch den Object Adapter realisiert werden und Dienste, die nicht benötigt werden, können weggelassen werden.

Um eine Mindestfunktionalität stets zu gewährleisten, wurde der Basic Object Adapter (BOA) spezifiziert, welcher in allen ORB-Implementationen vorhanden sein muß. Diese Funktionalität ist in Abb. 2.8 dargestellt. Sie umfaßt die Aktivierung, Registrierung und Deaktivierung von Objektimplementierungen sowie die hierzu notwendige Generierung und Interpretation der Objektreferenzen. Ferner lassen sich einzelne auf der Objektimplementierung basierende Objektinstanzen aktivieren und deren Methoden mittels der Implementierungsgerüste aufrufen. Objekte, die auf die Funktionalität des BOA zugreifen, sind dabei von der Realisierung des ORBs unabhängig, vorausgesetzt, daß die entsprechende Sprachabbildung der Interface Definition Language zur Verfügung steht.

Versteht man den Object Adapter verallgemeinert als einen zu spezialisierenden Baustein, der bei der Erstellung einer Objektimplementierung je nach Bedarf dem ORB hinzugefügt werden kann, wenn die zu implementierenden Objekte seinen Dienst benötigen, dann ist auch noch eine Alternative zum BOA denkbar. Und zwar wird der sogenannte Object-Oriented Database Adapter (OODBA) standardisiert. Während der BOA für die üblichen verteilten Anwendungen entworfen wurde, in denen einige, über mehrere Rechner verteilte Objekte miteinander kommunizieren, ist der OODBA eher für die Zusammenarbeit mit einer Datenbank gedacht. Er übernimmt die automatische Rekonstruktion eines Objekts aus der Datenbank sowie das Zurückschreiben des neuen Objektzustands in die Datenbank, wenn die Operation fertig ausgeführt wurde.

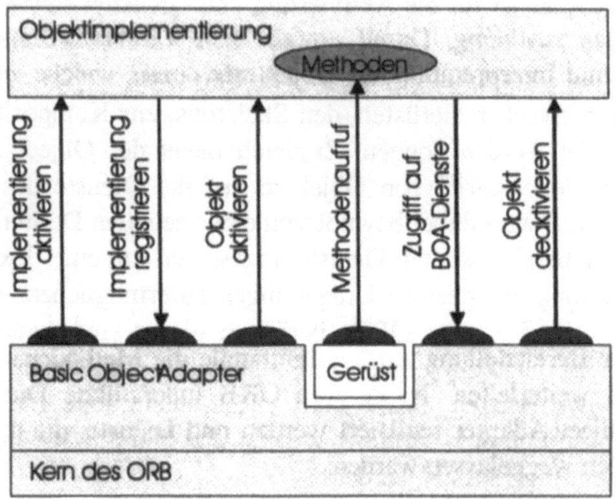

Abb. 2.8. Die Funktionalität des Basic Object Adapters

Während der BOA meist mit weniger Objekten arbeitet, ist der OODBA für sehr viele Objekte zuständig. Dieser Unterschied hat Auswirkungen darauf, wie viele Informationen zu einem Objekt direkt im Object Adapter aufbewahrt werden können und wie Objektreferenzen entsprechend strukturiert werden.

Neben dem BOA und dem OODBA sind noch weitere, herstellerspezifische Adapter erlaubt. ORB-Unabhängigkeit sichert der von der OMG verabschiedete Portable Object Adapter (POA), der im März 1997 bei der OMG eingereicht wurde [OMG 97]. Dieser Objektadapter soll den BOA ersetzen, in [ScVi 97] ist dies bereits für 1998 angedacht. Die POA-Spezifikation unterstützt eine Reihe neuer Funktionalitäten, insbesondere nutzer- oder systemseitig gelieferte Objektidentifikatoren, persistente und transiente Objekte, explizite und on-demand-Aktivierungen. Im Gegensatz zum BOA kann eine serverseitige Anwendung mehrere POAs haben, um beispielsweise verschiedene Arten von CORBA-Objekten zu unterstützen – denkbar wäre ein POA zur Unterstützung transienter und ein POA zur Unterstützung persistenter CORBA-Objekte.

Die Interface Definition Language

Die OMG Interface Definition Language ist ein grundlegender Bestandteil des CORBA-Standards. Dabei handelt es sich um eine abstrakte, programmiersprachenunabhängige Beschreibungssprache, welche die an der Schnittstelle von Objekten sichtbare Funktionalität beschreibt und dabei Implementierungsdetails der eigentlichen Objekte verbirgt. Im wesentlichen werden mit der IDL Attribute und Operationen sowie deren Parameter spezifiziert.

Die eigentliche Realisierung der Objektfunktionalität wird nicht in dieser deskriptiven Sprache vorgenommen, sondern in einer konventionellen Programmiersprache. Wie den Konstrukten der IDL äquivalente Konstrukte einer Programmiersprache zugeordnet werden, wird durch das sogenannte Language Mapping festgelegt. Für jede der o.g. Programmiersprachen gibt es ein gesondertes Language Mapping, da zum Beispiel bei objektorientierten Sprachen Interfacedefinitionen von der IDL in Klassen umgesetzt werden, nichtobjektorientierte Sprachen benötigen andere Mechanismen. Der CORBA-Standard spezifiziert dabei die notwendigen Sprachabbildungen für C, C++ und Smalltalk. In Bearbeitung befinden sich auch Sprachabbildungen für Java, Cobol und FORTRAN. Die lexikalische Syntax der IDL ist an die Programmiersprache C++ gekoppelt.

Zusätzlich wurde die IDL um Schlüsselwörter zur Unterstützung des Verteilungsaspekts erweitert. So muß bei der Parameterübergabe beispielsweise nicht nur der Bezeichner mit seinem Typ angegeben werden, sondern auch die Richtung eines Parameters, d.h. ob er als Input bzw. Output für ein Objekt Verwendung findet. Dazu existieren die Schlüsselwörter `in`, `out` und für bidirektionale Parameter `inout`. Das Schlüsselwort `oneway` erlaubt ferner die Spezifikation von Operationen, die weder Rückgabeparameter noch `out`- oder `inout`-Parameter besitzen. Um die Sprachanbindung zu anderen Programmiersprachen zu ermöglichen, wurde bei Festlegung der IDL-Syntax außerdem auf gewisse Fähigkeiten von C++ verzichtet, die sich in anderen Sprachen nicht direkt abbilden lassen, z.B. das Überladen von Operatorfunktionen und Methoden.

Die IDL-Syntax ist unter Verwendung der Extended Backus Naur Form (EBNF) spezifiziert. Eine IDL-Beschreibung besteht demnach aus einer oder mehreren Typ-, Konstanten-, Ausdrucks- und Moduldefinitionen, die logisch in Files mit dem Namenssuffix „`.idl`" verwaltet werden. Eine Moduldefinition selbst ist eine Menge von einer oder mehreren Schnittstellendefinitionen. Mittels eines Vererbungsmechanismus kann eine Schnittstelle Eigenschaften anderer Schnittstellen erben, wobei auch Mehrfach-vererbungen möglich sind.

Nach dem ORB soll nun auf die anderen Bestandteile des CORBA-Standards eingegangen werden.

2.2.3
Die CORBA-Komponenten

Auf den ORB greifen drei verschiedene Klassen von Diensten zu, die zum Teil in CORBA standardisiert werden.

Zunächst werden die CORBAservices betrachtet. Unter diesen Diensten versteht man elementare, betriebssystemähnliche Funktionen, die als CORBA-Objekte in das System integriert werden können und über Schnittstellen verfügen, die in der IDL spezifiziert wurden. Während die Schnittstellen im Standard beschrieben sind und die Funktionalität der entsprechenden Dienste spezifiziert wird, schreibt die OMG aber nicht vor, wie diese CORBAservices zu realisieren sind. Die CORBAservices stellen Basisdienste dar, die nach Möglichkeit von allen ORBs bereitgestellt werden sollten, um eine Basis für die Anwendungsentwicklung zu haben. Interessant ist das Zustandekommen der Vielzahl von CORBAservices. Mittels Requests for Proposals wurden von der OMG Vorschläge für die Standardisierung von CORBAservices gesammelt. Dieser Prozeß ist noch nicht abgeschlossen, vielmehr kommen ständig neue Dienste hinzu, die als CORBAservices in den Standard aufgenommen werden. Im folgenden Kapitel wird ausführlicher auf die CORBAservices eingegangen, besonderes Augenmerk wird im dritten und vierten Kapitel auf den Event Service sowie den Trading Service gerichtet.

Die zweite Klasse von Diensten stellen die CORBAfacilities dar. Darunter versteht man eine Sammlung von zusätzlichen Diensten, die eher auf die Bedürfnisse spezieller Anwender zugeschnitten sind. Diese Dienste sind sowohl für horizontale als auch vertikale Anwendungsbereiche definiert. Bislang wurden vier horizontale CORBAfacilities standardisiert. Sie dienen dem Editieren von sogenannten Compound Documents, wofür OpenDoc von der OMG als Standard gewählt wurde, sowie dem Informations-, System- und Taskmanagement. Die vertikalen CORBAfacilities konzentrieren sich auf spezielle Marktsegmente wie die Telekommunikation, Medizin und Finanzwirtschaft. Im Gegensatz zu den CORBAservices sind die CORBAfacilities optional und werden nicht von allen Plattformen unterstützt. Ein Dienst zählt genau dann zu den CORBAfacilities, wenn die folgenden drei

Kriterien erfüllt sind: erstens wird die Kommunikation des Dienstes mittels eines ORBs realisiert, zweitens hat der Dienst eine OMA-konforme Schnittstelle und drittens hält die OMG die Einsatzmöglichkeiten dieses Dienstes für allgemein und wesentlich und führt eine Standardisierung des Dienstes durch. Die standardisierten CORBAfacilities sind ebenfalls von der OMG verzeichnet.

Schließlich besitzt jede CORBA-Umgebung anwendungsspezifische Objekte, welche auf die speziellen Bedürfnisse und Anforderungen zugeschnitten sind. Diese Anwendungen werden in der Regel nicht von Firmen erstellt, die mit der Implementierung von CORBA-konformen Verteilungsplattformen beschäftigt sind, sondern werden direkt von den Institutionen entwickelt, welche die Anwendungen später auch nutzen. Durch die CORBA-konforme Entwicklung von Anwendungen entsteht der Nutzen des Zugänglichmachens für alle im Netz integrierten Kunden, d.h. die Wiederverwendbarkeit der Funktionalität durch andere Anwendungen ist gegeben.

2.2.4
CORBA und Interoperabilität

Der Begriff der Interoperabilität besitzt in verschiedenen Kontexten unterschiedliche Bedeutungen. Im Zusammenhang dieser Arbeit soll darunter die Fähigkeit verstanden werden, daß unterschiedliche Hard- und Softwarekomponenten miteinander kooperieren können.

In [Re 96] werden mehrere Arten von Interoperabilität klassifiziert.

- **Interoperabilität zwischen Objekten**
  Die einfachste Art ist Interoperabilität zwischen Objekten. Durch objektorientierte Programmiersprachen werden Methodenaufrufe ermöglicht und die Autonomie der Objekte durchbrochen.

- **Interoperabilität zwischen Programmiersprachen**
  Oft werden verschiedene Programmiersprachen benötigt, so daß zwischen diesen eine Interoperabilität notwendig ist. Die Vermittlung von Aufrufen über verschiedene Programmiersprachen hinweg sowie die ggf. erforderliche Konvention von Daten kann von einem ORB übernommen werden.

- **Interoperabilität zwischen Rechnern**
  Die nächste Stufe ist die Interoperabilität zwischen Rechnern, diese Problemstellung wird auch als Inter-Objekt-Kommunikation zur Überwindung von Rechnergrenzen bezeichnet. Der o.g. Remote Procedure Call

ist ein Instrument, mit dem diese Form von Interoperabilität erreicht werden kann.

- **Interoperabilität zwischen ORBs**
  Wird ein ORB innerhalb eines Verteilten Systems verwendet, so kann sich auch die Notwendigkeit der Verwendung eines zweiten ORBs ergeben, zum Beispiel weil dieser ORB andere Language Mappings unterstützt oder andere CORBAservices anbietet. In diesem Fall ist eine Interoperabilität zwischen den ORBs wünschenswert, um eine Zusammenarbeit dieser verschiedenen ORBs zu ermöglichen.

- **Interoperabilität zwischen Kommunikationsplattformen**
  Eine weitere Form der Interoperabilität besteht zwischen verschiedenen Kommunikationsplattformen, falls nicht ausschließlich der ORB benutzt wird, sondern auch andere Kommunikationsmechanismen im System vorhanden sind. Zu diesem Zweck müssen sogenannte Gateways eingeführt werden. Sie bilden die Berührungsstelle zwischen zwei verschiedenartigen Systemen und sind für die Umwandlung von Requests, die über den ORB zugestellt werden, in Aufrufe anderer Systeme bzw. umgekehrt zuständig. Auch die Umwandlung von Datenformaten, die Zuordnung von Objektreferenzen und andere Konvertierungen sind dabei zu übernehmen. Ein praktisches Beispiel dieser Klasse von Interoperabilität ist das von Orbix 2.0 bereitgestellte Gateway zu OLE / COM.

- **Interoperabilität zwischen Diensten**
  Schließlich besteht die allgemeinste Form der Interoperabilität zwischen verschiedenen Diensten bzw. Anwendungen. Dabei müssen auch Absprachen über die Interpretation der ausgetauschten Daten in die Betrachtungen einbezogen werden. Zur Zeit gibt es für diesen Problemkreis keine allgemeingültigen bzw. standardisierten Ansätze, sondern nur problemspezifische Betrachtungen.

CORBA unterstützt seiner Zielsetzung nach die ersten drei der aufgelisteten Formen von Interoperabilität, ab der CORBA-Version 2.0 werden auch Ansätze zur Interoperabilität über ORB-Grenzen hinweg diskutiert. Für die Zusammenarbeit von ORBs gibt es zwei prinzipiell verschiedene Möglichkeiten:

1. können alle ORBs ein einheitliches Protokoll für die Kommunikation zwischen einem ORB auf Client- und einem ORB auf Serverseite unterstützen, die OMG hat dafür den Begriff des General Inter-ORB Protocols (GIOP) geprägt, und

2. kann jeder ORB sein eigenes Protokoll verwenden, zwischen den Systemen jedoch Brücken nutzen, die eine Protokollumwandlung realisieren.

Diese beiden Arten der Interoperabilität sind in Abb. 2.9 noch einmal gegenübergestellt.

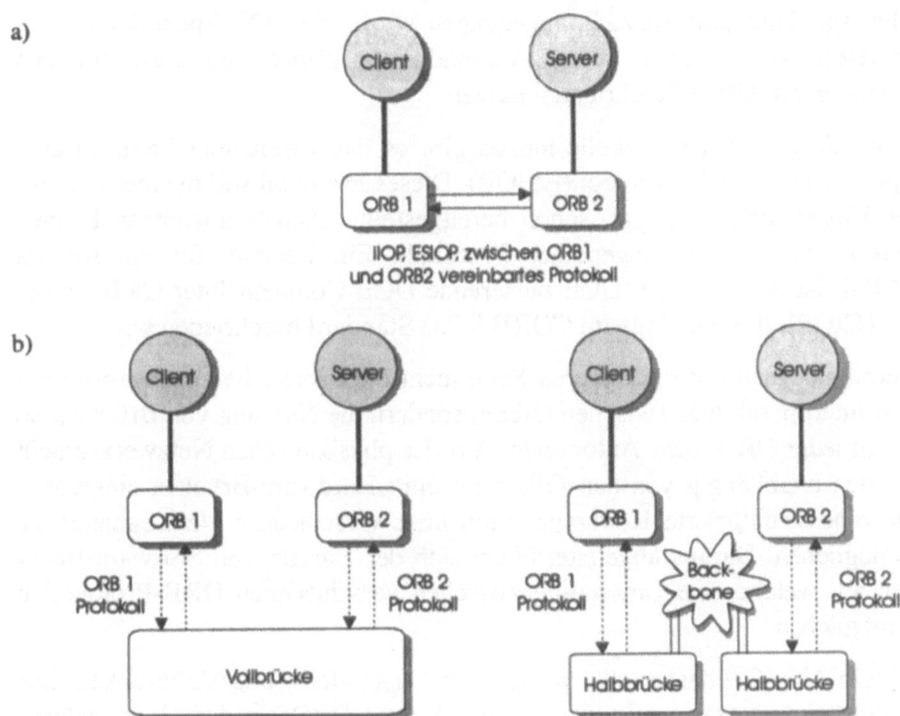

Abb. 2.9. Interoperabilität zwischen ORBs (a) mittels standardisierter Protokolle und (b) mittels Backbone-Konzepten

Für die Realisierung des GIOP ist intern eine Abbildung auf ein verbindungsorientiertes Transportprotokoll notwendig, das eine kleinere Anzahl von Voraussetzungen erfüllt. Dabei wird eine Common Data Representation (CDR) verwendet, das heißt, eine Transfersyntax, welche OMG IDL Datentypen in eine bikanonische Lowlevel-Darstellung für den Transfer zwischen ORBs und Inter-ORB-Brücken bzw. Agenten umwandelt. Ferner werden GIOP-Nachrichtenformate, eine neue ORB-übergreifende Form der Objektreferenzen, die Interoperable Object References (IOR), und bestimmte Transportannahmen betrachtet. Die genaue Funktionsweise dieses Protokolls ist im CORBA-Standard der Version 2.0 beschrieben.

Ausgehend davon, daß das GIOP über TCP/IP-Verbindungen läuft, gibt es die Möglichkeit, auf ein spezielles Protokoll zurückzugreifen, das sogenannte Internet Inter-ORB Protocol (IIOP). Das IIOP ist keine separate Spezifikation, es ist vielmehr eine Spezialisierung, bei welcher auf den Internet IOP Message Transport speziell eingegangen wird. Die IIOP Spezifikation beschreibt, wie Agenten TCP/IP-Verbindungen öffnen und diese für den Transfer von GIOP-Nachrichten nutzen.

Über diese beiden Protokolle hinaus gibt es das sogenannte Environment-Specific Inter-ORB Protocol (ESIOP). Dieses Protokoll soll in einer konkreten Einsatzumgebung ggf. schon bereitgestellte Dienste ausnutzen können und ist ein speziell angepaßtes Protokoll. Ein Beispiel für ein solches ESIOP ist das auf OSF/DCE basierende DCE Common Inter-ORB Protocol (CIOP), das ebenfalls im CORBA 2.0-Standard beschrieben wird.

Betrachtet man auf der anderen Seite nicht die Protokolle zur Realisierung von Interoperabilität zwischen ORBs, sondern die Nutzung von Brücken, so erhält jeder ORB mehr Autonomie. Auf der physikalischen Netzwerkschicht werden unabhängig von den ORBs ohnehin Hardware-Brücken eingesetzt, um eine strukturierte Kommunikation über verschiedene Netzsegmente zu ermöglichen. Daraus abgeleitet bietet sich der Einsatz von Software-Brükken an, welche eine Umsetzung zwischen verschiedenen ORB-Protokollen ermöglichen.

Wie in Abb. 2.9 dargestellt, unterscheidet man Halb- und Vollbrücken. Die Vollbrücken setzen direkt das Protokoll eines ORBs in das eines anderen ORBs um; Halbbrücken beziehen sich auf ein allgemeines Zwischenformat. So ist es beispielsweise denkbar, daß das Protokoll eines ORBs zunächst auf das IIOP überführt wird und dieses auf der anderen Seite in das des zweiten ORBs. Sind mehrere ORBs innerhalb eines Verteilten Systems genutzt worden und ist deren Interoperabilität in irgendeiner Form stabil laufend und fehlerunanfällig realisiert, so bemerkt der Anwender des Systems gar nicht, daß verschiedene ORBs im System vorhanden sind. Auch der Entwickler braucht wegen der vereinheitlichten Programmierschnittstelle nicht speziell darauf Rücksicht zu nehmen, daß eine Anwendung über ORB-Grenzen hinweg aktiv ist. Lediglich der Systemadministrator hat dann mehrere ORBs zu verwalten.

2.2.5
Verschiedene CORBA-Implementierungen

Mit der Common Object Request Broker Architecture hat die OMG einen Standard geschaffen, der die Basis für Interoperabilität in Verteilten Systemen darstellt. Da jedoch keine Referenzimplementierung vorgeschlagen bzw. angeboten wurde, sind mehrere Produkte auf den Markt gekommen. Die eigentliche CORBA-Spezifikation definiert lediglich das Verhalten eines ORBs, bezüglich der Realisierung bleiben jedoch einige Freiheiten. Um eine geeignete CORBA-Implementierung auszuwählen, sollen im folgenden die handelsüblichen Produkte verglichen werden.

Die vorhandenen CORBA-Implementierungen unterscheiden sich in der Art, in der sie entwickelt und implementiert wurden. Hinzu kommt für die Auswahl einer Verteilungsplattform, daß in der Praxis unterschiedliche Kriterien zu berücksichtigen sind. Die aus Anwendungssicht an eine CORBA-basierte Verteilungsplattform gestellten Anforderungen werden im folgenden nach [Li 97] zusammengefaßt.

- Zur Unterstützung der Heterogenität ist eine Integration aller verwendeten Plattformen durch den ORB notwendig, der jede vorhandene Form von Hardware und alle genutzten Betriebssysteme unterstützen soll. Dabei sollte nicht nur die aktuelle Situation eines Unternehmens betrachtet, sondern auch die mittelfristige Entwicklungstendenz der Firma einbezogen werden, um das Problem der Heterogenität im voraus in seiner gesamten Komplexität zu erfassen.

- Um die notwendige Offenheit zu anderen CORBA-Implementierungen zu wahren, sollte bei der Auswahl einer CORBA-Implementierung die Möglichkeit erhalten bleiben, mit anderen CORBA-Implementierungen zu interagieren. Speziell bedeutet dies, daß das in der CORBA 2.0 Spezifikation eingeführte Internet Inter-ORB Protocol unterstützt werden sollte. Auf diese Weise wird ein Einsatz alternativer CORBA-Implementierungen zu einem späteren Zeitpunkt unter Weiterverwendung der bereits entwickelten Dienste ermöglicht [HoTo 96].

- Es ist ferner zu überlegen, inwiefern die Ausfallsicherheit der Verteilungsplattform unbedingt gewährleistet sein muß. So gibt es oft neue Produkte, die durch eine Vielzahl neuer Funktionalitäten bestechen, jedoch noch nicht so lange getestet bzw. in realen Systemen erprobt wurden, als daß ein stabiles und fehlerfreies Laufen garantiert werden kann. Ist dieser Aspekt der Sicherheit und Zuverlässigkeit von großer Bedeutung, so soll lieber auf bewährte Systeme zurückgegriffen und die zusätzliche Funktionalität ggf. auf andere Art integriert werden.

- In der Regel spielt auch die Leistungsfähigkeit eine zentrale Rolle bei der Auswahl der Verteilungsplattform. So sollte eine schnelle und effiziente Bearbeitung von Anfragen möglich sein. Dies kann beispielsweise durch den Einsatz von Multithreads ermöglicht werden, die eine parallele Bearbeitung von Anfragen gewährleisten. Sind derartige Mechanismen erforderlich, so muß jedoch auch die Verteilungsplattform Multithreads unterstützen.

- Oft werden Verteilte Systeme stetig erweitert. Verteilungsplattformen können dann an die Grenze ihrer Funktionalität stoßen. Aus diesem Grund muß im voraus eine mögliche obere Grenze von Clients und Servern im Verteilten System abgeschätzt und ferner überprüft werden, inwiefern das System skalierbar ist und dieser Kundenanzahl gerecht werden kann.

- Schließlich sollten von der CORBA-Plattform alle erforderlichen Programmiersprachen unterstützt werden, die im jeweiligen Projekt verwendet werden. Dazu muß überprüft werden, welche Language Mappings der IDL in der CORBA-Plattform realisiert sind, um die Entwickler und Programmierer ihrer Ausbildung und ihren Vorkenntnissen gemäß effizient einsetzen bzw. vorprogrammierte oder vorhandene Module nutzen zu können.

Basierend auf diesen Qualitätsmerkmalen wurden die existierenden CORBA-Implementierungen nach verschiedenen Kriterien bewertet. Tabelle 2.1 zeigt eine Gegenüberstellung verschiedener Bewertungskriterien bezogen auf die unterschiedlichen CORBA-Implementierungen. In der Tabelle sind entscheidende Schwächen noch einmal durch graue Schattierungen hervorgehoben. Es wurde insgesamt auch weniger Augenmerk auf technische Realisierungsdetails wie zum Beispiel den Object Adapter, das Implementation Repository und verwendete Kommunikationsmechanismen gelegt, sondern vielmehr aus Anwendersicht betrachtet, welche Verteilungsplattform zum momentanen Zeitpunkt für eine verteilte Anwendung verwendet werden sollte.

Im folgenden soll in Anlehnung an [Ho 96] und [Li 97] auf die einzelnen Produkte noch einmal eingegangen werden. Dabei wird auch die Zuordnung getroffen, welche Firma der Hersteller der jeweiligen Produkte ist. Die Reihenfolge ist willkürlich gewählt, unterscheidet sich jedoch in der Tabelle und der folgenden Aufzählung nicht.

Tabelle 2.1. Vergleich verschiedener CORBA-Implementierungen

Unterstützte Plattformen:	NEO	Object Broker	DSOM	Visi-Broker	DST	ORB+	Orbix
Solaris 2.x	✓	✓	-	✓	✓	✓	✓
AIX	-	✓	✓	✓	-	-	✓
HP-UX	-	-	-	-	✓	✓	✓
Windows NT	-	✓	-	✓	✓	✓	✓
Windows 3.1	-	✓[a]	✓	-	✓	-	-
Apple Macintosh	-	✓[b]	-	-	✓	-	✓
Open VMS	-	✓	-	-	-	-	✓
OS/2	-	✓	✓	-	-	-	✓
CORBAservices							
Naming	✓	✓	-	-	✓	✓	✓[b]
Event	✓	-	-	-	✓	✓	✓[c]
Life Cycle	✓	-	-	-	✓	✓	-
Relationship	✓	-	-	-	✓	-	-
Properties	✓	-	-	-	-	-	-
Concurrency	-	-	-	-	✓	-	-
Transaction	-	-	-	-	✓	-	-
CORBA 2.0 konform	-	-	-	✓[a]	✓	✓	✓
IIOP unterstützt	-[c]	-	-	✓	-	✓	✓
Multithreading	✓	-	✓	-	-	-	✓
OLE Anbindung	-	✓	-	-	✓	-	✓
Skalierbarkeit	✓	✓	✓	✓	✓	✓	✓
Sprachabbildung							
C/C++	✓	✓	✓	✓	-	✓	✓
Smalltalk	-	-	-	-	✓	-	-

[a] reine Client-Funktionalität

[b] β-Version, die aufgrund der fehlenden Realisierung von typed events nicht CORBA-konform ist

[c] kann über DOE Talk mit Orbix kooperieren

- **SUN-NEO** [Sun 95], [Sun 96b]
  Das Produkt Network Enabled Objects (NEO) ist die CORBA-Implementierung der Firma Sun Microsystems. NEO verfügt über einige

brauchbare Merkmale. So wird der Entwickler durch verschiedene Werkzeuge wie beispielsweise einen Codegenerator, Compiler, verteilte Debugger und Administrationswerkzeuge unterstützt. Positiv ist auch das abgesicherte Multithreading, welches momentan noch nicht bei allen CORBA-Implementierungen selbstverständlich ist. Zusätzlich bietet NEO einen Persistence Service an. Dazu werden die Objekte in der Data Definition Language (DDL) beschrieben, einer Sprache, die an die IDL anlehnt. Aber NEO hat auch Nachteile, die dieses Produkt momentan anderen Produkten deutlich unterliegen lassen. So ist NEO ausschließlich auf dem Betriebssystem Solaris verfügbar und unterstützt anfänglich den CORBA-Standard 2.0 noch nicht, womit gleich zwei der o.g. Anforderungen nicht erfüllt sind.

- **DEC Object Broker** [DEC 94], [DEC 96]
  Der DEC Object Broker ist die CORBA-Implementierung der Firma Digital. Dieses Produkt läuft auf mehreren Plattformen, wobei einige nur die Implementierung von Clients unterstützen. Basierend auf diesen Qualitätsmerkmalen wurden die existierenden CORBA-Implementierungen nach verschiedenen Kriterien bewertet. Tabelle 2.1 zeigt eine Gegenüberstellung verschiedener Bewertungskriterien bezogen auf die unterschiedlichen CORBA-Implementierungen. In der Tabelle sind entscheidende Schwächen noch einmal durch graue Schattierungen hervorgehoben. Es wurde insgesamt auch weniger Augenmerk auf technische Realisierungsdetails wie zum Beispiel den Object Adapter, das Implementation Repository und verwendete Kommunikationsmechanismen gelegt, sondern vielmehr aus Anwendersicht betrachtet, welche Verteilungsplattform zum momentanen Zeitpunkt für eine verteilte Anwendung verwendet werden sollte.

Im folgenden soll in Anlehnung an [Ho 96] und [Li 97] auf die einzelnen Produkte noch einmal eingegangen werden. Dabei wird auch die Zuordnung getroffen, welche Firma der Hersteller der jeweiligen Produkte ist. Die Reihenfolge ist willkürlich gewählt, unterscheidet sich jedoch in der Tabelle und der folgenden Aufzählung nicht.

Tabelle 2.1Bezüglich der Schnittstellenbeschreibung gibt es beim Object Broker zwei zusätzliche Ausprägungen. So können Charakteristika der Implementierungen jeder Schnittstelle durch eine Implementation Mapping Language (IML) beschrieben werden, in welcher die C-Funktionen, die die Implementierung ausmachen, definiert werden. Mit für den Object Broker spezifischen Werkzeugen werden die Definitionen in das Implementation Repository geladen und mit dem Repository Manager verwaltet. Mit der Method Mapping Language (MML) können ferner Kriterien für die Auswahl von Implementierungen für Schnittstellen und Operationen angegeben werden, welche auch im IR verwaltet und beim Zugriff auf Objekte berücksichtigt werden. Der Object Broker hat Stärken bei der Verteilung von Anwendungen auf mehrere Rechner und bei der Integration von existierenden Anwendungen. Er bietet ferner einen Security Service und ein OLE-Portal an. Schwächen sind jedoch die mangelnde Unterstützung der objektorientierten Aspekte von CORBA. Auch das anfängliche Fehlen der CORBA 2.0-Konformität läßt diese COR-BA-Implementierung nicht optimal erscheinen.

- **IBM-DSOM** [IBM 94], [IBM 96]
  Das Distributed System Object Model (DSOM) ist im wesentlichen eine Erweiterung des System Object Models (SOM) der Firma IBM in Richtung CORBA-Konformität. SOM ist ein Mechanismus, der die Erstellung sogenannter binärkompatibler Klassenbibliotheken ermöglicht. Durch die Release-to-Release Binary Compatibility (RRBC) wird die feste Verbindung zwischen Klassenbibliothek und Client aufgehoben. DSOM ist ein überwiegend bibliotheksbasierter ORB, der um einen sogenannten Aktivierungsdämon auf jeder Maschine ergänzt wird. Von DSOM wird CORBA 1.2 unterstützt, eine Sprachanbindung von C und C++ angeboten sowie der BOA als abstrakte Schnittstelle bereitgestellt. Implementiert ist eine Spezialisierung des BOA, der sogenannte SOM Object Adapter (SOMOA). Das Dynamic Invocation Interface wird unterstützt. Durch die bei der Entwicklung angestrebte Objektorientierung rückte jedoch eine Unterstützung des Verteilungsaspekts in den Hintergrund. Auch wenn DSOM einige über CORBA hinausgehende Leistungsmerkmale besitzt, so ist nicht zuletzt durch eine vergleichsweise umständliche Entwicklung auch diese Implementierung aus Anwendersicht nicht optimal.

- **VisiBroker von Visigenic** [PMC 95], [Vi 96]
  Der VisiBroker der Firma Visigenic ist eine Weiterentwicklung der ursprünglichen CORBA-Implementierung ORBeline der Firma Post Modern Computing (PMC). ORBeline ist überwiegend in Form von Bibliotheken realisiert, welche den ORB Core und den BOA enthalten. Es gibt zwei besondere Prozesse: den Smart Agent, der die Verbindung zwischen Client- und Serverprozessen herstellt, und den Object Activation Daemon (OAD), welcher die Serverprozesse startet. ORBeline unterstützt die CORBA 1.2 IDL-Syntax und bietet eine C++-Sprachanbindung an.

Der IDL-Compiler erzeugt die Stubs und Skeletons. Das IR ist ein eigenes CORBA-Objekt, das bei Bedarf von einem Werkzeug mit Schnittstellen gefüllt werden kann. Die Daten des IR werden dabei in einer Datei verwaltet. Nachteilig ist, daß ORBeline keine Zugriffsrechte oder Sicherheitsmechanismen kennt. Ebenso ist es nicht von Vorteil, daß keine CORBAservices unterstützt werden. Ferner ist zu bemängeln, daß in der Dokumentation die Leistungsmerkmale der Objektmigration und Replikation auftreten, die Realisierung jedoch nicht dem eigentlichen Sinn dieser Begriffe entspricht. Unabhängig von alledem ist ORBeline eine leicht zu benutzende, leicht einzusetzende und leicht zu wartende CORBA-Implementierung.

Nachdem mehr als 1000 Universitätsmitglieder auf der ganzen Welt das Produkt ORBeline in Lehre und Forschung genutzt haben, wurde PMC von der Firma Visigenic Software übernommen. Das Produkt ORBeline 2.0 wurde dann unter dem Namen VisiBroker weiterentwickelt und vertrieben. Insbesondere durch das Angebot von Fehlertoleranz und dynamischen Verzeichnisdiensten geht der VisiBroker über die Vorgaben von CORBA 2.0 hinaus. Mit einem IIOP für verteilte Java Applets soll ein Nachrichtenstandard für das Internet neu definiert werden. Für C++ ist der VisiBroker für eine Vielzahl von Betriebssystemen wie AIX, Digital Unix, HP-UX, SGI Irix, Sun OS, Sun Solaris, Windows NT, Windows 95 und Windows 3.x verfügbar.

- **HP-DST** [HP 96a]
  Das Produkt Distributed Smalltalk (DST) der Firma Hewlett Packard ist eine Erweiterung der VisualWorks-Entwicklungsumgebung von Parc Place um die Möglichkeit, CORBA-konforme Anwendungen zu entwikkeln. Es ist vollständig in Smalltalk geschrieben und unterstützt eine erweiterte IDL, wobei IDL-Schnittstellen vom IDL-Generator direkt aus Smalltalk-Klassen generiert werden. Das Interface Repository muß in DST in jedem ORB-Image enthalten sein, wobei ein Smalltalk-Image auf jeder Maschine die ORB-Core-Funktionalität übernimmt und permanent verfügbar sein muß. Interface und Implementation Repository sind direkt miteinander verzahnt. Im Interface Repository werden die verfügbaren Schnittstellen verwaltet, und es enthält alle Objekte, die diese Schnittstelle anbietet. Damit stellt es die zentrale Informationsquelle für DST dar. Nachteilig bei HP-DST ist, daß jeder Zugriff auf ein entferntes Objekt von einem zentralen Agenten behandelt wird, der das Interface Repository zum Lokalisieren von Objekten benutzt. Durch die zentrale Verwaltung aller Objekte kann zwar z.B. die Migration von Objekten

leicht realisiert werden, der Aufwand für die Verwaltung der Objektreferenzen und die dynamische Auflösung dieser Referenzen ist jedoch bei jedem Zugriff sehr hoch. Prinzipiell besitzt DST noch den Vorteil, daß einige CORBAservices angeboten werden und das IIOP unterstützt wird. Aus diesen Gründen gibt es für verteilte Smalltalk-Anwendungen zur Zeit keine Alternative zu HP DST. Aufgrund der fehlenden C++-Sprachabbildung kommt der ORB jedoch für zahlreiche Problemstellungen nicht in Betracht.

- **HP ORB+** [HP 96b]
  Der ORB+ wurde ebenfalls von der Firma Hewlett Packard entwickelt. In vielen Punkten stimmen die beiden Produkte HP DST und HP ORB+ auch überein. Der ORB+ besitzt jedoch zum Teil noch Kinderkrankheiten. Leider widerspricht dieses Produkt auch den besonderen Anforderungen, die an Sicherheit und Zuverlässigkeit ständig mehr gestellt werden. Der HP ORB+ unterstützt nur wenige Plattformen, und auch die von ihm angebotenen CORBAservices sind nicht in allzu großer Anzahl verfügbar. Dem gegenüber unterstützt HP ORB+ jedoch das IIOP.

- **Iona-Orbix** [Iona 95b], [Iona 96a]
  Orbix ist die CORBA-Implementierung der Firma IONA Technologies. Dieses Produkt wurde als reine CORBA-Implementierung entwickelt und ist seit Mitte 1993 verfügbar. Die aktuelle Version unterstützt nahezu alle wichtigen Betriebssysteme. Bei Orbix handelt es sich um einen bibliotheksbasierten ORB, welcher durch einen Daemon vervollständigt wird, der das Implementation Repository realisiert und für die Aktivierung von Implementierungen zuständig ist. Dieser Daemon stellt die direkte Verbindung zwischen Client und Server her und ist im Falle einer reibungslosen Kommunikation weiter nicht beteiligt. Orbix unterstützte die IDL zunächst nach der CORBA 1.2-Spezifikation und bietet eine Sprachanbindung für C++ an. Der IDL-Compiler erzeugt Stubs und Skeletons und füllt optional das Interface Repository, das jedoch vom ORB selbst nicht benötigt wird, da alle relevanten Informationen in den Stubs enthalten sind. Das Interface Repository ist als eigener optionaler CORBA-Server realisiert, der je nach Bedarf ein oder mehrmals in einem Netz installiert sein kann. Orbix bietet den BOA an, und auf einigen Plattformen können Objektimplementierungen auch multithreaded realisiert werden. Nach der Erstellung eines Servers kann dieser im Implementation Repository realisiert werden. Dabei können jedem Server benutzerspezifische Zugriffsrechte gegeben werden. Die Entwicklung von CORBAservices ist noch nicht in produktreifer Form erfolgt, hier be-

steht auch ein Nachteil dieses Produkts, obwohl an dessen Beseitigung gearbeitet wird. Zusätzliche Leistungsmerkmale erhält Orbix durch die Integration mit anderen Produkten wie objektorientierten Datenbanken oder fehlertoleranten Netzprotokollen. Von Bedeutung ist auch die Integration von Microsoft OLE. Ab Version 2.0 unterstützt Orbix das CORBA 2.0 IIOP. Zusammenfassend kann man die Bedeutung von Orbix dadurch charakterisieren, daß diese CORBA-Implementierung ein schlankes Programm ist, dessen Vorteile in der Unterstützung vieler Plattformen und einer einfachen Benutzbarkeit liegen. Die von den Herstellern angegebene hohe Leistungsfähigkeit wird später diskutiert.

Diese Aufzählung widerspiegelt die vielleicht wichtigsten und bekanntesten Ansätze, ist jedoch keineswegs vollständig. Die Anzahl der Hersteller kommerzieller und frei verfügbarer ORBs erhöht sich quasi monatlich.

Weitere kommerzielle CORBA-Implementierungen

So wird 'CORBAplus – The ORB for the Enterprise' von der Firma Expersoft für die Entwicklung von netzfertigen Unternehmensanwendungen angeboten. CORBAplus [COR+ 97] bietet einige zusätzliche Funktionalitäten an, einen asynchronen request/response-Mechanismus ohne Blockierung, der für Operationen mit längerer Ausführungszeit im Server oder auch Multicastanfragen von Interesse sein kann, einen pass-by-value-Mechanismus, und es verspricht auch ein voll bidirektionales COM/CORBA-Interworking. Aktuell unterstützt das CORBA 2.0-konforme Produkt jedoch nur C++, Java und Visual Basic – es ist verfügbar für Windows 95 und NT, Sun Solaris, HP-UX, IBM AIX und DEC UNIX.

Das Produkt 'DAIS – The Commercial ORB' der Firma ICL verspricht, mehr als 30 Systemtypen miteinander verbinden zu können [DAIS 97], insbesondere unterstützt dieses CORBA 2.0-konforme Produkt sprachseitig C und C++ und betriebssystemseitig Windows 3.x, 95 und NT, Solaris sowie Unix auf verschiedenen Plattformen. Kommerziell dürfte die Implementierung eines Security Services von Interesse sein, die Liste der positiven Merkmale ist jedoch mit dem Event Service und dem Transaction Service sowie einer erhöhten Leistungsfähigkeit durch Multithread-Unterstützung bereits abgeschlossen.

Interessant ist, daß auch die APM nach der sehr frühen Entwicklung der Verteilungsplattform ANSAware nun mit ihrem Produkt Jade [Jad 96] eine CORBA-Infrastruktur anbietet. Dabei steht der Zugang von in Java geschriebenen Web-Objekten zu CORBA-Objekten im Vordergrund. Unter dem Motto, daß Kunden keine Software, sondern Dienste kaufen wollen, wird der Fokus auf das Internet gelegt.

Es existiert eine Reihe weiterer kommerzieller CORBA-Implementierungen, um nur einige zu nennen: RCP-ORB von Nortel, DOME von Object Oriented Technologies Ltd., Smalltalk Broker von DNS Technologies, Open Base von PrismTech, ObjectBus von TIBCO. Ein sehr schöner und auch aktueller Überblick zusammen mit weiteren Verweisen und einer Tabelle von Eigenschaften und unterstützten Diensten ist in [Eng 98] enthalten. Vielleicht besteht das Problem, daß manche Eigenschaften sich nicht diskret klassifizieren lassen und die entsprechenden Tabellen daher etwas relativiert werden müßten, der Überblick ist jedoch sehr wertvoll.

Frei verfügbare CORBA-Implementierungen

Aus der Vielzahl der frei verfügbaren CORBA-Implementierungen soll die MICO-Plattform erwähnt werden, Mico Is COrba. MICO ist CORBA 2.0-konform und wurde speziell für Lehrzwecke entwickelt. Die aktuelle Implementation [MICO 97] beinhaltet neben den ORB-Bestandteilen die C++-Sprachabbildung, eine Java-Schnittstelle, den Naming Service, Event Service sowie Unterstützung hinsichtlich Sicherheit.

Von großem Interesse ist auch The ACE ORB (TAO). Basierend auf dem objektorientierten Framework der Adaptive Communication Environment (ACE) wurde ein hochleistungsfähiger Real-Time-ORB entwickelt, der Ende-zu-Ende-Garantien für geforderte Dienstqualitäten liefert [TAO 97].

Eine Aufzählung und Gegenüberstellung weiterer CORBA-Implementierungen ist ebenfalls unter [Eng 98] zu finden.

Fazit

Durch Vergleich der Anforderungen mit den Produkten kommt man zu dem Ergebnis, daß der ORB+ und Iona-Orbix die beiden CORBA-Implementierungen darstellen, welche momentan am besten zum Einsatz in einem industriellen Umfeld geeignet sind. Obwohl der ORB+ hinsichtlich der CORBA-services etwas weiter ist, sprechen jedoch die Unterstützung des Multithreadings und der bereits erfolgreiche langjährige Einsatz dieser Verteilungsplattform im kommerziellen Umfeld deutlich für eine Entscheidung für Orbix. Hinzu kommt, daß Orbix durch einen weit verbreiteten Einsatz in Forschung und Industrie momentan die bedeutendste CORBA-Plattform ist. Auch Konferenzen wie die „Trends in Distributed Systems: CORBA and beyond" [SLM 96a], [SLM 96b] und deren Nachfolgerkonferenzen spiegeln diese Tendenz wider.

Aus diesem Grund wird Orbix als Referenzplattform für die weiteren Ausführungen verwendet. Die Konzepte und Mechanismen sind allgemein auch für andere CORBA-Implementierungen, zum Teil allgemein für andere Verteilungsplattformen gültig, Orbix-spezifische Implementierungsdetails werden in der Regel hervorgehoben.

Bevor sich das dritte Kapitel wegen der speziellen Bedeutung für die vorliegende Arbeit ausführlich den einzelnen CORBAservices widmet, soll im folgenden Abschnitt noch explizit auf den objektorientierten Entwurf von Verteilten Systemen eingegangen werden. Das vorgeschlagene Konzept geht dabei von einem Zielsystem mit einer abstrakten Schnittstellenbeschreibungssprache aus, optimaler Weise wird dazu die OMG IDL verwendet, auf welche die Methode zugeschnitten ist. Denkbar ist das allgemeine Vorgehen jedoch für den Entwurf jedes Verteilten Systems, das auf objektorientierten Techniken aufbaut.

2.3
Objektorientierter Entwurf Verteilter Systeme

Der Entwurf eines komplexen und verteilten Informationssystems unterscheidet sich grundlegend von dem Schreiben eines einfachen Programms. Um der resultierenden Komplexität gerecht zu werden, bedarf es geeigneter Spezifikationstechniken, welche den Entwurf solcher Systeme unterstützen.

Innerhalb der letzten gut drei Jahrzehnte haben sich auf dem Gebiet der formalen Beschreibungstechniken zahlreiche Entwicklungen ergeben. Seitens der theoretischen Informatik wurden verschiedenste Modellierungstechniken entwickelt, die unterschiedliche Akzeptanz unter den Praktikern fanden. So entstanden Spezifikationssprachen und Entwurfsmethoden wie Petrinetze ([BRR 87], [JeRo 91]), CSP ([Ho 85]), CCS ([Mi 89]), temporale Logiken ([Kr 87]), Z ([Sp 92]) und standardisierte formale Beschreibungstechniken ([Tu 93]) wie LOTOS, ESTELLE und SDL. In jüngster Zeit kamen dann Sprachen wie Esterel ([BeGo 92]), Lustre ([HCR+91]) und Reacto ([Jü 93]) hinzu, die auf die besonderen Anforderungen sogenannter reaktiver Systeme zugeschnitten sind. Eine gute Übersicht über die Stärken und Schwächen formaler Beschreibungstechniken für Verteilte Systeme gibt der gleichnamige Artikel [KVK+94].

Formale Beschreibungstechniken wurden bereits ursprünglich für den Einsatz in Kommunikationssystemen entwickelt. Ihrem Einsatz in der Praxis stehen jedoch neben den Pros auch einige Cons entgegen.

Für den Einsatz formaler Beschreibungstechniken spricht eine Vielzahl von Gründen:

- Im Kontext von Standardisierungsarbeiten wird es immer wichtiger, eine gemeinsame Gesprächsbasis zu haben. Zu diesem Zweck müssen Dienste und Protokolle so abstrakt und eindeutig wie möglich beschrieben werden. Fraglich ist, ob die Abstraktheit auch gleichzeitig die Lesbarkeit eines Standards ermöglicht. Die Spezifikation in einer abstrakten Form hat jedoch den Vorteil, spezielle Charakteristiken unterschiedlicher Plattformen in eine Implementierung zu integrieren.

- Ein weiteres Kriterium ist die Konformität der Implementierung gegenüber ihrer Spezifikation. Nur bei Verwendung einer formalen Spezifikation können Tools geeignet eingesetzt werden, um die Übereinstimmung zu testen, wenn die formale Beschreibung nicht schlechthin Voraussetzung ist, um eine klare und eindeutige Aussage hinsichtlich der Konformität zu erhalten.

- Konsistenz im Sinne einer widerspruchsfreien Formulierung von Anforderungen – ggf. zwischen verschiedenen Komponenten – kann in der Regel nur dann geprüft werden, wenn diese verschiedenen Komponenten in der gleichen Spezifikationssprache beschrieben wurden.

Die klassische Entwicklung von Spezifikationssprachen ging einher mit der Entwicklung von Rechnersystemen. Herkömmliche Prozesse liefen auf einem Rechner sequentiell ab. Dieses Modell ist jedoch im Zuge der immer komplexer werdenden Struktur Verteilter Systeme nicht mehr anwendbar. Verteilte Systeme besitzen spezielle Protokolle zur Kommunikation – so sind Broadcast, Unicast und Multicast zu modellieren –, der Nachrichtenaustausch kann in unterschiedlichen Formen stattfinden: über gemeinsame Datenzugriffe, Nachrichtenaustausch über Messages, entfernte Prozeduraufrufe oder Datenströme.

Durch nichtsequentielle Abläufe müssen neue Formen der Prozeßkooperation modellierbar werden. Oft ist dabei Synchronisation von Betriebsmitteln und Ressourcen erforderlich, so daß Begriffe wie kritische Regionen oder der wechselseitige Ausschluß entstanden. Dabei sind faire Konfliktlösungen zu finden und nichtdeterministisches Verhalten, das beispielsweise schon durch das Verlieren von Datenpaketen bei der Übertragung entstehen kann, geeignet in die Spezifikation einzubeziehen.

Hinzu kommen zum Teil bekannte Anforderungen, die aus Sicht der Softwareentwicklung entstehen. So sind einzelne Komponenten manchmal im Nachhinein zu verfeinern und Teilspezifikationen in anderen Systemen wiederzuverwenden.

Im folgenden soll ein ganz anderer Ansatz vorgestellt werden. Er ist eher heterogen und besteht aus der geeigneten Verknüpfung von zwei prinzipiell verschiedenen Entwurfstechniken, die in unterschiedlichen Phasen des Systementwurfs Verwendung finden, jedoch eine gemeinsame Schnittstelle enthalten, siehe auch [LLL+ 96b].

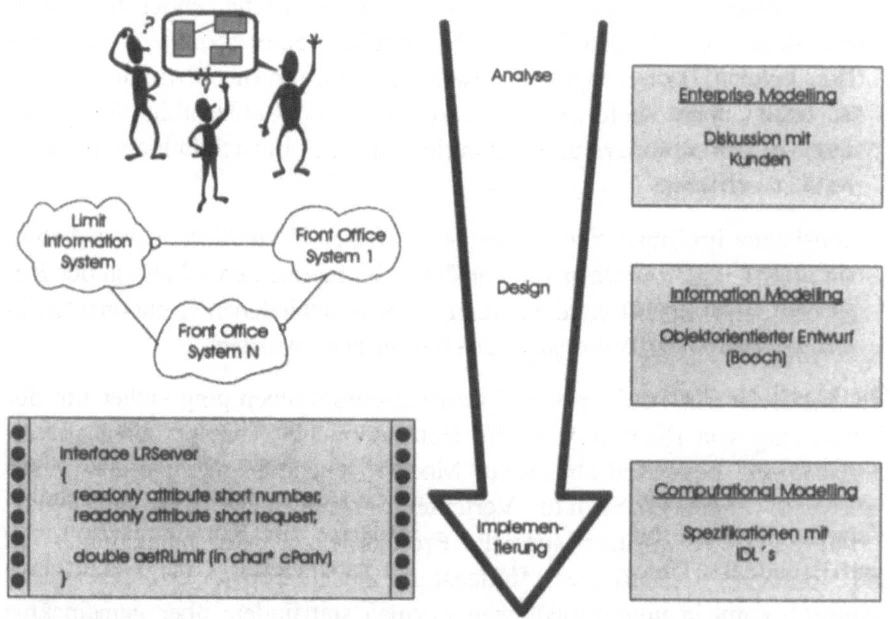

Abb. 2.10. Die Methode zur Entwicklung von komplexen Verteilten Systemen

Dieser grundlegend neue Ansatz ist durch die Verwendung zweier unterschiedlicher Spezifikationskonzepte für die jeweiligen Spezifizierer der entsprechenden Phase sehr praxisnah und unterstützt gleichzeitig das Ergebnis einer objektorientierten Verteilungsplattform durch eine geeignete Modularisierung der Komponenten.

Ausgangspunkt dieses Ansatzes ist das sogenannte Viewpointkonzept des Open Distributed Processing (ODP) Referenzmodells.

Das Viewpointkonzept

Beim Enterprise Viewpoint (Unternehmenssicht) wird das Augenmerk auf globale betriebswirtschaftliche Gesichtspunkte gelenkt, die kein Informatikwissen erfordern. Die Unternehmenssicht beschreibt lediglich Anforderungen an ein Unternehmensverhalten und Wechselwirkungen zwischen dem System und der Umgebung sowie das Zusammenspiel von verschiedenen Organisationen.

Der zweite Gesichtspunkt wird Information Viewpoint (Informationssicht) genannt. Er beschreibt die Informationsquellen, -senken und -flüsse sowie deren Struktur und charakterisiert alle Aktivitäten der Informationsverarbeitung.

Aus Sicht der Informatik am bedeutendsten ist der Computational Viewpoint, die sogenannte Verarbeitungssicht. Sie behandelt das System als Menge wechselwirkender Objekte und untersucht Algorithmen und Konzepte, welche die Funktionalität des Verteilten Systems in einer objektorientierten Art und Weise realisieren. Es werden allerdings keine produktspezifischen Realisierungsdetails betrachtet.

Der Engineering Viewpoint (Engineeringsicht) beschreibt das System rechnermäßig. In dieser Sichtweise wird z.B. festgelegt, welche Verteilungsplattform gewählt wird, ferner befaßt sie sich damit, wie Rechenoperationen und Algorithmen ausgeführt werden können. Sofern sich Analogien zwischen der Verarbeitungs- und der Engineeringsicht ergeben, bilden diese eine Einheit. Die entstehenden Probleme werden innerhalb verschiedener Informatikdisziplinen gemeinsam gelöst.

Schließlich existiert der sogenannte Technology Viewpoint (Technologiesicht), welcher eher in Aufgabenbereiche der Elektrotechnik fällt. Innerhalb dieser Sichtweise werden Realisierungen und Komponenten bis ins kleinste Detail betrachtet. Aus Informatiksicht greift man jedoch auf handelsübliche Produkte zurück, die nicht selbst entwickelt werden.

Diese Viewpoints ermöglichen es in ihrer Gesamtheit, Anforderungen an die Systemspezifikation in verschiedene Klassen oder Bereiche einzuteilen und trotzdem Konsistenzen zwischen unterschiedlichen Spezifikationen desselben Systems zu überprüfen.

Im folgenden soll für die ersten drei genannten Sichtweisen betrachtet werden, inwiefern der Entwurf eines Verteilten Systems unterstützt werden kann. Der dazu vorgestellte Algorithmus bezieht sich jedoch nur auf die Informations- und Verarbeitungssicht.

Dabei wird eine komplexe Methode vorgestellt, die in der Unternehmenssicht eine Analyse des zu entwerfenden Systems vornimmt, in der Informationssicht objektorientiert einen Entwurf durchführt und darauf die Implementierung mittels des Ansatzes ODL ermöglicht. Das Prinzip dieser Methode ist in Abb. 2.10 dargestellt. Die drei einzelnen Schritte werden im folgenden erläutert.

Enterprise Modelling

In diesem ersten Schritt der Entwurfsmethode wird von allen Details der verteilten Verarbeitung oder bestimmten Lösungsmöglichkeiten abstrahiert. Im Mittelpunkt stehen vielmehr die grundlegenden Anforderungen von Kunden und Unternehmen an das zu entwickelnde System. Schwerpunkte sind die räumliche Verteilung von Komponenten auf Bereiche des Unternehmens sowie Unternehmens- und Managementstrategien, Organisationsstrukturen und die Rollen von Benutzern und Komponenten des Systems.

Die Anforderungen werden in einem Dialog von Kunden und Entwicklern festgelegt. Um eine hinreichende Breite und Tiefe der Spezifikation zu erhalten, ist es wichtig, die Meinungen von möglichst vielen künftigen Nutzern des Systems zu integrieren. Je früher Mißverständnisse und Widersprüche beseitigt werden, desto geringer ist der Änderungsaufwand zur Beseitigung der Fehler. Damit werden auch Zeit und Kosten gespart.

In diesem Schritt werden vorwiegend informelle Beschreibungstechniken eingesetzt. Diese können problemlos auch von den Kunden verstanden werden, und sie erfordern keinen hohen Arbeitsaufwand. Sprachliche Mißverständnisse sind dabei jedoch unvermeidbar. Aus diesem Grund wird in der zweiten Phase des Entwurfs zu formalen Methoden übergegangen, die auf eine eindeutige Systembeschreibung hinzielen.

Information Modelling

Im zweiten Entwurfsschritt wird der Einsatz formaler Beschreibungstechniken gefordert. Ziel der Analyse ist nach [St 93] die Erstellung einer eindeutigen, widerspruchsfreien, vollständigen, überprüfbaren, änderbaren und nachvollziehbaren Anforderungsdefinition. Zur Erstellung einer derartigen

Software Requirements Specification (SRS) existieren zahlreiche Methoden. Diese unterscheiden sich erheblich, da die Softwaretechnik im Vergleich zu anderen Ingenieurdisziplinen noch kaum standardisiert ist, obwohl auf nationaler und auch internationaler Ebene zahlreiche Bemühungen in dieser Richtung laufen.

Um bereits zielgerichtet auf die Verwendung objektorientierter Verteilungsplattformen hinzuarbeiten, werden beim Information Modelling objektorientierte Designmethoden bzw. Beschreibungssprachen eingesetzt. Diese liefern eine Darstellung des Systems in Kategorien, Klassen, Relationen und weiteren objektorientierten Konstrukten. Dabei ist von großem Vorteil, daß eine Bijektion zwischen Objekten der realen Welt und der Software-Entwurfswelt besteht. Die Verwendung des Objektmodells entspricht auch dem Kerngedanken des Open Distributed Processing Referenzmodells und damit den ODP Viewpoints.

Durch die Verwendung allgemeiner Objektkonzepte in den verschiedenen Viewpoints bzw. Entwurfsschritten soll es auch möglich werden, Relationen zwischen den unterschiedlichen Spezifikationen zu beschreiben. Das Objektmodell hat sich dabei aus verschiedenen Gründen als sehr brauchbar erwiesen.

- Objekte sind gut zur Strukturierung und Spezifikation geeignet, da sie auf Prinzipien der Modulation und Datenabstraktion aufbauen.

- Durch Wechselwirkungen zwischen Objekten kann das Objektverhalten unabhängig vom internen Verhalten der Objekte beschrieben werden. Betrachtet man das Verhalten eines Systems aus Dienstesicht, so besteht die gleiche Anforderung, nämlich, daß das Verhalten eines Dienstes an dessen Schnittstelle in abstrakter Form beschreibbar ist.

- Objekte unterstützen den Verteilungsaspekt, denn verschiedene räumlich verteilte Komponenten können durch verschiedene Objekte beschrieben werden. Isolation und Autonomie werden durch die Objekteigenschaften, insbesondere die Kapselung unterstützt.

In den letzten zwei Jahrzehnten hat sich eine Vielzahl von Analysemethoden entwickelt. Zu den ersten strukturierten Analysemethoden gehören [GaSa 77] und [FiKe 92], die anschließend konsequent weiterentwickelt wurden. In [St 93] wird von neun international bekannten Methoden gesprochen, welche der Definition objektorientierter Analysemethoden genügen. Zusätzlich gibt es drei klassenbasierte Analysemethoden. Diese zwölf Methoden verwenden unterschiedliche Bezeichnungen und graphische Repräsentationen für die einzelnen Komponenten des Analysemodells.

Eine Software-Entwicklungsmethode ist eine Methode, die für die Entwicklung von Software-Systemen konzipiert wurde. Eine Analysemethode dagegen ist eine Software-Entwicklungsmethode, die in der Analysephase eingesetzt wird, um zu spezifizieren, was ein Softwaresystem leisten soll.

Die Abgrenzung zwischen Analyse- und Entwurfsmethode ist für die Auswahl einer entsprechenden Methode von besonderer Bedeutung, obwohl sie auch etwas diffus ist. In der Literatur findet man unterschiedliche Definitionen. Entwicklungsschritte sind bei einigen Autoren typische Analyseschritte, bei anderen Autoren im Entwurf von Bedeutung. In beiden Phasen werden dieselben Modellierungskomponenten verwendet: Objekte, Attribute, Operationen und Klassen. Für die Unterscheidung ist es wichtig, aus welchem Bereich die modellierten Objekte und Klasssen stammen, dabei wird zwischen einem sogenannten Problembereich und einem Lösungsbereich unterschieden, wobei in der Analyse die Objekte und Klassen des Lösungsbereichs identifiziert und spezifiziert werden, im Entwurf werden die Objekte und Klassen des Lösungsbereichs modelliert, der die Klassen des Problembereichs enthält.

Aufbauend auf Begriffen des Objekts und der Klasse gibt es drei verschiedene Analysemethoden:

- **Objektbasierte Analysemethoden**
  Diese Analysemethoden gehen lediglich von einer Attributkapselung aus. Diese verhindert den direkten Zugriff auf Attribute, also interne Daten, eines Objekts. Die Attribute können über die Operationen des Objekts verändert werden.

- **Klassenbasierte Analysemethoden**
  Diese Analysemethoden übernehmen die Eigenschaften der objektbasierten Analysemethoden, ergänzen jedoch das Konzept der Mengenabstraktion. Unter der Mengenabstraktion, auch als Klassenkonzept bezeichnet, versteht man die Unterstützung der gemeinsamen Modellierung gleichartiger Objekte in Form einer Objektmenge, der sogenannten Klasse.

- **Objektorientierte Analysemethoden**
  Diese Methoden fügen den klassenbasierten Analysemethoden das Konzept der Vererbung hinzu. Unter Vererbung versteht man die Weitergabe

von Attributen und Operationen zwischen ähnlichen Objektmengen, also den Klassen.

Die gebräuchlichsten Analysemethoden sind heutzutage objektorientiert. Im folgenden werden die wichtigsten objektorientierten Techniken gemäß [St 94] jeweils kurz vorgestellt.

- **Object-Oriented Design (OOD) von Booch**
  Das Object-Oriented Design wurde von Grady Booch 1991 veröffentlicht [Bo 91]. Die Notation basiert auf früheren Arbeiten, die der Wissenschaftler bei Intel durchgeführt hat, sowie auf einer Entwurfsmethode für Ada-Programme.

  Das OOD verwendet eine sehr reichhaltige Notation, die es gestattet, alle Konzepte der Sprachen Smalltalk, Objekt Pascal, C++ und anderer zu modellieren. Damit ist sie auf die momentan bekanntesten objektorientierten Sprachen abgestimmt und selbst eine voll objektorientierte Methode. Zur Repräsentation eines Systemmodells verwendet OOD unter anderem Klassendiagramme, Klassentemplates, Operationstemplates, Objektdiagramme und Objekttemplates. Zustandsübergangsdiagramme und Zeitdiagramme sind weitere bedeutende Mechanismen.

  Dieses Systemmodell ist durchgängig von der Analyse über den Entwurf bis zur Implementierung. Insbesondere ist es aus CORBA-Sicht ferner von Bedeutung, daß OOD bereits Mechanismen anbietet, um Import- und Exportschnittstellen zu modellieren. Dem gegenüber können Attribute und Dienste nicht graphisch dargestellt werden, und die Spezifikation von Ablaufsequenzen wird nicht unterstützt.

- **Object-Oriented Analysis (OOA) von Coad und Yourdon**
  Die Object-Oriented Analysis wurde 1990 von Peter Coad und Ed Yourdon entwickelt und als Buch publiziert, das im nachfolgenden Jahr bereits in einer wesentlich überarbeiteten Auflage erschien [CoYo 91].

  Diese Methode verwendet spezielle Diagramme, die den Klassennamen, Attribute und Dienste anzeigen. Sie ist aus der semantischen Datenmodellierung und aus den objektorientierten Programmiersprachen entstanden, wobei der Schwerpunkt auf der Datenmodellierung liegt. Die Ableitung der Vererbungshierarchie aufgrund gleicher Attribute stammt aus diesem Bereich, ebenso der Begriff des Dienstes und die Verwendung impliziter Dienste. Die Methode enthält eine Notation und eine Vorgehensweise. Die Notation besteht aus einem Diagramm, das in fünf Ebenen betrachtet werden kann und aus einer textuellen Spezifikation, die alle Informationen aus dem Diagramm enthält und ferner textuelle Ergänzungen zu den einzelnen OOA-Konstrukten ermöglicht.

Zur Dokumentation der Systemmodelle dienen das OOA-Diagramm und die Spezifikationsschablone für die Klassen und Objekte. Dabei werden die fünf Ebenen des OOA-Diagramms als separate Dokumente betrachtet. Während Daten und Funktionen gut modelliert werden können, ist das dynamische Systemverhalten mangels vollwertiger Unterstützung der Kontrollperspektive nur eingeschränkt modellierbar. Ein weiterer Nachteil besteht darin, daß die Abstraktionsmöglichkeiten für umfangreiche Projekte unzureichend sind sowie die graphische Modellierung der Objektlebenszyklen und die Beschriftung von Nachrichtenverbindungen methodisch nicht unterstützt werden.

- **Object-Modelling Technique (OMT) von Rumbaugh et al.**
  Die Object-Modelling Technique wurde von James Rumbaugh, Michael Blaha, William Premerlani, Frederick Eddy und William Lorenson am General Electric Research and Development Center in New York entwickelt. 1991 wurde sie als Buch publiziert [RBP+ 91]. Diese Methode ist aus der Datenbankentwicklung entstanden, dabei haben die Autoren langjährige Erfahrungen im Bereich der relationalen Datenbanken eher in die Sprache einfließen lassen als objektorientierte Begriffe, da Attribute und Dienste nicht als eine Einheit modelliert wurden.

Die OMT-Dokumentation eines Systemmodells beinhaltet drei Teilmodelle, das Objektmodell, das sogenannte Dynamikmodell sowie das Funktionenmodell. Jedes dieser Teilmodelle wird durch mehrere Diagramme beschrieben. Im Objektmodell sind dabei Klassen- und Objektdiagramme sowie Data Dictionaries enthalten, im Dynamikmodell Ereignisverlaufs- sowie Ereignisfluß- und Zustandsdiagramme, im Funktionenmodell sind Datenflußdiagramme und Kontrollflußdiagramme enthalten. Jedoch werden die Verbindungen zwischen den drei Teilmodellen nicht erläutert, daher ist keine methodische Integration zu einem Gesamtmodell gegeben.

Hinsichtlich der Objektdiagramme und Objektlebenszyklen bietet OMT reichhaltige Notationen an, Szenarien ermöglichen ferner die Simulation eines Systems. Dem gegenüber besitzt OMT jedoch auch einige Nachteile: so wird der Zusammenhang zwischen Attributen und Operationen nicht präzise beschrieben, das Funktionenmodell ist zur Modellierung der Operationen ungeeignet, der Zusammenhang zwischen Funktionen-

und Dynamikmodell ist unklar, und im Objektdiagramm ist die Überlappung von Objektklassen modellierbar.

- **Object Behaviour Analysis (OBA) von Rubin und Goldberg**
  Die Object Behaviour Analysis wurde von Keneth S. Rubin und Adele Goldberg bei Parc Place Systems in Sunnyvale/Kalifornien entwickelt und 1992 auf der TOOLS 92 in Dortmund in Form eines Tutorials vorgestellt. Später erfolgte eine Publikation [RuGo 92].

Der Methodenschwerpunkt dieser Technik liegt auf der Vorgehensweise, während eine Notation aus der Literatur basierend auf OOD, OOA oder OMT verwendet werden kann. Die Dokumente sind unabhängig von der Dokumentation, zu einem OBA-Modell gehören unter anderem Skripte, Glossars (welche die Sender und Empfänger einer Botschaft beschreiben können, Operationen der Empfänger, Attribute oder Zustandsdefinitionen), Objektmodelle und Systemdynamikmodelle. Diese Dokumente dienen zur Modellierung der Methodenkomponenten. Stärken sind dabei die Methodenkomponenten Klasse, Vererbung, Kommunikation, Botschaft, Objektlebenszyklus und Simulation. Als Schwäche kann man die fehlende Unterstützung der Methodenkomponenten Instanz, Aggregation, Assoziation, Abstraktion und Parallelität bezeichnen. Obwohl die Standarddokumente etwas unübersichtlich sind, ist die Vorgehensweise fundiert und auch für große Projekte geeignet. Die Abgrenzung des Systems zur Umgebung erfolgt automatisch durch die Auswertung der Skripten.

- **Better Object Notation (BON) von Nerson**
  Die Better Object Notation wurde von Jean-Marc Nerson in Frankreich entwickelt und zusammen mit der OBA erstmals auf der TOOLS 92 in Dortmund angeboten [Ne 92].

Die BON-Dokumente eines Systemmodells gehen von einer Kluster- und Klassendefinitionsgraphik aus, besitzen ein Glossar für die Klassen und ferner eine Ereignis- und eine Klassenbeschreibungsgraphik. Es gibt ein statisches Analysemodell und dynamisches Analysemodell, das auf Objektkommunikationsprotokolle eingeht. Ferner wird der Entwurf durch eine Objektinstantiierungsgraphik unterstützt. Alle diese Dokumente dienen zur Modellierung der Methodenkomponenten. Bei der Vorgehensweise werden eine Thinking Phase zur OO-Analysis und eine Engineering Phase für das OO-Design unterschieden.

BON unterstützt durch eine mögliche Angabe von Pre- und Postconditions insbesondere die Implementierung in Eifel. Ferner verwendet BON das Abstraktionsprinzip der Klusterung. Ein Kluster basiert auf der

Strukturierung von Botschaftennetzen, während die meisten anderen Abstraktionen auf dem Vererbungsbaum aufgesetzt sind. Dieses Verfahren bietet jedoch auch einige Nachteile. So fehlt eine Unterstützung der Methodenkomponenten Objektlebenszyklus und Parallelität. Die Echtzeitkomponenten werden nicht, Attribut und Assoziation nur schwach unterstützt.

- **Object-Oriented Software Engineering (OOSE) von Jacobson et al.**
  Das Object-Oriented Software Engineering wurde von Ivar Jacobson, Magnus Christerson, Patrik Jonsson und Gunnar Övergaard bei Objective Systems in Schweden entwickelt und 1992 als Buch publiziert [JCJ+92]. Die Methode wird von dem Werkzeug Objectory unterstützt und gelegentlich auch unter der Bezeichnung Objectory referenziert. OOSE zeichnet sich insbesondere durch eine anwendungsorientierte Vorgehensweise, den sogenannten Use Case Driven Approach, aus. Dies ist ein wesentliches Unterscheidungsmerkmal hinsichtlich anderer Methoden. Ein Anwendungsfall, d.h. Use Case, ist dabei die Ablaufbeschreibung einer typischen Benutzung des Systems, und ein Use Case Model ist ein phasenübergreifendes Systemmodell, aus dem die einzelnen phasenbezogenen Aktivitäten Analyse, Entwurf, Implementierung und Testen abgeleitet werden.

  OOSE geht von vier methodischen Schritten aus. Zunächst werden Anwendungsfälle konstruiert, dann Schnittstellen spezifiziert. Nach einer Erstellung des Objektmodells für einen Problembereich wird das Objektmodell schließlich verfeinert. Dieser letzte Schritt beinhaltet den Aufbau von Vererbungshierarchien. Vorteilhaft ist eine sehr detaillierte Modellierung von Schnittstellen des Systems und die bereits aufgeführte anwendungsfallorientierte Vorgehensweise. Dem steht gegenüber, daß Objektlebenszyklen nicht modelliert und Kommunikationsverbindungen nicht beschriftet werden können

- **Object-Oriented Analysis and Design (OOA&D) von Martin und Odell**
  Die Methode Object-Oriented Analysis and Design wurde von James Martin und James Odell bei James Martin & Co. in den USA entwickelt und 1991 zunächst als Zeitschriftenartikel, 1992 als Buch publiziert [MaOd 92]. Diese Methode ist eine objektorientierte Erweiterung des bekannten Information Engineering Ansatzes von James Martin.

  Eine Dokumentation des Systemmodells beinhaltet folgende Teilmodelle: das Objektschema, das Ereignisschema, das sogenannte Zaundiagramm und das Objektflußdiagramm. Diese Dokumente dienen zur Modellierung der Methodenkomponenten. Vorteilhaft ist bei dieser Methode, daß Kontrollflüsse gut modelliert und Relationsmengen gut spezifiziert werden können. Eine Kapselung von Attributen wird jedoch nicht unterstützt, und die Methode stellt auch keine Abstraktionsebenen im Sinne von Subsystemen zur Verfügung.

- **Object-Oriented Analysis, Design and Implementation (OOO) von Hederson-Sellers**
  Die Object-Oriented Analysis, Design and Implementation Methode wurde von Brian Hederson-Sellers an der University of New South Wales in Australien entwickelt und 1992 als Buch veröffentlicht [He 92], nachdem eine frühere Version bereits 1990 gemeinsam mit Julian M. Edwards publiziert wurde. Die OOO-Dokumentation eines Systemmodells beinhaltet folgende Teilmodelle: Kontraktdiagramm, Ebenendiagramm, Klassenschnittstelle und Vererbungsdiagramm.

  Die Notation dieser Methode ist dabei eine Kombination aus Elementen von OOA und einer früheren Notation von OOD. Von Vorteil ist hier die Betonung der Operationen als Schnittstellen der einzelnen Instanzen. Die Vorgehensweise umfaßt – wie der Name bereits sagt – die Analyse, den Entwurf und die Implementierung. Dabei werden sowohl rein objektorientierte als auch gemischte funktional-objektorientierte Vorgehensweisen diskutiert. Hederson-Sellers stellt zahlreiche Vergleiche seiner Methode zu anderen Analysemethoden her und übernimmt bewährte Konzepte anstatt neue oder die gleichen noch einmal zu erfinden. Allerdings sind die methodischen Hinweise zur Analysephase etwas knapp ausgefallen, und Beispiele werden nicht gegeben.

Neben diesen Basismethoden gibt es auch kombinierte Methoden. Die wohl bekannteste und bedeutendste Methode soll im folgenden vorgestellt werden.

- **Unified Modeling Language (UML) von Booch, Rambough und Jacobson**
  Die Unified Modeling Language wurde aus den bestehenden Ansätzen von Booch, Rambaugh und Jacobson entwickelt und im Juli 1997 als Version 1.1 in elektronischer Form veröffentlicht. Diese formale Sprache dient der Spezifikation, Visualisierung und Entwicklung von Komponenten eines Softwaresystems. Dabei beinhaltet die UML die besten Entwicklungserfahrungen, die bei der Modellierung großer und komplexer Systeme mit den von den einzelnen Autoren entwickelten Sprachen

gemacht wurden. Die elektronisch verfügbare Literatur zum Thema UML beinhaltet drei Dokumente.

Das UML Summary gibt eine Einführung in UML und ist Wegweiser für die anderen beiden Dokumente. Die UML Semantics beschreibt das formale Metamodell, das die Grundlage für die Semantik der UML darstellt. Der UML Notation Guide beschreibt schließlich die UML Notation und gibt Beispiele.

UML nutzt die sogenannte Object Constraint Language, die separat in einem Dokument angegeben wird, das als Object Constraint Language Specification bezeichnet wird.

Das Copyright der UML liegt bei der Firma Rational Software Corporation, die Entwicklung dieser Sprache erfolgte in enger Zusammenarbeit mit der Object Management Group.

Weiterhin gibt es drei relativ bekannte klassenbasierte Analysemethoden:

- **Object-Oriented Systems Analysis (OSA) von Embley**
  Die Object-Oriented Systems Analysis ist eine Analysemethode, die 1991 von David W. Embley, Barry D. Kurtz und Scott N. Woodfield veröffentlicht wurde [EKW 91], nachdem ihre letztendliche Entwicklung bei Hewlett Packard erfolgte. Entstanden ist diese Methode aus der Datenbankentwicklung, sie unterstützt nur einen eingeschränkten Grad von Objektorientiertheit.

  Die Dokumentation eines Systemmodells beinhaltet drei Teilmodelle: das Objekt-Relationenmodell, das Objekt-Verhaltensmodell und das Objekt-Interaktionsmodell. Eine Besonderheit dieses modellbasierten Ansatzes ist die mathematisch exakte Definition von OSA-Modellen mittels Prädikatenlogik 1. Ordnung. Dies ist ein erster Schritt in Richtung formaler Spezifikation. Eine fehlende Kapselung von Daten, der exklusive Zugriff über Operationen und die Modellierung von Attributen als Objekte sind jedoch schwerwiegende Nachteile dieser Methode.

- **Object-Oriented Systems Analysis (OOSA) von Shlaer und Mellor**
  Die Object-Oriented Systems Analysis wurde von Sally Shlaer und Stephen J. Mellor über 10 Jahre lang iteraktiv in den USA entwickelt und 1988 sowie ergänzend 1991 veröffentlicht [ShMe 91]. Diese Methode benutzt Diagramme von SA/RT mit einer modifizierten Semantik. Anstelle von Datenflußdiagrammen wird das Entity Relationship-Diagramm verwendet. Eine Dokumentation mittels OOSA umfaßt insgesamt zwölf Dokumente, was wahrscheinlich die aufwendigste Dokumentation ist.

Vorteilhaft ist eine aussagekräftige und präzise Beschreibung von Kommunikation zwischen Objekten sowie des Objektlebenszyklus. Dem gegenüber wird die Modellierung einzelner Instanzen unzureichend unterstützt und die Zuordnung von Operationen zu Objekten nicht beschrieben.

- **Object-Oriented Specification (OOS) von Bailin**
  Die Object-Oriented Specification wurde von Sidney C. Bailin bei der NASA konzipiert und erstmals 1989 veröffentlicht. Bezüglich der Vorgehensweise stützt sich diese Methode auf OOD und ist primär mit dem Ziel der Spezifikation von Ada-Programmen entwickelt worden. OOS modelliert die Kapselung von Daten und den ausschließlichen Zugriff über Funktionen sowie die Aggregation von Objekten. Vererbung, Polymorphismus und dynamisches Binden sind nicht beschreibbar.

  Mit hierarchischen Datenflußdiagrammen bietet OOS ein relativ leistungsfähiges Abstraktionskonzept, Entity Relationship-Diagramme ermöglichen eine adäquate Modellierung von Assoziationen. Nachteilig ist neben dem Fehlen einer Unterstützung von Objektorientiertheit, daß dynamisches Verhalten nicht modelliert werden kann.

Zwei objektbasierte Analysemethoden sollen die Aufzählung der Methoden abschließen: das Hierarchical Object-Oriented Design (HOOD) der sogenannten HOOD Working Group und die Software Construction by Object-Oriented Pictures (SCOOP) von Cherry. Diese Analysemethoden sind jedoch weder objektorientiert noch klassenorientiert und zählen damit nicht zu den Methoden, die für den Entwurf der hier betrachteten Verteilten Systeme in Frage kommen. Weitere objektbasierte Methoden sind in [St 94] enthalten.

Um innerhalb der Informationsmodellierung eine Designmethode auszuwählen, wurden die verschiedenen Methoden gegeneinander abgewägt. Vergleiche der Methoden befinden sich in [BaSt 94], [MüSc 96] und besonders ausführlich in [St 93]. In letzterem gibt der Autor eine Übersicht über die vier Gruppen von Komponenten objektorientierter Methoden, diese sind Makro-, Methoden- und Mikrokomponenten sowie graphische Notationen. Diese Komponenten werden in einem hierarchischen Vergleichsschema geordnet und bewertet. In dem genannten Artikel betrifft der Vergleich 3 Makrokomponenten, 13 Methodenkomponenten und 88 Mikrokomponenten.

Nach einem ersten Vergleich der Spezifikationsmethoden kamen die OMT, der OOD und die OOA in die nähere Auswahl für das Information Modelling. Diese drei Methoden lagen beim Vergleich von Stein weit vorne und sind inzwischen weit verbreitet. Ein Unterscheidungskriterium dieser drei Spezifikationsmethoden ist hinsichtlich ihrer Hauptanwendungsbereiche zu sehen. Stein unterscheidet dabei nach kommerziellen, technischen und zeitkritischen Anwendungsfeldern.

In ihrer allgemeinsten Art werden bei den wissenschaftlich relevanten Verteilten Systemen die technischen und zeitkritischen Anwendungsfelder von besonderer Bedeutung sein. Da außerdem keine der objektorientierten Analysemethoden universell einsetzbar ist und alle drei Anwendungsfelder abdeckt, sollen diese beiden Kriterien auch die Grundlage der Auswahl einer Analysetechnik sein. Tabelle 2.2 stellt die Anwendungsbereiche der Methoden gegenüber.

Tabelle 2.2. Der Einsatz objektorientierter, klassen- und objektbasierter Analysemethoden bezüglich bestimmter Anwendungsbereiche nach [St 93]

Analysemethoden	Anwendungsbereich		
	kommerziell	technisch	zeitkritisch
OOS, Bailin	X		
OOD, Booch		X	(X)
OOA, Coad, Yourdon	X	(X)	
OMT, Rumbaugh et al.	X	(X)	
OOSA, Shlaer, Mellor	X		
OSA, Embley et al.	X		
BON, Nerson		X	
OBA, Rubin, Goldberg		X	
OOSE, Jacobson et al.	(X)	X	
OOA & D, Martin, Odell	X	(X)	
OOO, Henderson-Sellers	X	(X)	

Gemäß der gewählten Kriterien und entsprechend der dargestellten Anwendungsbereiche wird für das Information Modelling der Verteilten Systeme auf den Ansatz von Booch zurückgegriffen. Diese Analysemethode bezieht als einzige zeitkritische Aspekte mit ein, die für verschiedene Anwendungen Verteilter Systeme von Bedeutung sind. Außerdem ist die Methode von Booch als eine der erfolgreichsten Methoden sehr weit verbreitet sowie sehr angesehen. Außerdem gibt es für diese Art des Entwurfs Werkzeugunterstützung. Die Firma Rational entwickelte ein Tool, das z.Z. in der Version 0.8 verfügbar ist. Schließlich sei noch hinzugefügt, daß es Andeutungen gibt, diese Methode als Standard für die objektorientierte Analyse und das objektorientierte Design zu etablieren. Unter diesem Aspekt betrachtet hat der gewählte Ansatz bzw. seine Erweiterung in UML berechtigte Chancen, auch in den kommenden Jahren noch eine gute Wahl zu sein.

Für den hier vorgestellten Zweck der Informationsmodellierung wird die Methode von Booch in der folgenden Art und Weise verwendet. Die verschiedenen Spezifikationskomponenten wie Kategorie, Klasse und Relation repräsentieren die Informationsquellen, die Informationssenken und den Informationsfluß zwischen Quellen und Senken. In der Phase des Information Modelling werden diese Komponenten unabhängig von ihren internen Details spezifiziert. Durch verschiedene Abstraktionsebenen der Boochspezifikation ist die Realisierung eines solchen Vorgehens gewährleistet.

Auf der ersten Ebene gibt die Spezifikation lediglich Auskunft über den Informationsfluß. Danach können in einer weiteren Ebene auch Flußrichtungen angegeben oder Bedingungen für den Informationsaustausch beschrieben werden. Eine detailliertere Spezifikation der Objekte – beispielsweise zur Beschreibung der angebotenen Funktionalität – wird möglich. Abb. 2.11 stellt die wichtigsten Komponenten der Methode von Booch zusammen mit ihrer graphischen Beschreibung dar.

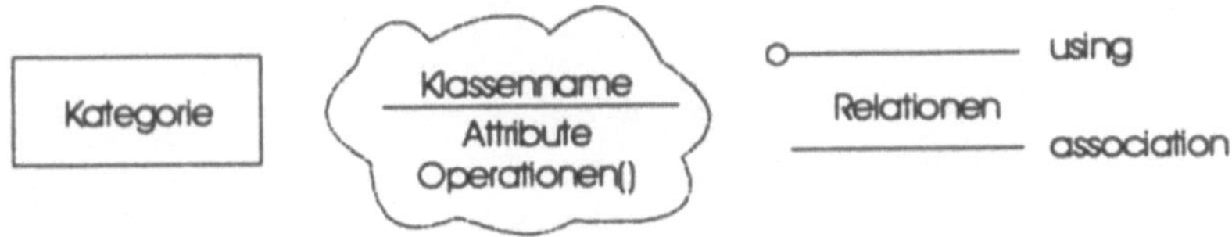

Abb. 2.11. Graphische Notationen der wichtigsten Booch-Komponenten

Kategorien, das Grundelement für die Beschreibung von Komponenten Verteilter Systeme werden durch ein Rechteck dargestellt. Sie umfassen eine Menge von Klassen, die nach bestimmten Kriterien – beispielsweise, wenn sie gemeinsam eine bestimmte Funktionalität realisieren – zusammengefaßt werden. Klassen selbst werden als Wolken dargestellt, und sie repräsentieren die Informationsquellen und -senken. Wolken können nur einen Klassennamen enthalten, oder auch weitere Beschreibungen, wie Attribute der Klasse oder Operationen, die von der Klasse zur Verfügung gestellt werden. Es erweist sich als günstig, Komponenten, die Kategorien verfeinern, erst in fortgeschrittenen Verfeinerungsschritten der Spezifikation einzubeziehen. Aus den spezifizierten Klassen können später direkt Objekte generiert werden. In diesem Sinne entsprechen die Klassen in der Beschreibung des Open Distributed Processing Referenzmodells den Diensttypen.

Zur Beschreibung des Informationsflusses werden Relationen verwendet. Dabei unterscheidet man zwischen Verbindungsrelation (association) und Benutzungsrelation (using). Die Verbindungsrelation wird durch eine einfache Linie dargestellt, die Benutzungsrelation durch eine Linie, an die sich ein kleiner Kreis anschließt. Beide Relationen kennzeichnen einen Informationsaustausch zwischen zwei Klassen. Darüber hinaus gibt die Benutzungsrelation noch die Richtung des Informationsflusses an. Und zwar fließt die Information stets von der Klasse, die an das einfache Linienende gebunden ist, zu der Klasse, die mit dem Kreis verbunden ist. Abb. 2.12 zeigt eine Beispielspezifikation im Sinne der Informationsmodellierung.

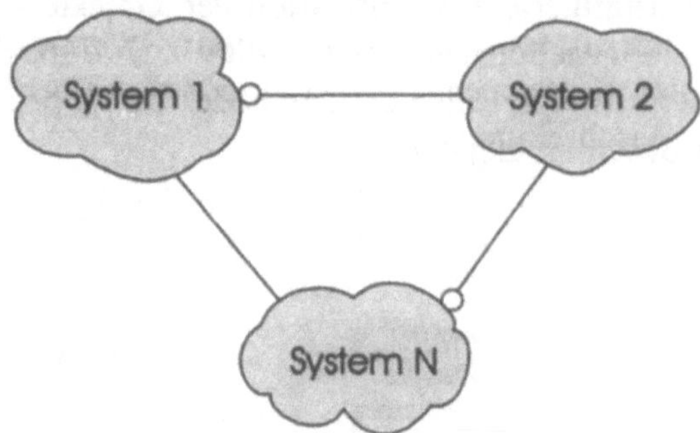

Abb. 2.12. Beispiel für eine Informationsmodellierung

In Abb. 2.12 werden drei Klassen spezifiziert. Das System 2 stellt dabei eine Informationsquelle dar, von der zwei Benutzungsrelationen ausgehen. Die anderen beiden Klassen sind Informationssenken, zu denen Informationen fließen. Zur Relation zwischen den beiden Senken wird lediglich ausgesagt, daß ein Informationsfluß stattfindet, es ist jedoch nicht spezifiziert, welche Klasse dabei Quelle und welche Klasse Senke ist.

Der Informationsfluß für ein bestimmtes Szenario wird in den sogenannten Objekt- bzw. Interaktionsdiagrammen spezifiziert. Objektdiagramme präsentieren die existierenden Objekte in einem System und den Informationsfluß zwischen ihnen für einen bestimmten Zeitpunkt bzw. für ein bestimmtes Szenario. Dazu werden die Objektstruktur des Systems oder eines Systemausschnitts und die Beziehungen zwischen den einzelnen Objekten dargestellt. Abb. 2.13 zeigt den Aufbau eines Objekts und die verschiedenen Beziehungen zwischen den Objekten.

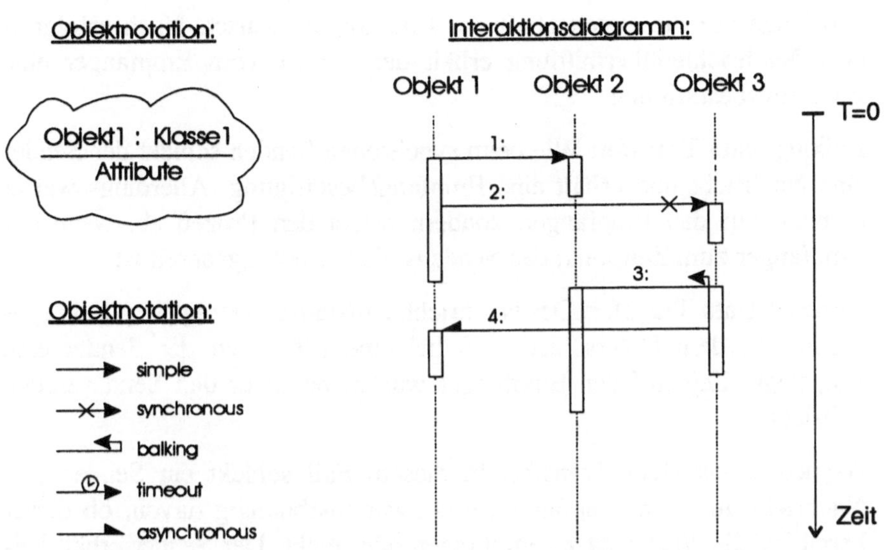

Abb. 2.13. Graphische Notation der Objekt- und Interaktionsdiagramme

Ein Objekt besteht aus einem Namen und der Syntax der Attribute. Aus Gründen der Übersichtlichkeit werden die Attribute wie bei den Klassen nur bei Bedarf in den Diagrammen dargestellt. Dabei können die Objektnamen drei Formen haben:

- Objekt   nur der Objektname

- Objekt:Klasse   Objektname und zugehörige Klasse

- :Klasse   nur der Name der Klasse

Der letztgenannte Fall macht nur dann Sinn, wenn man in einem Szenario Objekte darstellen will, die nicht unbedingt eine Identität benötigen. Der Informationsfluß in den Objektdiagrammen wird durch die Synchronisationsbedingung spezifiziert. Booch bietet dazu fünf verschiedene Formen zur Darstellung des Nachrichtenaustauschs.

- Simple Data Transfer: Diese Notation bezieht keine Synchronisation mit ein. Sie deutet lediglich an, daß ein Nachrichtenaustausch stattfindet.

- Synchronous Data Transfer: Eine Operation startet nur, wenn der Empfänger bereit ist, eine Nachricht zu empfangen. Der Sender initialisiert eine Aktion und wartet so lange, bis der Empfänger diese Nachricht empfangen kann. Der Worst Case besteht darin, daß der Sender unendlich lange auf die Bereitschaft des Empfängers wartet. Nach erfolgreicher Nachrichtenübermittlung erhält der Sender vom Empfänger eine Empfangsbestätigung.

- Balking Data Transfer: Wie beim synchronen Senden schickt der Sender eine Nachricht und erhält eine Empfangsbestätigung. Allerdings wartet er nicht auf den Empfänger, sondern bricht den Prozeß ab, wenn der Empfänger zum Zeitpunkt des Sendens nicht empfangsbereit ist.

- Timeout Data Transfer: Der Nachrichtenaustausch erfolgt ebenfalls synchron, mit dem Unterschied, daß bei einem Timeout der Sender eine festgelegte Zeit auf den Empfänger wartet, bevor er den Sendeversuch abbricht.

- Asynchronous Data Transfer: In diesem Fall schickt ein Sender eine Nachricht an einen Empfänger, und zwar unabhängig davon, ob dieser bereit ist, die Nachricht zu empfangen oder nicht. Der Sender erhält keine Empfangsbestätigung und wird damit auch nicht blockiert.

Die Interaktionsdiagramme verdeutlichen den zeitlichen Ablauf eines Kommunikationsszenarios. In senkrechter Richtung können die Reihenfolge der Interaktionen und ihre relative Dauer festgelegt werden. Eine Aktion, die über einer anderen graphisch dargestellt ist, liegt demnach zeitlich vor den daruntergelegenen Aktionen. Durch Veränderungen der vertikalen Zeitbalken einzelner Objekte kann die relative Zeitdauer einer Interaktion bestimmt werden.

Die Booch-Spezifikation kann durch z.B. das graphische Software-Entwicklungstool Rose/C++ der Firma Rational unterstützt werden. Dieses ermöglicht die Erstellung von eindeutigen Spezifikationen durch verschiedene Entwickler, die gleichzeitig an ein und derselben Beschreibung arbeiten können. Aus der Spezifikation läßt sich anschließend automatisch Programmcode generieren. Abschließend soll noch erwähnt werden, daß dieses Tool zur Zeit um die Fähigkeit erweitert wird, aus einer Spezifikation automatisch IDLs zu generieren.

Durch die verschiedenen Abstraktionsebenen der Booch-Modellierung ermöglicht diese Technik außerdem einen nahtlosen Übergang zur nächsten Phase des gesamten Entwurfsprozesses, dem Computational Modelling.

Computational Modelling

In der dritten Modellierungsphase wird das System als abstraktes Programmiermodell beschrieben. Dabei erfolgt eine Zerlegung in Objekte, welche Kandidaten für die Verteilung sind. Die Spezifikation dieser Objekte ist unabhängig von speziellen Realisierungsdetails. Es werden lediglich der Datenfluß und die Algorithmen beschrieben, welche die Funktionalität realisieren. Die Darstellung ist wie in der Informationsmodellierungsphase auch objektorientiert. Sie enthält deskriptive Informationen über die Interaktionen zwischen den Objekten.

Das Ergebnis des Computational Modelling ist die Schnittstellendefinition der Objekte, die alle relevanten Informationen enthält. Die Definition solcher Schnittstellen ist im CORBA-Standard festgeschrieben und muß konform zur hier entwickelten Modellierung sein. Da es sich bei der IDL um eine abstrakte Schnittstellenbeschreibungssprache handelt, ist das Ergebnis dieser Modellierung von der gewählten Verteilungsplattform unabhängig.

Die Schnittstellendefinitionen werden in diesem Ansatz durch die Verwendung der Object Definition Language (ODL) erweitert. Die ODL wurde vom Telecommunication Information Networking Architecture (TINA) Consortium entwickelt und ist eine Erweiterung der IDL. Somit liefert sie eine gute Basis für CORBA-Implementierungen. Da die IDL eine Untermenge der ODL ist, können die benötigten Implementierungsschnittstellen leicht von der ODL-Spezifikation abgeleitet werden. Im Unterschied zur IDL bietet die ODL sogar noch die zusätzlichen Möglichkeiten von Dienstattributsdeklarationen, den in ODP bezeichneten Service Attributes (SA), und Verhaltensbeschreibungen, den Behaviour Descriptions (BD).

Abb. 2.14 zeigt die Struktur von Objektspezifikationen in ODL und den weiteren Entwicklungsablauf über die IDL zur Implementierung.

In der ersten Hälfte der Abb. 2.14 ist die Struktur einer in ODL spezifizierten Objektgruppe dargestellt. Eine solche Gruppe setzt sich aus einer Reihe von Objekten und einer Anzahl von Schnittstellen zusammen, welche von dieser Gruppe an außenstehende Objekte angeboten werden.

Jedes einzelne Objekt einer solchen Gruppe besteht aus Schnittstellen, Verhaltensbeschreibungen und Dienstattributsdeklarationen. Die Schnittstellen enthalten nur ODL-Konstrukte, die auch in der Interface Definition Language der OMG zur Verfügung stehen. Somit kann die entsprechende Schnittstellendefinition in der IDL direkt von der Objektspezifikation in

ODL abgeleitet werden. Dieser Schritt ist in der Abb. 2.14 durch den ge-
strichelten Pfeil dargestellt.

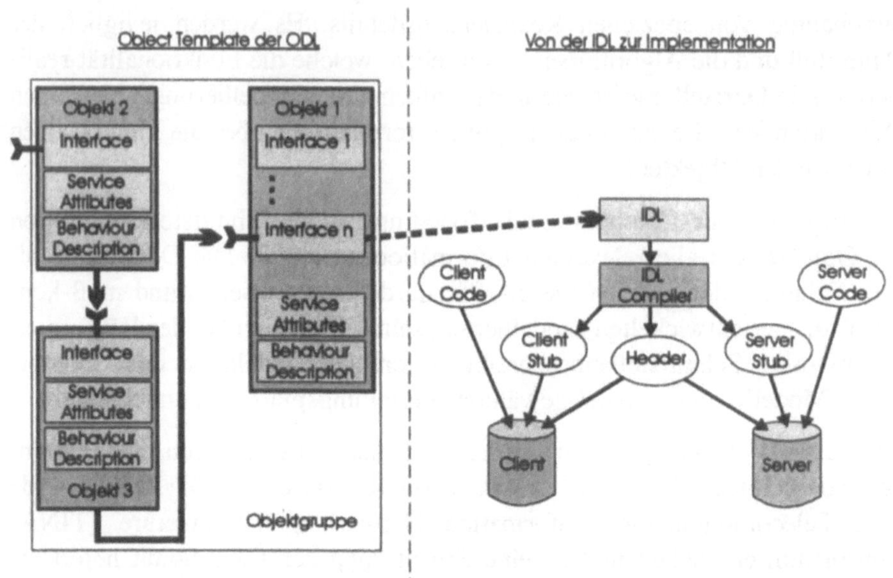

Abb. 2.14. Übergang von der ODL-Spezifikation über die IDL zur Implementierung

Die Schnittstellendefinitionen bestehen zum einen aus Typdefinitionen und
zum anderen aus Operationssignaturen, welche die Operationen auflisten,
die an dieser Schnittstelle angeboten werden.

Die Verhaltensbeschreibungen hingegen liefern Beschreibungen der Funktionalität dieser Schnittstelle, der Art und Weise, wie die Operationen zu
verwenden sind und sonstige Informationen über die Schnittstelle. Die Beschreibungen werden durch das Schlüsselwort `behaviour` gekennzeichnet. Diesen Beschreibungen wird in der Praxis zur Zeit leider viel zu wenig
Beachtung geschenkt, obwohl entsprechend ausführliche Verhaltensbeschreibungen die Nutzung der Schnittstelle wesentlich erleichtern würden.

Die dritte Komponente der Spezifikation, die Dienstattributsdeklarationen,
ermöglichen die Realisierung verschiedener Instanzen ein und desselben
Dienstes. Die verschiedenen Instanzen können sich beispielsweise in der
Qualität des Dienstes unterscheiden. Solche Dienstqualitäten werden auch
als Quality of Service bezeichnet. Dienstattribute beschreiben nicht-funktio-

nale Eigenschaften eines Dienstobjekts. Durch Wertänderung dieser Eigenschaften erreicht man unterschiedliche Qualitäten des Dienstes. Die Dienstattribute werden in der ODL-Spezifikation durch das Schlüsselwort `constraints` eingeleitet.

Die zweite Hälfte der Abb. 2.14 zeigt den Entwicklungsweg von der IDL-Schnittstellendefinition zur Implementierung. Aus der IDL-Spezifikation werden mit Hilfe eines IDL-Compilers automatische Stubs und Header generiert. Solche IDL-Compiler sind für verschiedene Betriebssysteme und Programmiersprachen vorhanden. Sie generieren aus der allgemeinen IDL-Spezifikation Client- und Server-Stubs (letztere werden auch als Skeletons bezeichnet) für die jeweils verwendete Plattform. Über diese Stubs wird der Dienstaustausch realisiert. Der Programmierer braucht nur noch Client- und Serverprogramme zu schreiben, welche entweder die Funktionen aufrufen oder sie realisieren. Dabei behandeln sie die Funktionen wie lokale Funktionen und nicht wie entfernte. Die Kommunikation zu entfernten Objekten auf anderen Rechnern wird dabei durch die Stubs und die zugrunde liegende Middleware gewährleistet. Im letzten Schritt werden die Programmcodes und die Stubs zum Client und zum Server gebunden. In der Praxis geschieht dies in der Regel über geeignete Make-Files.

Die hier vorgestellte Entwicklungsmethode wurde zum Entwurf des Finanzinformationssystems FiLiSix eingesetzt [LLL+ 96b]. Dabei ging es um die Implementierung eines Limitsystems zum Einsatz in einer deutschen Bank. Das zu entwerfende System war auf verschiedene Plattformen verteilt und involvierte unterschiedliche Rechner.

3 CORBA-Dienste

Die Common Object Request Broker Architecture verfügt über eine gewisse Menge grundlegender Dienste. Diese werden als CORBAservices bezeichnet und stellen eine Funktionalität bereit, die von Entwicklern und Anwendern gleichermaßen sinnvoll genutzt werden kann.

3.1
Überblick über CORBA-Dienste

Mit der Entwicklung des CORBA-Standards wurde auch die Standardisierung der CORBAservices vorangetrieben. Unter den CORBAservices versteht man eine Menge von Schnittstellen, die entweder für die Objekte selbst implementiert oder von anderen Schnittstellen geerbt werden. Für den Entwickler, der bei der Programmierung von Anwendungsdiensten diese Funktionalitäten mit nutzen kann, besteht die Sichtweise, daß diese Dienste durch den ORB zur Verfügung gestellt werden, auch wenn sie gleichberechtigt mit den Anwendungsdiensten außerhalb des eigentlichen ORBs in der CORBA-Architektur angeordnet sind.

Dabei bietet ein CORBAservice die Spezifikation einer Standardschnittstelle zum Aufruf dieses Dienstes an. Die Spezifikation kann von verschiedenen Anwendungen gebraucht werden, ist von der speziellen Anwendung aber unabhängig. Die einzelnen CORBAservices sind zueinander orthogonal, zwischen den CORBAservices bestehen dabei keine Schnittstellen, und einzelne Funktionalitäten sind nicht in anderen CORBAservices enthalten.

Im Laufe der Zeit haben diese Dienste nicht nur verschiedene Namen erhalten (Object Services, CORBA Object Service Specification, COSS), sondern auch ihre Anzahl hat sich mit der Zeit erhöht. Im ersten Request for Proposal (RFP) wurde eine Gruppe von vier Diensten bestimmt, die seit Ende 1993 zur Auswahl stehen. Dies sind der

- Life Cycle Service,
- Naming Service,

- Event Service und
- Persistency Service.

Das zweite Request for Proposal ergab dann einen Fokus auf vier weitere Dienste, namentlich den

- Externalization Service,
- Relationship Service,
- Concurrency Control Service und
- Transaction Service.

Das dritte Request for Proposal legte die Spezifikation von nur zwei weiteren Diensten fest, dies sind im einzelnen der

- Security Service und
- Time Service.

Beim vierten Request for Proposal wurden drei Dienste betrachtet, für die um technische Anforderungen gebeten wurde, dies sind der

- Licensing Service,
- Property Service und
- Request Service.

Das letzte bekannte RFP wurde 1996 gestartet, dabei waren vier Dienste involviert und zwar der

- Change Management Service,
- Trading Service,
- Collections Service und
- Startup Service.

Diese Dienste sind jedoch nur zu einem ganz geringen Teil und in jeweils nur einigen Verteilungsplattformen verfügbar. Oft benötigt der Entwickler auch nicht die volle Funktionalität eines Dienstes, sondern nur einen Teil. In solchen Fällen ist der Aufwand ggf. geringer, sich den Dienst für einen speziellen Anwendungsfall selbst zu programmieren, als alternativ nach einer ORB-Implementierung zu suchen, die das IIOP oder GIOP unterstützt und diesen Dienst anbietet.

Für die vorliegende Arbeit sind zwei Dienste von besonderer Bedeutung, und zwar der Event Service, der so fundamental ist, daß er in der ersten RFP-Runde bereits auftrat, und der Trading Service, der dadurch sehr schnell fertig standardisiert wurde, daß auf die entsprechenden Vorarbeiten der ISO im Rahmen der ODP-Standardisierung zurückgegriffen werden konnte. Diese und auch die anderen Dienste werden im folgenden vorgestellt.

Der Life Cycle Service

Der Life Cycle Service definiert Vereinbarungen für das Erzeugen, Löschen, Kopieren und Verschieben von Objekten. Da CORBA-basierte Umgebungen verteilte Objekte unterstützen, ermöglicht es der Life Cycle Service den Kunden, die Dienste auch auf räumlich verteilten Objekten auszuführen.

Für die Ausführung des Life Cycle Services kann ein Kunde auch vom Factory Object Gebrauch machen. Dieses Objekt existiert in vielen Verteilungsplattformen und kann andere Objekte erzeugen.

Der Life Cycle Service ist durch drei Klassen definiert – das Lifecycle Object definiert das Kopieren, Verschieben und Löschen von Objekten. Applikationsspezifische Unterklassen redefinieren die Operationen und geben ihnen eine spezielle Bedeutung. Die Schnittstelle Generic Factory definiert eine einfache `create_object` Operation. Alle CORBA-Anwendungsobjekte können durch solch eine Factory erzeugt werden. Der Factory Finder hilft schließlich beim Auffinden einer Factory, um ein bestimmtes Objekt zu erzeugen. Er wird auch zur Identifikation benutzt.

Naming Service

Der Naming Service stellt Mechanismen bereit, um einen Namen bezüglich eines Namenskontextes an ein Objekt zu binden. Er bildet für den Menschen verständliche Namen auf Objektreferenzen ab, was als Name Binding bezeichnet wird. Ein Namenskontext ist dabei ein Objekt, das eine Menge von Name Bindings enthält, wobei jeder Name eindeutig ist. Die Menge aller Naming Contexts wird als Namensraum bezeichnet. Damit ist der Naming Service der wichtigste Mechanismus, um Objekte zu finden. Alternativ zum Naming Service kann später auch der Trading Service verwendet werden, der über den Naming Service hinausgeht.

Eine spezielle Eigenschaft beim Naming Service sind die Namenshierarchien, die vom Client genutzt werden können, um gesuchte Objekte zu finden. In diesem Zusammenhang ist ein Objektname ein zusammengesetzter Name, der aus einem einfachen Namen und vorangestellten Kontextnamen besteht. Während diese einfachen Namen Dateinamen repräsentieren, entsprechen die Naming Contexts Verzeichnissen.

Zu bemerken ist, daß bei der OMG keine einheitlichen Namenskonventionen für den weltweit gleichartigen Gebrauch festgelegt wurden. Daraus resultiert zum einen das Problem der Interoperabilität, zum anderen besitzt jedoch jeder Nutzer den Vorteil, sich eigene Namensräume definieren zu können.

Event Service

Der Event Service ermöglicht in erster Linie die Übertragung von Nachrichten, ohne andere Objekte zu kennen. Im Gegensatz zu einem normalen Prozeduraufruf wird hierbei nicht die synchrone Datenübertragung betrachtet, sondern eine asynchrone Datenübertragung realisiert. Im Standard wird dabei angenommen, daß das Design des Event Services skalierbar ist und für verteilte Umgebungen geeignet. Es gibt keine Anforderungen hinsichtlich eines zentralen Servers oder globalen Dienstes.

Der Event Service unterscheidet zwischen Anbietern, die als Supplier bezeichnet werden, und Adressaten oder Verbrauchern, die Consumer genannt werden. Der Anbieter generiert und versendet Nachrichten, der Verbraucher verarbeitet diese. Ein spezielles Objekt, der Event Channel ist zugleich Anbieter und Verbraucher. Dieser Kanal ist ein herkömmliches ORB-Objekt.

Damit ist der Event Service auch in der Lage, ein Broadcasten von Nachrichten zu ermöglichen. Die Benachrichtigung der Objekte, daß ein Ereignis in einem Kanal angekommen ist, erfolgt durch sogenannte Notifications. Dabei brauchen die Objekte, welche Ereignisse erzeugen, die adressierten Objekte nicht notwendigerweise zu kennen, da die Verwaltung der Adressaten vom Service selbst erfolgt.

Persistency Service

Der Persistency Service oder auch Persistence Object Service (POS) unterstützt die Persistenz eines Objekts unabhängig von seiner Anwendung und seiner Objektimplementierung. So wird es Objekten ermöglicht, ihre Anwendungen quasi zu überleben, indem die Objekte länger Bestand haben als die Anwendungen. Der Persistency Service realisiert dabei die Speicherung des Objektstatus in einem permanenten Speicher und ermöglicht dadurch die Restauration des Objekts. Die Grundidee dieses Dienstes besteht darin, eine einzelne Objektschnittstelle zu verschiedenen Datenspeichern auszustellen.

Der Persistency Service besitzt zwei Grundelemente: das Persistent Object (PO), das seinen Status sichern kann, und den Persistent Object Manager

(POM), welcher die Schnittstelle für die Persistenzoperationen ist. Während das PO eine Methode geerbt hat und einen speziellen Persistent Identifier (PID) benutzt, um seine Position in Datenspeichern zu beschreiben, sitzt der POM zwischen den Datenspeichern und Objekten und kann quasi als ein Router für die Datenspeicher angesehen werden. Der POM isoliert dabei die Objekte und ist für eine einheitliche Sicht verantwortlich.

Von Bedeutung ist ferner der Persistent Data Service (PDS). Dieser wird an einer Schnittstelle zu einem bestimmten Datenspeicher angeboten und führt die tatsächliche Arbeit zum Speichern der Daten im Datenspeicher durch. Zu diesem Zweck kennt der PDS drei Protokolle: das Direct Access Protocol (DAP), das eine IDL-ähnliche Data Definition Language benutzt, ein weiteres Protokoll, das eine spezielle DDL benutzt, um Zugriff über C++ zu realisieren, und das Dynamic Data Object (DDO), das ein datenspeicher-neutrales Protokoll ist.

Externalization Service

Der Externalization Service definiert Protokolle und Mechanismen für das Externalisieren und Internalisieren von Objekten. Das Externalisieren kann dabei als das Festhalten des Objektzustands in einem Datenstrom angesehen werden, d.h. die Datenstruktur wird aufgelöst und kann z.B. auch transportiert werden und den ORB verlassen. Somit wird es auch möglich, Objekte zu speichern. Die Internalisierung bezeichnet die Rückführung dieser Operation.

Relationship Service

Der Relationship Service erlaubt die explizite Darstellung von Entitäten und den zwischen ihnen bestehenden Relationen. Entitäten werden als CORBA-Objekte repräsentiert. Dabei definiert dieser Dienst zwei neue Arten von Objekten: Relationen und Rollen. Eine Rolle stellt in diesem Zusammenhang ein CORBA-Objekt in einer Relation dar. Sie kann spezielle Schnittstellen haben, die ebenfalls dynamisch gestaltbar sind.

Concurrency Control Service

Der Concurrency Control Service ermöglicht es mehreren Clients, ihren Zugriff auf gemeinsam genutzte Ressourcen zu koordinieren. Dies bedeutet, daß Konflikte vermieden werden und der Client in einem konsistenten Zustand gehalten wird. Insbesondere wird dabei die Isoliertheit des Zugriffs bei nebenläufigen Aktionen durch sogenannte Locks gewährleistet. Jeder Lock ist dabei mit einer einzelnen Ressource und einem einzelnen Client assoziiert. Diesen Lock muß der Client erhalten, bevor er auf eine gemeinsam genutzte Ressource zugreift.

Transaction Service

Durch den Transaction Service können mehrere verteilte Objekte auf ggf. verschiedenen ORBs an atomaren Transaktionen teilnehmen. Dabei muß für eine Transaktion der Start durch den Client mittels des Schlüsselworts `begin_transaction` und ihr Ende durch `commit_transaction` bzw. `abort_transaction` geregelt werden. Eine solche Transaktion bildet die Grundlage für Ausfallsicherheit, Konsistenz und Nebenläufigkeit in einem Verteilten System. Insbesondere besitzt sie die ACID-Eigenschaften Atomic, Consistent, Isolated und Durable. Atomarität bedeutet, daß alle Änderungen ganz oder gar nicht ausgeführt werden, unter der Konsistenz versteht man, daß die Transaktion sich an gegebene Invarianten hält. Isoliertheit bezeichnet die Eigenschaft, daß Zwischenzustände nicht für andere Transaktionen sichtbar sind, damit erscheinen Transaktionen seriell, obwohl sie ggf. auch nebenläufig ausgeführt werden können. Schließlich versteht man unter der Dauerhaftigkeit die Eigenschaft, daß die Ergebnisse einer beendeten Transaktion nicht verworfen werden, sondern persistent sind.

Der Transaction Service von CORBA unterstützt verschiedene Transaktionsmodelle. Im Mittelpunkt steht dabei die Interoperabilität zwischen verschiedenen Programmiermodellen. Beispielsweise können Nutzer den Wunsch haben, Objektimplementierungen existierenden Anwendungen hinzuzufügen. Um dies zu realisieren, müssen die verschiedenen Codes eine einzelne Transaktion gemeinsam haben. Damit ist dieser Dienst anwendungs- und produktabhängig.

Mit dieser Aufzählung soll der Überblick über die acht ersten und vielleicht auch wichtigsten CORBAservices abgeschlossen werden. Eine Spezifikation der entsprechenden Objektschnittstellen und -funktionalitäten sowie ein Überblick über die weiteren CORBAservices ist den aktuellen Standards zu entnehmen.

Der Trading Service bildet bei der durchgeführten Bewertung eine Ausnahme. Da dieser Dienst – wie oben bereits angedeutet – schon von der ISO im Rahmen des ODP-Referenzmodells spezifiziert wurde, existieren sehr ausgereifte Vorstellungen zu dem von der OMG übernommenen Konzept. Aus diesem Grund wird im Abschnitt 3.2.1 noch einmal separat auf den Trading Service eingegangen.

3.2
Quality of Service und Dienstvermittlung

Nach der Vorstellung der einzelnen CORBA-Dienste soll der zunehmenden Bedeutung der Thematik Quality of Service Rechnung getragen werden. Insbesondere werden in einem großen Verteilten System werden viele Dienste angeboten und genutzt, so daß ein Client schnell den Überblick über den entstehenden Dienstmarkt verlieren kann. Die aus diesem Grund genutzte Dienstvermittlung entscheidet jedoch nur, ob exakt ein Dienst vorhanden ist, der einer gegebenen Dienstspezifikation Rechnung trägt. Auch wenn dabei Dienstcharakteristiken mit berücksichtigt werden, so gibt es jedoch keine standardisierten Methoden, eine Auswahl von bestgeeigneten Diensten vorzunehmen. Der Tradingstandard geht vielmehr von einer binären Entscheidung aus, entweder erfüllt ein gegebenes Dienstangebot eine Spezifikation, oder es erfüllt sie nicht.

Dieser Ansatz soll in dem nachfolgenden Abschnitt erweitert werden. Ziel ist es, auch im Falle fehlender Dienste, die exakt eine Spezifikation erfüllen, einen bestmöglichen Dienst auszuwählen, der eine Approximation an die gegebene Dienstspezifikation darstellt. Erfüllen mehrere Dienste eine gegebene Spezifikation, so kann auch ein Optimum berechnet werden. Als Ergebnis dieses Prozesses soll in der Regel genau ein Dienst angegeben werden, bei Bedarf kann jedoch auch eine Menge von Diensten ausgewählt werden, die in einem gewissen Maße von einer gesuchten Spezifikation abweicht.

Im folgenden wird zunächst noch einmal auf den Tradingdienst als Basis der QoS-Betrachtungen eingegangen. Diensteigenschaften des standardisierten Dienstvermittlungsprozesses können dabei geeignete Quality-of-Service-Attribute modellieren. Das nachfolgend entwickelte Regelwerk geht dann davon aus, den Abstand zwischen der Spezifikation des gesuchten Dienstes und jedem im Service Directory vorhandenen Dienstangebot, das den gewünschten Diensttyp erfüllt, zu bestimmen, indem komponentenweise der Abstand dieser Eigenschaften berechnet wird. Aus dem pro Dienstangebot resultierenden Vektor der Abstände der Diensteigenschaften wird mittels bestimmter Metriken ein numerischer Wert berechnet. Das Minimum dieser Abstände ergibt dann einen optimalen Dienst, bzw. die Menge aller Werte, die kleiner als ein gegebener Schwellwert sind, bilden eine Menge von – bezüglich der gesuchten Dienstspezifikation und dieses Schwellwerts – noch akzeptablen Diensten. Dieses Regelwerk ist in einem existierenden COR-

BA-Trader implementiert und hinsichtlich Geschwindigkeit und Auswahl von Metriken bewertet worden.

3.2.1
Der Tradingdienst

Der Tradingdienst der OMG, der als CORBAservice in die Struktur der Common Object Request Broker Architecture integriert wurde, entspricht dem von der ISO gemachten Vorschlag. Dabei besitzt der Tradingdienst die Aufgabe, eine Vermittlung von Diensten in einem Verteilten System durch den Aufruf entweder einer Operation `search` oder einer Operation `select` vorzunehmen. Damit kann der Trading Service als eine Erweiterung des Naming Service angesehen werden.

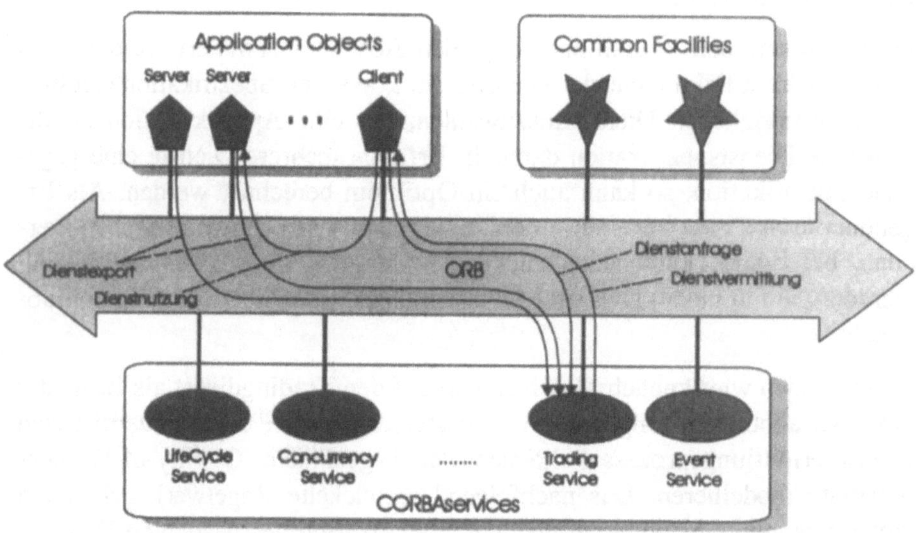

Abb. 3.1. Wirkungsweise des Trading Service innerhalb der Object Management Architecture

Die Wirkungsweise dieses Dienstes ist in Abb. 3.1 dargestellt. Dienste, die zu den Application Objects gehören und ihre Funktionalität dem System zur Verfügung stellen möchten, schicken zunächst eine Nachricht an den Trading Service. Der Vorgang wird auch als Dienstexport bezeichnet, und die dienstanbietende Komponente des Systems besitzt die Rolle eines Exporters.

Andere Objekte können nun Kontakt mit dem Trading Service aufnehmen und nach einem Dienst mit bestimmten Diensteigenschaften fragen. Bei diesem sogenannten Dienstimport wird dem anfragenden Objekt bei Vorhandensein eines entsprechenden Dienstes dessen Schnittstellenbezeichnung übermittelt. Es soll beachtet werden, daß das exportierende Objekt zu jedem beliebigen Zeitpunkt den Export zurückziehen kann.

Bei Importanfragen besteht innerhalb des Trading Service die Aufgabe, Dienstangebote aufzulisten, nach geeigneten Dienstangeboten zu suchen, oder aber die Auswahl eines am besten geeigneten Dienstes vorzunehmen. Dazu ist es notwendig, daß die Dienstspezifikation eines Importers genau das vom Importer geforderte Verhalten beschreibt, während die Dienstspezifikation eines Exporters die Fähigkeiten beschreibt, die der Exporter dem Trader und anderen Objekten anbietet.

Zusammengefaßt bestehen die Aufgaben des Trading Services darin, daß der Trader es den Exportern in einer offenen verteilten Umgebung erlaubt, ihre Dienste anzubieten; Objekten die Möglichkeit bietet, Informationen über einen oder mehrere exportierte Dienste entsprechend gewisser Kriterien zu importieren und die Zusammenarbeit mit anderen Tradern unterstützt.

Der Aspekt der Zusammenarbeit der Trader untereinander wird auch als Traderföderation bezeichnet. Eine Traderföderation ermöglicht es, Dienstangebote eines Traders anderen Tradern verfügbar zu machen. Um in den Verbund eingegliedert zu werden, muß ein Trader in der Lage sein, von mindestens einem anderen Trader des Verbunds Angebote zu importieren oder an mindestens einen Trader der Föderation Dienstangebote exportieren zu können. In einem dezentralen Traderverbund hat jeder einzelne Trader die Möglichkeit, Verbindungen mit der Menge der mit ihm verbundenen Trader zu verwalten. Sollen von einem entfernten Trader Dienstangebote importiert werden, so muß der jeweilige Trader einen Importvertrag mit dem entfernten Trader abschließen. Umgekehrt muß auch der Dienstexport an einen entfernten Trader betrachtet werden. Zu diesem Zweck bietet der lokale Trader dem entfernten Trader einen Dienst für den Föderationsaufbau an. Der exportierende Trader besitzt in analoger Weise einen Exportvertrag mit dem zugehörigen importierenden Trader. Dieser Vertrag hält fest, auf welche Bereiche der lokalen Datenbasis des exportierenden Traders sich der Zugriff erstrecken darf und welche Diensttypen dabei betrachtet werden. Da es zu jedem Exportvertrag einen Importvertrag im kooperierenden Trader gibt, können die Abbildungsvorschriften entsprechend übernommen werden. Der exportierende Trader stellt eine Schnittstelle für den Informationsaustausch mit dem importierenden Trader zur Verfügung und gibt dem anfragenden Trader eine Schnittstellenbezeichnung bekannt.

Für jeden entfernten Trader, an den exportiert wird, gibt es einen separaten Exportvertrag. Aus Sicht dieses Traders besteht eine Traderföderation aus der Menge der Exportverträge, die er mit anderen entfernten Tradern eingegangen ist, während aus Importersicht der Traderverbund durch die Menge von Importverträgen mit entfernten Tradern bestimmt wird. Im Falle einer beidseitigen Abmachung zwischen zwei Tradern liegen auch zwei Föderationsverträge vor.

Aus Unternehmenssicht gibt es nun eine Klassifikation von Tradingarchitekturen in verschiedene Strukturen. Zunächst soll von der Tradinggemeinschaft ausgegangen werden. Diese wird auch als Trading Community bezeichnet und umfaßt neben dem Trader auch den Importer, Exporter, den Trading Administrator und andere Komponenten. Der Zusammenschluß dieser Komponenten zu einer logischen Einheit erfolgt zum Zwecke des Tradings und ist der Trading Policy unterstellt. Darauf aufbauend wird das Tradingsyndikat betrachtet. Man versteht darunter eine Menge von Tradinggemeinschaften mit einem gemeinsamen Administrator, d.h. im Gegensatz zur Tradinggemeinschaft sind nun mehrere Trader in der Struktur enthalten, wobei jedoch die Existenz genau eines Administrators gegeben ist. Diese Architektur wird gebildet, um Dienstangebote individueller Tradinggemeinschaften auch anderen Kunden verfügbar zu machen. Schließlich gibt es die bereits erwähnte Tradingföderation, die einen Verbund von Tradingsyndikaten und einen externen Schiedsrichter umfaßt. Der externe Schiedsrichter dient dazu, Konflikte zwischen den verschiedenen Tradingbereichen zu schlichten.

Bei der eigentlichen Dienstvermittlung gibt es bestimmte Datenstrukturen, die im folgenden für die QoS-Betrachtungen von großer Bedeutung sind. Der grundlegende Begriff, der beim Trading die zentrale Rolle spielt, ist der Dienst. Ein solcher Dienst oder Service ist eine Funktion, die durch ein Objekt an einer Rechnerschnittstelle zur Verfügung gestellt wird.

Der Dienst selbst ist eine Instanz eines Diensttyps. Jedem Diensttyp ist ein Rechnerschnittstellentyp zugeordnet, der bestimmt wird durch eine Operationssignatur, das Rechnerverhalten an der Dienstschnittstelle, die Umgebungsrestriktionen und die Rolle der Schnittstelle, d.h., ob es sich um einen Dienstanbieter oder einen Dienstnutzer handelt. Dienste ein und desselben Diensttyps besitzen die gleiche Funktionalität und haben die gleichen Operationssignaturen sowie das gleiche Rechnerverhalten. Dienste des gleichen

Diensttyps können aber auch in einigen rechnerunabhängigen Eigenschaften oder verhaltensunabhängigen Aspekten voneinander abweichen. Dies kann technologische, informationsbezogene, technische oder auch unternehmensbezogene Aspekte des Dienstes betreffen. Diese zusätzlichen Aspekte werden Diensteigenschaften oder Service Properties genannt.

Die Einordnung der Diensteigenschaften ist ein recht komplexer Vorgang. Ausgegangen wird von dem sogenannten Eigenschaftstyp. Ein solcher Property Type ist ein Prädikat für eine Klasse von Charakteristiken eines Informationsobjekts. Eine Eigenschaft, auch Service Property genannt, ist ein Wert eines Eigenschaftstyps. Sie kann auf ein (Name,Wert)-Paar zurückgeführt werden. Ein Eigenschaftstyp besitzt vier Untertypen, welche die Charakteristiken eines Dienstes, Dienstangebots, einer Verbindung und eines Traders beschreiben. Ein Diensteigenschaftstyp, oder auch Service Property Type, ist schließlich das Prädikat für eine Klasse von Diensteigenschaften. Er ist ein Untertyp eines Eigenschaftstyps. Bei Diensteigenschaften werden statische und dynamische Eigenschaften unterschieden, je nachdem, ob sich die Werte mehr oder weniger häufig ändern. Ein Dienstangebotseigenschaftstyp ist dann ein Untertyp eines Diensteigenschaftstyps. Er ist ein Prädikat über einer Klasse von Dienstangebotseigenschaften. Und eine Dienstangebotseigenschaft ist ein Wert eines Dienstangebotseigenschaftstyps. Diese Eigenschaft beschreibt Charakteristiken eines vom Exporter angebotenen Dienstangebots. Weiterführende Literatur zu diesem Thema ist in [SPM 94], [Po 95] und [PSW 95] zu finden.

3.2.2
Qualitätsmerkmale von Diensten

Der Begriff des Quality of Service bezeichnet die Qualität eines verfügbaren Dienstes. Dabei umfaßt das Quality of Service zwei Bereiche: zum einen besitzt ein Dienst Eigenschaften, die seine Qualität beschreiben, zum anderen bestimmt QoS die Art der Kommunikationsverwaltung.

QoS-Charakteristiken

QoS-Charakteristiken sind quantifizierbare Aspekte der Dienstqualität. Diese Charakteristiken lassen sich als Diensteigenschaften formulieren. Sie können nicht nur in numerischen Werten, sondern auch als Klassen von Zustandsbezeichnungen ausgedrückt werden. Wird beispielsweise ein Dienst zur Übertragung von Videodaten betrachtet, so kann man als QoS-Charakteristiken die Eigenschaften Durchsatz, Übertragungsverzögerung und Fehlerrate ansehen.

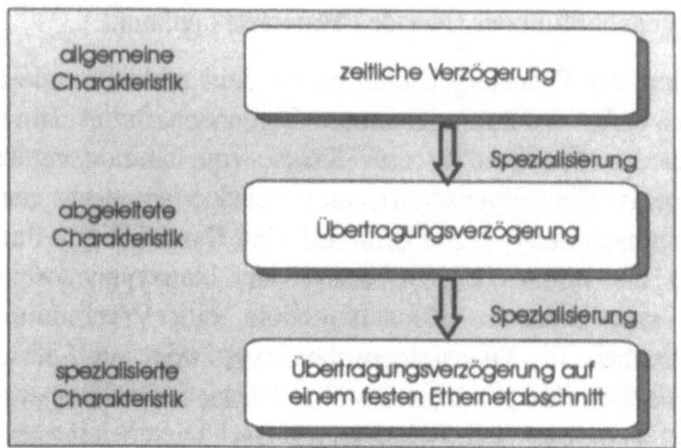

Abb. 3.2. Spezialisierungen bei QoS-Charakteristiken

Um ein einheitliches und trotzdem allgemeingültiges Konzept zur Klassifikation von QoS-Charakteristiken zu erhalten, wird von einer Dreiteilung ausgegangen. Ausgehend von sogenannten allgemeinen Charakteristiken wird eine Spezialisierung hin zu sogenannten abgeleiteten Charakteristiken vorgenommen, die dann selbst wieder zu spezialisierten Ableitungen verfeinert werden. Dieser Prozeß ist in Abb. 3.2 dargestellt.

Diese Art der Definition von QoS-Charakteristiken hat den Vorteil, daß alle QoS-Charakteristiken aufgrund der hinreichenden Allgemeinheit das gleiche Konzept benutzen. Damit kann eine QoS-Charakteristik eines Dienstes unabhängig von ihrem Kontext verwendet werden. Neben der Spezialisierung auf ein bestimmtes Anwendungsgebiet ist noch eine statistische Ableitung möglich. Statistische Ableitungen sind beispielsweise Maximum, Minimum oder Varianz.

Benutzt man das angesprochene Beschreibungsverfahren für QoS-Charakteristiken, so gibt es sechs Gruppen, in welche sich die Charakteristiken einteilen lassen. Diese sind im einzelnen:

- **Zeitbezogene Charakteristiken**
  Diese Gruppe von Charakteristiken beinhaltet Eigenschaften, die sich auf die absolute Zeit beziehen. Übliche Ableitungen sind die zeitliche Verzögerung, insbesondere die Übertragungsverzögerung und Jitter.

- **Kapazitätsbezogene Charakteristiken**
  Zu den Charakteristiken dieser Gruppe gehören unter anderem die Verbindungslast und der Durchsatz. Kapazität und Durchsatz sind sehr allgemeine Begriffe, die in Verteilten Systemen in ganz verschiedenen Ausprägungen Verwendung finden können.

- **Vollständigkeitscharakteristiken**
  Die Eigenschaften dieser Gruppe realisieren Vollständigkeit und Genauigkeit von Kommunikationsverbindungen. Beispiele sind Adressierungsfehler und Fehlertoleranz.

- **Kostenbezogene Charakteristiken**
  Kosten sind in verschiedenen Anwendungen von Computersystemen von besonderer Bedeutung. Sie repräsentieren ein Mittel, das einem Objekt bzw. dem von dem Objekt angebotenen Dienst einen Wert zuweist. Oft sind sie eine Funktion einer gewählten Dienstoption oder deren Qualität. Bei der Dienstvermittlung nehmen diese Charakteristiken eine besondere Stellung ein.

- **Sicherheitsbezogene Charakteristiken**
  Sicherheit bezieht sich in diesem Zusammenhang auf den Schutz einer Kommunikationsverbindung. Insbesondere beinhaltet sie Zugangskontrolle und Autorisierungsmethoden.

- **Zuverlässigkeitscharakteristiken**
  Zu den Charakteristiken dieser Gruppe gehören Eigenschaften, welche sich auf die Garantiertheit einer Kommunikationsverbindung beziehen. Insbesondere sind Wahrscheinlichkeiten für das Ausfallen von Verbindungen von Bedeutung.

Die QoS-Charakteristiken dieser einzelnen Gruppen können nun durch Spezialisierung weiter verfeinert werden. Außerdem ist es möglich, sie im Kontext verschiedener Anwendungen zu betrachten oder für die einzelnen Schichten des OSI-Referenzmodells spezifisch auszuwerten.

QoS-Parameter

QoS-Parameter sind orthogonal zu den o.g. QoS-Charakteristiken zu sehen. Sie beschreiben vielmehr eine Anforderung an einen Anwendungsprozeß, der eine Kommunikation in Gang setzt. Dabei werden den einzelnen Charakteristiken Werte zugeteilt. Ein QoS-Parameter kann ein skalarer oder vektorieller Wert sein, der eine Qualität eines Dienstes betrifft und zwischen kommunizierenden Einheiten übertragen wird. In Abhängigkeit von der exakten Anforderung können diese Parameter beispielsweise sein:

- ein gewünschter Wert einer Charakteristik, auch Target genannt,

- ein Maximal- oder Minimalwert, auch als Grenze (Bound) bezeichnet,

- ein gemessener Wert oder

- ein Schwellwert

Diese Abgrenzungen sind in Abb. 3.3 verdeutlicht. Somit muß ein Parameter neben dem eigentlichen Wert noch eine Information enthalten, welche Rolle diesem Wert zukommt. Dabei gibt es zwei Arten von Grenzen, die Lowest Quality Acceptable (LQA) und die Controlled Highest Quality (CHQ).

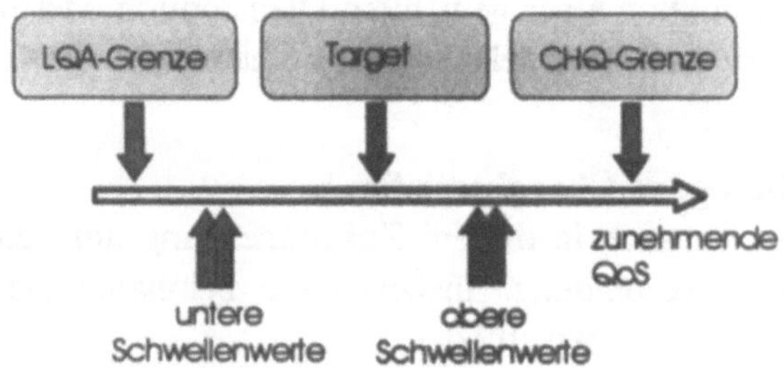

Abb. 3.3. Abgrenzung einer QoS-Charakteristik

QoS-Verwaltungsfunktion und QoS-Mechanismen

Eine QoS-Verwaltungsfunktion ist eine Funktion, die dem Ziel dient, eine QoS-Anforderung zu erfüllen. Die Verwaltungsfunktion besitzt eine Reihe von Komponenten, die sogenannten QoS-Mechanismen. Ein solcher Mechanismus übernimmt eine Reihe von Teilaufgaben bei der Verwaltung der Dienstqualitäten, z.B. Einrichtung, Überwachung und Abfrage von Charakteristiken. Auch die Verhandlung von QoS-Parametern ist ein solcher Mechanismus.

QoS-Mechanismen lassen sich in drei Bereiche einteilen:

- Vorbereitungsphase,

- Einrichtungsphase und

- Ausführungsphase.

Die Vorbereitungsphase dient der Abfrage des aktuellen Systemzustands. Dadurch kann das Level der erreichbaren Dienstqualitäten entschieden werden.

Die Einrichtungsphase dient der Aushandlung von QoS-Parametern und der entsprechenden Reservierung von Ressourcen. Die Aushandlung beginnt dabei mit der QoS-Anfrage eines Objekts. Das anfragende Objekt übermittelt QoS-Anforderungsparameter an den Dienstanbieter. Diese Parameter beinhalten

- den Wert einer Charakteristik,

- die Rolle eines Werts bei der Einrichtung der Dienstqualität, z.B. obere oder untere Schranke oder Target,

- Aktionen, die beim Erreichen einer Grenze oder Schwelle ausgeführt werden, und

- das Level des Übereinkommens, z.B. Best Effort oder Guaranteed.

Zur Aushandlung der Dienstqualität sind in der Regel die beiden Kommunikationspartner und ein Dienstanbieter notwendig.

Die Ausführungsphase schließlich dient der Überwachung und Erhaltung der Dienstqualitäten gemäß des in der Einrichtungsphase festgelegten Übereinstimmungslevels.

Mit diesen Ausführungen soll die Betrachtung der QoS-Thematik abgeschlossen sein. Dadurch, daß erste Standardisierungsbemühungen bereits Jahre zurück liegen und diese Thematik Gegenstand zahlreicher internationaler Workshops und Fachtagungen ist, existiert eine Menge weiterführende Literatur.

Integration von QoS in die Dienstvermittlung

Viele Dienste – und insbesondere Kommunikationsdienste – benötigen die Betrachtung von Qualitätsaspekten. Zur Integration der Dienstqualität in Verteilte Systeme existieren zahlreiche Arbeiten, die sich jedoch zumeist mit dem QoS-Management befassen ([FSH 94], [ChTo 92], [TTC+ 92] und [BHMS 94]). In [MRB 93] findet die präzise Beschreibung von Dienstqualitäten und die Verifikation von QoS-Anforderungen Berücksichtigung. Die Spezifikation der QoS-Charakteristiken Durchsatz, Verzögerung und Zuverlässigkeit wird im Rahmen des Projekts HeiRAT [VHN 94] betrachtet.

Um Qualitätsaspekte auch in die Dienstvermittlung einzubeziehen, müssen die QoS-Charakteristiken als Diensteigenschaften behandelt werden. Bei einer Dienstanfrage muß neben dem Namen bzw. Typen eines Dienstes auch noch eine Menge von Qualitätscharakteristiken betrachtet werden. Ein z.Z. offenes Problem ist die Formulierung dieser Charakteristiken. Momentan gibt es Anfragesprachen, mit denen Dienstanfragen an einen Trader gestellt werden können. Ein Beispiel für eine solche Sprache ist die Service Request Description Language (SRDL), vergleiche [PoMe 94]. Hier ist jedoch eine Erweiterung erforderlich, um eine Anpassung in Richtung der QoS-Attribute vornehmen zu können.

Von Bedeutung ist es in diesem Zusammenhang auch, einen Bezug zu den im ODP-Tradingstandard [ODP Tr] spezifizierten Anfrageoperationen SEARCH und SELECT herzustellen. Der Unterschied zwischen diesen beiden Operationen besteht darin, daß SEARCH eine Suche auf dem Service Directory realisiert, also eine Menge von Diensten berechnet, die einer gegebenen Spezifikation genügen, während SELECT genau einen Dienst auswählt, der einer Superlativfunktion wie z.B. Minimum, Maximum, First, Last oder Random genügt.

Bei der nachfolgenden Einbeziehung von QoS-Charakteristiken in den Prozeß der Dienstauswahl kann nun sowohl SEARCH als auch SELECT als Anfrageoperation verwendet werden, wobei geringfügige Modifikationen vorzunehmen sind. Die Auswahl eines Dienstes nach dem SELECT-Aufruf ergibt sich dadurch, daß der Dienst ausgewählt wird, der den kleinsten Abstand zwischen der Anfragespezifikation und den im Service Directory enthaltenen Diensten aufweist, dabei braucht keine Superlativfunktion spezifiziert zu werden. Bei der Entscheidung für einen SEARCH-Aufruf ist ein Schwellwert erforderlich, der ein Maß für eine Abweichung der gegebenen Spezifikation für den gesuchten Dienst von den vorhandenen Diensten angibt.

Der Prozeß der Dienstauswahl unter Einbeziehung von QoS-Charakteristiken erfolgt nach dem in Abb. 3.4 beschriebenen Prinzip.

Ein klassischer Trader betrachtet dabei lediglich die Anwendungsebene, das heißt, er bezieht die Schritte 1 und 5 in seine Betrachtungen mit ein. Dazwischen erfolgt ein paarweiser Vergleich der Spezifikation des gesuchten Dienstes mit den einzelnen Einträgen der Dienstangebote im Service Directory, das auf einem einfachen Auswerten von Anforderungen basiert.

Die neue Architektur der Dienstvermittlung zur Optimierung von Dienstangeboten erweitert den klassischen Trader um zwei Phasen. Bei der Berechnung eines sogenannten Differenzenvektors in Schritt 2 wird davon ausgegangen, alle QoS-Charakteristiken von je einem Dienstangebot bezüglich der gegebenen Dienstspezifikation sequentiell auszuwerten, d.h., es werden hierbei keine Dienste in ihrer Gesamtheit betrachtet, sondern lediglich Anforderungen an genau eine QoS-Charakteristik der Beschreibung der gegebenen Charakteristik gegenübergestellt.

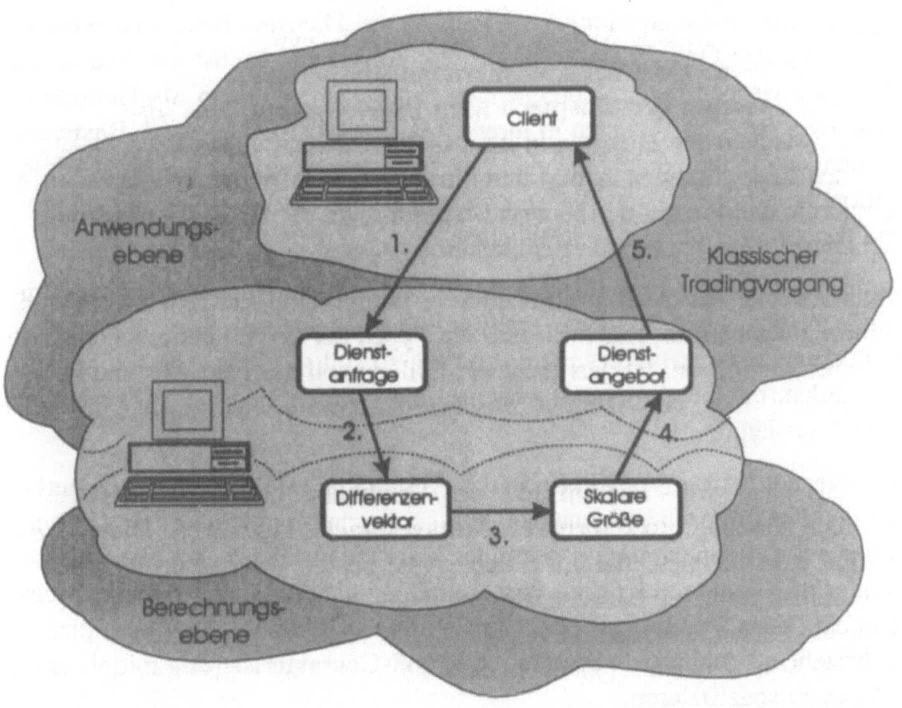

Abb. 3.4. Das Prinzip der Dienstauswahl unter Einbeziehung von QoS-Charakteristiken

Diese Gegenüberstellung erfolgt nacheinander für alle QoS-Charakteristiken, die in der Anforderungsspezifikation vorkommen. Das Ergebnis der Auswertung einer QoS-Charakteristik ist ein Abstand, d.h. ein numerischer Wert, wobei als Gesamtergebnis eine Menge von Werten oder auch ein Vektor entsteht.

Der Schritt 3 im Prozeß der erweiterten Dienstvermittlung bildet den Differenzenvektor auf einen numerischen Wert ab. Zu diesem Zwecke existieren verschiedene Metriken, von denen der Anwender eine auswählen kann. Alternativ kann auch eine Standardmetrik benutzt werden, eine Diskussion der Metriken folgt später.

Im folgenden Abschnitt werden die Schritte 2 und 3 ausführlich erläutert.

3.2.3
Abstände zwischen Diensten

Innerhalb dieses Kapitels soll zunächst vom Prozeß der Dienstauswahl weggegangen und eine Menge von genau zwei Diensten betrachtet werden, zwischen deren QoS-Charakteristiken ein Abstand zunächst als paarweiser Abstand zwischen den entsprechenden Eigenschaften, dann als Gesamtabstand zwischen den Diensten in ihrer Gesamtheit betrachtet wird. Basierend auf den Betrachtungen erfolgt dann im nächsten Abschnitt wieder die Integration in den Prozeß der Dienstvermittlung, um die Auswahl eines optimalen Dienstes im Trader zu ermöglichen.

Zum Zwecke der Abstandsbetrachtung wird im folgenden von einer Annahme ausgegangen, und zwar daß die Typen der beiden betrachteten Dienste übereinstimmen. Ist dies nicht der Fall, so soll gar kein Abstand berechnet werden, bzw. der Abstand zwischen den beiden Diensten auf unendlich gesetzt werden.

Im folgenden wird – wie am Ende des Abschnitts 3.2.2. bereits diskutiert – von der Nutzung einer formalen Anfragesprache abgesehen. Die Konzentration wird vielmehr darauf gerichtet, die beiden Dienste in ihrer aus semantischer Sicht einfachsten Beschreibung zu betrachten. Beispielsweise kann ein Dienst neben dem Diensttypen aus einer Menge von QoS-Attributen bestehen, denkbar ist es auch, diese QoS-Charakterisierung mittels eines Vektors zu spezifizieren.

Im folgenden wird zur Beschreibung von Dienstangeboten und gesuchtem Dienst eine Spezifikation verwendet, die bei der Dienstanfrage die Beschreibung einer QoS-Charakteristik mittels Target oder Schranken zuläßt. Die Struktur dabei ist

Dienstanfrage: $\mathbf{r} = (r_1, ..., r_n)$ mit
                  Service Request Property r_i:
                  $r_i = \{$ Target T
                                  Upper Bound U
                                  Lower Bound L
                                  Preference P
                                $\}$

Bei der Spezifikation von Dienstangeboten werden nur Upper und Lower Bound angegeben, im Falle eines Targets werden beide gleichgesetzt. Die Angabe von Präferenzen entfällt ebenfalls.

Dienstangebot: $o = (o_1, ..., o_m)$ mit
$$\quad\quad\quad \text{Service Offer Property } o_i:$$
$$o_i = \{ \quad \text{Upper Bound U}$$
$$\quad\quad\quad \text{Lower Bound L}$$
$$\quad\quad\quad \}$$

Diese Spezifikation der Dienstanfrage und des Dienstangebots wird Service Property Record genannt. Eine Eigenschaftsanforderung bei der Dienstanfrage wird durch eine o.b. Struktur r beschrieben, die ein Target $r.T$, eine obere Schranke $r.U$, eine untere Schranke $r.L$, die Beschreibungsart $r.T$ und die Präferenz $r.P$ beinhaltet. Eine Eigenschaft o in einem Dienstangebot beinhaltet eine obere Schranke $o.U$ und eine untere Schranke $o.L$. Die Anfrage der gesamten Eigenschaften kann man als Vektor $r = (r_1, ..., r_n)$ auffassen, wobei die einzelnen r_i die Eigenschaftsstrukturen für Dienstanfragen darstellen. Dieser Vektor wird im folgenden als Service Request Property Vector bezeichnet. Ebenso entspricht jedem Dienstangebot ein Service Offer Property Vektor $o = (o_1, ..., o_m)$.

Mit diesen Betrachtungen werden die Schritte 2 und 3 des in Abb. 3.4 erläuterten Verfahrens zur erweiterten Dienstvermittlung darauf abgebildet, daß die Differenz zwischen dem Service Request Property Vector und dem Service Offer Property Vector zu bestimmen sind. Bei dieser Abstandsberechnung muß jedoch beachtet werden, daß paarweise die gleichen Typen von Diensteigenschaften verglichen werden. Ein Problem kann dadurch entstehen, daß in der Dienstanfrage eine Anforderung an eine QoS-Charakteristik gestellt wird, die in dem Dienstangebot gar nicht vorhanden ist. Bei der Abstandsberechnung muß die Betrachtung dieser QoS-Charakteristik unberücksichtigt bleiben, dem Nutzer muß jedoch eine Mitteilung gemacht werden, daß eine Anforderung bzw. ein Teil seiner Anforderungen nicht ausgewertet werden konnte.

Im folgenden wird der Schritt 2 detailliert vorgestellt.

Abstandsberechnung zwischen Diensteigenschaften

Da die Diensteigenschaften aus mehreren Werten bestehen, ist keine einfache Differenzenbildung möglich. Deshalb ist ein Regelwerk entworfen worden, das den Abstand d_c zwischen solchen Strukturen berechnen kann. Im folgenden wird dieses Regelwerk im einzelnen aufgeführt, wobei o_i diejenige Eigenschaft bezeichnet, die denselben Namen wie r_i besitzt.

Weiterhin ist zu beachten, daß bei der Spezifikation der Anfrage entweder beide oder keine der Grenzen belegt werden. Damit entfällt bei den Regeln der Test auf Definiertheit beider Grenzen, es reicht, eine Grenze abzufragen.

Damit ergibt sich für die komponentenweise Abstandsberechnung das folgende Regelwerk.

* Da sowohl deterministische als auch probabilistische und statistische Angaben möglich sind, müssen die einzelnen Angaben sinnvoll in ein gemeinsames Format umgewandelt werden.

Innerhalb des Regelwerks soll eine deterministische Darstellung gewählt werden. Probabilistische und statistische Angaben werden in ein deterministisches Format umgewandelt. Bei statistischen Angaben ist diese Umwandlung einfach, da der Mittelwert als Target angesehen werden kann. Mittels der Varianz ist eine einfache Berechnung der Schranken möglich. Diese Umwandlung ist schon bei der Dienstspezifikation geschehen, um alle Eigenschaften in einem einheitlichen Format speichern zu können. Daher ist hier keine Arbeit mehr zu investieren. Bei probabilistischen Angaben läuft die Berechnung komplexer ab: ist nur ein Target gegeben, werden aus diesem Grenzen bezüglich der angegebenen Wahrscheinlichkeit berechnet. Andernfalls werden die Grenzen entsprechend der Wahrscheinlichkeit weiter gezogen:

$$\underline{if}\ r_i\ .t = probabilistic\_<percent>\ \underline{then}$$

$$\underline{if}\ r_i\ .U = \perp$$

$$\underline{then} \qquad r_i.U = r_i.T + \frac{100\text{-}<percent>}{100} * r_i.T;$$

$$r_i.L = r_i.T - \frac{100\text{-}<percent>}{100} * r_i.T;$$

$$\underline{else} \qquad r_i.U = r_i.U + \frac{100\text{-}<percent>}{100} * r_i.U;$$

$$r_i.L = r_i.L - \frac{100\text{-}<percent>}{100} * r_i.L;$$

$$r_i\ .t = deterministic;$$

$$\underline{if}\ r_i\ .t = statistic\ \underline{then}$$

$$r_i\ .t = deterministic;$$

Nachdem diese Umwandlung für jede Service Request Property geschehen ist, kann die Berechnung des Abstands zu einer Service Offer Property erfolgen.

Besteht die Anfrage zu einer Diensteigenschaft nur aus einem Target, kann die Differenz zwischen diesem und dem Intervall des Dienstanbieters berechnet werden. Das bedeutet, daß die Differenz null ist, wenn das Target innerhalb des angebotenen Intervalls liegt. Außerhalb des Intervalls wird die Differenz zu der näheren Intervallgrenze errechnet:

> $\underline{if}$ r_i $.T \neq \perp$ $\underline{and}$ r_i $.U = \perp$ $\underline{and}$ $o_i.U \neq \perp$ $\underline{then}$
>
> > $\underline{if}$ o_i $.L \leq r_i$ $.T \leq o_i$ $.U$
> >
> > > $\underline{then}$ $d_c(r_i, o_i) = 0$
> >
> > $\underline{if}$ o_i $.U < r_i$ $.T$
> >
> > > $\underline{then}$ $d_c(r_i, o_i) = r_i$ $.T - o_i$ $.U$
> >
> > $\underline{else}$ $d_c(r_i, o_i) = o_i$ $.L - r_i$ $.T$

Spezifiziert der Dienstnutzer nur Schranken, so ist die Differenz null, wenn das gesamte Intervall der Dienstanfrage innerhalb des möglichen Intervalls des Dienstanbieters liegt. Sind die beiden Intervalle disjunkt, ist die Differenz unendlich. Ansonsten wird die Größe des Teils des Nutzerintervalls, der nicht vom angebotenen Intervall überdeckt wird, berechnet:

> $\underline{if}$ r_i $.U \neq \perp$ $\underline{and}$ r_i $.T = \perp$ $\underline{and}$ o_i $.U \neq \perp$ $\underline{then}$
>
> > $\underline{if}$ $[r_i$ $.L, r_i$ $.U] \cap [o_i$ $.L, o_i$ $.U] = \varnothing$
> >
> > > $\underline{then}$ $d_c(r_i, o_i) = \infty$
> >
> > $\underline{if}$ o_i $.L \leq r_i$ $.L$ $\underline{and}$ r_i $.U \leq o_i$ $.U$
> >
> > > $\underline{then}$ $d_c(r_i, o_i) = 0$
> >
> > $\underline{if}$ r_i $.L < o_i$ $.L$
> >
> > > $\underline{then}$ $\underline{if}$ r_i $.U < o_i$ $.U$
> > >
> > > > $\underline{then}$ $d_c(r_i, o_i) = o_i$ $.L - r_i$ $.L$
> > >
> > > > $\underline{else}$ $d_c(r_i, o_i) = r_i.U - o_i.U + o_i.L - r_i.L$
> >
> > $\underline{else}$ $d_c(r_i, o_i) = r_i$ $.U - o_i$ $.U$

Diese Berechnung mag auf den ersten Blick uneinsichtig erscheinen. Es würde reichen, den Abstand auf unendlich zu setzen, wenn die beiden

Intervalle disjunkt sind, und auf null, sobald ein Schnitt existiert. Die zusätzliche Berechnung hat den Zweck, Dienste gegeneinander abzustufen, die einen unterschiedlichen Teil des angefragten Intervalls erfüllen können. Mittels dieser Regel werden Dienste, die einen großen Teil des Intervalls erfüllen können, als günstiger eingestuft als Dienste, die das angefragte Intervall nur berühren. Dies hat den Vorteil, daß ein Dienst, bei dem bei geringer Schwankung in der betreffenden Eigenschaft der Wert trotzdem innerhalb der tolerierten Grenzen bleibt, günstiger eingestuft wird als ein Dienst, bei dem bei geringer Schwankung der gelieferte Wert aus dem erforderlichen Intervall gerät.

- Sind in der Anfrage sowohl Target als auch Grenzen vorgegeben, läuft die Berechnung ähnlich ab wie beim Fehlen der Grenzen. Liegt das Target innerhalb des angebotenen Intervalls, ist der Abstand null. Anderenfalls wird die Differenz zwischen dem Target und der näherliegenden Intervallgrenze des Anbieters berechnet, sofern das geforderte Intervall nicht disjunkt zu dem angebotenen ist. Sind die Intervalle disjunkt, ist auch hier der Abstand unendlich:

$$\underline{if}\ r_i\,.T \neq \perp \ \underline{and}\ r_i\,.U \neq \perp \ \underline{and}\ o_i\,.U \neq \perp \ \underline{then}$$

$$\underline{if}\ o_i\,.L \leq r_i\,.T \leq o_i\,.U$$

$$\underline{then}\ d_c(r_i\,,\,o_i\,) = 0$$

$$\underline{if}\ [r_i\,.L,\ r_i\,.U] \cap [o_i\,.L,\ o_i\,.U] = \varnothing$$

$$\underline{then}\ d_c(r_i\,,\,o_i\,) = \infty$$

$$\underline{if}\ r_i\,.T < o_i\,.L \leq r_i\,.U$$

$$\underline{then}\ d_c(r_i\,,\,o_i\,) = o_i\,.L - r_i\,.T$$

$$\underline{else}\ d_c(r_i\,,\,o_i\,) = r_i\,.T - o_i\,.U$$

- Ein Fall bleibt in der vorherigen Behandlung übrig: in der Dienstanfrage wird eine Eigenschaft spezifiziert, die ein Dienstanbieter nicht vorgegeben hat. In diesem Fall kann über den Abstand keine genaue Aussage gemacht werden. Daher wird er auf unendlich gesetzt:

$$\underline{if}\ name(r_i\,) \notin o\ \underline{then}$$

$$d_c(r_i\,,\,o_i\,) = \infty$$

- Bei Angaben wie Zuverlässigkeit, die in *hoch, niedrig*, etc. ausgedrückt werden kann, muß eine Abbildung auf ein numerisches Format erfolgen; danach gelten die gleichen Regeln wie für die anderen Charakteristiken. Dazu muß erst noch genauer untersucht werden, welche Charakteristiken im folgenden verwendet werden und welche nichtnumerischen Angaben möglich sind. Diese Angaben sollten in ein Intervall [0, ..., 100] transformiert werden. Ein Wert, der niedrigstmögliche Qualität ausdrückt, wird auf null gesetzt; ebenso drückt die 100 höchste Qualität aus. Bei der Umsetzung muß darauf geachtet werden, daß die Bedeutung einer nichtnumerischen Darstellung von der jeweiligen Eigenschaft abhängt. *Niedrig* beispielsweise drückt bei einer Fehlerrate eine hohe Qualität aus, bei Zuverlässigkeit allerdings eine niedrige Qualität. Läßt man nichtnumerische Angaben zu, kann der Benutzer auch Angaben *minimum* und *maximum* vornehmen. Diese Angaben können einfach in null bzw. einen hohen Wert transformiert werden.

- Die Differenzen müssen einheitlich normiert werden, damit Differenzen in einer Eigenschaft, die durchschnittlich niedrig liegen, nicht gegenüber durchschnittlich hohen Differenzen einer anderen Eigenschaft verschwinden. Anderenfalls wird nicht jede Differenz gleich bewertet. Hierbei kann zu jeder Eigenschaft ein durchschnittlicher Wert berechnet werden, der als Normierungsfaktor benutzt wird. Auch hier müssen zuerst die normalerweise verwendeten Bereiche der einzelnen Charakteristiken festgestellt werden.

- Bevor die Differenzen in die Gesamtbewertung des Vektors eingehen, müssen die angegebenen Präferenzen Berücksichtigung finden. Dies erfolgt durch einfache Multiplikation:

$$d_{wc}(r_i, o_i) = d_c(r_i, o_i) * r_i . P$$

Neben diesem Regelwerk sind noch komplexere Erweiterungen denkbar. Es kann sein, daß ein Nutzer Abweichungen von einem Target in eine bestimmte Richtung bevorzugt, daß er zum Beispiel eine bessere Dienstqualität jederzeit annimmt, eine schlechtere als die spezifizierte Dienstqualität jedoch ablehnt.

Ein weiteres Problem ist die Normierung von Abständen. Wird eine Eigenschaft in verschiedenen Einheiten angegeben, so kann es sein, daß ein kleinerer Abstand ein größeres Gewicht im Gesamtprozeß erhält.

Das Ergebnis der Anwendung obiger Regeln auf einen Service Request Property Vector ist eine Folge von Differenzen. Aus dieser muß nun die Berechnung des Gesamtabstands erfolgen, d.h. es ist eine Abbildung des Vektors auf einen numerischen Wert erforderlich. Dieser wird mittels einer Metrik berechnet.

Dienstmetriken

Eine Metrik ist allgemein ein Maß für einen Abstand. In der Mathematik werden Metriken für skalare Größen, Mengen oder Vektoren definiert. Dieses Vorgehen hat i.a. das Ziel, zu einem vorgegebenen Element einer bestimmten Menge das nächstliegende Element zu ermitteln. Zu diesem Zweck müssen die Abstände des gegebenen Elements zu jedem anderen Element der Menge berechnet werden. Durch die Minimumbildung erhält man den optimalen Wert bzw. das nächstliegende Element.

Diese Optimierungsmethode fand erste Anwendungen schon im Bereich Multiple Criteria Decision Making [ShYu 89], [KoMo 94]. Ist ein idealer, meist unerreichbarer Punkt $y*$ vorgegeben, so soll mittels einer Metrik der nächstliegende Punkt bestimmt werden, d.h. eine Lösung, die einen Kompromiß darstellt, wird gesucht. Zu diesem Zweck wird zu jeder möglichen Lösung y der sogenannte Verlust

$$r(y; p) = \| y - y* \|_p$$

berechnet. Als Norm wird in [ShYu 89] beispielsweise eine Metrik der Form

$$r(y; p) = \sqrt[p]{\Sigma \, | \, y_i - y_i* \, |^p}$$

verwendet. Zur Ermittlung des Verlustes muß demzufolge noch ein Parameter p angegeben werden, der die Wahl der Metrik entscheidet. Zusätzlich kann noch eine Wichtung der Komponenten y_i bzw. y_i* vorgenommen werden, um Präferenzen auszudrücken. Der ideale Punkt wird in diesem Zusammenhang auch als Target angesehen; somit führt eine Minimumbildung über $r(y;p)$ zur Ermittlung der Kompromißlösung.

Im Falle der Dienstvermittlung ist eine vergleichbare Situation gegeben. Ausgegangen wird von einer Dienstanfrage, deren Eigenschaften in Form eines Service Request Property Vectors vorliegen. Als optimalen zur Verfügung stehenden Dienst definiert man denjenigen, der den geringsten Abstand zur Anfrage hat.

Das Problem besteht nun darin, eine Metrik für diesen Fall zu definieren. Da die Spezifikation vom gegebenen und gesuchten Dienst in Form eines Vektors vorliegt, kann man zur Berechnung auf Metrikdefinitionen aus der Analysis zurückgreifen, das entspricht im wesentlichen [ShYu 89]. Bei der Berechnung findet immer eine Abstandsberechnung zwischen den einzelnen Komponenten statt, bevor der eigentliche Abstand ermittelt werden kann. Durch die Verwendung dieser Funktion erhält man eine Dienstmetrik.

Im folgenden sollen verschiedene gebräuchliche Metriken zusammengefaßt werden:

- **Maximummetrik**
  Die Maximummetrik berechnet die größte Differenz zwischen den Komponenten der Anfrage und des Dienstangebots als Abstand:

$$d_v((x_1,\ldots,x_m),(y_1,\ldots,y_m)) = \max_{1 \leq i \leq m}\{d_{wc}(x_i,y_i)\}$$

Der Index v bei der Distanz d bezieht sich auf die vektorenweise Abstandsberechnung. Die komponentenweise Abstandsberechnung wird durch den Index wc zum Ausdruck gebracht, ihre Berechnung wurde bei der Abstandsberechnung zwischen Diensteigenschaften (s.o.) mathematisch erklärt.

Der optimale Dienst ist somit der Dienst, bei dem alle QoS-Charakteristiken möglichst nahe an der Spezifikation liegen. Diese Metrik sollte angewendet werden, falls der Nutzer daran interessiert ist, keine größeren Abweichungen von einzelnen Diensteigenschaften zu haben.

- **Manhattanmetrik**
  Bei dieser Metrik wird die Summe der Abweichungen aller Komponenten betrachtet:

$$d_v((x_1,\ldots,x_m),(y_1,\ldots,y_m)) = \sum_{i=1}^{m} d_{wc}(x_i,y_i)$$

Diese Metrik bietet sich an, wenn alle Diensteigenschaften gleichmäßig berücksichtigt werden sollen. Solange der Dienst in nur einer Komponente oder einer Minderheit der Komponenten stark abweicht und alle anderen gut erfüllt, wird er über einem anderen, in allen Komponenten stärker abweichenden Dienst bevorzugt.

- **Euklidische Metrik**
  Die euklidische Metrik wird in folgender Weise definiert:

$$d_v((x_1,\ldots,x_m),(y_1,\ldots,y_m)) = \sqrt{\sum_{i=1}^{m} d_{wc}(x_i,y_i)^2}\ .$$

Betrachtet man einen Dienst mit zwei Eigenschaften, so liegen Dienste gleicher Qualität auf einem Kreis. Der Unterschied zu anderen Metriken besteht darin, daß bei der euklidischen Metrik große Abweichungen in einer Komponente stärker gewichtet werden als kleine Abweichungen. Damit liegen die Ergebnisse dieser Metrik zwischen denen der Maximum- und Manhattanmetrik.

Durch Verallgemeinerung dieser Metriken ergibt sich die Formel

$$d_v((x_1,\ldots,x_m),(y_1,\ldots,y_m)) := \left(\sum_{i=1}^{m} d_{wc}(x_i,y_i)^n \right)^{1/n}\ .$$

Der Fall des allgemeinen n wird im folgenden nicht berücksichtigt, da die Fälle n=1 (Manhattanmetrik), n=2 (Euklidische Metrik) sowie unendlich (Maximummetrik) in der Praxis eher relevant sind.

Neben den klassischen Metriken gibt es noch weitere Auswertungsmöglichkeiten. Im folgenden sollen Methoden betrachtet werden, welche sich für Anfrageverfahren eignen, die einen Vektor produzieren. Dies sind im wesentlichen die Fuzzy Mengentheorie und der Analytic Hierarchy Process. Des weiteren werden das additive und multiplikative Modell betrachtet.

* **Fuzzy Mengentheorie**
  Die sogenannte Fuzzy Mengentheorie kann zum Fällen von Entscheidungen verwendet werden [Zi 91]. Eine Fuzzymenge M wird definiert als eine Menge von Paaren $\{(x, \mu_M(x)) \mid x \in X\}$. Dabei ist X die Menge aller Qualitätseigenschaften eines Dienstes. $\mu_M(x)$ ist eine Mitgliedsfunktion, die den Grad der Mitgliedschaft eines Elementes x zu M bestimmt. μ_M bildet ein Element auf $[0,1]$ ab, ist also eine Art Wichtungsfunktion.

  Liegen verschiedene Kriterien vor, so wird die Analyse erweitert. Ist $X = \{x_i \mid i = 1, \ldots, n\}$ eine Menge von Entscheidungsalternativen, d.h. eine Menge von Dienstangeboten, und $G = \{g_j \mid j = 1, \ldots, m\}$ eine Menge von Zielen, also Qualitätsattributen, so ergibt sich die optimale Lösung durch

$$\max\left\{ \left(x_i, \min_j \left(\mu_{g_j}(x_i)\right)^{w_j}\right) \middle| i = 1,\ldots,n;\ j = 1,\ldots,m \right\}.$$

Zuerst wird jedem Dienstangebot x_i der minimale Abstand zu einem gesuchten Qualitätsattribut g_j zugeordnet. Der so berechnete Wert entspricht einer Beurteilung des Angebots x_i bezüglich der Anfrage. Es wird ein Paar gebildet, in dem Diensteigenschaft und Beurteilung eingetragen werden. Danach wird die optimale Lösung mittels Maximumbildung über die zweite Komponente ermittelt. Dies ähnelt der Maximummetrik, wenn man Maximum- und Minimumbildung vertauscht. Dabei sind die w_j Präferenzen zu den Diensteigenschaften und sind mittels Saatys Eigenwertmethode [Sa 80] zu bestimmen. Das Problem bei dieser Methode ist das Finden einer geeigneten Mitgliedsfunktion. Auch hier bietet sich wieder eine Abstandsfunktion an.

- **Analytic Hierarchy Process**
  Beim Analytic Hierarchy Process (AHP) [Sa 80], [Za 86], [Sa 86] soll mittels paarweisem Vergleich ein Präferenzenvektor erstellt werden. Allein durch diesen Vektor läßt sich dann ein Dienst auswählen [DoPe 94]. Die Auswahlmethode ist allerdings recht komplex: zu jedem Qualitätskriterium wird eine Matrix erstellt, in der alle Dienstanbieter untereinander jedes Qualitätskriterium vergleichen müssen. Durch Multiplizieren der Zeilenelemente und anschließendes Wurzelziehen entsteht zu jedem Kriterium ein Vektor, dem man entnehmen kann, wie wichtig einem Dienstanbieter dieses Kriterium ist. Diese Angabe sollte sich auf den Nutzerwunsch und den möglichen Erfüllungsgrad des Anbieters beziehen. Stellt man alle Vektoren zu einer Matrix zusammen und multipliziert diese mit dem Präferenzenvektor, erhält man eine Schätzung für die Eignung jedes Dienstanbieters. Damit entspricht die Bewertung durch den AHP einer gewichteten Summe, wobei die aufzusummierenden Elemente die Erfüllbarkeit der geforderten Charakteristiken repräsentieren.

Es gibt keine genauen Vorgaben, auf welche Weise die Dienstanbieter den paarweisen Vergleich vornehmen sollen. Daher werden in diesem Fall die Abstände d_C miteinander verglichen, indem zur Beurteilung eines Dienstangebots A zu einem Angebot B einfach der Abstand d_C zu A durch den Abstand d_C zu B geteilt wird. Dies führt dazu, daß schon gut bewertete Eigenschaften noch etwas verbessert werden, wohingegen schlecht bewertete Eigenschaften mehr benachteiligt werden.

An dieser Stelle soll auch ein Nachteil des paarweisen Vergleichs nicht verschwiegen werden. Durch die Normierung des Präferenzenvektors wird bewirkt, daß die Ausprägungen der einzelnen Wichtungen nicht voneinander unabhängig sind [Ni 92]. Dadurch kann es passieren, daß durch Hinzunahme einer weiteren Handlungsalternative die Reihenfolge der Bewertungen verändert wird, was nicht passieren sollte. Allerdings läßt sich dies vermeiden, indem man eine Reskalierung durch Berücksichtigung zweier Extremalternativen vornimmt. Das bedeutet, in einer realen Anwendung muß eine Alternative berücksichtigt werden, die in allen Aspekten sehr gute Bewertungen aufweist, sowie eine Alternative mit sehr schlechten Bewertungen.

- **Additives Modell**

  Die Eigenschaften einer Dienstanfrage können als Service Request Property Vector $r = (r_1, ..., r_n)$ aufgefaßt werden. Unter Verwendung einer Wertfunktion v kann nun ein Merkmal r_i bezüglich seiner Güte gegenüber den tatsächlich vorliegenden Werten bewertet werden. Diese Funktion entspräche in diesem Fall der Differenz zwischen Nutzerwunsch und Angebot. Weiterhin wird noch eine Wichtungsfunktion w zu jedem Merkmal benötigt. Dann gibt es mehrere verschiedene Möglichkeiten, wie diese Wichtung in die Gesamtbewertung des Vektors eingehen kann [Ro 90], [Ni 92].

  Die einfachste Methode, den Vektor zu einer Gesamtbeurteilung auszuwerten, ist die gewichtete Summe

$$v(\mathbf{r}) = \sum_{i=1}^{n} w_i * v_i(\mathbf{r}_i).$$

Diese Summe nennt man *additives Aggregationsmodell* oder auch *additives Modell*. Dazu existiert noch eine Variante, die normierte gewichtete Summe, bei der die Summe aller Gewichte w_i eins ergibt. Eine ähnliche Methode ist die Verwendung einer Wichtungsfunktion, mittels welcher sich eine allgemeine additive Form darstellen läßt. Hierbei wird keine Multiplikation der Wichtung mit dem Ergebnis der Bewertungsfunktion verlangt, sondern eine allgemeinere Wichtung in Form einer Funktion verwendet:

$$v(\mathbf{r}) = \sum_{i=1}^{n} w_i [v_i(\mathbf{r}_i)].$$

Verwendet man als Wertfunktion die Abstandsfunktion d_C, so ist das Modell auf Dienstvektoren anwendbar. Zusammen mit den linearen Wichtungen w_i entspricht das Modell einer Summe über die Abstandsfunktion d_{wC}, ist also mit der Manhattanmetrik gleichzusetzen.

- **Multiplikatives Modell**
  In Anlehnung an das additive Modell gibt es noch ein multiplikatives
  Analogon, das sogenannte multiplikative Modell:

$$v(\mathbf{r}) = \frac{\prod_{i=1}^{n}\left[1 + w * w_i * v_i(\mathbf{r}_i)\right] - 1}{w}.$$

Das multiplikative Modell ist eine Erweiterung des additiven Modells,
bei dem ein zusätzlicher Faktor w hinzukommt. Dieser Faktor muß ungleich null und größer als minus Eins sein. Er dient als Skalierungsfak-
tor, und dient so zur Variation des Ergebnisses.

Mit diesen Methoden und Modellen sollen die Möglichkeiten der Abstandsberechnung abgeschlossen werden. Abschließend wird ein Vergleich dieser
Verfahren vorgenommen.

Beurteilung der Abstandsfunktionen

Die vorgestellten Verfahren zur Abstandsberechnung lassen sich in zwei
Gruppen einteilen: Verfahren zur Bewertung der einzelnen Eigenschaften
eines Dienstangebots und Verfahren zur Ermittlung einer Gesamtbewertung
der Eigenschaften.

Zur Bewertung der einzelnen Eigenschaften existiert bisher noch kein Mechanismus in CORBA, da eine neue Struktur der Diensteigenschaften eingeführt wurde. Daher kann das vorgestellte Regelwerk zur Berechnung des
Abstands einzelner Diensteigenschaften mit keinem schon bestehenden Mechanismus verglichen werden. Im folgenden werden deshalb nur Verfahren
betrachtet, die den Abstand zweier Vektoren berechnen.

Stellt man nun die Metriken der Analysis, der Fuzzy Mengentheorie, dem
Analytic Hierarchy Process sowie dem additiven und multiplikativen Modell
gegenüber, so sind alle diese Verfahren sehr präzise, wenn man akzeptiert,
daß sie unterschiedlichen Zielstellungen dienen. Besonders hervorstechend
ist dabei der Analytic Hierarchy Process, da dieser mittels vieler aufwendiger Vergleiche eine exaktere Differenzierung zwischen den Dienstangeboten
ermöglicht. Diese Methode ist zwar riskant bezüglich einer SEARCH-An-
frage, an dieser Stelle soll jedoch nur die Auswertung von SELECT-Anfra-
gen betrachtet werden. Tritt eine Veränderung der Auswahlreihenfolge unter
den weniger geeigneten Diensten ein, gibt es bei der Selektion keine Veränderung.

Da die Verfahren in der Regel auf einer Formel basieren, die einfach berechnet werden kann, ist die Implementierung nicht weiter problematisch
und die Auswertungsdauer als nicht sehr hoch einzustufen. Auch hier bildet
der AHP eine Ausnahme, da die Auswertungsdauer bei diesem Verfahren
durch das Aufstellen einer beträchtlichen Anzahl von Tabellen und deren
Auswertung länger sein wird. Um welchen Faktor die Auswertungsdauer im
Gegensatz zu den anderen Verfahren steigen wird, kann an dieser Stelle
nicht abgeschätzt werden.

Aufgrund dieser positiven Beurteilung wird eine Implementierung aller hier
vorgestellten Methoden vorgenommen und dem Kunden die Wahl überlassen, welche Methode er verwenden möchte. Inwiefern eine Integration dieser
Dienstoptimierung praktisch realisierbar ist und welche Ergebnisse mit der
Integration der in diesem Abschnitt vorgestellten Verfahren praktisch erzielt
wurden, ist Gegenstand des nachfolgenden Abschnitts.

3.2.4
Implementation der Evaluationskomponente

Nach der Vorstellung der Grundlagen soll nun eine Einbettung der Theorie
in einen bestehenden CORBA-Trader erfolgen. Gemäß Abb. 3.4 wird der
klassische Tradingvorgang dabei um die Berechnungsebene erweitert. Diese
zusätzliche Funktionalität wird als sogenannte Evaluationskomponente bezeichnet und implementiert sowie geeignet in den Gesamtprozeß des Tradings integriert.

Basis der Implementierungsarbeiten ist ein unter Orbix 1.3 lauffähiger Trader, der im Rahmen der Arbeit [Zl 96] implementiert wurde. Dieser Trader
wurde auf Orbix 2.0 umgeschrieben. Er umfaßt die Implementierung des
Service Directories und der Funktionen `importOffer` und `exportOf-`
`fer`. Da der Importer und Exporter nach Abschluß der Arbeit [Zl 96] unter
Orbix 2.0 noch nicht lauffähig waren, wurde dies im Rahmen der Arbeit
[Th 96] nachgeholt. Weiterhin wurde der Trader um die Funktionen `with-`
`drawOffer`, `modifyOffer` und `modifyParameter` erweitert, um
die Auswertung zu erleichtern. Im folgenden werden der Trader und der neu
erstellte Importer vorgestellt.

Die Traderschnittstellen

Eine Spezifikation der Import- und Exportschnittstellen des Traders erfolgte
mittels der CORBA IDL. Die Parameter, die an diesen Schnittstellen über-

geben werden, sind dabei nicht vollständig standardkonform. Abb. 3.5 gibt einen Überblick über die Struktur der Import- und Exportschnittstelle.

Der in Abb. 3.5 in der Exportschnittstelle auftretende Offer Identifier `offerId` wurde hinzugefügt, um die Funktionen zur Entfernung bzw. Modifikation eines Dienstangebots zu ermöglichen.

```
interface trader : proxy {
   void export(      in OpaqueIdentifierType clientId,
      in ContextNameType contextName,
      in ServiceTypeDescriptionType serviceTypeDescription,
      in PropertyValueListType servicePropertyValue,
      in PropertyValueListType serviceOfferPropertyValue,
      in InterfaceIdentifierType serviceInterfaceId,
      in InterfaceIdentifierType serviceOfferEvaluatorIntId,
      out OfferIdType offerId);
   :
   :

   void import(
      in OpaqueIdentifierType clientId,
      in ContextNameType contextName,
      in ServiceTypeDescriptionType serviceTypeDescription,
      in ConstraintSpecificationType matchingConstraint,
      in ConstraintSpecificationType selectionPreference,
      in PropOfInterestListType servicePropOfInterest,
      in OfferPropOfInterestListType
            serviceOfferPropOfInterest,
      out QualificationType qualification,
      out ErrorCodeType errorCode,
      out ServiceOfferDeatilListType
            serviceOfferDetailList);
   :
   :
 };
```

Abb. 3.5. Import- und Exportschnittstelle des Traders

Das Service Directory

Durch die objektorientierte Programmierung bedingt wird das Service Directory des Orbix-Traders durch die Instanz einer Klasse `ContextTable` dargestellt. Die Beschreibung von Diensten besteht dabei aus Diensttyp, Schnittstellenbezeichner, Diensteigenschaften und Dienstangebotseigenschaften. Um einen Service Offer Property Vector aufnehmen zu können, wurde der Beschreibung ein `service_vector` vom Typ `service_qos` hinzugefügt. Dieser Aufbau des Service Directories ist in Abb. 3.6 zusammengefaßt.

Die Eingabe von Diensteigenschaften für eine Anforderung des Importers erfolgt mittels einer Tabelle. Um die Aufführung nicht benötigter Diensteigenschaften in der Tabelle zu vermeiden, erfolgt zunächst eine Abfrage, welche Eigenschaften spezifiziert werden sollen. Nur diese Eigenschaften werden in der Tabelle aufgeführt.

Der Importer kann nun zu jeder angegebenen Diensteigenschaft ein Target sowie die obere und untere Schranke spezifizieren. Diejenigen Werte, die hierbei definiert werden, sind in einer Struktur `SimpleRule` abgespeichert. Je nachdem, ob ein Target, eine obere oder eine untere Schranke angegeben wurde, wird mit dem Namen und dem Wert der Eigenschaft eine entsprechende Relation abgespeichert. Alle so entstandenen Strukturen werden zu einer Regel vom Typ `RuleType` zusammengefaßt. Im nächsten Schritt bleibt dem Importer die Wahl zwischen einer direkten Wichtung der Diensteigenschaften und paarweisem Vergleich. Bei der direkten Wichtung werden alle zuvor spezifizierten Diensteigenschaften aufgezählt, und der Importer kann eine Wichtung eingeben. Beim paarweisen Vergleich wird aus den Vorgaben eine Matrix erstellt, die seitens des Importers aufgefüllt werden muß. Die Gewichte werden äquivalent zu den Diensteigenschaften im Parameter `selectionPreference` abgelegt.

Abb. 3.6. Der Aufbau des Service Directories

Die Auswertung des Typs ist im Trader sehr komplex. Um eine effiziente Implementierung des Tradingvorgangs zu erzielen, sollte – insbesondere bei Anfragen an einen entfernten Trader – eine Typauswertung schon im Importer vorgenommen werden. Somit erweist es sich als günstig, den Service

Request Property Vector auf zwei Strukturen zu verteilen, innerhalb des Traders müssen diese Strukturen wieder zusammengesetzt werden.

Die Evaluationskomponente

Um den erweiterten Tradingvorgang zu realisieren, müssen die im vorangegangenen Abschnitt vorgestellten Verfahren zur Abstandsberechnung implementiert werden. Dabei sind folgende Prozesse zu realisieren:

- Umwandlung der `matchingConstraints` und `selectionPreference` eines Importers in einen Service Request Property Vector,

- Umwandlung der Diensteigenschaften jedes Exporters in einen Service Offer Property Vector und

- Ermittlung des Abstands zwischen Service Request Property Vector und allen Service Offer Property Vectors der im Service Directory gespeicherten Dienstangebote.

Um die Abstandsberechnung durchführen zu können, müssen die Constraints, die der Importer spezifiziert, zunächst in einen Service Request Property Vector umgewandelt werden. Auf der Basis der Service Directory Struktur läuft die Suche nach geeigneten Diensten in geeigneten Kontexten bzw. Subkontexten rekursiv ab. Die Umwandlung der Constraints erfolgt aus diesem Grunde sinnvollerweise zu Beginn des Suchprozesses im Service Directory, damit nicht für jeden neuen Kontext eine neue Umwandlung erforderlich ist.

Die Darstellung des Service Request Property Vectors erfolgt mittels eines Objekts der Klasse `qosConstraints`. Die Struktur dieser Klasse ist in Abb. 3.7 dargestellt.

Der interne Zustand `qosSpecification` ist eine Struktur aus Abstandsfunktion, Präferenzfunktion und dem Service Request Property Vector. Die Belegung dieses Vektors erfolgt mittels der Funktion `set_qosSpecification`. Sie erzeugt für jede Diensteigenschaft, die in den `matchingConstraints` enthalten ist, eine Struktur `struct_qosParamenter`. Dort werden die spezifizierten Targets bzw. Schranken eingetragen, nachdem nichtnumerische Parameter in ein numerisches Format transformiert worden sind. Die Strukturen werden in den Vektor `qos_searchVector` eingetragen.

In einem zweiten Durchlauf werden die Präferenzen zu den Diensteigenschaften, die in `selectionPreference` stehen, eingetragen. Der gesamte `qos_searchVector` wird abschließend durchlaufen, und bei jeder Diensteigenschaft wird geprüft, ob nur eine Schranke gesetzt ist. In diesem Fall wird die jeweils andere Schranke auf ihren Extremwert gesetzt.

```
/* Die Klasse qosConstraints beschreibt den Service Request
   Property Vector */
class qosConstraints
{ private: struct_qos_specification *qosSpecification
           struct_ahp *table_set
  public : void set_qosSpecification(
                   const iwt_types::ConstraintSpecType&
                                   matchingConstraints,
                   const iwt_types::PreferenceSpecType&
                                   selectionPreference);
...

        distance_type return_distanceFunction();
        preference_type return_preferenceFunction();
        struct_qos_searchVector *return_vector();
};

/* Der innere Zustand der Klasse qosConstraints enthält die
   Abstandsfunktion, die Wichtungsfunktion und den Service
   Request Property Vector */
struct struct_qos_specification
{ distance_type distance_function;
  preference_type preference_function;
  struct_qos_searchVector *qos_searchVector;
};

/* struct_qos_searchVector ist eine Liste von
   struct_qos_search Parameter. Diese stellen jeweils ein
   Service Request Property wie in Kapitel 4 beschrieben
   dar. */
struct struct_qos_searchParameter
{ iwt_types::NameType propertyName;
  CORBA::Double target;
  CORBA::Double upperBound;
  CORBA::Double lowerBound;
  CORBA::Double preference;
};
```

Abb. 3.7. Die Klasse `qosConstraints`

In der Regel ist die Auswertung an dieser Stelle beendet, lediglich im Falle des AHP wird der gesamte Vektor noch einmal durchlaufen. Dabei wird zu jeder im Service Request Property Vector enthaltenen Diensteigenschaft eine Struktur `struct_ahp` erzeugt. Der Vektor `dv` dient zur Aufnahme der

Abstände aller Dienstanbieter in dieser Diensteigenschaft. Der interne Zustand `table_set` dient zur Speicherung aller Matrizen, die zum paarweisen Vergleich der Dienstanbieter untereinander nötig sind. Während die Generierung der Matrizen an dieser Stelle stattfindet, erfolgt ihre Belegung erst später.

Der Service Offer Property Vector

Wegen der unterschiedlichen Struktur von Import- und Exportspezifikation – hinsichtlich der Angabe von Präferenzen und Target – müssen Importer- und Exporterspezifikationen unabhängig voneinander betrachtet und in einen Vektor umgewandelt werden. Im Standard ist zur Erfassung von Diensteigenschaften des Exporters außerdem lediglich eine Liste vom Typ `PropertyValueListType` vorgesehen. Aus diesem Grund wird der Service Offer Property Vector durch ein Objekt der Klasse `service_qos` beschrieben. Eine Darstellung ist in Abb. 3.8 gegeben.

```
/* Die Klasse service_qos beschreibt den Service Offer
   Property Vector */
     class service_qos
{ private: struct_qos_offerVector *qos_offerVector;
  public : void set_qosOfferVector(
             const iwt_types::PropertyValueListType&spv,
             const iwt_types::PropertyValueListType&sopv);
...
        double compute_distance(qosConstraints*constraints);
};

/* struct_qos_offerVector ist eine Liste von
   struct_qos_characteristic. Eine solche Struktur enthält
   eine Diensteigenschaft eines Dienstangebotes, wie in
   Kapitel 4 beschrieben. */
struct struct_qos_characteristic
{ iwt_types::NameType propertyName;
  CORBA::Double upperBound;
  CORBA::Double lowerBound;
};
```

Abb. 3.8. Die Klasse `service_qos`

Die Belegung des Service Offer Property Vectors erfolgt mittels der Funktion `set_qosOfferVector`, bei der nacheinander die Listen `spv` und `sopv`, welche die Diensteigenschaften und die Dienstangebotseigenschaften enthalten, durchlaufen werden. Für jede enthaltene Eigenschaft wird eine

Struktur `struct_qos_characteristic` generiert und alphabetisch in den Vektor einsortiert. Eine Nachbehandlung der nichtspezifizierten Grenzen erfolgt analog zum Service Request Property Vector.

Wie bereits angemerkt, wird ein Dienst als ein Objekt der Klasse Service Table Item abgespeichert. Dieser Klasse wird ein weiterer Zustand `service_vector` vom Typ `service_qos` hinzugefügt. Gleichzeitig mit der Eintragung des Dienstangebots in ein Service Table Item erfolgt dann die Belegung des neuen Zustands.

Die Abstandsberechnung

Nachdem sowohl die Diensteigenschaften der Dienstanfrage als auch die Diensteigenschaften aller Dienstangebote als Vektoren vorliegen, kann die Ermittlung des optimalen Dienstangebots erfolgen. Die im vorangegangenen Abschnitt beschriebene Abstandsberechnung erfolgt für jedes Dienstangebot innerhalb von `service_vector`. Nach einer Überprüfung, ob der Diensttyp der gesuchte ist, beginnt die Abstandsberechnung.

Zur Erfassung der geeigneten Dienstangebote dient eine Variable vom Typ `ServiceOfferDetailType`. Ein Element dieser Liste ist in Abb. 3.9 dargestellt.

```
struct ServiceOfferDetailType {
   InterfaceIdentifierType InterfaceIdentifier;
   PropertyValueListType servicePropertyValues;
   PropertyValueListType serviceOfferPropertyValues;
 };
```

Abb. 3.9. Die Struktur `ServiceOfferDetailType`

Die Abstandsberechnung selbst erfolgt durch den Aufruf der Funktion `compute_distance` des Objekts `service_vector`. Dabei wird `qosConstraints` an das Objekt übergeben. Die Abstandsberechnung selbst, vergleiche Abb. 3.10, läuft in den beiden im vorangegangenen Abschnitt beschriebenen Schritten ab.

Zunächst erfolgt mittels `compute_componentDistance` die Berechnung der Abstände der einzelnen Diensteigenschaften. Zu diesem Zweck ist das beschriebene Regelwerk realisiert worden. Hierbei werden jedoch nur die Abstände d_C berechnet, die Präferenzen gehen an dieser Stelle noch nicht ein.

```
/* compute_distance berechnet den Abstand zwischen dem
   internen Zustand des Dienstangebotes und qosConstraints
*/
 CORBA::Double service_qos::compute_distance
           (qosConstraints *constraints)
 {
:

:
/* Berechnung der Abstände der Service Properties */
   struct_double_vector *compDist;
   compDist = compute_componentDistance
           (constraints->return_vector());

   if (is_infinite(compDist))
    return INFINITE;
:

:
/* Berechnung des Vektorabstandes mit entsprechender
   Abstandsfunktion */
   switch (constraints->return_distanceFunction());
   { case 0:
       ret = maximum(compDist,
           constraints->return_preferenceFunction);
       break;
:

:
    case 6:
       ret = multiplicative_model(compDist,
               constraints->return_preferenceFunction());
   };
   return ret;
 };

/* Darstellung des Vektors der Abstände in den Service
   Properties */
 struct struct_double_vector {
  CORBA::Double value;
  CORBA::Double preference;
  struct_double_vector *next_value;
 };
```

Abb. 3.10. Die Abstandsberechnung

Das Ergebnis der Berechnung ist ein Differenzenvektor `compDist`, der in jedem Element sowohl den Abstand des Dienstangebots zur Anfrage einer Diensteigenschaft enthält als auch die zugehörige Präferenz. Mittels `is_infinite` wird geprüft, ob der Vektor in einer Komponente einen unendlichen Abstand besitzt – in diesem Fall lohnt keine weitere Berechnung mehr, der Abstand unendlich wird direkt zurückgegeben.

Der zweite Schritt ist die Kombination der Werte des Differenzenvektors. Dazu wird aufgrund der in den Constraints verzeichneten Abstandsfunktion die entsprechende Berechnungsfunktion gewählt. Der berechnete Abstand wird dann zurückgegeben.

Ein Sonderfall ist der Auswahlmechanismus AHP. Während die anderen Abstandsfunktionen die Abstände zu den verschiedenen Dienstangeboten unabhängig voneinander berechnen können, verlangt AHP einen paarweisen Vergleich der Dienstangebote. Da der paarweise Vergleich auf den Ergebnissen der Funktion d_C beruht, kann die Berechnung der Abstände d_v erst nach Durchsuchen des gesamten Service Directories erfolgen. Im zweiten Schritt von `compute_distance` erfolgt keine Kombination der einzelnen Differenzen. Statt dessen werden die in `compDist` verzeichneten Abstände in die zugehörigen Vektoren von `table_set` in `qosConstraints` eingetragen. Damit trotzdem Schnittstellenbezeichner und Properties of Interest in die Ergebnisliste eingetragen werden, wird der Abstand Null zurückgegeben.

Neben dem Schnittstellenbezeichner enthält der Importer Listen mit den sogenannten Properties of Interest und Offer Properties of Interest. Für die Abstandsberechnung ist es weiterhin notwendig, den Abstand des Dienstes zu verzeichnen, damit nach dem Durchsuchen des gesamten Service Directories durch die anschließende Minimumbildung der optimale Dienst erkannt werden kann. Zu diesem Zweck wird der Abstand in die Liste `serviceOfferPropertyValues` eingetragen. Zur Realisierung einer SELECT-Operation reicht es, nur eine Dienstbeschreibung zu betrachten, d.h. bei jeder Abstandsberechnung muß überprüft werden, ob der berechnete Abstand kleiner ist als der Abstand des Dienstes in der `serviceOfferDetailList`. Ist dies der Fall, so wird der alte Dienst durch den neu betrachteten ersetzt.

Zur Realisierung der SEARCH-Operation ist es jedoch notwendig, alle geeigneten Dienste in der `serviceOfferDetailList` zu speichern. Dabei erfolgt eine Sortierung der Dienste nach ihrem Abstand zur Spezifikation des gesuchten Dienstes. Bei dieser Implementierung wird die Auswertung einer SELECT-Operation dadurch erhalten, daß nur das an der Spitze stehende Element weitergeleitet wird.

Ist der gesamte Kontext durchsucht, wird `table_set` ausgewertet und zu jedem Dienstangebot der zugehörige Abstand berechnet. Die Dienste in der Ergebnisliste, die zuvor alle den Abstand Null hatten, werden schließlich nach ihrem tatsächlichen Abstand sortiert.

Die Meßumgebung

Bei der Implementierung der Evaluationskomponente sollen Bewertungen hinsichtlich Laufzeit und Auswahleigenschaften erfolgen. Zu diesem Zweck ist ein Monitoring erforderlich. Für die Beobachtung des Laufzeitverhaltens der Anwendung müssen an bestimmten Stellen Meßpunkte eingerichtet werden. Basierend auf dem Monitoringsystem ANSAmon [He 95], [He 94] wurde bereits mit dem Trader zusammen ein Monitoringsystem für Orbix entwickelt. Dieses verwendet die von Orbix angebotenen Filterpunkte, die es ermöglichen, an speziellen Punkten eines Prozesses Programmcode auszuführen. Insgesamt bietet Orbix acht Filterpunkte an, siehe Abb. 3.11.

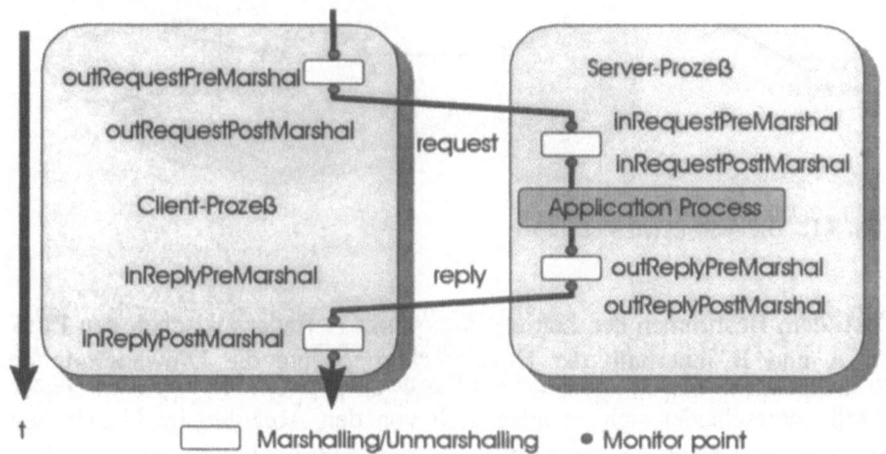

Abb. 3.11. Die Filterpunkte in Orbix

Die benötigten Filterpunkte werden in einer von der Klasse `Filter` abgeleiteten Klasse mit einem Rumpf versehen. Durch Einfügen einer Instanz der abgeleiteten Klasse in die zu überwachende Anwendung wird der Monitor installiert. Da die Übertragungszeit zwischen Importer und Trader im vorliegenden Fall nicht von Interesse ist, wurden zwei Primitive des bestehenden Monitors verwendet:

* `InRequestPostMarshall` zur Aufzeichnung des Empfangs eines Aufrufs nach dem Marshalling und

* `OutReplyMarshall` zur Aufzeichnung des Sendens einer Antwort vor dem Marshalling.

Zur Eingrenzung des eigentlichen Auswahlprozesses wurden zwei weitere Meßpunkte benötigt. Die insgesamt resultierenden vier Meßpunkte sind in Abb. 3.12 dargestellt.

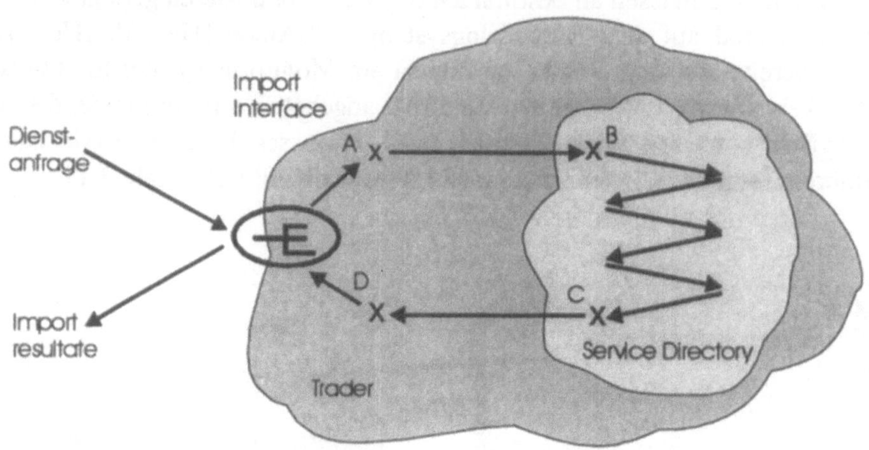

Abb. 3.12. Die realisierten Meßpunkte

Nach dem Bestimmen der Zeit am Meßpunkt A findet zwischen den Punkten A und B innerhalb der Evaluatorkomponente die Umwandlung der Diensteigenschaften in einen Service Request Property Vector statt. Dieser Prozeß unterscheidet sich grundsätzlich von den Abläufen im klassischen Trader, da dort keine Aktionen zwischen den Meßpunkten A und B stattfinden. Zwischen den Punkten B und C schließt sich der gesamte Durchlauf des Service Directories an, hier erfolgt die eigentliche Abstandsberechnung, d.h. hier liegt der Kern der Evaluatorkomponente vor. Der Meßpunkt D ist im Falle des AHP notwendig, da bei der Auswahl dieses Verfahrens zwischen C und D der paarweise Vergleich durchgeführt wird.

An den beschriebenen Punkten A, B, C und D werden Zeitstempel gesetzt. Durch einfache Differenzenbildung ergibt sich dann die Zeitdauer für die verschiedenen Prozesse. Die Differenz zwischen den Meßpunkten A und B beträgt bei allen unterschiedlichen Szenarien lediglich ein bis zwei Millisekunden, aus diesem Grund soll die Betrachtung dieses Umwandlungsprozesses im folgenden vernachlässigt werden.

Die Messungen erfolgten am Lehrstuhl für Informatik IV auf einer SUN SPARC 5. Da die Auslastung dieser Workstation auch von anderen Anwendern beeinflußt wurde, sind alle Messungen mehrmals durchgeführt und die Mittelwerte als Ergebnis betrachtet worden.

Im folgenden wird die entwickelte Evaluationskomponente bewertet. Insbesondere erfolgt ein Vergleich

- der verschiedenen Abstandsfunktionen untereinander sowie

- der Evaluationskomponente mit dem klassischen Trader.

Dabei läßt sich die Bewertung im wesentlichen in zwei Bereiche aufteilen:

- zum einen sollen Zeiten verglichen werden, die für die Ausführung einer Anfrage an den Trader benötigt werden und

- zum anderen sollen die Ergebnisse des Dienstimports selbst verglichen werden.

Meßergebnisse zur Dienstvermittlungsdauer

Die Dauer der Berechnung einer Traderanfrage hängt in natürlicher Weise von der Anzahl der Dienstangebote im Service Directory ab. Dieser Zusammenhang soll im folgenden untersucht werden.

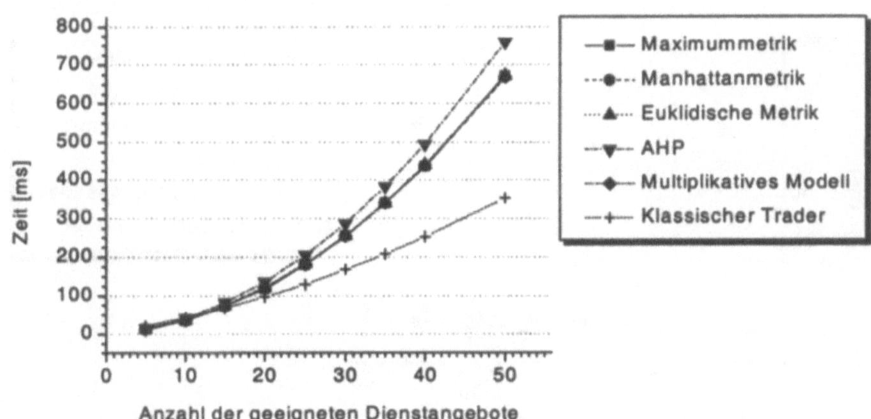

Abb. 3.13. Dauer des Gesamtprozesses in Abhängigkeit von der Anzahl der Dienstangebote im Service Directory

Betrachtet wird ein Szenario von 5 bis 50 Dienstangeboten mit je 10 gleichartigen Diensteigenschaften, die an den Trader exportiert werden, d.h. sich im Service Directory des Traders befinden. Die Werte der Diensteigenschaften variieren von Dienstangebot zu Dienstangebot. Des weiteren haben alle Dienstangebote den gleichen Diensttyp, so daß ein Matching prinzipiell möglich ist.

Zunächst wird der Einfluß der Anzahl der im Service Directory vorhandenen Dienstangebote auf die Auswertungsdauer untersucht. Dabei werden die Meßpunkte A und D betrachtet, d.h. die gesamte Auswertungsdauer berechnet. Das Ergebnis dieser Messungen ist in Abb. 3.13 und Abb. 3.14 dargestellt.

Auffallend ist, daß bei bis zu etwa 15 Dienstangeboten der klassische Trader langsamer ist als seine Erweiterung um die Evaluationskomponente. Erst danach braucht der klassische Trader weniger Zeit als die Erweiterung. Weniger verwunderlich ist das Ergebnis, daß die Metriken und das multiplikative Modell annähernd die gleiche Zeit für die Auswertung benötigen. Die Ursache kann darin gesehen werden, daß sich diese Methoden nur durch die Verwendung verschiedener Formeln unterscheiden, prinzipiell liegt in diesen Fällen jedoch der gleiche Ablauf innerhalb der Evaluationskomponente vor. Größer sind aber die Abweichungen, die bei der Auswahl des AHP entstehen.

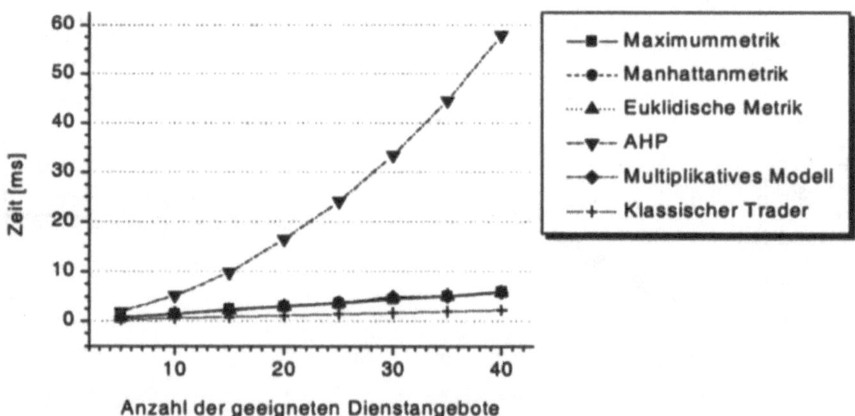

Abb. 3.14. Dauer der Auswertung zwischen den Meßpunkten C und D in Abhängigkeit von der Anzahl der Dienstangebote im Service Directory

Aus diesem Grund wird von der Gesamtauswertungszeit, die zwischen den Meßpunkten A und D liegt, speziell die Zeit zwischen den Meßpunkten C und D betrachtet. Denn hier unterscheidet sich der AHP von den übrigen Berechnungsverfahren. Die Ergebnisse dieser verfeinerten Betrachtungsweise sind in Abb. 3.14 dargestellt.

Bei der Verwendung des AHP ist nun ein exponentieller Anstieg in dem Intervall, in dem der paarweise Vergleich erfolgt, erkennbar. Die Ursache für dieses Verhalten ist darin zu sehen, daß bei jedem neuen Dienstangebot die Dimension der Matrix zu jeder Diensteigenschaft wächst. Auch wenn bei der Implementierung keine Matrix verwendet wurde, so bleibt der Zeitaufwand doch der gleiche. Bei den übrigen Verfahren findet in der Zeit zwischen den Meßpunkten C und D nur ein Kopiervorgang statt. Hierbei wird die Liste mit den ausgewählten Dienstangeboten an die Rückgabevariable übergeben. Die Dauer des Kopiervorgangs steigt linear mit der Anzahl der Dienstangebote. Da beim klassischen Trader kein Abstand eingetragen wird, ist die Zeit für das Kopieren von Informationen geringer.

Die Ursache für den nichtlinearen, sondern exponentiellen Anstieg der Auswertungszeit liegt nicht im Trader, sondern in der Orbix-Implementierung. Zur Aufnahme der Dienstangebote wurde im Trader eine Sequenz von Strukturen `ServiceOfferDetailType` verwendet. Bei jedem neu hinzukommenden Dienstangebot wird die Länge dieser Sequenz um eins erhöht und das neue Angebot eingetragen. Dabei reserviert Orbix nicht einfach neuen Speicher für eine Struktur, sondern legt eine neue Sequenz mit einer um eins erhöhten Länge an.

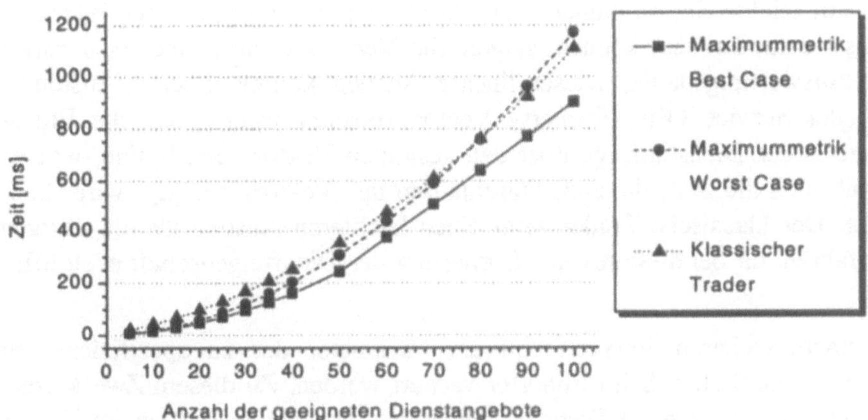

Abb. 3.15. Dauer des Gesamtauswahlvorgangs in Abhängigkeit von der Anzahl der Dienstangebote ohne Berücksichtigung des Abstands

Die Daten werden aus der alten in die neue Sequenz kopiert und der Zeiger auf die neue Sequenz umgesetzt. Dadurch, daß die Anzahl der zu kopierenden Informationen mit wachsender Länge der Sequenz anwächst, kommt es zu dem beschriebenen exponentiellen Anstieg.

Die Menge der zu kopierenden Daten ist bei der Tradererweiterung mit Evaluationskomponente größer als beim klassischen Trader. Um das durch Kopiervorgänge bedingte Verhalten genauer zu untersuchen, wurde am Beispiel der Maximummetrik der Dienstimport ohne Speicherung des Abstands durchgeführt. Das Fehlen des Abstands bedingt, daß auch kein Sortieren der Ergebnisliste möglich ist. Aus diesem Grund wurden zwei Meßreihen untersucht: der Best Case, bei dem die Ergebnisliste nicht sortiert wurde, und der Worst Case, bei dem bei jedem neuen Dienstangebot eine Umsortierung der gesamten Liste vorgenommen wurde. Die Meßdaten sind in Abb. 3.15 graphisch dargestellt.

Während der Best Case deutlich günstiger verläuft als der klassische Trader, tritt beim Worst Case beim Vorliegen von ca. 80 Dienstangeboten eine langsamere Abarbeitung ein. Fraglich ist nun, welche Anzahl von Dienstangeboten realistischen, in der Praxis vorliegenden Szenarien entspricht.

In einem weiteren Versuch soll der Zusammenhang zwischen Auswertungsdauer und Anzahl der Diensteigenschaften untersucht werden. Zu diesem Zweck wurden zehn Dienste mit 5 bis 30 Diensteigenschaften exportiert. Die Dauer einer entsprechenden Anfrage ist in Abb. 3.16 graphisch dargestellt.

Bis auf leichte Schwankungen, die durch andere Arbeitslast der Workstations entstanden sein können, zeigen alle Verfahren einen linearen Anstieg der Auswertungsdauer. Dieser lineare Anstieg kommt dadurch zustande, daß der Service Offer Property Vector konstant wächst. Da die Eigenschaften der Dienstanfrage über den gesamten Vektor verteilt sind, wächst somit auch die Zeit, die zum Durchlaufen des Vektors benötigt wird, konstant. Der klassische Trader zeigt einen leichteren Anstieg als die übrigen Verfahren, da bei diesem keine Sortierung der Diensteigenschaften stattfindet.

In einem weiteren Versuch soll der Parameter der zu spezifizierenden Diensteigenschaften beim Importer variiert werden. Zu diesem Zweck wurde ein Angebot von 20 Diensten mit je 50 Diensteigenschaften im Trader gespeichert. Der Importer spezifizierte eine Anfrage mit 5 bis 20 Diensteigenschaften. Insbesondere die höheren Anzahlen von Diensteigenschaften sind wahrscheinlich in der Praxis eher unrealistisch, jedoch läßt sich anhand dieses Versuchs gut die Tendenz erkennen, wie sich die Antwortzeit verhält. Abb. 3.17 stellt diesen Zusammenhang dar.

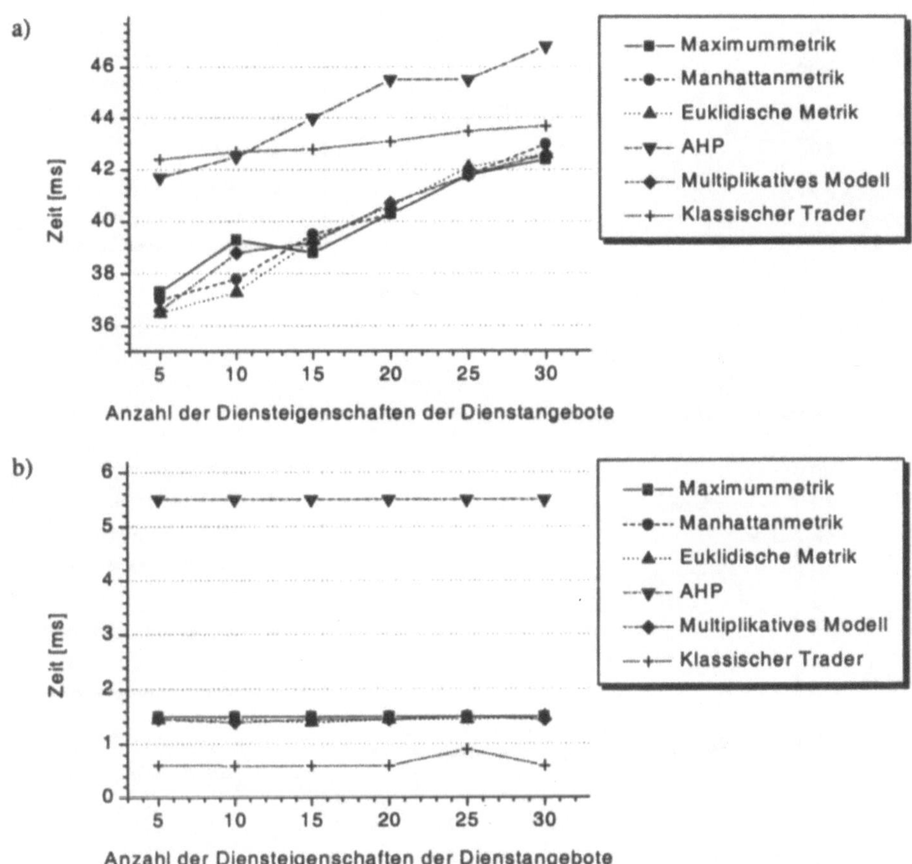

Abb. 3.16. Auswertungsdauer des gesamten Auswahlvorgangs (a) und des Vorgangs zwischen des Meßpunkten C und D (b) in Abhängigkeit von der Anzahl der Diensteigenschaften der Dienstangebote

Wie in den vorangegangenen Fällen verhalten sich die Metriken und das multiplikative Modell ähnlich, es ist ein leichter linearer Anstieg in der Evaluationsdauer vorhanden, der daraus resultiert, daß die Länge des Service Request Property Vectors konstant zunimmt und damit Suchoperationen hinzukommen. Das gleiche gilt für den AHP. Die Tatsache, daß der Anstieg der Zeit beim AHP minimal steiler verläuft als bei den anderen Methoden ist weniger in Abb. 3.17a als viel mehr in Abb. 3.17b ersichtlich.

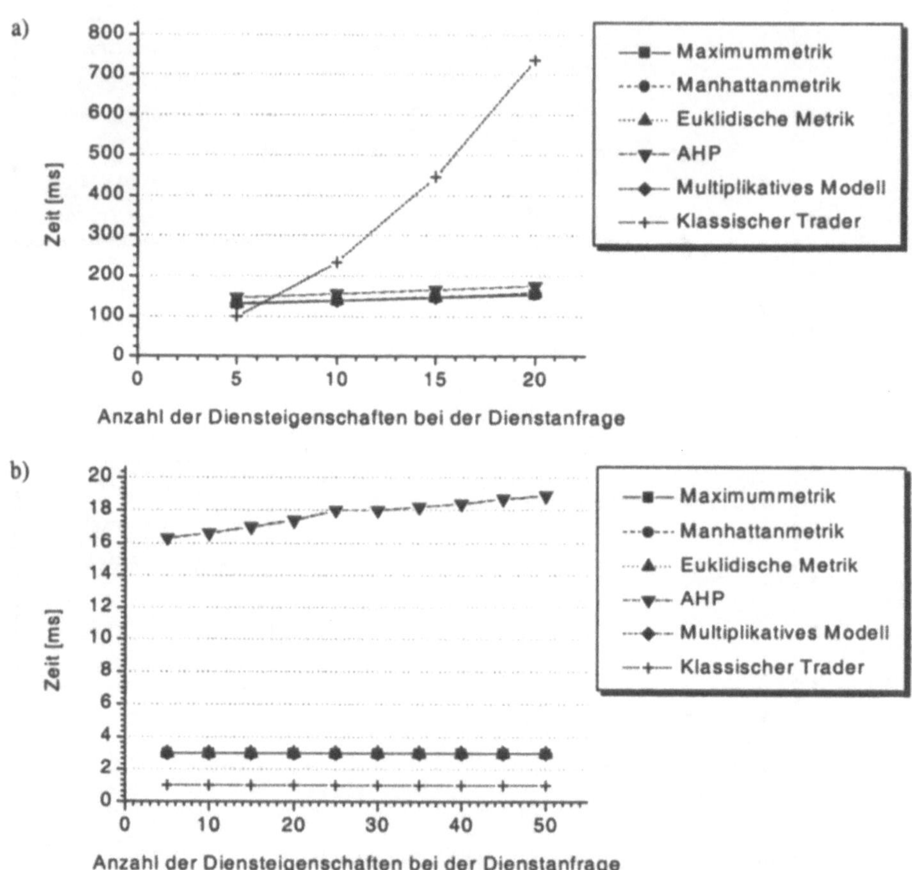

Abb. 3.17. Dauer der gesamten Auswertung (a) und des Auswertungsvorgangs zwischen den Meßpunkten C und D (b) in Abhängigkeit von der Anzahl der Angebote bei der Dienstanfrage

Zwischen den Meßpunkten C und D zeigen fast alle Verfahren einen konstanten Zeitaufwand, da die Anzahl der ausgewählten Dienste konstant bleibt. Lediglich das AHP-Auswahlverfahren weist einen linearen Anstieg auf, da zu jeder Eigenschaft des Importers ein neuer Vektor in konstanter Zeit ausgewertet wird.

Wie aus Abb. 3.17 ersichtlich ist, zeigt der klassische Trader in seiner Gesambetrachtung bei einer größeren Anzahl von Diensteigenschaften ein ungünstigeres Verhalten als seine Erweiterung mit Evaluationskomponente. Der Grund für diese Beobachtung liegt darin, daß für jede Eigenschaft des Importers ein eigener Durchlauf der Eigenschaften für die Dienstangebote stattfindet. Eine Vervielfachung der Diensteigenschaften führt dann zu einer Vervielfachung der Durchläufe, während bei den Abstandsfunktionen nur ein Durchlauf erfolgt, dessen Länge sich vervielfacht. Der exponentielle Anstieg beim klassischen Trader resultiert nicht aus der Implementierung des Algorithmus, sondern ist in der Realisierung des Traders selbst begründet. Durch das Anlegen von Kopien der Diensteigenschaften resultiert dieser Anstieg.

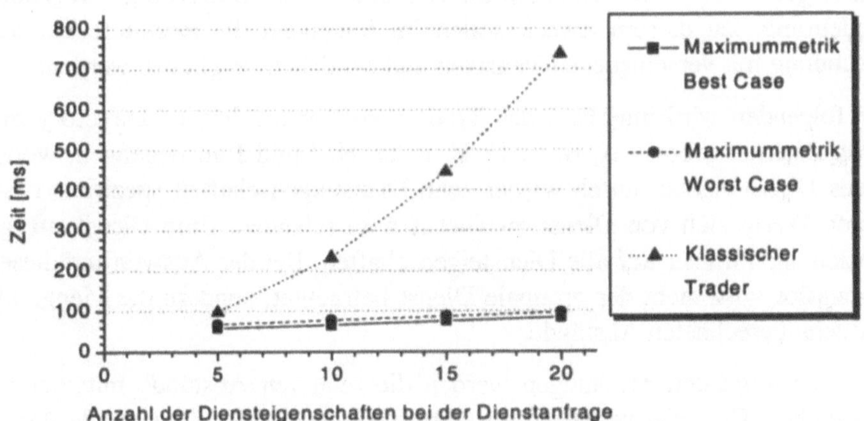

Abb. 3.18. Dauer des gesamten Auswahlvorgangs in Abhängigkeit von der Anzahl der Diensteigenschaften bei der Dienstanfrage ohne Berücksichtigung des Abstands

Insgesamt sind deutliche Nachteile des klassischen Traders erkennbar, die sich allerdings relativieren, wenn der Importer eine relativ kleine Anzahl von Eigenschaften spezifiziert. In Abb. 3.18 ist die Evaluationskomponente ohne Berücksichtigung des Abstands betrachtet worden. Dabei wird ersichtlich, daß die Vorteile des Traders bei niedriger Diensteigenschaftsanzahl verloren gehen. Auch im Worst Case liegen die Zeiten des Tradings mit Evaluationskomponenten noch niedriger als die des klassischen Tradings.

Betrachtet man die Meßergebnisse zur Dienstvermittlungsdauer zusammenfassend, so ist der klassische Trader in der Regel langsamer als die Traderimplementierung mit Evaluationskomponente. Zwar besitzt der klassische Trader Vorteile beim Auftreten einer großen Anzahl von Dienstangeboten, doch diese Beobachtung liegt darin begründet, daß die Evaluationskomponente eine zusätzliche Information des Abstands jedes Dienstangebots mitführt. Nach einer Implementierung der Properties of Interest tritt auch beim klassischen Trader ein Mehraufwand auf. Hinsichtlich der unterschiedlichen Auswahlstrategien zeigt lediglich der AHP ein schlechteres Verhalten. Diese etwas mehr als 10% Mehraufwand hinsichtlich der Gesamtberechnungszeit werden jedoch tolerierbar, wenn die dafür besseren Meßergebnisse im nächsten Abschnitt herausgestellt werden.

Messungen zum Importergebnis

Neben der Zeit, die zur Ermittlung eines Dienstangebots benötigt wird, ist das Ergebnis der einzelnen Auswahlverfahren bei der Bewertung von großer Bedeutung. Zu diesem Zweck sollen im folgenden die Resultate bei der Rechnung mit verschiedenen Metriken und Modellen verglichen werden.

Im folgenden wird innerhalb des Traders von einem Service Directory mit zehn Dienstangeboten A, B, C, D, E, F, G, H, I und J ausgegangen, wobei jedes Dienstangebot durch wieder zehn Diensteigenschaften spezifiziert ist, deren Werte sich von Dienst zu Dienst unterscheiden. Eine Dienstanfrage bezieht sich immer auf alle Diensteigenschaften. Bei der Auswertung dieses Szenarios wird nicht der optimale Dienst betrachtet, sondern die Menge aller zehn berechneten Abstände.

Bei den folgenden Messungen werden die relativen Abstände miteinander verglichen. Der relative Abstand ist im folgenden als der prozentuale Anteil des Abstands eines Dienstes an der Summe der Abstände aller zehn Dienste anzusehen. Während die absoluten Abstände vom Dienstangebot, der Abstandsfunktion und den Einheiten der betrachteten Diensteigenschaften abhängen, werden die Abstandsfunktionen durch das Betrachten relativer Abstände miteinander vergleichbar.

Beim klassischen Trader wird eine Ausnahme gemacht: da alle Dienste – auch ohne die Berechnung eines Abstands – gleich bewertet werden, wenn nicht eine echte Teilmenge die Spezifikation erfüllt, wird dieser Abstand bei allen Diensten als identisch angenommen, d.h. der relative Abstand wird als 0,1 definiert.

Abb. 3.19 stellt die relativen Abstände der verschiedenen Abstandsfunktionen dar. Von der bereits diskutierten Darstellung des klassischen Traders abgesehen, die nahezu identisch zu den vom AHP gemessenen Werten ist, zeigen die verschiedenen Metriken einen ähnlichen Verlauf.

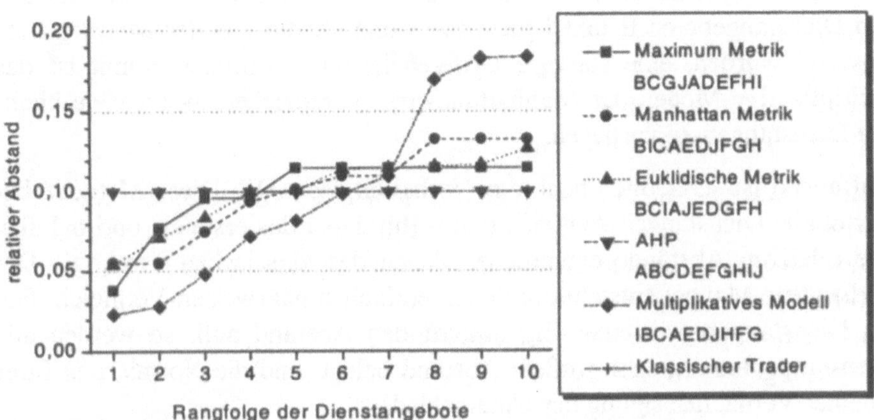

Abb. 3.19. Relative Abstände der verschiedenen Auswahlmechanismen

Betrachtet man die Reihenfolge der ausgewählten Dienste, so sind starke Unterschiede ersichtlich. Die Metriken beurteilen den Dienst B am besten, der AHP beurteilt jedoch den Dienst A als optimal, B kommt bei diesem Auswahlverfahren erst an zweiter Stelle, so wie bei dem multiplikativen Modell. Sehr große Unterschiede hinsichtlich der Erfüllung der Anforderungsspezifikation sind bezüglich des Dienstes I zu verzeichnen. Dieser Dienst liegt beim multiplikativen Modell an der Spitze, ist bei der Maximummetrik der schlechteste Dienst und befindet sich in den anderen Auswahlverfahren irgendwo dazwischen.

Ein weiterer Unterschied besteht in den Sprüngen der relativen Abstände. Diese sind ganz verschieden: beim multiplikativen Modell sind wesentlich extremere Werte vorhanden als bei der Maximummetrik oder der Euklidischen Metrik. Auch die Manhattanmetrik verursacht einen schwächeren Anstieg der relativen Abstände. Der Grund für dieses Verhalten ist leicht nachzuvollziehen, denn die Maximummetrik berücksichtigt bei der Berechnung des Abstands letztendlich nur eine – die extremste – Diensteigenschaft, während die Manhattanmetrik stets über alle Diensteigenschaften mittelt. Dadurch kann der Fall auftreten, daß verschiedene Dienstangebote gleich bewertet werden, also den gleichen relativen Abstand besitzen. B wurde von der Manhattanmetrik an erste Stelle gesetzt, weil dieses Dienstangebot bei der Auswertung zuerst gefunden wurde, bei einem Suchvorgang von hinten nach vorne wäre I als optimal berechnet worden.

Das multiplikative Modell erweitert das additive Modell, das mit der Manhattanmetrik gleichzusetzen ist. Die Multiplikation führt dazu, daß zwischen den Dienstangeboten B und I bzw. F, G und H, die von der Metrik gleich bewertet wurden, eine stärkere Differenzierung stattfindet. Somit ist das multiplikative Modell der Manhattanmetrik vorzuziehen, wenn viele ähnliche Dienstangebote vorliegen.

Auffallend ist schließlich noch das Verhalten des AHP. Diese Methode bewertet alle Dienstangebote gleich und wählt daher das erste als optimal aus. Die relativen Abstände entsprechen denen des klassischen Tradings. Der vorhandene Mangel entsteht durch den einfachen paarweisen Vergleich. Hat ein Dienstangebot in einer Eigenschaft den Abstand null, so werden alle Dienstangebote mit sehr großem Abstand belegt, und die Normierung führt zu einer Vernachlässigung der Unterschiede.

Aus diesem Grund soll ein weiteres Szenario betrachtet werden, bei dem der AHP ein anderes Verhalten aufweist. Im Service Directory des Traders sind wieder zehn Dienstangebote gespeichert, bei deren Auswertung sich das in Abb. 3.20 gezeigte Verhalten ergibt. Die Metriken und das multiplikative Modell zeigen ein ähnliches Verhalten, die Kurvenverläufe sind jedoch extremer.

Auffallend ist nun das Verhalten des AHP-Modells. Während ein Dienst einen sehr kleinen Abstand besitzt, haben alle anderen Dienste einen sehr großen Abstand. Durch die Normierung ergibt sich ein Abstand von rund 0, die anderen Abstände haben Werte um 1/9 herum, sind jedoch nicht gleich, wie an der Auswahlreihenfolge der Dienstangebote zu erkennen ist.

Diese beiden in Abb. 3.20 dargestellten Tests lassen erkennen, daß die Abstandsfunktionen charakteristische Verläufe besitzen, die von den Dienstangeboten und der Dienstanfragespezifikation weitestgehend unabhängig sind.

Während die beiden beschriebenen Tests mit einer multiplikativen Einbeziehung der Präferenzen erfolgten, ist in Abb. 3.20b das für Abb. 3.20a genutzte Szenario unter exponentieller Berücksichtigung der Preferenzen betrachtet worden.

Bei dieser exponentiellen Einbeziehung von Präferenzen besitzen insbesondere die Abstände des multiplikativen Modells keine so extremen Werte. Lediglich der AHP erhält keine Veränderung der Werte. Die Auswahlreihenfolge ist zum Teil die gleiche wie bei der multiplikativen Präferenzbeachtung.

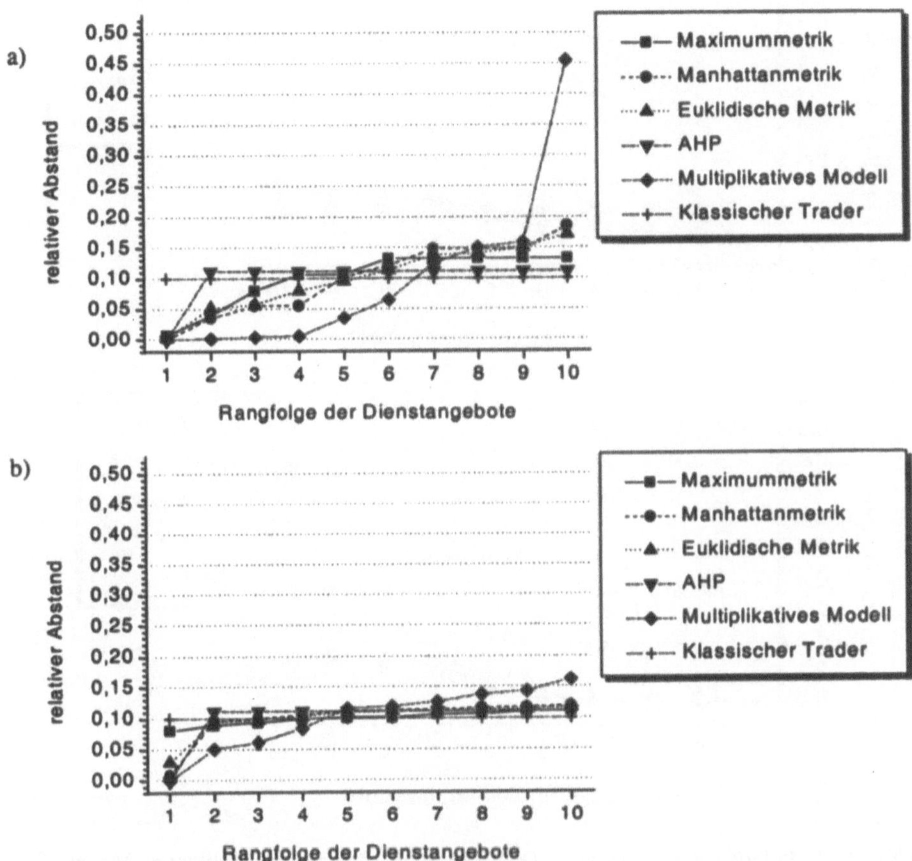

Abb. 3.20. Relative Abstände der verschiedenen Auswahlmechanismen bei multiplikativer (a) und exponentieller (b) Berücksichtigung der Präferenzen

Bei den bisherigen Auswertungen wurde der Aspekt außer Betracht gelassen, daß das multiplikative Modell einen Parameter w besitzt, mit dem man das Verhalten des Ergebnisses steuern kann. Bisherige Messungen gingen von w=1 aus. Im folgenden soll untersucht werden, welche Auswirkungen eine Variation dieses Parameters hat, der größer als -1 und ungleich null sein muß.

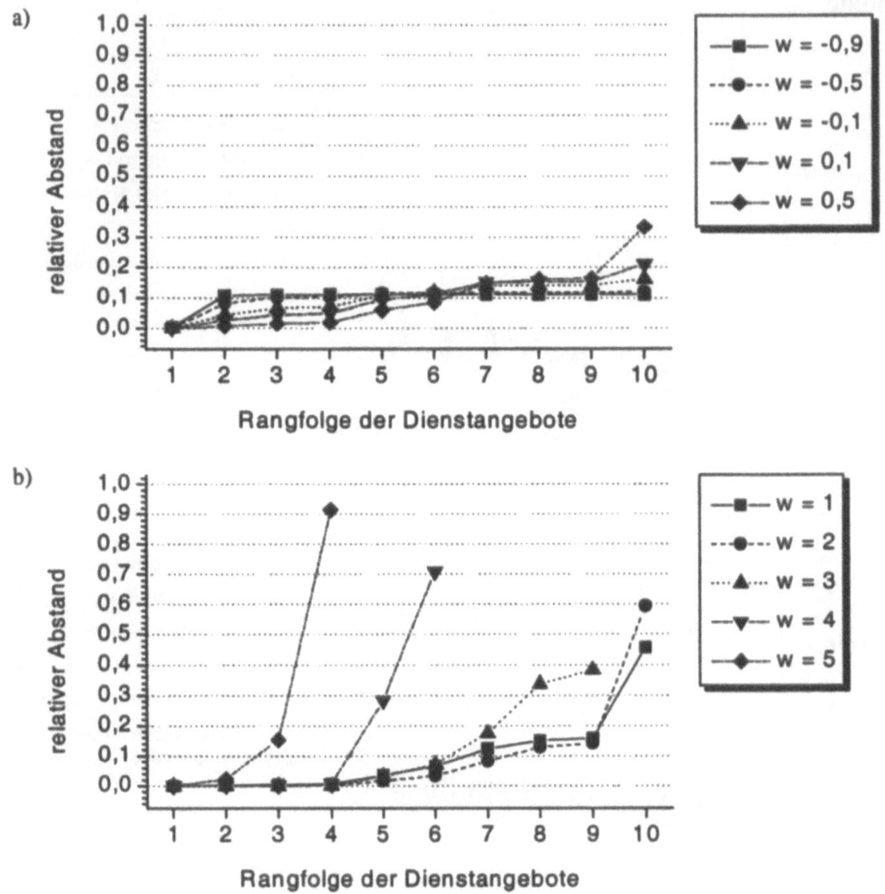

Abb. 3.21. Relative Abstände aller Dienstangebote für das multiplikative Modell für $w<1$ (a) und $w\geq1$ (b)

Die Abb. 3.21 zeigt die entsprechenden Ergebnisse für $w<1$ bzw. $w\geq1$. Der Dienstimport basiert dabei auf den zuvor betrachteten Werten bei einer multiplikativen Berücksichtigung von Präferenzen. Die Abb. 3.21a und Abb. 3.21b stellen die Ergebnisse graphisch gegenüber.

Mit wachsendem Parameter flacht der vordere Teil der Kurve immer mehr ab, d.h. es werden immer mehr Dienste als gut beurteilt. Dafür erfolgt bei höher numerierten Dienstangeboten ein Anstieg, der immer steiler wird. Die Auswahlreihenfolge ist von einer Variation dieses Parameters kaum betroffen. Lediglich ein schlechter bewerteter Dienst erfährt eine leichte Verbesserung beim Übergang von negativen zu positiven Werten. Bei den besser beurteilten Dienstangeboten erfolgt jedoch keine Veränderung. Somit kann man zusammenfassend festhalten, daß der Wert des Parameters w für die Dienstauswahl keine Rolle spielt.

Im folgenden soll der Einfluß exponentieller Präferenzen auf den Verlauf des multiplikativen Modells mit je einem negativen und einem positiven Wert untersucht werden. Abb. 3.22 stellt die Meßergebnisse dar.

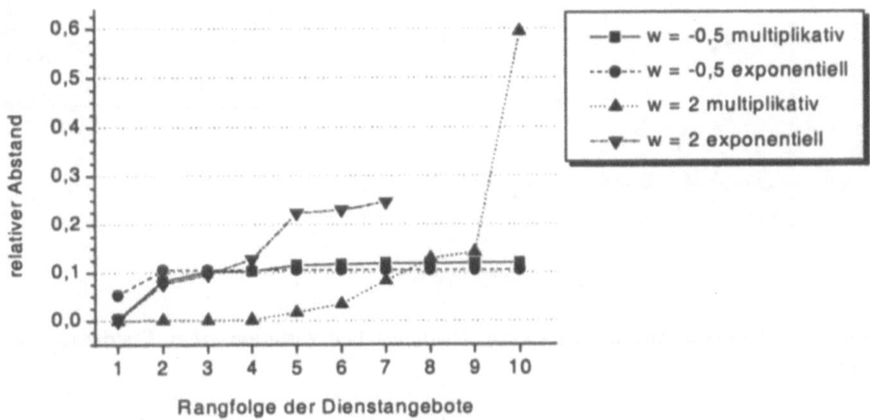

Abb. 3.22. Relative Abstände aller Dienstangebote beim multiplikativen Modell unter multiplikativer bzw. exponentieller Berücksichtigung der Präferenzen

Die Verwendung exponentieller Wichtungen führt zu einem extremeren Kurvenverlauf. Für kleine w bedeutet dies eine weitere Abflachung der Kurve, für große w einen noch steileren Anstieg. Die Auswirkungen auf die Auswahlreihenfolge entsprechen dem o.g. Wechsel, der bereits bei w=-0,5 auftrat.

Im folgenden soll ein Dienst als Testdienst genommen werden und der Abstand zu diesem Dienst in Abhängigkeit von den Diensteigenschaften untersucht werden.

Da der Abstand zu einem einzelnen Dienst aufgrund der Normierung nicht möglich ist, diese Normierung aber benötigt wird, um die verschiedenen Abstandsfunktionen zu vergleichen, war es nötig, zwei Dienste zu exportieren. Der in den folgenden Auswertungen variierte Dienst wird als Testdienst, der zusätzliche konstante Dienst als Referenzdienst bezeichnet. Die Bewertung des Testdienstes hängt somit nicht nur von der Abstandsfunktion ab, sondern auch von der Gestalt des Referenzdienstes. Aus diesem Grund wurden verschiedene Referenzdienste betrachtet und entsprechende Messungen vorgenommen.

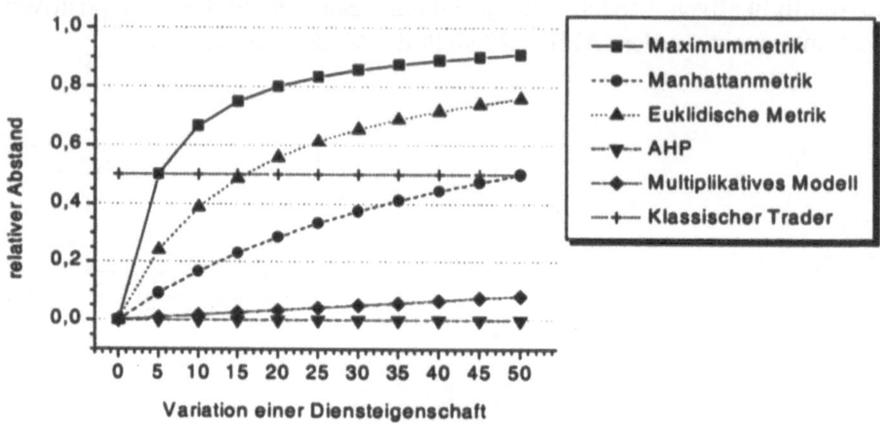

Abb. 3.23. Relativer Abstand zu einem Testdienst bei Variation einer Testdiensteigenschaft

Als erstes Testszenario wird ein Referenzdienst betrachtet, der in allen Diensteigenschaften einen konstanten Abstand zur Dienstanfrage hat. Der Testdienst wird zu Beginn optimal, d.h. mit der Anfrage übereinstimmend gewählt, so daß der Abstand 0 entsteht. Danach wird der Abstand in einer Eigenschaft erhöht. Es ergibt sich die in Abb. 3.23 dargestellte Auswertung.

Es ist klar, daß mit zunehmender Abweichung der Diensteigenschaft die relativen Abstände größer, d.h. schlechter werden. Das unterschiedliche Verhalten der Metriken ergibt sich aus ihren Berechnungsformeln. Gut läßt sich die Eigenschaft des multiplikativen Modells erkennen: der Referenzdienst hat Abstände in allen Eigenschaften, der Testdienst nur Abstände in einer Eigenschaft. Durch die Multiplikation der Abstände wird der Referenzdienst wesentlich schlechter beurteilt. Auch das AHP-Verfahren schneidet bei dieser Analyse schlecht ab. Da der Testdienst in fast allen Eigenschaften den Abstand 0 besitzt, wird der andere Dienst nahezu unendlich schlecht bewertet. Daher verläuft die Kurve zum AHP entlang einem minimalen Wert.

In Abb. 3.24a ist eine veränderte Situation dargestellt. Während der Referenzdienst gleichgeblieben ist, wird beim Testdienst in der Hälfte seiner Diensteigenschaften ein steigender Abstand betrachtet, bei dem eine gleichmäßige Erhöhung aller Eigenschaften erfolgt.

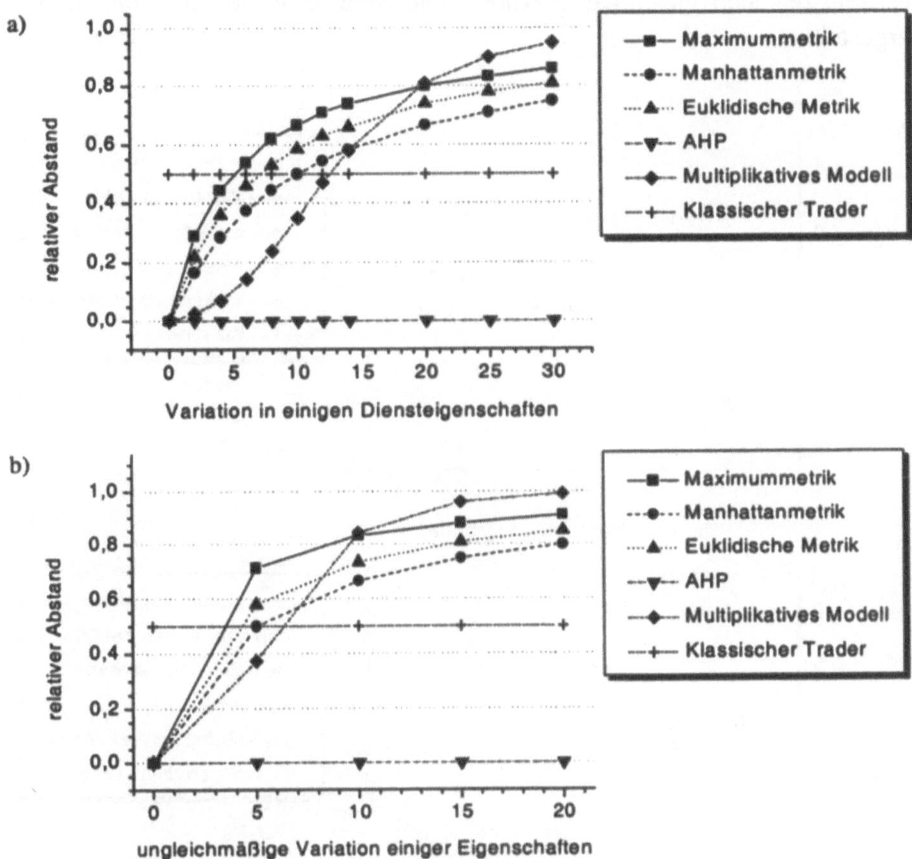

Abb. 3.24. Relativer Abstand zu einem Testdienst bei gleichmäßiger (a) bzw. ungleichmäßiger (b) Variation mehrerer Eigenschaften des Testdienstes

Die Kurven der Metriken rücken näher zusammen, der Verlauf der Manhattanmetrik bleibt gleich, aber das multiplikative Modell verändert sich stark. Der AHP verhält sich in Analogie zur vorangegangenen Messung, da der Testdienst immer noch in mehreren Eigenschaften den Abstand null besitzt.

Dieses Verhalten bleibt prinzipiell auch in Abb. 3.24b bestehen, bei deren Werten der Testdienst in sechs Eigenschaften ungleichmäßig erhöht wird. Demzufolge ist das Bewertungsverhalten der Metriken unabhängig davon, ob die Diensteigenschaften gleichmäßig oder ungleichmäßig erhöht werden.

Im folgenden sollen alle Diensteigenschaften des Testdienstes einen Abstand besitzen, der sich gleichmäßig erhöht. Die Meßwerte sind in Abb. 3.25a dargestellt.

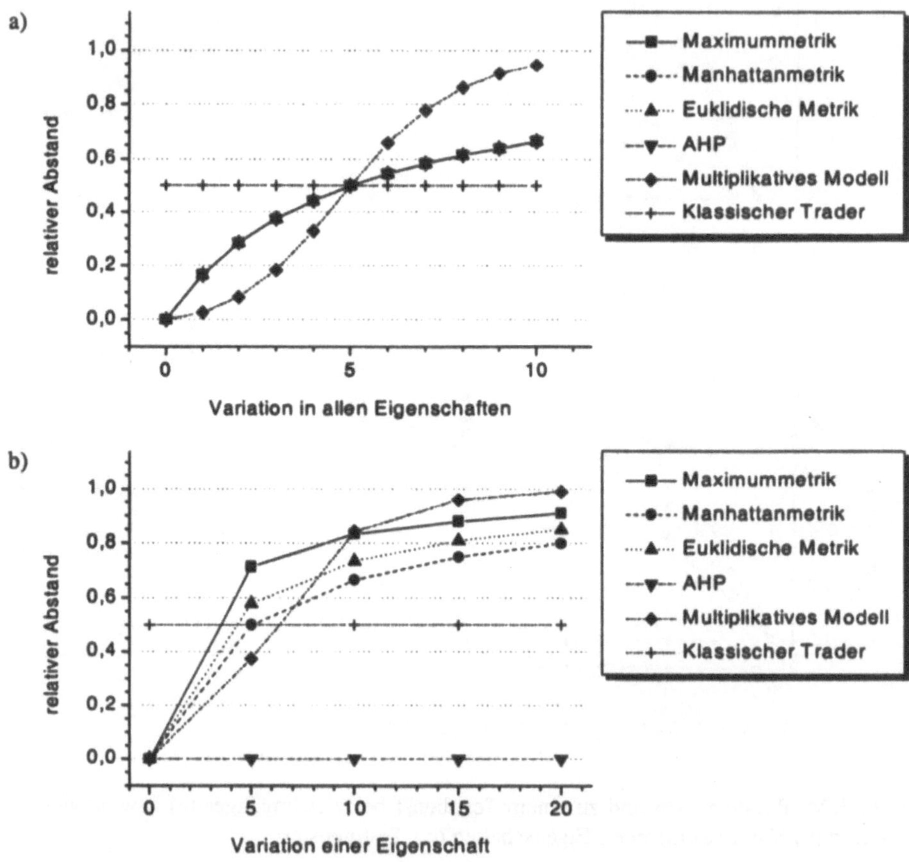

Abb. 3.25. Relativer Abstand zu einem Testdienst bei gleichmäßiger Variation aller Eigenschaften (a) bzw. einer Eigenschaft (b) des Testdienstes

Da das Verhältnis der Abstände aller Eigenschaften beider Dienste zueinander gleich ist, verlaufen die Kurven aller Metriken gleich. Die Maximum-

fällt mit der Manhattanmetrik zusammen. Bei dem Wert 5 sind beide Dienste identisch, aus diesem Grund schneiden sich die Kurven. Auffallend ist auch das veränderte Verhalten des AHP; diese Methode weist die gleichen Werte auf wie die Metriken.

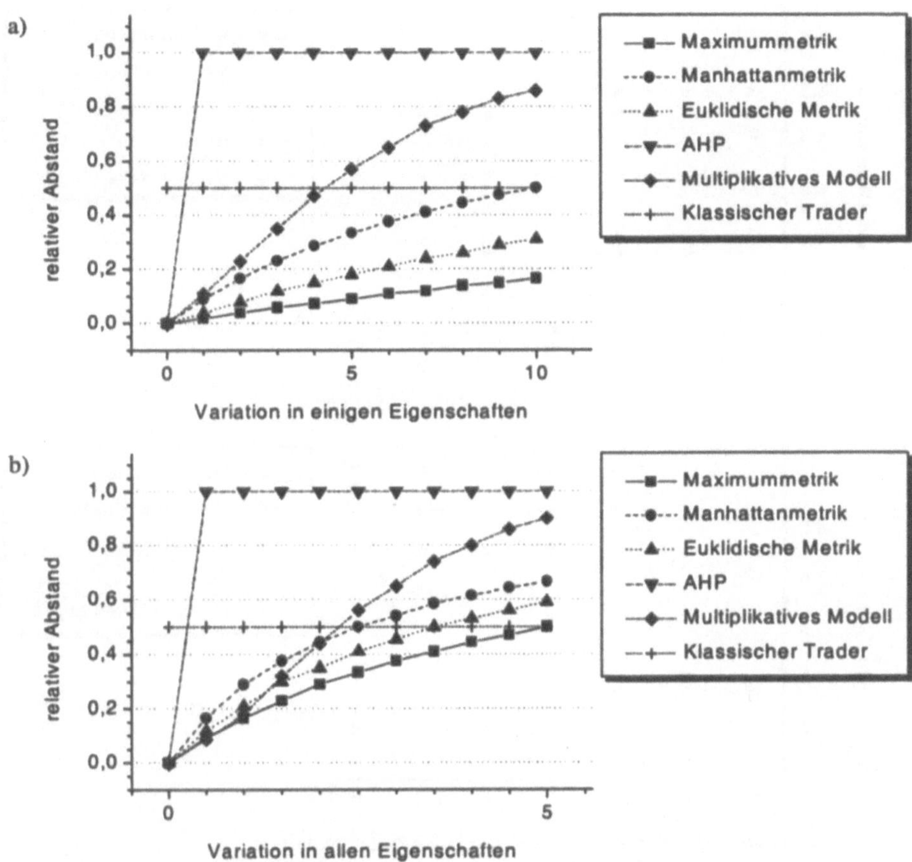

Abb. 3.26. Relativer Abstand zu einem Testdienst bei gleichmäßiger Variation mehrerer (a) bzw. aller Eigenschaften (b) des Testdienstes und einem veränderten Referenzdienst

Während bisher ein konstanter Referenzdienst betrachtet wurde, soll die Variation dieses Dienstes im folgenden untersucht werden. Zu diesem Zweck wird der Abstand des Referenzdienstes von einem festen Testdienst berechnet, der einen von null verschiedenen Abstand in einer Diensteigenschaft hat.

Abb. 3.25b stellt den Fall dar, daß auch der Testdienst in nur einer Diensteigenschaft einen Abstand besitzt. Interessant ist wiederum das Verhalten
des AHP. Dieses Verfahren zeigt jetzt den gleichen Kurvenverlauf wie die
anderen Abstandsfunktionen.

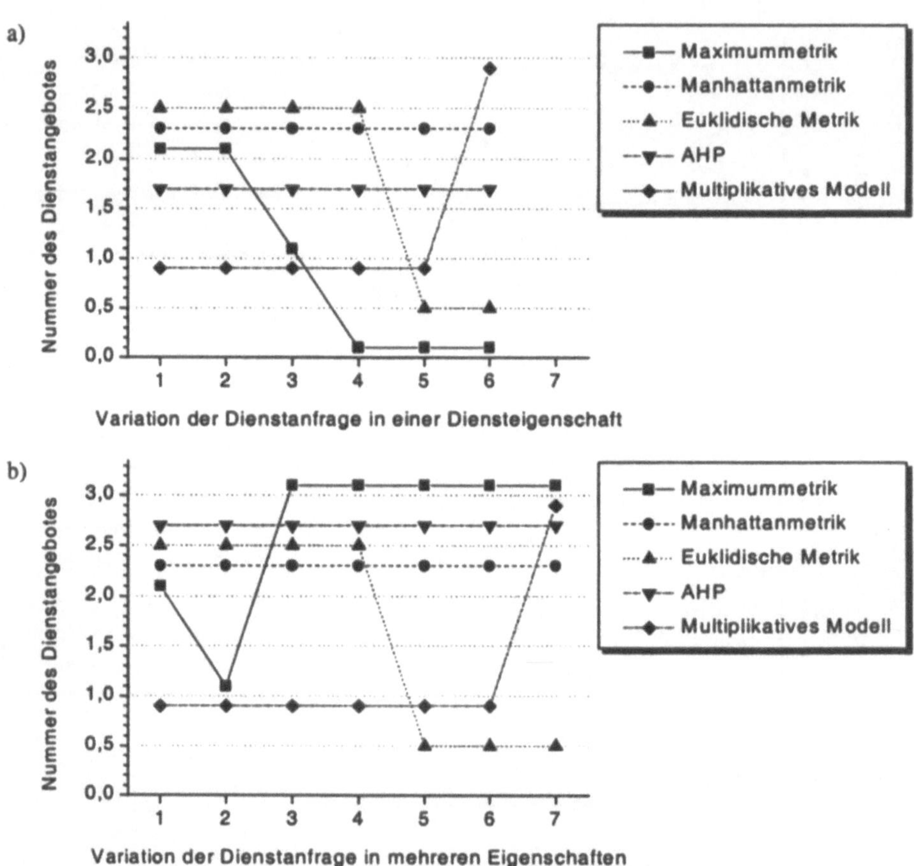

Abb. 3.27. Der optimale Dienst bei der Variation einer (a) bzw. mehrerer (b) Diensteigenschaften der Dienstanfrage

Im folgenden werden die Rollen von Test- und Referenzdienst vertauscht.
Eine Bewertung der verschiedenen Verfahren für mehrere bzw. alle Eigenschaften des Testdienstes ist in Abb. 3.26 vorgenommen worden.

Die Werte der Maximummetrik liegen jetzt niedriger als die der Manhattanmetrik. Auch der Analytic Hierarchy Process zeigt ein umgekehrtes Ver-

halten. Das multiplikative Modell hat einen soweit zum Nullpunkt verschobenen Wendepunkt, daß dieser in Abb. 3.26a nicht mehr bzw. in Abb. 3.26b kaum noch sichtbar ist, obwohl dieser Wendepunkt mathematisch vorhanden ist.

Diese Auswertungen zeigen, daß der Abstand zu einem Dienstangebot nicht nur von der Abstandsfunktion, sondern auch von den anderen Dienstangeboten abhängt. Der AHP ist dabei nicht so gut geeignet, wie die anderen Funktionen, das multiplikative Modell stellt eine völlig andere Funktion als die Metriken dar.

Abschließend soll in einem weiteren Testszenario der Einfluß der Dienstanfrage untersucht werden. Im Trader befinden sich fünf Dienstangebote, die für die Vermittlung zur Verfügung stehen. Die Berechnung des optimalen Dienstes bei der Variation einer bzw. mehrerer Diensteigenschaften der Dienstanfrage ist in Abb. 3.27 dargestellt.

Die Graphiken zeigen, daß eine kleine Variation der Anfrage bei der Verwendung der Maximummetrik bereits Auswirkungen auf den ausgewählten Dienst hat. Diese Eigenschaft ist für die Maximummetrik charakteristisch. Die Euklidische Metrik sowie das multiplikative Modell ändern ihr Verhalten erst bei größeren Variationen, wohingegen der AHP ein stabiles Verhalten aufweist.

Von Vorteil sind bei dieser Betrachtung die Metriken, der klassische Trader wählt entsprechend seiner Funktionalität immer den gleichen Dienst aus — entweder er findet ein geeignetes Angebot, das die geforderte Spezifikation erfüllt, oder aber er findet kein solches Angebot –, und der AHP weist im untersuchten Szenario das schlechteste Verhalten auf.

Fazit

Zunächst soll bemerkt werden, daß die Funktionalität der Evaluationskomponente standardmäßig in den Trading Service integriert werden sollte. Es gibt aus heutiger Sicht keinen Trader oder Broker, der über eine vergleichbare Funktionalität verfügt, doch die Vorteile eines solchen Vorgehens liegen auf der Hand und sind im Zuge der Entwicklungen eines universellen Dienstemarktes von immer größerer Bedeutung.

Ein solches Vorgehen würde aber bedingen, daß entsprechende Anfragesprachen, wie sie heute bereits von kommerziellen Tradern verwendet werden, entsprechend erweitert werden müßten. Beispielhaft zu nennen wäre die Service Request Description Language, für die eine Erweiterung des

Sprachumfangs zum Zwecke der Integration von Optimumberechnungen in [Th 96] diskutiert wird. Prinzipiell ergeben sich dabei weder Einschränkungen noch Probleme, lediglich muß die Interpretation dieser erweiterten Sprachfunktionalität unterstützt werden.

Gegenüber dem klassischen Trader weist die Evaluationskomponente den Nachteil auf, daß die Berechnung von geeigneten bzw. optimalen Dienstangeboten länger dauert. Diese zusätzliche Auswertungszeit ist durch die Abstandsberechnung bedingt.

Je mehr Diensteigenschaften ein Importer bei seiner Anforderungsspezifikation angibt, desto günstiger ist die Verwendung der Evaluatorkomponente, da die Anzahl der Eigenschaften der Dienstangebote kaum ins Gewicht fällt. Im Bereich der Auswertungsdauer hat die Tradererweiterung mit Evaluationskomponente also bei großen Anzahlen von Diensteigenschaften einen Vorteil gegenüber dem klassischen Trader.

Bei der Betrachtung der Importresultate hat sich gezeigt, daß die Auswahl eines optimalen Dienstes bei den Abstandsfunktionen sowohl von der Anfrage und der verwendeten Abstandsfunktion als auch der genutzten Präferenzfunktion abhängt. Hier zeigt sich der Vorteil der Erweiterung durch die Evaluationskomponente, die nicht nur zwischen geeignetem und nichtgeeignetem Dienst unterscheidet, sondern auch approximativ den besten Dienst auswählen kann.

Ein Vergleich der verschiedenen Abstandsfunktionen zeigte, daß die Metriken zwar unterschiedliche Ergebnisse liefern können, jedoch ein ähnliches Verhalten aufweisen. Das multiplikative Modell weist ein prinzipiell anderes Verhalten auf, ähnelt dabei vielleicht am ehesten der Manhattanmetrik, wobei es stärker zwischen den einzelnen Dienstangeboten differenziert. Insgesamt zeigt der Ablauf des AHP-Verfahrens aber die größten Schwächen.

Dies bedeutet, daß der zeitliche Mehraufwand des AHP kein entsprechend besseres Importresultat zur Folge hat. Da eher das Gegenteil der Fall ist und unterschiedliche Dienste teilweise identisch bewertet werden, sollte der Anwender auf die Wahl dieses Verfahrens verzichten.

Damit stellen die Metriken und das multiplikative Modell geeignete Mechanismen dar, den klassischen Trader durch die Integration einer Evaluationskomponente in akzeptabler zusätzlicher Bearbeitungszeit zu erweitern.

Dabei sind die Maximummetrik und das multiplikative Modell die extremsten der verwendeten Verfahren. Während bei der Maximummetrik schon kleine Wertänderungen einen extremen Einfluß auf das Ergebnis haben, differenziert das multiplikative Modell noch stärker zwischen existierenden ähnlichen Dienstangeboten als die Metriken.

Aus diesen Gründen sollte ein Anwender das multiplikative Modell zunächst als Standardeinstellung für die Nutzung der Evaluationskomponente verwenden.

Der Einsatz einer Evaluationskomponente ist aber auch unabhängig vom Trading in ähnlichen Anwendungsbereichen denkbar. Immer, wenn es um die Vermittlung von Komponenten geht, macht eine Implementierung dieser Funktionalität Sinn. So sind Anwendungen auch im Bereich Mobiler Agenten denkbar, wo ein Finder standardgemäß das Suchen eines geeigneten Agenten übernimmt, oder aber im Bereich des Electronic Commerce, bei dem ein Broker die Vermittlung von elektronischen Gütern ermöglicht.

kommt das multiplikative Modell noch stärker zwischen existierenden ähnlichen Dienstangeboten als die Identitäten.

Aus diesem Grunde sollte man Ansätze des multiplikativen Modell zunächst als Standardermittlung für die Abtrung der Qualitätskomponente verwenden.

Das Einsatz einer Evaluationskomponente ist aber auch in Stücken Anwendungsbereichen denkbar. Intext, wenn es um die Vermittlung von Komponenten geht, für die eine Standardermittlung dieser Funktionalität sinn. So sind Anwendungen auch im Bereich elektronischer Agenten denkbar, wo ein Nutzer standardmäßig das Suchen einer gewünschten Agenten übernimmt, oder aber im Bereich des Electronic Commerce, bei dem ein Broker die Vermittlung von elektronischen Gütern ermöglicht.

4 Datentransfer in CORBA

Viele – wenn auch nicht alle – der heutigen Verteilungsplattformen basieren auf dem Client/Server-Modell. Dieser Sachverhalt liegt darin begründet, daß sich die Client/Server-Technologie als ein effektiver Mechanismus für die Realisierung kooperierender Informationssysteme erwiesen hat. Dabei liegt eine synchrone Datenkommunikation zugrunde. Das Client/Server-Modell verfügt über keine Mechanismen zur Behandlung eines komplexen Datenflusses derartiger Informationssysteme.

In Unternehmen, die Datenübertragung zum Zwecke des Datenaustauschs oder einer Sicherung bestehender Datenbestände benötigen, ist dieses synchrone Grundkonzept von großem Nachteil. So wird in der Studie [Sun 96a] die Bedeutung von Verteilungsplattformen für den Einsatz im Finanzwesen untersucht. Da die Finanzsysteme nicht nur Daten bezüglich der globalen Geschäfte des eigenen Unternehmens verwalten müssen, sondern auch alle relevanten Marktdaten, ist ein asynchroner Datentransfer oft von besonderer Bedeutung. In [Mü 96] wird die Notwendigkeit der Bereitstellung eines effizienten Datentransfers im Kontext des Risk Managements angesprochen, da sich zeitkritische Daten wie z.B. Zinskurven inakzeptabel verzögern.

Auch im Kontext von CORBA ist dieses Problem der Datenübertragung zu klären. Aus diesem Grund wird im folgenden die Bereitstellung von COR-BA-Diensten zum effizienten Datentransfer untersucht. Der folgende Abschnitt untersucht Möglichkeiten zur asynchronen Datenübertragung in CORBA-basierten Verteilungsplattformen, der nachfolgende Abschnitt untersucht die Realisierung von Multicast-Architekturen unter CORBA.

4.1
Asynchrone Kommunikation in CORBA

Zur Motivation asynchroner Kommunikation in Verteilungsplattformen soll von Realisierungsmöglichkeiten der Datenverwaltung in Verteilten Systemen ausgegangen werden. Ein naiver Ansatz besteht darin, den gesamten

Datenbestand in einer Systemkomponente zentral zu halten. Müssen andere Komponenten des Verteilten Systems auf Daten zugreifen, so erfolgt ein Request an diese Datenbankkomponente. Dieser Ansatz hat den Vorteil, daß kaum Konsistenzprobleme auftreten können, bzw. diese Probleme durch zusätzliche Mechanismen gelöst werden können [Ai 96], [CePe 84]. Auch in kleineren Systemen bzw. Teilsystemen mit einem relativ geringen Datenaufkommen und -zugriff bietet der Ansatz eine sinnvolle Anwendung, in großen Informationssystemen ist er jedoch nicht realisierbar bzw. zu ineffizient. Darüber hinaus kann die entstehende Netzlast, die sich durch eine solche Datenverwaltung ergibt, einen Engpaß in laufenden Verteilten Systemen verursachen. In einigen Fällen kann es auch zu einer Beeinträchtigung der Funktionalität kommen. Um einen sowohl sicheren als auch schnellen Zugriff auf Daten zu gewährleisten, entsteht die Notwendigkeit der Datenreplikation, welche Gegenstand des sechsten Kapitels ist. Der dazu notwendige Datentransfer wird in Rahmen dieses Abschnitts untersucht.

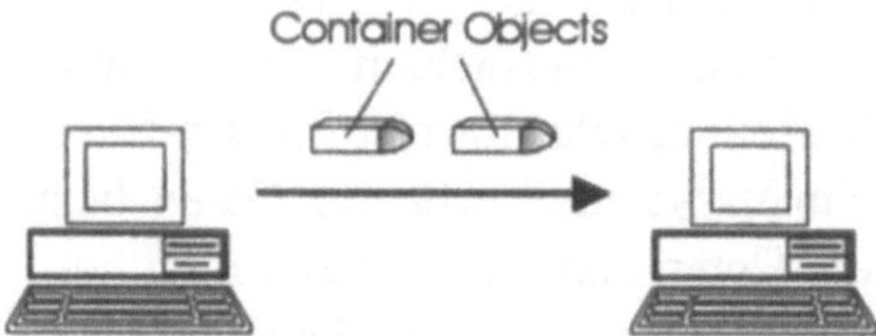

Abb. 4.1. Das Prinzip der Containerobjekte für die asynchrone Kommunikation

Asynchrone Kommunikation geht in der Regel von speziellen Mechanismen zur Realisierung von Datenübertragung aus. Containerobjekte – vergleiche Abb. 4.1 – bestehen aus einem Paketkopf, der die nötigen Daten zum Transport des Pakets bereithält (Adresse, ...) und dem eigentlichen Datenpaket, welches die zu übermittelnden Daten enthält. Im Kontext von CORBA sind – durch den synchronen Basismechanismus, vergleiche Abb. 4.2, bedingt – solche Containerobjekte jedoch nicht vorgesehen. Eine Diskussion der Auswirkungen dieses Mangels für die Realisierung von asynchronem Datentransfer erfolgt später.

Zur Realisierung asynchronen Datentransfers wird im folgenden alternativ eine Klassifikation von unterschiedlichen Datentransfermethoden in voneinander unabhängigen Mengenpaaren vorgenommen. Mittels der in Kapitel 5 vorgestellten Monitoringdienste wird anschließend eine Bewertung vorgenommen.

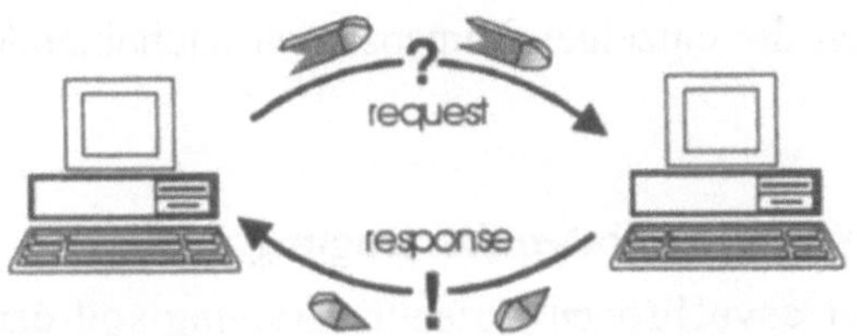

Abb. 4.2. Der synchrone Kommunikationsmechanismus von CORBA

Klassifikation des Datentransfers

Zum Zwecke des Datentransfers soll im folgenden auf die Art der Kommunikation eingegangen werden. In Abhängigkeit von der jeweiligen Systemumgebung werden verschiedene Realisierungen des Datentransfers zu unterschiedlichen Ergebnissen führen. Aus diesem Grund sollen unabhängig von der konkreten Systemumgebung Konzepte zur Übertragung von Daten zwischen verteilten Komponenten systematisch untersucht werden. Basis dieser Untersuchung ist eine Klassifizierung unterschiedlicher Methoden, die in drei Dimensionen erfolgt.

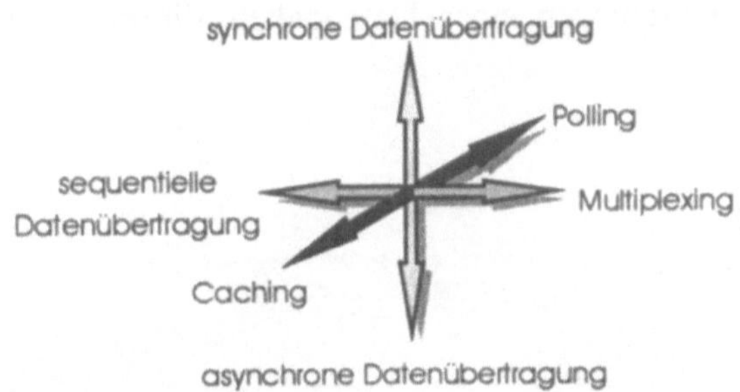

Abb. 4.3. Klassifikation von Datenübertragungskonzepten

Da diese verschiedenen Methoden unabhängig voneinander sind, ist eine orthogonale Anordnung der Möglichkeiten gerechtfertigt. Orthogonalität bedeutet in diesem Zusammenhang, daß eine freie Kombination der Übertragungsmethoden möglich ist, wobei drei Dimensionen als prinzipiell acht verschiedene Möglichkeiten der Übertragung bestehen. Abb. 4.3 stellt diese Datentransfermöglichkeiten in Anlehnung an [LLL+ 96a] graphisch dar.

Im folgenden sollen die einzelnen Dimensionen nacheinander erläutert werden.

Synchrone vs. asynchrone Datenübertragung

Auch innerhalb der asynchronen Datenübertragung soll der synchrone Datentransfer betrachtet werden, da dieser in modifizierter Form auch für die asynchrone Übertragung brauchbar ist.

Im folgenden wird davon ausgegangen, daß es sich bei der Datenquelle um einen Client, bei der Datensenke um einen Server handelt. Bei einer synchronen Datenübertragung wird ein Datenpaket transportiert und der Client anschließend blockiert, bis das Ergebnis zurückgegeben ist. Das Ergebnis kann dabei eine Bestätigung sein, daß das Datenpaket übertragen wurde, ein Ergebnis als Auswertung eines Dienstes bzw. einer Berechnung oder eine Fehlermeldung. Von der Art des Ergebnisses ist jedoch die Blockierung des Clients unabhängig, so daß der Transfer des nächsten Datenpakets erst nach Abschluß des kompletten Übertragungsvorgangs erfolgen kann, siehe Abb. 4.4. Diese chronologische Abfolge der Übertragung einzelner Datenpakete entspricht einer Folge von Requests. Geht man jedoch davon aus, daß ein Warten auf die Antwort auf Clientseite notwendig ist, so ist eine Verbesserung dieser Datenübertragung selbstverständlich. Der Client könnte unmittelbar nach dem Abschicken eines Datenpakets direkt das nächste Paket schicken.

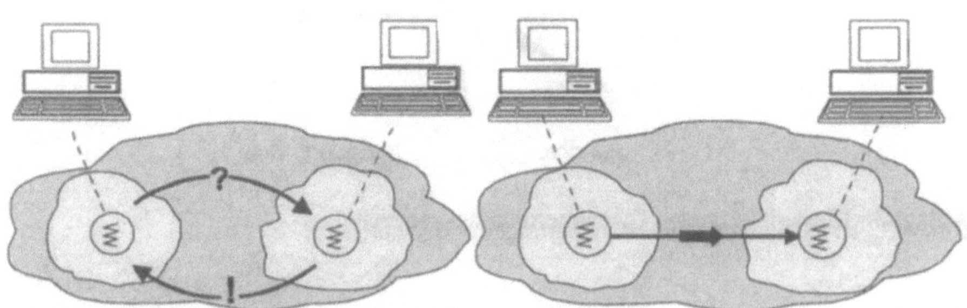

Abb. 4.4. Synchroner vs. Oneway Datentransfer

Die OMG hat in ihrer Interface Definition Language zum Zwecke einer unidirektionalen Übertragung sogenannte Oneway-Operationen definiert. Diese werden innerhalb des vorliegenden Abschnitts verwendet. Allerdings ist zu berücksichtigen, daß bei dieser Übertragungsart auch keine Fehlermeldungen an den Client übermittelt werden können, also nur eine unzuverlässige Kommunikation vorliegen kann. Damit ist auch nicht nachvollziehbar, ob die Datenmenge vollständig und korrekt an den Server übertragen wurde.

Ist die Rückgabe eines Ergebnisses notwendig und soll trotzdem möglichst wenig Wartezeit beim Client auftreten, so gibt es zwei Möglichkeiten: die verzögert synchrone Kommunikation und eine Kombination von asynchroner und synchroner Kommunikation.

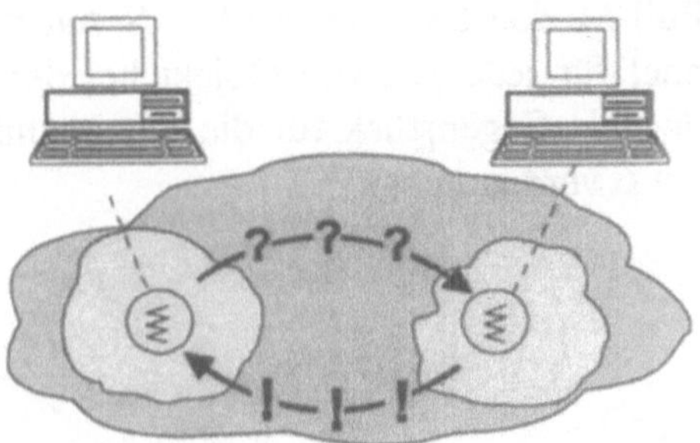

Abb. 4.5. Die verzögert synchrone Datenübertragung

Bei der verzögert synchronen Kommunikation verschickt der Client nacheinander mehrere Datenpakete an den Server, anschließend erhält er die Rückantworten, siehe Abb. 4.5. Zur Übertragung der Rückantworten werden ebenfalls Oneway-Operationen verwendet. Diese Kommunikation mittels Paaren von Oneway-Operationen hat zur Folge, daß sich auf der Clientseite die Wartezeit im Anschluß an eine Datenübertragung aufsummiert. Eine Abschätzung, wann dieses Verfahren vorteilhaft ist, wird später unter den Messungen erfolgen.

Eine Vermeidung von Wartezeiten ist unter Verwendung des asynchronen Datentransfers möglich. Analog zur verzögert synchronen Übertragung wird hierbei zuerst eine Reihe von Datenpaketen übermittelt, abschließend fragt der Client den Status der zuverlässigen Datenübertragung mittels eines synchronen Aufrufs ab.

Der Event Channel zur Realisierung von Asynchronität in CORBA

Die eigentliche asynchrone Datenübertragung ist in CORBA-basierten Verteilungsplattformen neben einer Realisierung durch Oneway-Operationen auch noch mittels Implementierungen des Event Services möglich. Dabei wird eine sowohl asynchrone als auch anonyme Kommunikation bereitgestellt. Basierend auf dem Push- und Pull-Modell läßt sich so eine direkte Kommunikation realisieren.

Ein Event Channel ist ein CORBA-Objekt, das eine mittels der OMG IDL spezifizierte Schnittstelle aufweist [OMG 96]. Dabei werden sogenannte Proxies bereitgestellt, die als Vertretung für einen Teil der direkten Kommunikationsmethoden zwischen zwei CORBA-Objekten fungieren können. In der IDL-Spezifikation des Event Channels ist es dabei notwendig, vier verschiedene Proxies zu spezifizieren, da Consumer und Supplier sowohl im Push- als auch im Pull-Modell benötigt werden. Somit wird gewährleistet, daß der Event Channel für jede Art von Objekt bei der Verwendung von Push- und Pull-Modell als Gegenstück für die Kommunikation der Events bereitsteht, wie Abb. 4.6 verdeutlicht.

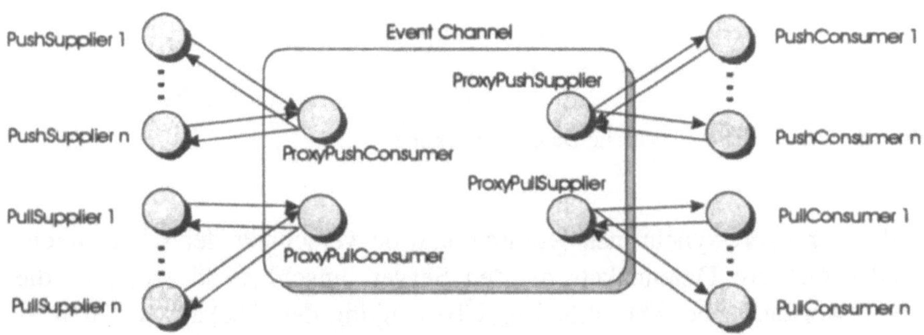

Abb. 4.6. Der Event Channel als Kommunikationspartner

Mit Hilfe der Proxies läßt sich die angestrebte anonyme und asynchrone Kommunikation realisieren. Ein Supplier kommuniziert seine Events mit dem Event Channel unter Verwendung des Push- oder Pull-Modells. Diese Events können von einer beliebigen Anzahl von Consumern empfangen werden. Ebenso können mehrere Supplier mit dem Event Channel kommunizieren. Dabei ist den Suppliern nicht bekannt, von welchen Objekten die Events empfangen werden und den Consumern nicht bekannt, von welchen Objekten die Events generiert werden. Somit handelt es sich um einen anonymen Kommunikationsmechanismus.

Events, die von einem Supplier generiert werden, können zu einem späteren Zeitpunkt von einem Consumer empfangen werden, und Events, die von einem Consumer angefragt werden, können umgekehrt erst zu einem späteren

Zeitpunkt generiert werden. So ist eine asynchrone Kommunikation gewährleistet.

Die gleichzeitige Verwendung der beiden Kommunikationsmodelle ist möglich, jedoch sind nicht alle Kombinationen zulässig, da sich Deadlocksituationen ergeben können. Darüber hinaus ist in bestimmten Fällen eine Zwischenspeicherung der Daten notwendig.

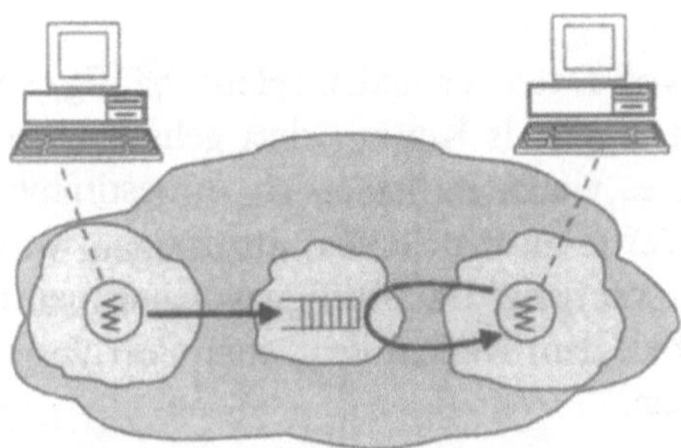

Abb. 4.7. Realisierung asynchroner Datenübertragung in CORBA

Eine quasi asynchrone Kommunikation wird in CORBA – wie in Abb. 4.7 dargestellt – realisiert. Unter Verwendung des Event Channels fungiert bei der asynchronen Datenübertragung der Client als Supplier, um gemäß dem Push-Modell Daten an einen Event Service zu übertragen. Mittels Pull-Modell werden diese Daten vom Server dann beim Event Channel abgeholt. Die Übermittlung von Resultaten erfolgt analog, wobei der Client bei der Anfrage der Ergebnisse beim Event Channel den try_pull-Mechanismus verwendet, also anfragt, ob ein Ereignis anliegt, um so eine Blockierung zu verhindern.

Sequentielle Datenübertragung vs. Multiplexen

Bisherige Überlegungen bezogen sich stets darauf, einzelne Schritte der Datenübertragung sequentiell auszuführen. Die Gesamtdauer der Übertragung ergibt sich dabei aus der Summe der für die einzelnen Datenpakete erforderlichen Übertragungszeiten.

Diesem Verfahren steht das sogenannte Multiplexen gegenüber. Basis ist ein quasi paralleles Übertragen mehrerer Datenpakete, das sich unter Verwendung von Multithreads implementieren läßt. Dieses Multiplexen kann in zwei verschiedenen Ausprägungen vorkommen. Es können komplette Datenpakete gleichzeitig übertragen werden, also auch große Datenpakete in Teilpakete zerlegt parallel übertragen werden. Problem dabei ist jedoch der zusätzliche Protokollaufwand, d.h. die Reduzierung der Übertragungsschritte muß gegen die Kosten für die Realisierung der parallelen Ausführung abgewogen werden. Dies gilt sowohl für die Client- als auch die Serverseite, denn nach einer Aufsplittung der zu übertragenen Daten muß auch wieder deren Zusammensetzung in richtiger Reihenfolge erfolgen.

Caching vs. Polling

Ändern sich Werte von Datenbeständen relativ häufig, so ist zu überlegen, ob diese Daten nicht – ggf. als Kopie – dort gehalten werden, wo sie benötigt werden, oder ob es vielleicht besser ist, zu bestimmten Zeitpunkten die aktuell benötigten Werte an den Stellen abzufragen, wo diese Werte generiert werden. Diesen Vorgang des Abfragens nennt man Polling im Gegensatz zum Caching, bei dem Kopien der Daten dort gespeichert werden, wo sie oft benötigt werden.

Allgemeine Zusammenhänge zum Polling und Caching sind in [Kü 96] untersucht worden. Die Entscheidung, ob das Polling, bzw. das Caching zu einer geringeren Netzlast bzw. zu kürzeren Zugriffszeiten führt, ist wesentlich durch das Verhältnis von der Häufigkeit der Änderung der Daten zur Häufigkeit des Zugriffs geprägt.

Wird öfter nach Daten gefragt, als daß diese ihren Wert ändern, so ist eine Realisierung als Caching günstig, sind jedoch die Wertänderungen dominierend und erfolgen nur gelegentliche Abfragen, so ist es günstiger, die Abfragen mit dem Verfahren des Pollings zu realisieren. Von besonderem Interesse sind Überlegungen, daß ein dynamischer Wechsel zwischen Polling und Caching stattfinden sollte. Ändert sich das Verhältnis von Änderungs- zu Abfragerate, so kann zur Laufzeit zwischen beiden Strategien umgeschaltet werden.

Weitere Ansätze, die zwischen dem Caching und Polling liegen, sind denkbar. Dabei ist prinzipiell von einem Caching auszugehen, wobei Wertänderungen der Daten jedoch nicht aktuell mitgeteilt werden, sondern in bestimmten Intervallen. Die Größe dieser Intervalle ist in Abhängigkeit von der Zugriffs- und Änderungshäufigkeit zu optimieren.

Mit diesen Überlegungen soll die allgemeine Betrachtung der verschiedenen Dimensionen des Datentransfers abgeschlossen werden.

Im folgenden wird zu konkreten Betrachtungen der CORBA-basierten Verteilungsplattform Orbix übergegangen. Dabei werden sowohl die synchrone als auch die verzögert synchrone Datenübertragung betrachtet, die mittels der regulären Oneway-Operationen realisierbar sind. Auch die sequentielle Datenübertragung wurde auf regulären Requests basierend realisiert, problemlos sind ferner das Caching und das Polling. Bei dieser Aufzählung bleiben die asynchrone Datenübertragung und das Multiplexen übrig, die im folgenden noch einmal gesondert betrachtet werden.

Der CORBA 2.0 Standard sieht keine reine asynchrone Kommunikation vor, Ansätze sind lediglich über die verzögert synchrone Realisierung umsetzbar. Aus diesem Grund erfolgte eine Realisierung mit Hilfe des Event Services. Der Client fungiert bei der asynchronen Datenübertragung als Supplier, im Rahmen des Push-Modells überträgt er die Daten an einen Event Service. Diese Daten werden vom Server unter Verwendung des Pull-Modells beim Event Channel abgeholt. Eine Übermittlung der Resultate erfolgt analog, wobei der Client bei der Anfrage der Ergebnisse beim Event Channel den try_pull-Mechanismus verwendet, um eine Blockierung zu verhindern. Ein Trade Off, in welchen Fällen die Verringerung der Wartezeiten trotz des Overheads zur Verwaltung des Event Channels zu einer Verbesserung der Datenübertragung führt, wird im folgenden Abschnitt diskutiert.

Diese implementierten Mechanismen dienen zur Bewertung von CORBA-Umgebungen. Verschiedene Kriterien werden dabei betrachtet.

4.1.1
Auswahl von Hardware

Zur Datenübertragung unter CORBA sollen im folgenden die unter den drei verschiedenen Dimensionen vorgestellten und implementierten Übertragungsmethoden genutzt werden. Basis dieser Arbeiten ist eine Schnittstellenoperation `transferData` eines CORBA-Servers `dataServer`, der in der IDL spezifiziert wurde, vergleiche Abb. 4.8.

Neben der Bestimmung von Datenquellen und -senken werden die Transfermethode und die Anzahl der zu verwendenden Threads pro Server angegeben. Da die Beta-Version des Event Services die Verwendung von Threads nicht erlaubt, konnte eine asynchrone Datenübertragung nicht mit mehreren Threads erfolgen. Aus diesem Grund wurden zwei ORBs auf derselben Maschine installiert, und zwar das single-threaded Orbix 2.0 und das Multi-threaded Orbix 2.0.1 und bei asynchroner Datenübertragung auf ei-

nen Server unter Orbix 2.0 zugegriffen. Neben diesen Threads dienen zwei
weitere Parameter in der in Abb. 4.8 angegebenen Spezifikation zur Simulation von Fehlern und Verzögerungen, die während der Übertragung bei den
Datensenken auftreten können.

```
struct serverDetails {
   string serverName;
   string hostName;
};

struct errorDetails {
   string serverName;
   short errorCode;
};

typedef sequence<string> Strings;
typedef sequence<serverDetails> serverLocations;

interface dataServer {
   short transferData (in Strings fileLocations,
      in serverLocations targetServers, in short
         transferMethod,
      in short numOfThreads, in errorDetails
         errorSimulation);
};
```

Abb. 4.8. IDL-Spezifikation des Dienstes zur Datenübertragung

Erste Messungen unter Orbix sollen einen Überblick vermitteln, wodurch
bzw. wofür bei einem Datentransfer Zeit verbraucht wird. Dazu wird im
folgenden ein synchroner Request zwischen einem Client (auf einer Sun
SPARCstation 5 mit 64 MB Hauptspeicherkapazität sowie einem 85 MHz
MicroSPARC-II Prozessor) und einem Server (auf einem PC mit 32 MB
Hauptspeicherkapazität sowie einem 133 MHz Pentium-Prozessor) durchgeführt. Beide Geräte sind durch Ethernet verbunden. Es wurden bis zu
5000 Requests mit Parametern vom Typ `short` aufgerufen, um die zeitlichen Anteile des Marshallings und Unmarshallings sowie die Anteile der
Requests und Replys an der gesamten Ausführung bestimmen zu können.

Mit diesen Messungen soll auch untersucht werden, ob bei der fortlaufenden
Ausführung von Requests an ein einzelnes CORBA-Objekt Probleme beim
Scheduling auftreten. Die Ergebnisse sind in Abb. 4.9 graphisch dargestellt.
Die Übermittlung des Requests vom Client an den Server sowie die Ausfüh-
rung des Replys nehmen dabei den größten Teil der Zeit in Anspruch. Mar-
shalling und Unmarshalling fallen kaum ins Gewicht. Der proportionale

Verlauf der Meßergebnisse deutet außerdem darauf hin, daß auch bei ständiger Wiederholung von Requests an ein CORBA-Objekt diese zuverlässig vom System ausgeführt werden.

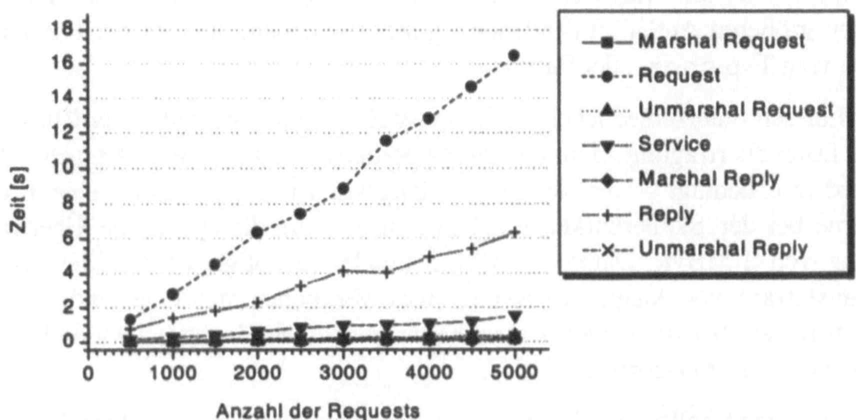

Abb. 4.9. Datenübertragung unter Orbix bei konstanter Datenmenge

Während bei dieser Messung die Ausführung von Requests im Vordergrund stand, soll im folgenden die Übertragung von Daten untersucht werden.

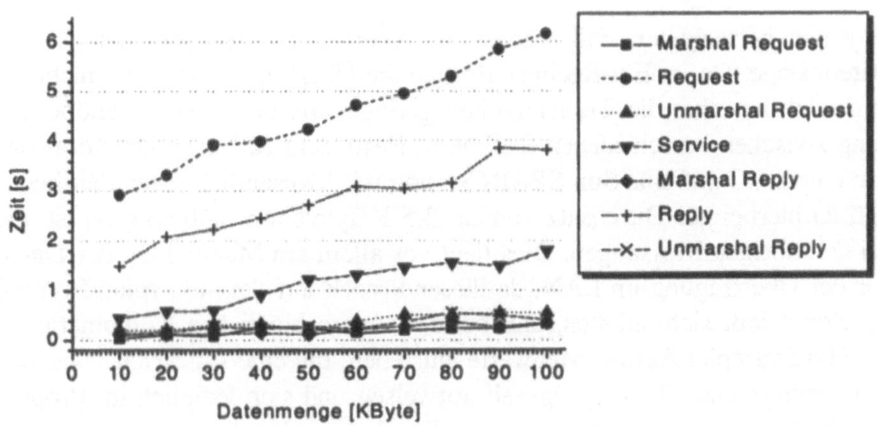

Abb. 4.10. Datenübertragung unter Orbix bei variierender Datenmenge

Zu diesem Zweck wird das Aufrufen synchroner Requests unter Variation der übertragenen Datenmenge betrachtet. Die Ergebnisse sind in Abb. 4.10 graphisch dargestellt.

Dabei verhält sich die Übertragungszeit proportional zur übertragenen Datenmenge. Es fällt auf, daß das Marshalling und Unmarshalling der Daten einen größeren Anteil an der Übertragungszeit haben, als dies bei Parametern vom Typ `short` der Fall war.

Aus diesen unterschiedlichen Verhaltensweisen kann abgeleitet werden, daß die Datenübertragung mittels CORBA-Requests – ggf. durch die genutzte Hardware bedingt – vergleichsweise langsam ist. Sofern sich keine Probleme bei der Skalierbarkeit ergeben, würden für die synchrone Übertragung von 1 MByte Daten ca. 130 Sekunden benötigt, es resultiert eine Transferrate von knapp 8 KByte/s, was verglichen mit einer möglichen Transferrate bei der reinen Datenübertragung über Hochgeschwindigkeitsnetze ein extrem niedriger Wert ist.

Im folgenden sollen qualitative Aussagen bezüglich der einzelnen Datenübertragungsmöglichkeiten im Kontext verschiedener Hardwareumgebungen gemacht werden. Dabei wird ein synchroner Datenaustausch betrachtet. Mittels CORBA-Requests wurden Datenmengen bis zu 100 KByte in Datenpaketen von je 80 Byte übertragen.

Durch Kombination der verfügbaren PCs und Sun-Workstations ergaben sich vier Versuche im Ein-Rechner-Betrieb bzw. zwischen verschiedenen Rechnern. Die Ergebnisse sind in Abb. 4.11 dargestellt.

In jedem betrachteten Fall wächst die Übertragungszeit proportional zur Datenmenge. Da im Ein-Rechner-Betrieb die Übertragung im Netz nicht erforderlich ist, sind die Transferzeiten geringer als bei einer Datenübertragung zwischen verschiedenen Rechnern. Besonders für einen Datentransfer von einem PC auf eine Sun SPARCstation wird wesentlich mehr Zeit benötigt, da hierbei der Durchsatz von ca. 3,5 KByte/s nur halb so groß ist wie bei den übrigen Messungen. Dies liegt vor allem am Marshalling der Daten vor der Übertragung im LAN, da dieser Prozeß auf dem PC zeitaufwendig ist. Somit läßt sich ableiten, daß bei den unterschiedlichen Kombinationen der Hardwareplattformen Meßwerte entstehen, die eine Linearität zwischen Datenmenge und Übertragungszeit aufweisen und sich lediglich im Proportionalitätsfaktor unterscheiden. Dieses Ergebnis ist für die Untersuchung der asynchronen Datenübertragung von technischer Bedeutung, da die Beta-Version des Event Services nur auf Sun Solaris und die entsprechenden Untersuchungen nur im Ein-Rechner-Betrieb durchgeführt werden konnten.

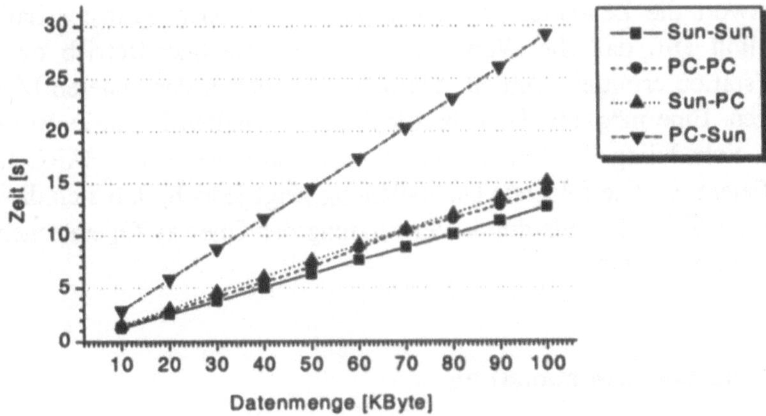

Abb. 4.11. Synchrone Datenübertragung zwischen verschiedenen CORBA-Plattformen

Die betrachteten Untersuchungen wurden analog unter Verwendung von Oneway-Operationen wiederholt. Dabei wurde nicht die gesamte Dauer des Datentransfers, sondern nur die Zeitspanne bis zum Abschluß des Prozesses auf der Datenquellseite betrachtet.

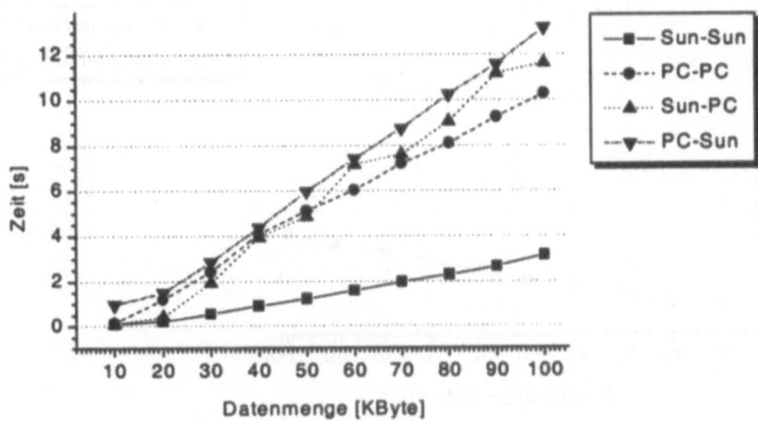

Abb. 4.12. Verzögert synchrone Datenübertragung

Abb. 4.12 stellt die Zeitdauer für die verzögert synchrone Datenübertragung dar, die unabhängig vom Mechanismus der Event Channel realisiert wurde. Dabei ist ersichtlich, daß sich durch den Verzicht auf das Abwarten einer

Rückantwort die Zeitdauer gegenüber dem synchronen Transfer halbiert. Ferner fällt auf, daß die Werte, die beim Ein-Rechner-Betrieb der Sun SPARCstation ermittelt wurden, deutlich unter denen der anderen Meßreihen liegen. Eine mögliche Ursache für dieses Verhalten ist darin zu sehen, daß das Scheduling der Oneway-Operationen auf der Sun SPARCstation sehr effizient ist. Die folgende Untersuchung zeigt jedoch, daß sich die Halbierung des Zeitaufwands durch Verwendung der Oneway-Operationen auf den Client beschränkt.

4.1.2
Client- und Serverterminierung

Zusätzlich zum Monitoring des Clients ist bei der Durchführung der Messungen im Ein-Rechner-Betrieb der Sun SPARCstation, bei der die besten Ergebnisse erzielt wurden, auch die Rechenzeit des Servers aufgezeichnet worden. In Abb. 4.13 werden diese Werte gegenübergestellt. Dabei wird deutlich, daß der komplette Datentransfer, der erst mit der Operation des Servers beendet ist, zum Zeitpunkt der Clientterminierung noch nicht abgeschlossen ist.

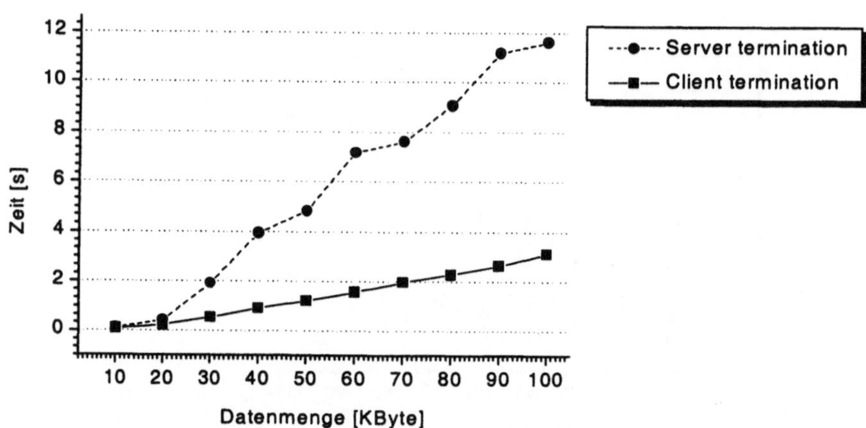

Abb. 4.13. Vergleich von Client- und Serverterminierung bei Oneway-Operationen

Dies wird auch bei der Realisierung der verzögert synchronen Datenübertragung deutlich. Hierbei gibt der Server dem Client die Beendigung eines Datentransfers bekannt, die mittels einer Oneway-Operation gestartet wurde. Dadurch ist auch die Rückgabe eines Resultats möglich. Wegen der zusätzlichen Kommunikation dauert die verzögert synchrone Datenübertragung jedoch länger als die synchrone Übertragung. Vorteilhaft ist jedoch, daß der Client nicht bis zum Erhalten des Ergebnisses blockiert ist.

4.1.3
Mechanismen zum Datentransfer

Im folgenden sollen verschiedene Formen der Datenübertragung verglichen werden. Neben der synchronen und asynchronen Datenübertragung werden auch die beiden Mischformen der verzögert synchronen und unidirektionalen, d.h. Oneway-Übertragung betrachtet. Wegen der bereits erwähnten Beschränkung der Meßwerte zum asynchronen Transfer auf Sun Solaris stammen die dargestellten Ergebnisse der Datenübertragung von der Sun SPARCstation. Abb. 4.14 stellt die Meßergebnisse der einzelnen Übertragungsarten graphisch gegenüber.

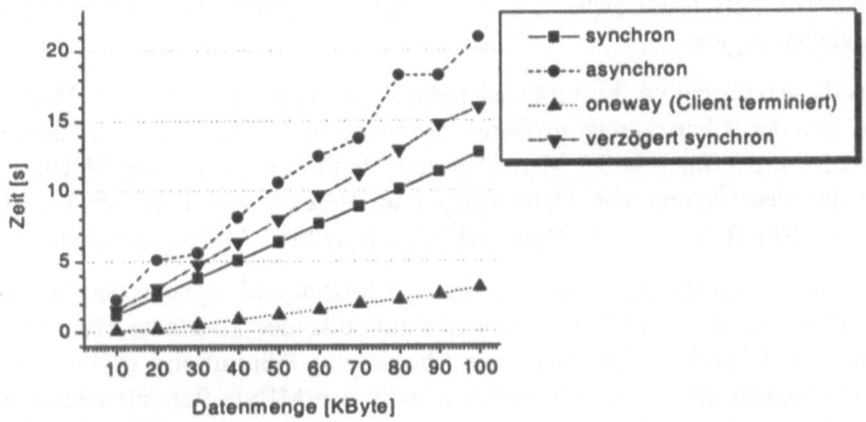

Abb. 4.14. Vergleich synchroner, asynchroner und gemischter Formen der Datenübertragung

Für alle dargestellten Datentransfermethoden ist ein quasi linearer Zusammenhang zwischen der übertragenen Datenmenge und der benötigten Zeit erkennbar.

Bei der Verwendung von Oneway-Operationen terminiert die Clientseite am schnellsten, und die synchrone Übertragung ist schneller beendet als die verzögert synchrone. Am zeitaufwendigsten ist der asynchrone Datentransfer, obwohl in Abb. 4.14 lediglich die Zeit bis zur Datenübergabe an den Event Channel und nicht bis zur vollständigen Übergabe an den Server dargestellt ist. Die Ursache ist in dem Overhead zur Verwaltung des Event Channels und einer Zwischenspeicherung der Daten zu sehen, bis sie vom Server im Pull-Modell angefragt werden. Zusammenfassend kann man festhalten, daß die Vorteile der asynchronen und anonymen Kommunikation bei einer direkten Datenübertragung zwischen zwei Objekten nicht für eine Verbesserung des Durchsatzes sorgen. Zu diesem Sachverhalt werden im folgenden detailliertere Untersuchungen erfolgen, welche die Ergebnisse zum Teil relativieren.

Bisherige Untersuchungen zielten auf einen Vergleich der synchronen und asynchronen Datenübertragung hinsichtlich eines Datentransfers zwischen zwei CORBA-Objekten. Dieser Aspekt soll im folgenden dahingehend erweitert werden, daß auch Skalierbarkeit betrachtet wird.

Der Maximalwert der übertragenen Datenmenge wurde bis 100 KByte heraufgesetzt. In realen Systemen liegt die Menge übertragener Daten wesentlich höher, MByte-Bereiche sind ohne weiteres möglich und kommen in der Praxis häufig vor.

Aus diesem Grund wird im folgenden die Verwendung der einzelnen Methoden bei der Übertragung größerer Datenmengen untersucht. Zu diesem Zweck wurden für jede der Methoden drei Meßreihen erstellt, die Meßdaten für die Übertragung von Datenmengen im Bereich von 1 KByte bis 10 KByte, 10 KByte bis 100 KByte und 100 KByte bis 1 MByte enthalten.

Abb. 4.15 zeigt die Meßreihen für den synchronen und asynchronen Datentransfer. Der gleichmäßige lineare Verlauf, d.h. der konstante Durchsatz von ca. 8 KByte/s für die synchrone Übertragung läßt auf eine problemlose Skalierbarkeit dieser Transfermethode bis in den MByte-Bereich schließen. Für die asynchrone Datenübertragung zeigt sich zwar ebenfalls ein linearer Verlauf mit einem konstanten Proportionalitätsfaktor, allerdings nimmt die Varianz der Werte mit größer werdenden Datenmengen zu, diese unterliegen also zunehmenden Schwankungen.

Eine Ursache dieser Schwankungen könnte darin bestehen, daß es bei Datenmengen im MByte-Bereich bei der Übermittlung von Events zu Konflikten kommt, so daß die Zuverlässigkeit der asynchronen Datenübertragung bei einer weiteren Skalierbarkeit fraglich ist.

Bei Versuchen, mehrere MByte Daten mit der Beta-Version des OrbixTalk zu übertragen, kam es wiederholt zu Ausfällen des Event Services.

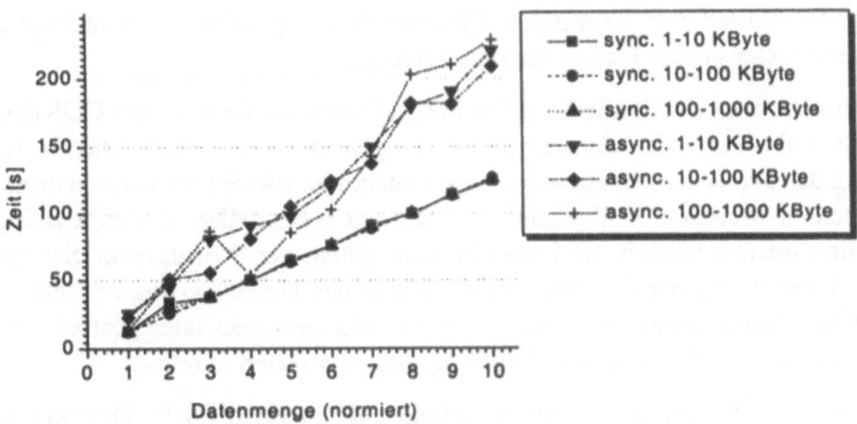

Abb. 4.15. Skalierbarkeit synchroner und asynchroner Datenübertragung

In Analogie zu der synchronen bzw. asynchronen Datenübertragung ist in Abb. 4.16 eine Bewertung der gleichen Datenmengen für die verzögert synchrone und die Oneway-Datenübertragung dargestellt.

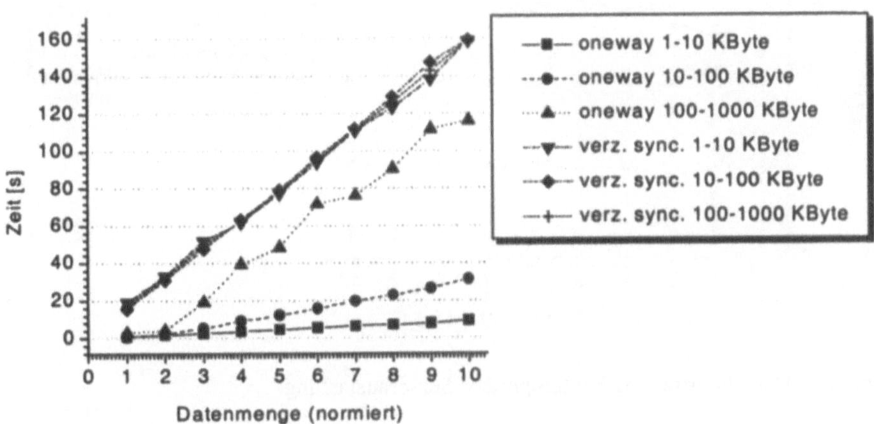

Abb. 4.16. Skalierbarkeit der verzögert synchronen und Oneway-Datenübertragung

Die konstante Transferrate von 6,3 KByte/s und der daraus resultierende gleichmäßige lineare Verlauf beim verzögert synchronen Transfer verdeutlichen, daß sich bei der Verwendung der CORBA Oneway-Operationen keine Skalierungsprobleme ergeben. Allerdings nimmt der Aufwand für das Scheduling der Oneway-Operationen mit wachsender Datenmenge zu, so daß sich der Vorteil der vorzeitigen Clienttterminierung beim unidirektionalen Datentransfer großer Datenmengen verringert.

Dieses Problem der Skalierbarkeit ist beim Datentransfer in einem CORBA-System aber nicht der einzige Faktor, der geprüft werden muß. Die Auslastung der Server ist von ebenso großer Bedeutung. Ein Server kann in einem Verteilten System eine Vielzahl von Diensten bereitstellen, die gleichzeitig genutzt werden können. So kann ein rechenintensiver Prozeß eines Servers zur Beeinträchtigung der gleichzeitig ablaufenden Datenübertragung führen. Darüber hinaus kann ein Server temporär blockiert sein oder gestört werden. In einer solchen Phase ist kein Empfang von Daten möglich.

Um die Auswirkungen solcher Vorgänge auf unterschiedliche Datentransfermethoden zu untersuchen, wurden bei der Übertragung von 10 KByte an 10 Server temporäre Blockierungen einzelner Server simuliert, wobei die Dauer des Ausfalls von unterschiedlicher Länge war. Die Ergebnisse dieses Versuchs sind in Abb. 4.17 dargestellt.

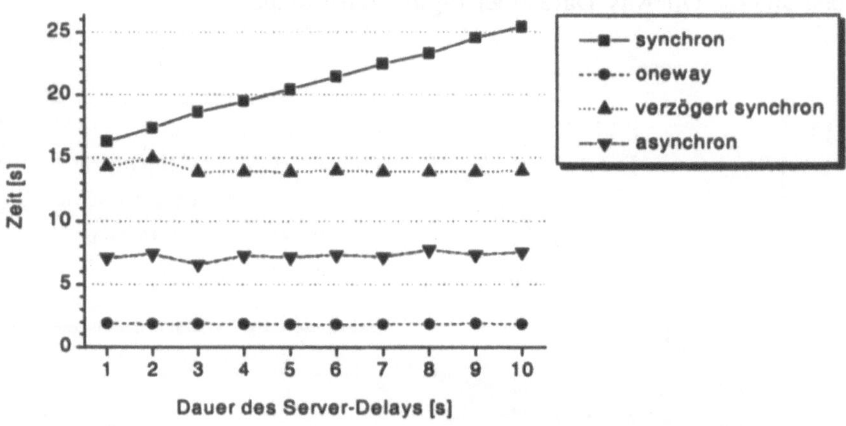

Abb. 4.17. Datenübertragung bei temporärer Serverauslastung

Beim synchronen Datentransfer ist ein proportionaler Zuwachs der Übertragungszeit in Abhängigkeit von der Länge der Serverblockierung sichtbar. Wird ein synchroner Request an einen ausgelasteten Server gerichtet, so ist der gesamte Vorgang der Datenübertragung bis zur Fortsetzung des Requests blockiert. Die anderen Datentransfermethoden weisen einen nahezu konstanten Verlauf auf, d.h. die Übertragungszeit wird von der Blockierung eines Servers nicht beeinflußt. Für die asynchrone Datenübertragung ist dies darauf zurückzuführen, daß der Client die Daten dem Event Service übermittelt und dieser ein Multicasting vornimmt. Ist also einer der Server blokkiert, dann wird der Transferprozeß an einen der anderen Server vorgezogen. Daß Blockierungen von Servern auch auf die unidikrektionale und verzögert synchrone Übertragung keinen Einfluß haben, läßt auf ein internes Scheduling der IDL Oneway-Operationen schließen.

Erfolgt ein Oneway-Aufruf eines blockierten Servers, so führt dies nicht zu einer Blockierung des gesamten Datenübertragungsprozesses, sondern es werden bereits die übrigen Oneway-Operationen gestartet. Einschränkend ist zu sagen, daß die Blockierung eines Servers sehr wohl die asynchrone und verzögert synchrone Übertragung beeinträchtigt, wenn die Blockierung die Dauer des gesamten Transfers überschreitet. Dies kann beispielsweise durch den kompletten Ausfall eines Servers der Fall sein. Im Gegensatz zur synchronen Datenübertragung erfolgt aber trotzdem die Übermittlung der Daten an die übrigen Server.

4.1.4
Caching und Polling

Im folgenden soll die Dimension des Cachings bzw. Pollings betrachtet werden. Das Caching wird dabei in der Form verwendet, daß im Falle einer Wertänderung eine sofortige Aktualisierung erfolgt. Für den Fall, daß sich Werte mehrfach benötigter Daten ändern, kann man diese beiden Alternativen des Datenzugriffs nutzen. Um eine Vergleichsmöglichkeit der beiden Methoden zu haben, wurde eine Systemumgebung geschaffen, in welcher ein Client einen Dienst bei einem Server anfragt. Dieser Server benötigt für die Ausführung des Dienstes den aktuellen Datenbestand dreier weiterer Systemkomponenten, die mittels Polling oder Caching übertragen werden. Bei diesen Daten handelt es sich um Sequenzen von Strings, wobei sowohl die Länge der Sequenzen als auch die Länge der Strings variiert wurde. Abb. 4.18 stellt die Meßergebnisse in graphischer Form dar.

Aus der Abbildung ist ersichtlich, daß bei der Nutzung des Cachings die Dienstanfragen des Clients schneller vom Server erfüllt werden als beim Polling, selbst wenn der Server durch viele Anfragen und ein hochfrequentes Caching stark ausgelastet ist. Betrachtet man also nur die Zeit, so ist das Caching dem Polling vorzuziehen.

Nicht zu vernachlässigen ist in diesem Zusammenhang aber die Netzbelastung, die von den beiden Datentransfermechanismen hervorgerufen wird. So verursacht das Polling bei 500 Clientanfragen eine Übertragung von 1,5

KByte in 15,241 Sekunden, was einer Transferrate von ca. 0,1 KByte/s entspricht.

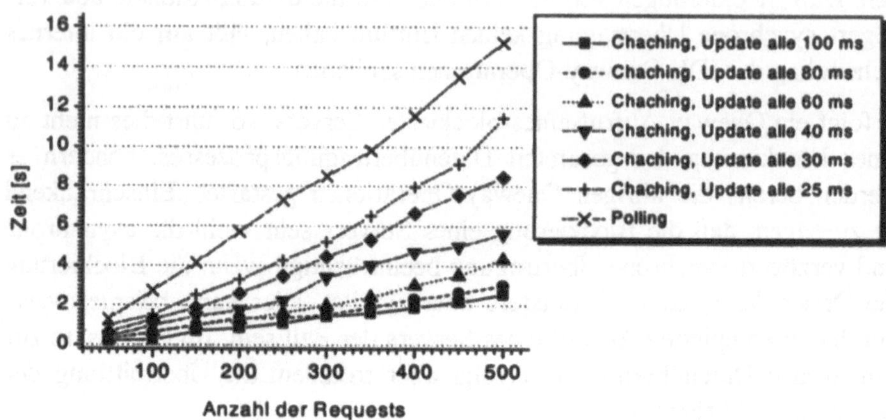

Abb. 4.18. Vergleich von Caching und Polling

Beim Caching im Abstand von 25 Millisekunden werden hingegen mehr als 60 KByte/s an Daten übertragen.

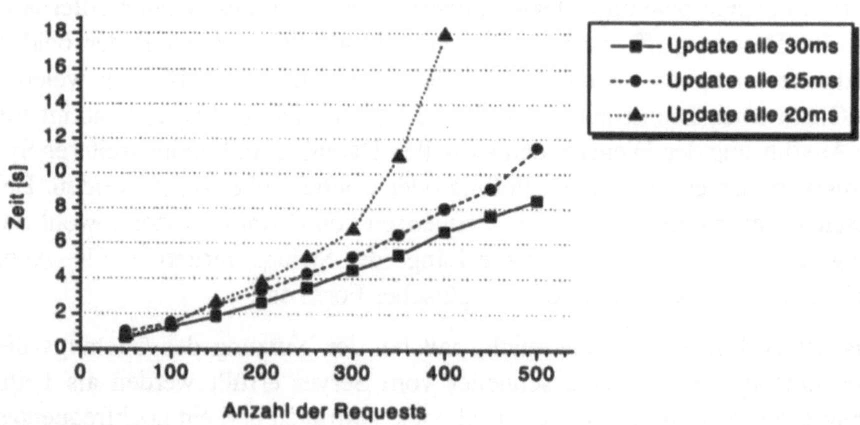

Abb. 4.19. Skalierbarkeit des Cachings

Dabei ist die Transferrate in diesem Fall unabhängig von der Anzahl der Dienstanfragen des Clients, wohingegen der erforderliche Datentransfer des

Pollings mit Abnahme der Requests sinkt, d.h. auch wenn der Client keine oder nur sehr unregelmäßige Anfragen an den Server stellt, so ist dieser doch ständig durch den Empfang der Daten ausgelastet und die Netzbelastung kontinuierlich hoch.

Ein weiterer Unterschied zwischen Polling und Caching liegt in der Skalierbarkeit. Beim Polling können Probleme hinsichtlich der Skalierbarkeit auftreten, wenn z.B. zur Übertragung von Daten asynchrone Kommunikation verwendet wird. Diese Probleme sind dann aber auf die Art der verwendeten Kommunikation zurückzuführen und nicht auf die Struktur des Pollings. Während sich also beim Polling keine Skalierungsprobleme aus der Struktur der Übertragung ergeben, sind der Übertragung beim Caching Grenzen gesetzt.

In Abb. 4.19 ist eine Abhängigkeit von Updates untersucht worden. Reicht der Zeitraum zwischen zwei Updates beim Caching nicht aus, um Daten komplett zu übertragen, so kommt es zu einem Rückstau und schließlich zu einem Fehlverhalten oder Absturz des Systems. Bei der Übertragung von 1 KByte Daten lag diese Grenze bei 20 ms. Ein derartig hochfrequentes Updating beim Caching wird sicherlich nur in wenigen speziellen Echtzeitanwendungen benötigt. Aber mit zunehmender Datenmenge werden die Intervalle, die zwischen zwei Updates beim Caching liegen müssen, entsprechend größer. Liegen große Datenmengen vor, die in kurzen Abständen Wertänderungen unterliegen, so wird die Datenübertragung bei Verwendung des Cachings zu einem Engpaß, der zu Systemfehlern führen kann.

Schließlich soll als weiterer Faktor, der Einfluß auf die Effizienz einer Datenübertragung haben kann, die Größe von übertragenen Paketen betrachtet werden. Untersucht werden soll also, ob es effizienter ist, eine Menge von Daten in vielen kleinen oder in einem großen Paket zu übertragen, bzw. welche Zwischenlösung ein Optimum bildet. Zu diesem Zweck wurde eine Datenmenge von 1 KByte unter Verwendung von synchronem, verzögert synchronem, Oneway- und asynchronem Datentransfer übertragen, wobei die Anzahl der Datenpakete und somit die Größe der einzelnen Pakete variiert wurde. Die Meßergebnisse sind in Abb. 4.20 enthalten.

Aus der Abbildung ist ferner ersichtlich, daß die Übertragungszeit mit der Anzahl der Datenpakete steigt. Dieses Prinzip entspricht im Grunde dem der Post: es ist in der Regel billiger, ein großes Paket zu versenden als viele kleine.

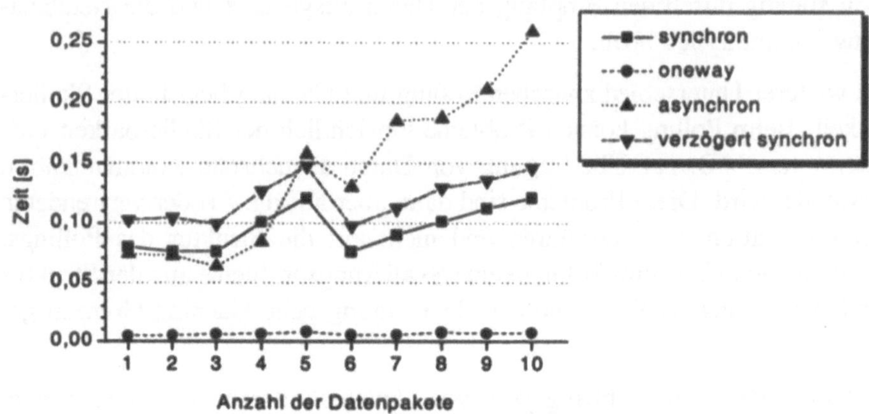

Abb. 4.20. Datenübertragung mittels verschiedener Übertragungsmethoden bei variierender Paketgröße

Fazit

Damit sollen die Ausführungen zur asynchronen Datenübertragung abgeschlossen werden. Die folgende Zusammenfassung soll die wesentlichsten Ergebnisse noch einmal hervorheben.

Obwohl die Transferraten bei einer CORBA-basierten Datenübertragung von den zugrundeliegenden Hardwarekomponenten abhängig sind, bewegen sie sich im Bereich von mindestens einigen Dutzend KByte/s. Es ist dabei effizienter, möglichst große Datenpakete mit möglichst wenigen Requests zu übertragen.

Ein direkter Datentransfer zwischen zwei CORBA-Objekten erfolgt synchron schneller als asynchron. Aus Sicht der Datenquelle ist die Verwendung von Oneway-Operationen optimal. Die verzögert synchrone Datenübertragung bringt gegenüber der synchronen keinen Zeitvorteil, entblokkiert aber die Datenquelle zeitweilig.

Die synchrone und verzögert synchrone Datenübertragung ist skalierbar, die asynchrone nur bedingt.

Mittels Caching können Dienste eines Servers schneller ausgeführt werden als mittels Polling. Das Caching ist im Gegensatz zum Polling nur bedingt skalierbar und verursacht eine hohe Netzlast.

4.2
Multicast-Kommunikation in CORBA

Die Kommunikation in Verteilten Systemen wird – durch die Natur des Basismechanismus in Verteilten Systemen bedingt – zunächst durch einen Informationsaustausch zwischen zwei Objekten realisiert. In der Regel wird dazu von einer ausgewählten Verteilungsplattform ein RPC verwendet, der eine Punkt-zu-Punkt-Kommunikation zwischen Client und Server realisiert.

In verschiedenen Anwendungsfällen reicht eine solche Kommunikation jedoch nicht aus. Oft benötigt ein Nutzer oder eine Anwendung Daten von verschiedenen anderen Komponenten des Verteilten Systems, die dann als Server fungieren. Sofern diese Daten eine identische Struktur aufweisen oder sich mittels eines einzelnen Konstrukts spezifizieren lassen, ist es oft günstig, einen gemeinsamen Aufruf mit einer Anfrage zu starten, anstatt jeden Server in einer Folge von Aufrufen einzeln zu kontaktieren.

Es gibt zahlreiche Beispiele für solche Anwendungsszenarien. Einige sollen im folgenden betrachtet werden.

Zunächst sind Computer Supported Cooperative Work (CSCW)-Anwendungen von großer Bedeutung. Mittels dieser Anwendungen wird es Entwicklergruppen ermöglicht, gemeinsam auf Daten zuzugreifen und Werkzeuge oder Produkte zu entwickeln. Dabei können sich einzelne Personen an unterschiedlichen Orten aufhalten, entsprechende Software unterstützt das kooperative Zusammenarbeiten.

Nach [RoBl 92] werden beim CSCW vier allgemeine Klassen unterschieden: Nachrichtensysteme, Computerkonferenzen, Konferenzräume und sogenannte Coautor/Argumentationssysteme.

Im Kontext paralleler Berechnungen kann es sich als günstig erweisen, ein Problem in mehrere Teilprobleme zu zerlegen, um die Berechnungszeit von Prozessen zu verkürzen. Die parallele Bearbeitung bedingt dann einen zeitlichen Gewinn. In diesem Fall ist es ebenfalls notwendig, Multicastanfragen zu modellieren, d.h. Mechanismen der Gruppenkommunikation zur Realisierung dieser Parallelität einzusetzen.

Die Thematik der Replikationsserver wird in einem späteren Kapitel von besonderer Bedeutung sein. An dieser Stelle soll jedoch bereits ein Verweis erfolgen, da im Kontext der Gruppenkommunikation ebenfalls eine Anwendung vorliegt. Ist ein Dienst repliziert worden, so müssen Änderungen seines Zustandes allen Verwaltern von Replikationen gleichermaßen mitgeteilt werden. Ein alternativer Problemfall liegt dann vor, wenn eine Anfrage eines Clients aus Sicherheitsgründen an verschiedene Server, also Replikate eines Dienstes erfolgt. Auch in diesem Fall ist es notwendig, Gruppenkommunikation einzusetzen.

Bei Querysystemen können Anfragen an mehrere Prozesse oder auch Datenbankserver gesendet werden, Publish/Subscribe-Systeme verteilen Informationen an eine Gruppe von Prozessen. Zahlreiche weitere Beispiele ließen sich erläutern, insbesondere, wenn man spezielle Anwendungen betrachtet, ohne daß Vollständigkeit in der Aufzählung gewährleistet wäre.

4.2.1
Klassifikation von Gruppenkommunikation

Zur Festlegung einer zum RPC alternativen sogenannten Mehr-Parteien-Kommunikation oder auch Point-to-Multi-Point-Kommunikation soll von einigen Grundbegriffen ausgegangen werden.

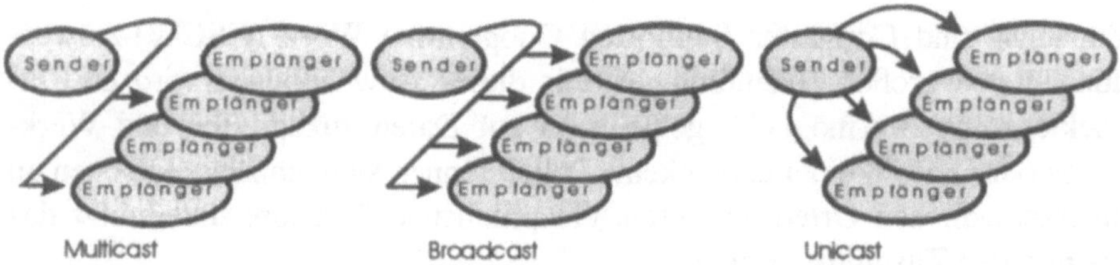

Abb. 4.21. Verschiedene Übertragungsverfahren

Unter einer Gruppe versteht man eine Menge von Prozessen, die miteinander kooperieren, d.h. auf eine vom Benutzer oder System festgelegte Art und Weise zusammenarbeiten.

Dabei besitzt eine Gruppe zwei wichtige Eigenschaften. Wird eine Nachricht an eine Gruppe gesendet, so wird die Nachricht von allen Mitgliedern der Gruppe empfangen. Außerdem sind Gruppen in der Regel dynamisch. Neue Gruppen können also erzeugt und existierende Gruppen aufgelöst werden. Gruppenmitgliedschaften brauchen dabei nicht disjunkt zu sein.

Wird ein Paket an eine Gruppenadresse gesendet, so erfolgt die Übertragung automatisch an alle Rechner, die dieser Adresse angehören. Diesen Prozeß bezeichnet man als Multicasting.

Multicasting ist eine Alternative zum Broadcasting, wobei eine Nachricht an alle Rechner übertragen wird und ebenfalls eine Alternative zum Unicasting, wobei n-mal vom Sender zu je einem Empfänger übertragen wird. Abb. 4.21 veranschaulicht die verschiedenen Übertragungsverfahren.

Ansätze zur Gruppenkommunikation

Zur Klassifizierung von Gruppenkommunikation gibt es verschiedene Ansätze. Eine erste Möglichkeit besteht jetzt darin, eine Realisierung auf Systemebene und eine Realisierung auf Anwendungsebene zu unterscheiden.

Bei einer Betrachtung von Gruppenkommunikation auf Systemebene sind entweder Lösungen direkt im Betriebssystem vorgenommen, oder aber die Lösungen sind 'sehr systemnah' realisiert [IDV 96]. Zu solchen sehr systemnahen Ansätzen gehören auch Lösungen, die unmittelbar auf dem TCP/IP-Protokoll aufsetzen.

Von Realisierungen auf Anwendungsebene spricht man dagegen, wenn die Programme für die Gruppenkommunikation auf bereits vorhandenen Kommunikationsmechanismen wie zum Beispiel dem RPC beruhen.

Eine alternative Klassifikation besteht in der Unterteilung in systemspezifische und systemunabhängige Ansätze. Systemunabhängige Ansätze ermöglichen Gruppenkommunikation über mehrere Betriebssysteme hinweg. Diese Ansätze sind für Entwurf und Implementation Verteilter Systeme unbedingt notwendig, um eine Verwendung in Verteilten Systemen zu finden.

Einzelne Ansätze für Gruppenkommunikation in Verteilten Systemen sollen im folgenden angesprochen werden.

ISIS, ETX, Amoeba und Chorus integrieren die Gruppenkommunikation direkt auf Systemebene. Während ISIS und ETX Systeme sind, die auf unterschiedlichen Betriebssystemen aufsetzen, sind Amoeba und Chorus eigenständige Betriebssysteme. Neben diesen Ansätzen liefert der Multiware-Ansatz eine anwendungsnahe Variante, die auf dem RPC aufsetzt. Alle diese fünf Systeme haben jedoch den Nachteil, daß sie nur für eine relativ kleine Anzahl von Betriebssystemen zur Verfügung stehen. Tabelle 4.1 faßt die bestehenden Systeme noch einmal zusammen.

Auf Grund dieser Einschränkung bzw. Bindung an die Unterstützung von Betriebssystemen soll ein alternativer Ansatz untersucht werden, um Gruppenkommunikation auch in sehr heterogenen Umgebungen zu ermöglichen. Zu diesem Zweck soll eine allgemeingültige Realisierung unter CORBA diskutiert werden. CORBA-Implementierungen stehen für eine Vielzahl von

Betriebssystemen und Rechnertypen zur Verfügung, außerdem sind Programme in unterschiedlichen Programmiersprachen einbeziehbar. Basierend auf dem CORBA-Standard sollen die Grundideen der bestehenden Gruppenkommunikationsarchitekturen bezüglich der Anwendungsebene umgesetzt werden.

Tabelle 4.1: Existierende Ansätze zur Realisierung von Gruppenkommunikation

Name	Form	Entwickler	Referenz
Amoeba	Verteiltes Betriebssystem	Kaashoek, Tanenbaum, Verstoep	[KaTa 93]
Chorus	Verteiltes Betriebssystem	Rozier, Abrossimov, Armand et al.	[RAA+ 90]
Clique	Anwendungstool für IP-basierte Gruppenkommunikation	Yavatkar, Griffioen	[YaGr 94]
CORBACom	Konferenzdienst aufsetzend auf ITU-T.120	Helbig, Tretter, Trossen	[HTT 97]
COSY	Betriebssystem für Parallelrechner	Buthenuth, Gilles	[BuGi 94]
ETX	Verteilte Plattform für verschiedene Betriebssysteme	The Information Bus Company	[TIB 96a], [TIB 96b]
HVMP	Protokoll für mobilen IP-basierten Multicast	Chikarmane, Bunt, Williamson	[CBW 95]
ISIS/HORUS	Anwendungstool zur Konstruktion verteilter Anwendungen, basiert auf diversen Betriebssystemen (wichtigstes ist UNIX)	Joseph, Birman	[JoBi 89]
Multiware	Anwendungsbasierte Kommunikation, die auf einer verteilten Plattform aufsetzt	Costa, Madeira	[CoMa 96]
V-Kernel	Betriebssystem	Cheriton, Zwaenepoel	[ChZw 85]

Zu diesem Zweck wird im folgenden eine Beschreibung der Anforderungen an die Entwicklung von Gruppenmodellen vorgenommen. Diese Anforderungen kommen zum Teil auch bei normaler Punkt-zu-Punkt-Kommunikation zum Tragen, Gruppenkommunikation erweitert solche Anforderungen jedoch durch die zusätzliche Komplexität beträchtlich.

4.2.2
Entwurfsaspekte der Gruppenkommunikation

Im folgenden sollen verschiedene Gestaltungsfreiheiten zum Entwurf von Gruppenkommunikationsarchitekturen betrachtet werden. Diese Eigenschaften werden im einzelnen aufgezählt und diskutiert.

Adressierung

Zur Adressierung von Gruppen, an die eine Nachricht gesendet werden soll, gibt es grundsätzlich vier verschiedene Arten.

Am einfachsten ist die explizite Adressierung. Der Sender einer Nachricht gibt dabei explizit alle Zielobjekte an. Diese Methode vereinfacht die Implementierung der Gruppenkommunikation erheblich, da keine Gruppenverwaltung notwendig ist. Die Empfänger sind in einer Liste gespeichert und dem Sender bekannt. Dadurch besteht für den Sender jedoch ein höherer Verwaltungsaufwand, da er Informationen besitzen muß, welche Objekte zu einer bestimmten Gruppe gehören. Diese Methode ist nicht transparent.

Eine Alternative ist eine Adressierung mit Gruppennamen. Dabei wird jeder Gruppe ein eindeutiger Name zugeordnet, über den ein Sender die Gruppe ansprechen kann. Die Verwaltung der Namen übernimmt eine zentrale Komponente. Diese verwaltet für jede Gruppe eine Liste mit allen Mitgliedern sowie ggf. weitere Gruppenbeschreibungen. Für den Sender wird die Adressierung einer Gruppe einfach und zugleich transparent. Er gibt lediglich die Gruppenadresse an und braucht sich nicht darum zu kümmern, welche Mitglieder aktuell zu dieser Gruppe gehören.

Dieses Vorgehen ist beispielsweise innerhalb der Multiware-Plattform [CoMa 95] realisiert. Sie enthält eine zentrale Komponente, die für die Verwaltung der Gruppen zuständig ist. An ihrer Schnittstelle werden Dienste zur Modifikation der Gruppen angeboten, z.B. zum Anlegen der Gruppe, zur Verwaltung von Zugriffsberechtigungen u.a. Nachteilig ist jedoch die zentrale Verwaltungskomponente, die einerseits ausfallen, andererseits einen Engpaß insbesondere in großen Verteilten Systemen darstellen kann. Somit ist im System unter Umständen – z.B. durch Replikation dieser Komponente – eine Sicherung der Funktionalität zu gewährleisten.

Die dritte Adressierungsmöglichkeit ist die sogenannte Quelladressierung. Sie verzichtet auf eine zentrale Komponente. Über einen Broadcast wird jede Nachricht an alle Empfänger im System gesendet. Dabei ist ein Empfänger ein Prozeß, der in der Lage ist, eine Nachricht auch über einen

Broadcast zu empfangen, der Empfänger entscheidet dabei auch, ob diese Nachricht für ihn bestimmt ist, oder ob nicht. Er akzeptiert die Nachricht jedoch nur, wenn diese von einem Mitglied seiner Gruppe kommt, gehören alternativ Sender und Empfänger nicht derselben Gruppe an, so verwirft der Empfänger die Nachricht.

Schließlich gibt es eine vierte Adressierungsmöglichkeit, die sogenannte funktionale Adressierung. Ebenso wie die Quelladressierung verzichtet auch sie auf eine zentrale Komponente. Diese Adressierungsart wird auch Prädikatenadressierung genannt, da sie Prädikate verwendet, um zu entscheiden, ob ein Empfänger eine Nachricht akzeptiert oder nicht. Jeder Nachricht wird ein Prädikat angehängt, welches auf der Empfängerseite ausgewertet wird. Ergibt die Auswertung dieses Prädikats den Wert True, so wird die Nachricht akzeptiert, anderenfalls wird sie verworfen.

Der Vorteil dieser beiden letztgenannten Methoden liegt in einem kurzen Weg vom Sender zum Empfänger. Während man sich bei der Adressierung über Gruppennamen die Adressen der Gruppenmitglieder von einer zentralen Komponente holen muß, kann bei den dezentralen Ansätzen die entsprechende Nachricht direkt an alle Empfänger gesendet werden. Nachteilig ist jedoch, daß das Broadcasten schnell zu einer hohen Netzlast führen kann, insbesondere, wenn nur eine kleine Teilmenge von Komponenten auch zur Menge der Gruppenmitglieder gehört, für die diese Nachricht bestimmt ist.

Zuverlässigkeit

Bei der Zuverlässigkeit gibt es prinzipiell zwei verschiedene Arten der Kommunikation: zuverlässige und unzuverlässige. Unter einer zuverlässigen Kommunikation versteht man die Sicherstellung, daß im Falle von Kommunikationsfehlern oder einem Pufferüberlauf die Nachrichten erneut verschickt werden. Beim Ausfall von Nachrichten müssen Mechanismen zur Verfügung stehen, die entweder senderseitig feststellen, ob alle Empfänger die Nachricht erhalten haben, oder die auf Empfängerseite den Verlust von Gruppennachrichten erfahrbar machen. Die Empfänger, bei denen eine Nachricht nicht angekommen ist, fordern dann die Nachricht noch einmal gesondert vom Sender an.

Da ein Nutzer von Gruppenkommunikation in der Regel zuverlässige Kommunikation wünschen wird, liegt bei nahezu allen bekannten Gruppenkommunikationsmodellen eine Realisierung von Zuverlässigkeit vor. Eine zuverlässige Kommunikation bedingt durch den zusätzlichen Kommunikationsaufwand jedoch einen höheren Implementierungsaufwand und einen geringeren Durchsatz. Der Mechanismus der zuverlässigen Kommunikation ist unter anderem im System Amoeba integriert [KaTa 93]. Neben Kommunikationsfehlern wird dabei zusätzlich noch der Ausfall von Prozessoren abgesichert. Fällt ein Prozessor aus, so beginnt das Protokoll von Amoeba eine Wiederherstellungsphase, in der die betroffenen Gruppen durch die überliegenden Prozessoren neu erzeugt und in den alten Zustand gebracht werden. Das Protokoll gewährleistet sowohl, daß alle Mitglieder der neuen Gruppe sämtliche Nachrichten erhalten, die vor dem Ausfall in der Originalgruppe erfolgreich verschickt wurden, als auch, daß die den Ausfall überlebt habenden Mitglieder alle Nachrichten erhalten, die in der neuen Gruppe verschickt werden. Fällt während der Wiederherstellungsphase erneut ein Prozessor aus, so wird die Phase noch einmal oder mehrmals wiederholt, bis die Gruppe erfolgreich hergestellt ist.

Ein in der Praxis sehr bewährtes Konzept ist auch das in Tabelle 4.1 bereits erwähnte ISIS. Diese Architektur wurde wegen der überwiegenden Vorteile auch als Produkt verfügbar gemacht.

Es gibt jedoch Anwendungsfälle, bei denen eine unzuverlässige Kommunikation eher sinnvoll ist. Werden Daten beispielsweise sehr schnell in aktualisierter Form erneut an die Empfängergruppe gesendet, so ist der zeitliche Aufwand für das Zuverlässigkeitsprotokoll, das zu der o.g. Verzögerung der Kommunikation führt, ggf. höher als ein erneutes Senden bei hinreichend kleinen Abständen zwischen den Sendewiederholungen. Unzuverlässige Kommunikation wird jedoch nur von wenigen Systemen unterstützt. Insbesondere ältere Systeme, wie zum Beispiel CHORUS [RAA+ 90], realisieren noch unsichere Kommunikation. Andere Systeme bieten die Möglichkeit, über entsprechende Primitive beide Formen zu nutzen.

Bei der zuverlässigen Kommunikation wird noch einmal zwischen synchron zuverlässiger und asynchron zuverlässiger Kommunikation unterschieden. Diese beiden Formen sind in Abb. 4.22 gegenübergestellt.

Bei der synchron zuverlässigen Kommunikation wird eine an die Gruppe zu schickende Nachricht zunächst an das erste Gruppenmitglied gesendet und der Empfang der Nachricht abgewartet. War das Senden erfolgreich, so wird diese Nachricht an das nächste Gruppenmitglied geschickt, anderenfalls wird die Übertragung erst solange wiederholt, bis eine positive Bestätigung erhalten wird, dann erfolgt das Senden an den nächsten Empfänger.

Bei der asynchron zuverlässigen Kommunikation wird die Gruppennachricht zunächst an alle Adressaten geschickt. Jedes Gruppenmitglied sendet danach unabhängig von den anderen Mitgliedern eine Bestätigung an den

Sender zurück. Kommt von einem Gruppenmitglied innerhalb einer bestimmten Zeitspanne keine Empfangsbestätigung beim Sender an, so wird dieses Gruppenmitglied noch einmal kontaktiert. Tritt ein weiteres Timeout ein, bevor ein erfolgreiches Senden erfolgte, so wird dieser Prozeß so oft wie nötig wiederholt.

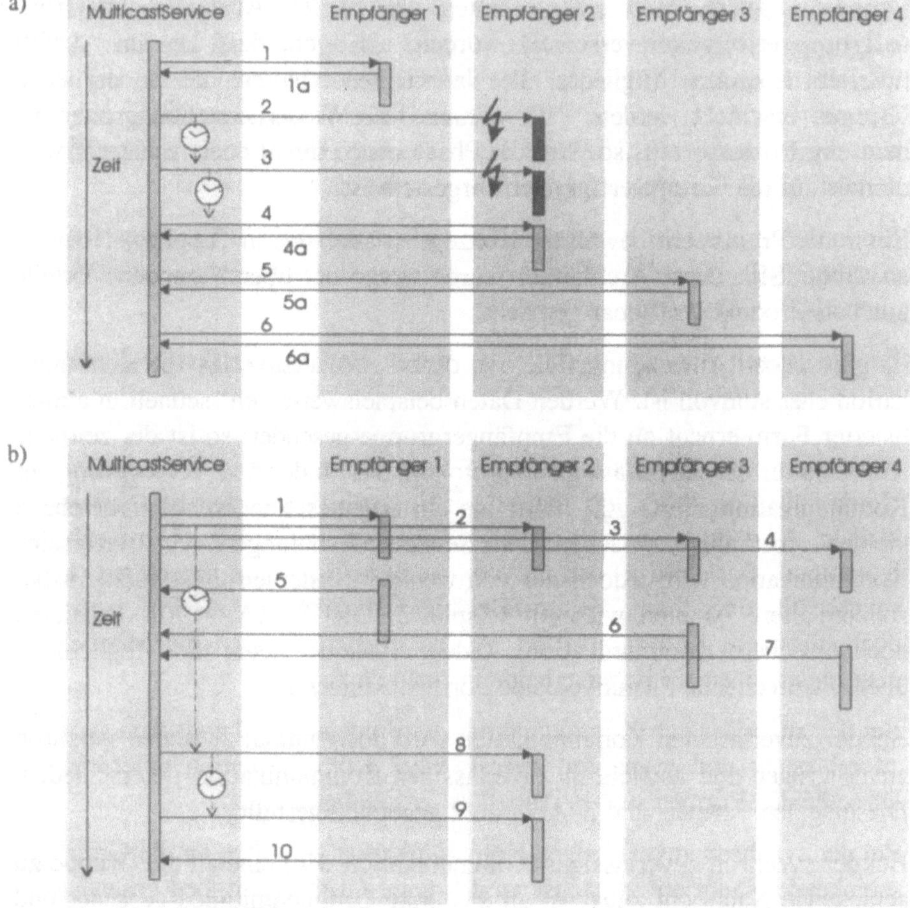

Abb. 4.22. Gegenüberstellung der synchron (a) und asynchron (b) zuverlässigen Kommunikation

Der Vorteil der asynchronen Variante besteht darin, daß die Nachricht zunächst an alle Empfänger verschickt wird. Gerade die Empfänger, welche die Nachricht zuletzt erhalten, brauchen bei dieser Version nicht so lange zu warten, bis die Nachricht mit Sicherheit bei den vorangegangenen Empfängern angekommen ist. Der Großteil der Empfänger hat die Nachricht bei dieser Realisierung möglichst schnell, auch wenn einzelne Empfänger, bei denen eine erste Übertragung erfolglos war, unter Umständen länger warten müssen.

Eine spezielle Variante der zuverlässigen Kommunikation ist in [KTV 93] enthalten. Dabei wird von jeder Übertragung eine Nummer gefordert, durch welche die Reihenfolge der Nachrichten festgelegt wird. Dieses Protokoll setzt eine totale Ordnung voraus, d.h. alle Nachrichten müssen innerhalb einer Gruppe genau in der Reihenfolge bei den Empfängern eintreffen, in der sie abgeschickt wurden.

Auf der Empfängerseite wird die Zuverlässigkeit sichergestellt. Erhält also ein Empfänger die Nachricht n+1 vor der Nachricht n, so muß er diese (n+1)-te Nachricht zwischenspeichern und die n-te Nachricht noch einmal anfordern. Bei diesem Verfahren werden Nachrichten asynchron verschickt, lediglich im Fehlerfall erfolgt eine synchrone Kommunikation, um die verlorengegangenen Nachrichten noch einmal zu holen.

Dieser Mechanismus erfordert einen relativ hohen Implementierungsaufwand – insbesondere ist eine Schnittstelle notwendig, über die einzelne Empfänger verlorengegangene Nachrichten noch einmal anfordern können und eine Schnittstelle, die für eine korrekte Numerierung der Nachrichten sorgt –, er gewährleistet andererseits aber eine schnelle und zuverlässige Kommunikation.

Ordnung

Ordnungskriterien dienen dazu, die Reihenfolge der Nachrichtenübermittlung festzulegen. So ist es beispielsweise denkbar, daß Nutzer verschiedener Rechner zu etwa dem gleichen Zeitpunkt ein Objekt – ein Wort, ein Bild oder ähnliches – editieren, um es zu ändern. Im folgenden werden einige Ordnungsrelationen vorgestellt, die dazu dienen, einen konsistenten Zugriff auf Objekte zu gewährleisten.

Zunächst können Nachrichten ohne Kontrolle der Reihenfolge versendet werden. Dies bedingt, daß verschiedene Empfänger die Nachrichten in unterschiedlicher Reihenfolge erhalten können. Eine solche Ordnung wird auch als asynchrone Ordnung bezeichnet. Dabei bestehen keinerlei Restriktionen. Vorteilhaft ist die einfache Implementierung, die maximale Nebenläufigkeit erlaubt. Jedoch ist es schwierig, Algorithmen zu definieren, die auf einer

vollständigen Asynchronität der Kommunikation beruhen. Die resultierenden Probleme liegen auf der Hand – in einer Gruppe können Inkonsistenzen
entstehen, die unterschiedliche Objektversionen für einzelne Gruppenmitglieder ergeben. Aus diesem Grund erscheint das Studium von Ordnungen
sinnvoll.

Der grundlegende Begriff ist der der partiellen Ordnung. Gemäß [Ga 96]
versteht man unter einer partiellen Ordnung einfach eine Relation mit bestimmten Eigenschaften.

Daraus kann eine Ordnung abgeleitet werden, welcher im Kontext der
Gruppenkommunikation eine besondere Bedeutung zukommt, die sogenannte totale Ordnung. Eine Relation R über einer Menge X ist eine totale Ordnung, falls R eine partielle Ordnung ist, also eine Teilmenge des Kreuzpro-
dukts $X \times X$, und für alle beliebigen x, $y \in X$ entweder $(x,y) \in X$ oder
$(y,x) \in X$ gilt.

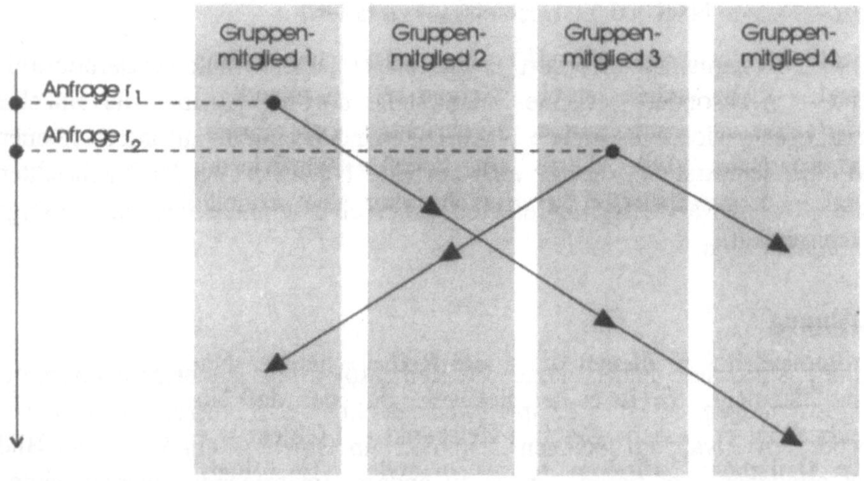

Abb. 4.23. Praktische Realisierung von Multicastanfragen in einem Verteilten System

Für die Gruppenkommunikation bedeutet dies, daß bei einem total geordne-
ten Multicast alle Mitglieder einer Gruppe alle Nachrichten in der gleichen
Reihenfolge erhalten, falls verschiedene Nachrichten an diese Gruppe geschickt werden. Bezogen auf die o.g. Definition bedeutet dies, daß falls r_1
und r_2 Anfragen sind, dann entweder r_1 vor r_2, oder r_2 vor r_1 für alle Grup-

penmitglieder gilt. Dabei wird keine Aussage gemacht, in welcher Reihenfolge diese beiden Anfragen r_1 und r_2 bei den Sendern verschickt wurden.

In der Praxis gibt es jedoch leider Probleme bei der Realisierung von Multicastanfragen, die total geordnet sind. Durch unterschiedliche Wege innerhalb von Verteilten Systemen benötigen die Anfragen verschiedene Zeitdauern, wodurch Nachrichten sich 'überholen' können. Dieses Problem ist in Abb. 4.23 graphisch dargestellt.

Während die Anfrage r_2 vom Gruppenmitglied 3 nach der Anfrage r_1 vom Gruppenmitglied 1 verschickt wird, gibt es zwei Komponenten im Verteilten System, bei denen diese Reihenfolge nicht erhalten bleibt. Neben dem versendenden Gruppenmitglied 3 betrifft dies noch das Gruppenmitglied 4, durch die kürzere Übertragungsstrecke von Mitglied 3 zu 4 ist die Nachricht r_2 schneller bei Mitglied 4 als die Nachricht r_1. Würden alle Nachrichten in der Reihenfolge r_2 vor r_1 ankommen, so wäre eine totale Ordnung ebenfalls realisiert. Bei den Gruppenmitgliedern 1 und 2 kommen die Nachrichten jedoch in der Reihenfolge ihres Abschickens an. Durch dieses Überholen der Nachrichten ist die totale Ordnung zerstört.

Die Wunschvorstellung für eine Ordnung in der Gruppenkommunikation ist in Abb. 4.24 dargestellt. Dabei benötigt eine Übertragung quasi keine Zeit. Leider ist jedoch eine Realisierung dieser Architektur in der Praxis nicht möglich.

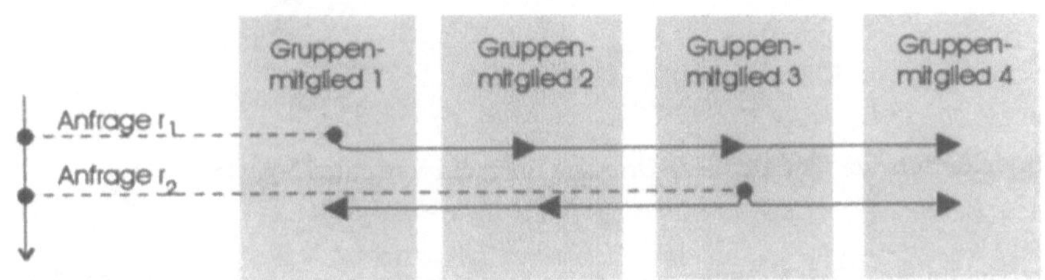

Abb. 4.24. Wunschvorstellung für Multicastanfragen in einem Verteilten System

Aus diesem Grund sollen weitere Ordnungen betrachtet werden.

Viele Systeme schränken die Ordnungen auf eine Realisierung des First In First Out (FIFO)-Prinzips ein. Betrachtet man zwei Gruppenmitglieder 1 und 2, so spricht man von einer FIFO-Ordnung, falls zwei beliebige Nachrichten vom Gruppenmitglied 1 an das Gruppenmitglied 2 in der gleichen

Reihenfolge erhalten werden, in der sie auch gesendet wurden. Diese Ordnung ist einfach zu realisieren, in der Regel werden Folgen von Nummern für die zu versendenden Nachrichten verwendet. Algorithmen, die auf der FIFO-Annahme beruhen, lassen sich damit einfacher formulieren, als wenn lediglich ein asynchrones Verhalten der Nachrichtenübertragung vorausgesetzt werden kann.

Abb. 4.25 gibt ein Beispiel für eine FIFO-Ordnung bezogen auf drei Gruppenmitglieder an, wobei vier verschiedene Nachrichten zeitlich versetzt nur an einzelne Gruppenmitglieder, nicht aber an die gesamte Gruppe gesendet werden.

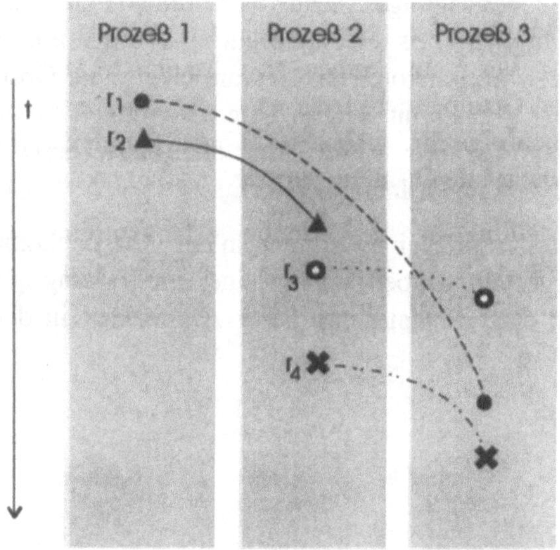

Abb. 4.25. Beispiel für eine FIFO-Ordnung in einem Verteilten System

Stärker als die FIFO-Ordnung ist die kausale Ordnung. Bei dieser Ordnung werden zwei beliebige Ereignisse des Sendens s_1 und s_2 in einem Verteilten System betrachtet. Das erste Senden erfolgt kausal geordnet vor dem zweiten Senden, falls die zweite Nachricht von keiner Komponente des Verteilten Systems vor der ersten Nachricht erhalten wird.

Die in Abb. 4.25 dargestellte Ordnung ist nicht kausal, denn die zuerst gesendete Nachricht r_1 steht in keiner kausalen Relation zu der Nachricht r_2, da diese beiden Nachrichten in – bezüglich ihres Sendens – umgekehrter Reihenfolge empfangen werden.

Ein weiteres Beispiel zur kausalen Ordnung ist in Abb. 4.26 dargestellt. Dabei sind die Anfragen r_1 und r_3 kausal geordnet, denn r_1 wird in allen Gruppenmitgliedern vor r_3 empfangen. Anfrage r_2 steht jedoch in keiner kausalen Ordnung zu der Anfrage r_3, da diese Nachricht beim Gruppenmitglied 2 erst nach dem Empfang der Anfrage r_3 ankommt.

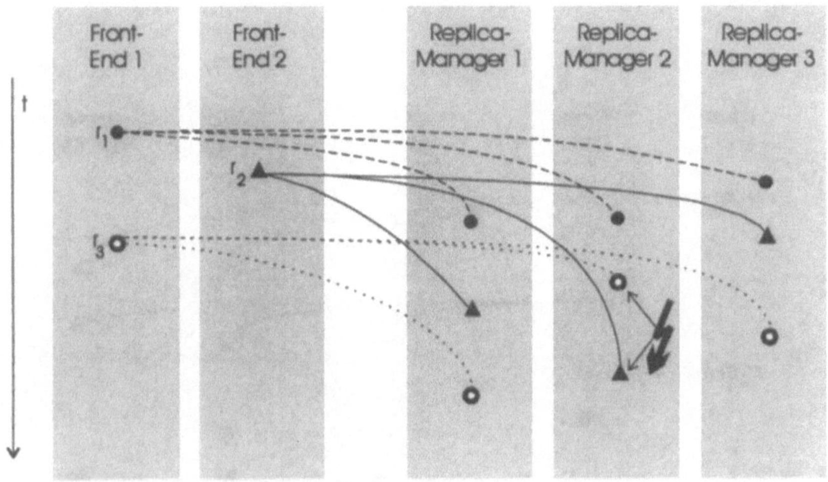

Abb. 4.26. Beispiel einer bezüglich r_1 und r_3 kausalen Ordnung in einem Verteilten System

Anzumerken ist, daß eine totale Ordnung nicht immer auch kausal geordnet ist. Werden beispielsweise zwei Nachrichten r_1 und r_2 in dieser Reihenfolge an eine Gruppe verschickt, und kommen diese beiden Nachrichten bei allen Gruppenmitgliedern gleichermaßen in umgekehrter Reihenfolge, also r_2 vor r_1 an, so liegt zwar eine totale Ordnung vor, es besteht jedoch keine kausale Ordnung.

Eine weitere Ordnung ist die sogenannte synchrone Ordnung, auch sync-Ordnung genannt. Diese ist strenger als die kausale Ordnung. Von einer solchen Ordnung spricht man, falls alle Nachrichten unmittelbar empfangen werden, das heißt, das Zeitdiagramm verändert sich in seiner Reihenfolge nicht, wenn Nachrichten waagerecht eingezeichnet werden würden. Insbesondere kann allen externen Ereignissen ein Zeitstempel zugeordnet werden, so daß die Zeit innerhalb eines einzelnen Prozesses fortschreitet und für jede beliebige Nachricht, die von diesem Prozeß gesendet oder empfangen wird, der gleiche Zeitstempel zugeordnet werden kann. Mitunter wird zur Definition dieser Ordnung auch die Idee genutzt, daß man einen 'konzeptuellen Schnitt' durch die Anfragen des Systems machen kann. Dieser Schnitt teilt die Anfragen in zwei Klassen – vorhergehende und künftige Anfragen. Alle Anfragen, die vor einer sync-geordneten Anfrage gestellt werden, werden auch vor dieser Anfrage verarbeitet, und alle Anfragen, die nach einer solchen Anfrage kommen, werden entsprechend auch nach dieser Anfrage verarbeitet.

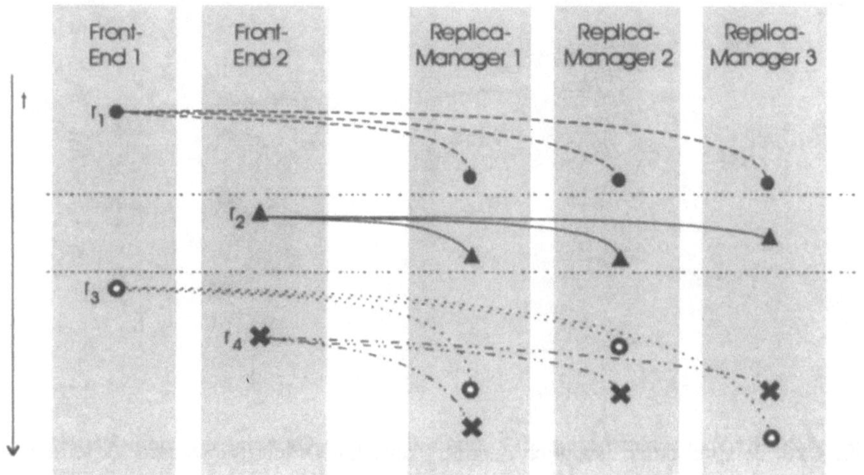

Abb. 4.27. Beispiel eines bezüglich der Anfrage r_2 sync-geordneten Systems

Abb. 4.27 stellt ein Zeitdiagramm dar, das nicht insgesamt sync-geordnet ist, sondern diese Eigenschaft nur bezüglich der Anfrage r_2 aufweist.

Zusammenfassend kann man festhalten, daß die asynchrone Ordnung die schwächste Ordnung ist. Stärker ist die FIFO-Ordnung, noch stärker die kausale Ordnung, und am stärksten ist die synchrone Ordnung. Umgekehrt ist jedes synchron geordnete System auch kausal geordnet. Jedes kausal geordnete System ist FIFO-geordnet, und damit ist jede dieser Formen einer Ordnung trivialerweise ebenfalls asynchron geordnet.

Aus praktischer Sicht kommt die synchrone Ordnung der in Abb. 4.24 dargestellten Wunschvorstellung einer Realisierung von Anfragen an eine Gruppe am nächsten.

Auslieferungssemantik

Die Auslieferungssemantik bestimmt, ob eine Nachricht erfolgreich verschickt wurde oder ob nicht. Dieses Entscheidungskriterium hängt mit der Zuverlässigkeit der Kommunikation eng zusammen. Um zu entscheiden, ob eine Nachricht erfolgreich verschickt wurde, muß das Kommunikationsprotokoll feststellen, welche Gruppenmitglieder die Nachricht erhalten haben.

Nur wenn alle Gruppenmitglieder die Nachricht erhalten haben, kann die Übertragung der Nachricht als erfolgreich angesehen werden.

Im Falle einer unzuverlässigen Kommunikation kann nicht festgestellt werden, wie viele Empfänger sie erhalten haben und demzufolge auch nicht entschieden werden, ob die Nachricht erfolgreich verschickt wurde.

Gruppenstruktur

Die Gruppenstruktur wird durch verschiedene Eigenschaften bestimmt.

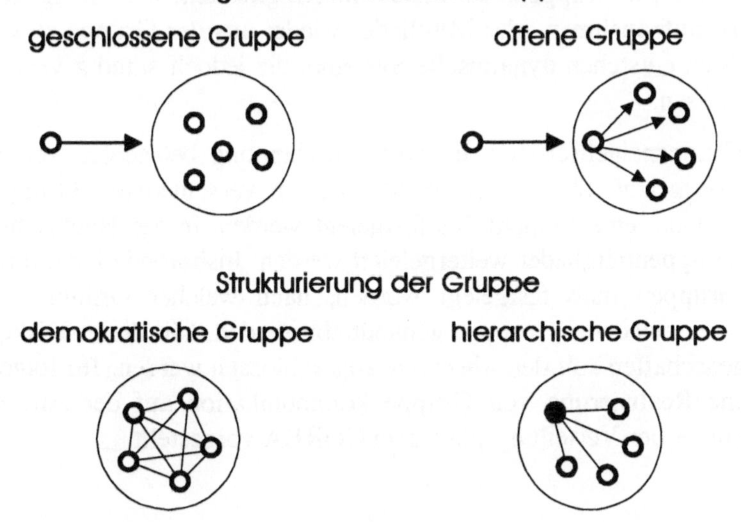

Abb. 4.28. Gegenüberstellung von Gruppeneigenschaften

Zunächst unterscheidet man geschlossene und offene Gruppen. Bei einer geschlossenen Gruppe dürfen außenstehende Clients Nachrichten nur an die gesamte Gruppe senden, es ist nicht möglich, einzelne Gruppenmitglieder anzusprechen. Das Gegenstück ist die offene Gruppe. Dabei können außenstehende Clients Nachrichten nur an einzelne Gruppenmitglieder und nicht an die gesamte Gruppe senden.

Ein anderes Unterscheidungskriterium sind hierarchische und demokratische Gruppen. Eine demokratische Gruppe verfügt dabei über eine symmetrische Gruppenstruktur. Dabei haben alle Gruppenmitglieder die gleichen Rechte. Vorteilhaft ist, daß beim Ausfall einer Komponente die Gruppe zwar um ein Mitglied kleiner wird, dafür kann sie jedoch weiterarbeiten. Bei einer hierarchischen Gruppe gibt es eine ausgezeichnete Komponente, einen sogenannten Koordinator. Der Ausfall des Koordinators bringt die Gruppe zum Stillstand, jedoch kann der Koordinator Entscheidungen treffen, zum Beispiel den Ein- oder Austritt eines Gruppenmitglieds ermöglichen oder verhindern. Diese vier Strukturen sind in Abb. 4.28 noch einmal gegenübergestellt.

Eine dritte Gruppeneigenschaft ist deren Dynamik. Dabei unterscheidet man statische und dynamische Gruppen. Statische Gruppen werden zu einem bestimmten Zeitpunkt generiert und können anschließend nicht mehr modifiziert werden. Soll eine Gruppe verändert werden, so muß sie zunächst aufgelöst und dann in modifizierter Form neu generiert werden. Anders ist dies bei den dynamischen Gruppen. Sie bieten die Möglichkeit, neue Mitglieder in die Gruppe aufzunehmen oder Mitglieder wieder aus der Gruppe zu entlassen. Dadurch entstehen dynamische Systeme, die jedoch ständig verwaltet werden müssen.

Als vierte Gruppeneigenschaft soll deren Überlappung betrachtet werden. Dabei wird festgelegt, ob ein Prozeß Mitglied in verschiedenen Gruppen sein kann. Es kann eine Reihenfolge festgelegt werden, in der Nachrichten an einzelne Gruppenmitglieder weitergeleitet werden. Insbesondere bei überlappenden Gruppen muß festgelegt werden, nach welcher Ordnung die Nachrichten verschiedener Gruppen gehandhabt werden. Mit dieser Diskussion der Eigenschaften soll der Abschnitt abgeschlossen werden. Im folgenden wird eine Realisierung von Gruppenkommunikation auf der Anwendungsebene unter der Verteilungsplattform CORBA vorgestellt.

4.2.3
Bewertung einer Multicast-Architektur

Zunächst soll der Gedanke des Anbietens eines Multicastdienstes zur Realisierung von Gruppenkommunikation in die allgemeine Architektur einer Verteilungsplattform diskutiert werden.

In Anlehnung an die bereits vorgestellten CORBA-Dienste liegt die Idee nahe, den Dienst zur Gruppenkommunikation ebenfalls als CORBA-Dienst einzuordnen. Diese Idee ist nicht im CORBA-Standard enthalten, erscheint jedoch sinnvoll, da ein solcher Dienst allgemeingültig in einer Verteilungsplattform zur Verfügung stehen sollte. Die resultierende erweiterte Architektur ist in Abb. 4.29 dargestellt.

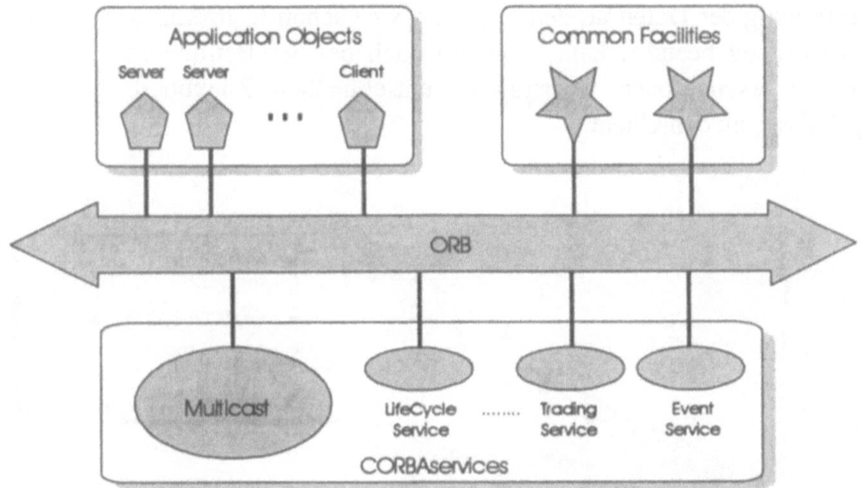

Abb. 4.29. Integration eines Multicastdienstes in die CORBA-Architektur

Aus Sicht des Senders wird bei diesem Multicastaufruf eine Anfrage an alle Mitglieder einer Gruppe geschickt. Die tatsächliche Realisierung auf Anwendungsebene ist jedoch so, daß bei n Gruppenmitgliedern n verschiedene Unicastaufrufe an diese Gruppenmitglieder durchgeführt werden. Diese Realisierung bleibt dem aufrufenden Objekt jedoch völlig verborgen.

Unter Verwendung der bereits vorgestellten Datenübertragungsmethoden aus Abschnitt 4.1 sind Meßreihen zum Multicasting erstellt worden [Li 97]. Dabei wurde eine konstante Datenmenge von 10 KByte in Datenpaketen von 80 Byte unter Variierung der Anzahl der adressierten Server übertragen. Die Meßergebnisse sind in Abb. 4.30 dargestellt.

Einige dieser Ergebnisse entsprechen den Resultaten der direkten Datenübertragung zwischen zwei CORBA-Objekten. Dabei wurde das Szenario benutzt, das bereits in Abschnitt 4.1 vorgestellt wurde, die Messungen erfolgten auch in Analogie zu den dort beschriebenen Verfahren. Die Verwendung der Oneway-Operation erweist sich auch im Kontext des Multicasts als eine sehr effiziente Methode, wenn die Sicht des Clients gewählt wird. Die Transferzeiten bei der synchronen und der verzögert synchronen Übertragung sind annähernd gleich.

Während die asynchrone Übertragung – aufgrund des Aufwands zur Verwaltung des Event Channels – deutlich mehr Zeit benötigt als die synchrone Übertragung, ist der asynchrone Transfer beim Multicast eine effizientere Methode. Dies gilt nicht nur bei der Betrachtung des Clients, der mit der Übertragung der Daten an den Event Service schon frühzeitig den Übertragungsvorgang beenden kann, sondern auch bei der Betrachtung der vollständigen asynchronen Übertragung einschließlich Rückübertragung des Ergebnisses an den Client.

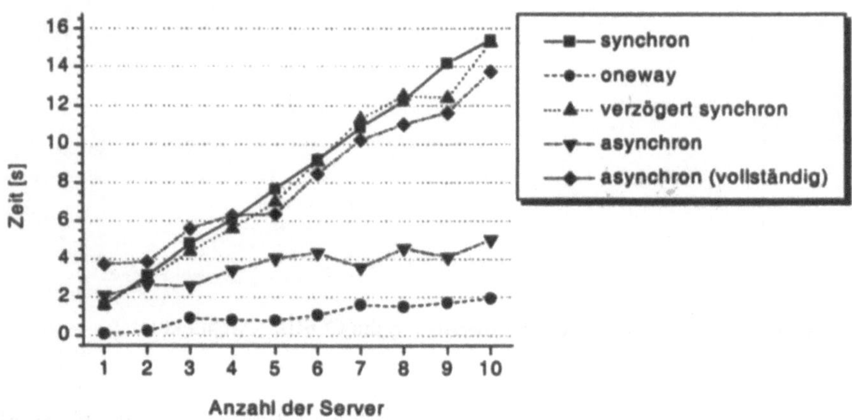

Abb. 4.30. Vergleich von Transfermethoden beim Multicast

Aus der Abb. 4.30 ist ferner ersichtlich, daß die Meßreihe der auf den Client bezogenen Übertragungszeiten eine sehr geringe Steigerung aufweist. Dies ist darauf zurückzuführen, daß unabhängig von der Anzahl der adressierten Server der Client die Daten nur einmal an den Event Service überträgt und dieser dann die Verteilung an die Server vornimmt. Die leichte Zunahme der Übertragungszeit ist dabei durch die zunehmende Auslastung des Event Services bei steigender Serverzahl bedingt. Die Länge der gesamten asynchronen Übertragung nimmt proportional mit der Zahl der Gruppenmitglieder zu. Es ist jedoch erkennbar, daß ab einer Zahl von vier Servern die asynchrone Datenübertragung effizienter ist als die synchrone und die verzögert synchrone Übertragung. Nach der Übermittlung der Daten an den Event Service kann dieser ein effizientes Multicasting an die Server vornehmen, d.h. immer genau den Server mit Daten beliefern, der zur Annahme der Daten bereit ist. Blockierungen, die sich bei der synchronen Übertragung im Falle von Engpässen bei der Datenübertragung an die Server ergeben, werden damit verhindert.

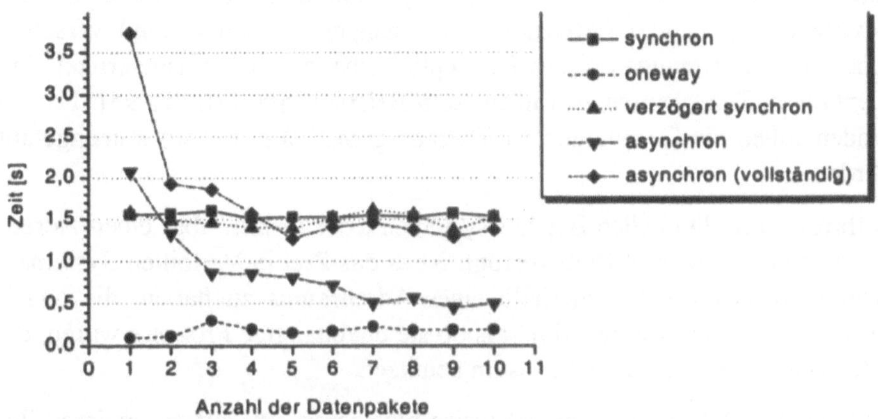

Abb. 4.31. Anteilige Übertragungszeiten beim Multicasting

Im folgenden soll untersucht werden, wo der Trade-Off-Punkt liegt, an dem der Aufwand für die Bereitstellung der asynchronen Kommunikation durch das effiziente Multicasting kompensiert wird. Dazu wurde eine Reihe von Messungen durchgeführt, die in Abb. 4.31 graphisch dargestellt sind.

In Abhängigkeit von der Anzahl der Server, also Gruppenmitglieder, ist in Abb. 4.31 die Übertragungszeit beim Multicasting dargestellt. Bei nur wenigen Gruppenmitgliedern führt der Overhead der asynchronen Kommunikation zu einer ineffizienten Datenübertragung. Da dieser Overhead jedoch nahezu konstant ist, verbessert sich das Verhältnis mit wachsender Anzahl von Gruppenmitgliedern. Für mehr als vier Gruppenmitglieder ist ersichtlich, daß die asynchrone Übertragung schneller ist als die synchrone.

Ist die parallele Ausführung für die Realisierung von Gruppenkommunikation erforderlich, so kann man zwischen zwei verschiedenen Arten des sogenannten Multiplexens unterscheiden. Einerseits lassen sich mehrere Datenpakte gleichzeitig oder quasi gleichzeitig an verschiedene Adressaten übertragen, dies kann mittels der sogenannten Threads realisiert werden. Andererseits können die einzelnen Aufrufe auch nacheinander ausgeführt werden, was einer sequentiellen Verarbeitung entspricht. Das Prinzip der Threads soll im folgenden betrachtet werden.

Threads

Als einziger Standard für Threads existiert eine Ausarbeitung im Draft 10 des POSIX-Standards P1003.1c zum Thema Echtzeit. Auf die Threads wird unter der Überschrift 'Portable Operating Systems Interface for Computer Environments, Thread Extensions' eingegangen. Trotzdem sind verschiedene Implementierungen dieses Konzepts vorhanden. Übersichtsartikel sind ebenfalls in Zeitschriften zu finden, zum Beispiel [Sta 94], [Tr 95]. Im folgenden sollen die Grundlagen zu Threads gemäß [Po 96] zusammengefaßt werden.

Während in traditionellen Betriebssystemen jeder Prozeß über einen Adreßraum und einen Kontrollfluß verfügt, ist es das Ziel in Verteilten Systemen, mehrere Kontrollflüsse innerhalb eines Adreßraums zu haben, die quasi-parallel ausgeführt werden, d.h., als ob sie unabhängige Prozesse wären, die jedoch einen Adreßraum gemeinsam benutzen.

So kann ein Dateiserver beispielsweise blockieren, um auf ein anderes Betriebsmittel, zum Beispiel eine Festplatte zu warten oder ein Sender synchron eine Nachricht an verschiedene Empfänger schicken, wobei stets auf eine Antwort gewartet werden muß. Würde in einem solchen Fall der Server oder Sender über mehrere Kontrollflüsse verfügen, so könnte ein zweiter Thread ausgeführt werden, während der erste wartet. Das Ergebnis – ein höherer Durchsatz und eine verbesserte Leistung – liegt auf der Hand.

Dieses Ziel kann mit zwei Serverprozessen nicht beschrieben werden, denn diese beiden Prozesse müßten über einen gemeinsamen Cache verfügen, der einen gemeinsamen Adreßraum erfordert. Aus diesem Grund sind neue Mechanismen notwendig, die in der Regel nicht in Einprozessorsystemen zu finden sind.

Die Idee besteht nun darin, daß das Konstrukt des Threads eingeführt wird, das sich zu einem Prozeß so verhält, wie sich Prozesse zu einem Rechner verhalten.

Ein Thread ist ein Prozeß, der neben einem zusätzlichen eigenen Stack den globalen Stack und Speicherraum mit anderen, gleichartigen Prozessen gemeinsam hat, unter der Kontrolle eines Prozesses läuft und nicht vom Scheduler des Betriebssystems verwaltet wird. Demnach sind Threads Ausführungspfade, die parallel zu anderen Threads abgearbeitet werden können. Threads sind jedoch nicht so unabhängig wie Prozesse, denn alle Threads teilen sich einen Adreßraum und können so alle globalen Variablen gemeinsam benutzen.

Die Folge ist, daß jeder Thread auf jede virtuelle Adresse zugreifen kann und folglich in der Lage ist, den Stack von anderen Threads zu lesen, zu schreiben oder zu löschen. Ein Schutz davor ist nicht möglich, und Threads sollten auch nur dann zum Einsatz kommen, wenn ein solcher Schutz nicht notwendig ist.

Ist lediglich ein Prozessor vorhanden, so teilen sich die Threads – in Analogie zu Prozessen – diesen einen Prozessor, die Threads werden dann der Reihe nach ausgeführt. In Multiprozessorsystemen können Threads echt parallel ausgeführt werden.

Threads können sich in vier verschiedenen Zuständen befinden. Ein Thread besitzt den Zustand rechnend, falls diesem Thread gerade ein Prozessor zugeteilt ist, sein Zustand ist blockiert, falls dieser Thread bezüglich eines Semaphors blockiert ist und auf die Entblockierung wartet. Von einem rechenbereiten Thread spricht man, falls der Thread darauf wartet, ausgeführt zu werden, wenn er an der Reihe ist, wird ihm dann der Prozessor zugeteilt. Schließlich kann der Thread noch terminiert sein, falls er seine Ausführung beendet hat.

Realisierung von threadbasierten CORBA-Anfragen

Das Multiplexen wird in Orbix mittels Threads ermöglicht. Im Normalfall erhalten Client- und Serverprogramme einen Thread, der zu Beginn der Programmausführung angelegt wird und bis zu dessen Terminierung existiert. Viele Betriebssysteme erlauben auch das Kreieren von sogenannten Lightweight-Threads, die eigene CPU-Register und einen eigenen Stack zugewiesen bekommen und die unabhängig von anderen Prozessen vom Betriebssystem abgearbeitet werden.

Basierend auf diesen Lightweight-Threads der zugrundeliegenden Betriebssysteme erlaubt Orbix ab Version 2.0 das Anlegen von Threads in Clients und Servern.

Die Threads, die von den in der Entwicklungsumgebung genutzten Betriebssystemen Solaris und Windows NT unterstützt werden, waren preemptiv, d.h., die Threads können zu jedem Zeitpunkt ihrer Ausführung zur Bearbeitung anderer Threads unterbrochen bzw. verzögert werden.

```
for(j=1;j<=iNumOfServers;j++) {
  for(i=0;i<iNumOfThreads;i++) {
    if (thr_create (NULL, 0, dataTransfer, (void
        *)data[i][j],0, (thread_t *)&threadID[i][j]) != 0)
{
cerr << "thread: creation failed" << endl;
exit(-1);
}
}
}
...
for(j=1;j<=iNumOfServers;j++) {
  for(i=0;i<iNumOfThreads;i++) {
    thr_join ((thread_t)threadID[i][j], NULL, &val);
}
}
```

Abb. 4.32. Threadbasiertes Multiplexen in Orbix

Das Anlegen von Threads wird in Orbix durch das Aufrufen der Threadmechanismen innerhalb der Betriebssysteme ermöglicht, wie in Abb. 4.32 für das Betriebssystem Solaris dargestellt ist – für andere Betriebssysteme muß eine geeignete Anpassung vorgenommen werden. Die Funktion `thr_create` erhält im aufgezeigten Beispiel der multiplexten Datenübertragung u.a. den Namen der auszuführenden Funktion, d.h. `dataTransfer`, die zu übertragende Datenmenge, also `data[i][j]`, und eine Referenz für die Rücklieferung einer Identifikation für den neuen Thread `&threadID-[i][j]`. Zu einem späteren Zeitpunkt ist eine Synchronisation der Anwendung mit den Resultaten der Threads erforderlich. Diese erfolgt unter Verwendung der Funktion `thr_join`, die auf die Referenz zur Identifizierung der Threads zurückgreift.

Bewertung der Implementierung

Das parallele Ausführen von Requests bewirkt, daß eine Datenmenge in weniger sukzessiven Schritten übertragen werden kann. Allerdings wird dabei die Ausführung der einzelnen Schritte komplexer. Um zu untersuchen, ob ein derartiges Multiplexen eine effiziente Datenübertragung ermöglicht, wurden 100 KByte Daten in 1 KByte Paketen unter Verwendung von Multithreaded-Orbix an einen Server übertragen.

Bei der Verwendung eines Threads waren demnach 100 Schritte erforderlich, bei 10 Threads lediglich 10 Schritte. Abb. 4.33 stellt die Meßwerte

graphisch dar, wobei die ermittelten Werte für eine Übertragung mittels
Threads direkt mit dem konstanten Wert von 12,17 s für die sequentielle
Übertragung verglichen werden können, der zwischen den Zeitdauern der
Realisierung mit einem bzw. zwei Threads liegt.

In Abb. 4.33 wird deutlich, daß mit zunehmender Anzahl der Threads auch
die Übertragungszeit wächst. Dies ist auf den Aufwand für das Anlegen
bzw. Auflösen und das Scheduling der Threads zurückzuführen. Eine Kom-
pensation dieses Overheads wird durch die parallele Ausführung der Requests nicht erzielt, da sämtliche Requests an dasselbe Gruppenmitglied gerichtet sind. Im Falle einer Auslastung oder Blockierung dieses Gruppenmitglieds durch einen Thread werden auch die übrigen Requests blockiert.

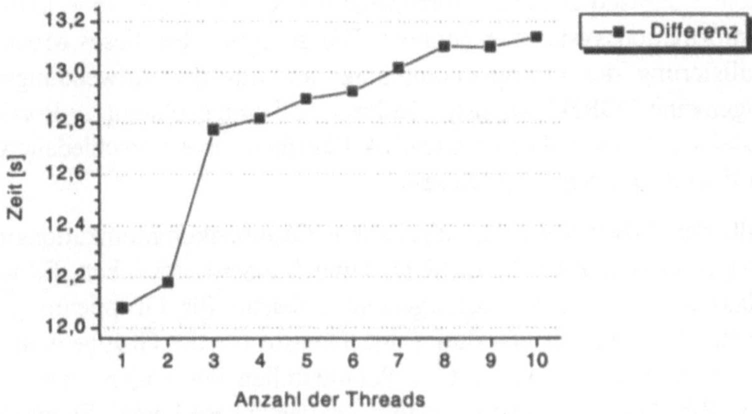

Abb. 4.33. Zeitdauer für das Multiplexen von 100 KByte Daten in Abhängigkeit von einer variablen Anzahl von Threads

Die Thematik der Threads ist auch ein bedeutendes Forschungsthema eini-
ger amerikanischer Universitäten. So sind zunächst die Arbeiten von Doug
Schmidt, Washington University of St. Louis zu nennen. Das von ihm entwickelte Adaptive Communication Environment (ACE) Toolkit ist ein C++-
Framework mit einer Menge wiederverwendbarer C++-Klassen und Wrap-
per, mit deren Hilfe sich Kommunikationsaufgaben wie das Demultiplexen
von Ereignissen, Verbindungsaufbau, Routing und die dynamische Konfiguration von Anwendungsdiensten gleichermaßen wie Nebenläufigkeitskontrolle realisieren lassen [Sc 94], [Sc 95]. Somit ist das ACE Toolkit durch
eine Unterstützung von Threads gerade zur Realisierung von Gruppenkommunikation von Bedeutung.

Auf dem ACE Toolkit aufbauend sind die kanadischen Arbeiten der Forschungsgruppe von Dorina Petriu von der Carleton University, Ottawa sehr interessant. Ihre Leistungsmessungen im Kontext der Threadmodellierung ergänzen die in diesem Kapitel gemachten Aussagen sehr gut. In [SoPe 97] werden verschiedene Szenarien untersucht, bei denen die Bearbeitungszeit von nebenläufigen Prozessen so lang ist, daß sich der Einsatz von Multithreads ausnahmelos lohnt. Die gewählten Meßumgebungen unterscheiden sich dabei hinsichtlich der Anzahl der Threads, Anzahl der Clients, Nachrichtengröße, Bearbeitungszeit von Anfragen und anderer Kriterien, wobei die Antwortzeit und der Systemdurchsatz als Zielgröße dienen.

Weitere Untersuchungen zur Realisierung von Gruppenkommunikation unter CORBA sind in [We 97] enthalten. In dieser Arbeit wird ein Modell zur Gruppenkommunikation in Verteilten Systemen entwickelt, das einen Informationsaustausch zwischen verschiedenen Anwendungen innerhalb eines Finanzinformationssystems ermöglicht. Die zentrale Idee dieses Modells ist die Realisierung der Gruppenkommunikation auf der Anwendungsebene über allgemeine CORBA-Dienste. Dadurch soll eine problemlose Portierung des Modells auf jede beliebige CORBA-Plattform über verschiedene CORBA-Plattformen hinweg möglich sein.

Innerhalb der Arbeit wird das sogenannte Gruppenkommunikationsmodell KomCo (Kommunikation für CORBA-Umgebungen) entwickelt. Es werden drei Klassen von Diensten bereitgestellt: Dienste für Gruppenmitglieder, Dienste für die Gruppenverwaltung und Dienste für die Gruppenkommunikation, die über zwei verschiedene Schnittstellen der sogenannten Group Member Objects (GMOs) bereitgestellt werden. Diese beiden Schnittstellen sind die allgemeine und die spezifische GMO-Schnittstelle. In der Arbeit werden verschiedene Szenarien untersucht, die spezielle Aspekte der Gruppenkommunikation widerspiegeln.

Zunächst werden gebundene und ungebundene Gruppen gegenübergestellt. Ein Prozeduraufruf auf einem entfernten Objekt erfolgt unter der CORBA-Implementierung Orbix über spezifische Objektreferenzen, die von einem Orbixdaemon vergeben werden. Jedem neu generierten Objekt wird eine solche Referenz zugeordnet. Andere Objekte können dann über diese Objektreferenz auf die Funktionalitäten des referenzierten Objekts zugreifen. Bevor ein Client auf einen Server zugreift, fragt er dessen Objektreferenz beim Orbixdaemon ab. Dieser Vorgang wird Binden genannt.

Bei der Messung wurde zwischen den Fällen unterschieden, daß nur gebundene Objekte und nur ungebundene Objekte im Verteilten System vorhanden sind. Es wurde im gebundenen Fall davon ausgegangen, daß die Serverprozesse bereits laufen, im ungebundenen Fall müssen die Prozesse erst noch gestartet und die Objektreferenzen beim Orbixdaemon angefragt werden. Gemessen wurde die Zeitdauer vom Start eines Sendeauftrags an eine Gruppe bis zum Zeitpunkt der Bestätigung durch den Multicastdienst. Das Ergebnis ist offensichtlich – die Übertragung von Nachrichten an ungebundene Gruppen dauert erheblich länger als die Übertragung an Gruppen, bei denen die Objektreferenzen der Mitglieder dem Multicastdienst bekannt sind. Zwischen beiden Meßwerten liegt ein Faktor von 4 bis 5.

Mit der Anzahl der Mitglieder einer Gruppe steigt die Übertragungszeit linear an, was wahrscheinlich auf die hinzukommenden Anfragen beim Orbixdaemon bzw. die zusätzlichen Startvorgänge der Serverprozesse der Gruppenmitglieder zurückzuführen ist.

Ein weiteres Kriterium ist die Adressierung. Dazu wurde die Dauer eines Multicasts in Abhängigkeit von der verwendeten Art der Adressierung untersucht. 1000 Byte wurden an Gruppen mit 2, 4, 6, 8 und 10 Gruppenmitgliedern übertragen, wobei das Verteilte System insgesamt aus 20 Servern besteht. Eine Quelladressierung wurde dadurch realisiert, daß eine zu versendende Nachricht an alle 20 Server des Systems geschickt und von den Gruppenmitgliedern bestätigt wurde. Alternativ wurde eine Namensadressierung realisiert, welche die Nachricht genau an die Mitglieder einer definierten Gruppe sendete. Bei diesem Szenario ist aus Sicht der Übertragungszeit die Namensadressierung der Quelladressierung vorzuziehen. Je kleiner die Anzahl der Gruppenmitglieder ist, desto größer ist das Gefälle der Zeiten bis zur Beendigung der Ausführung dieses Multicastaufrufs. Allerdings kann eine Quelladressierung vorteilhaft sein, wenn die Blockierung des Clients minimiert werden soll und eine Empfangsbestätigung nicht von Interesse ist.

Interessant ist auch der Vergleich von zuverlässiger und unzuverlässiger Kommunikation. Neben Messungen zur zuverlässigen Kommunikation wurden zwei Varianten der unzuverlässigen Kommunikation untersucht – zum einen die Übertragung über Oneway-Operationen, zum anderen die Übertragung über Event Channels. Mit wachsender Anzahl der Gruppenmitglieder wächst auch die Dauer der Multicastoperation. Dieser Anstieg ist in allen drei Fällen linear, jedoch unterschiedlich stark. Im gesamten Szenario von 10 Gruppenmitgliedern ist bei jeder beliebigen Gruppengröße die Onewaykommunikation am schnellsten. Bis zu einer Gruppengröße von vier Mitgliedern ist die zuverlässige Kommunikation nach [We 97] noch schneller als die unzuverlässige Kommunikation über Event Channels, wegen des unterschiedlichen Anstiegs kehrt sich dieser Zusammenhang danach ins Gegenteil um. Entsprechend dem gewählten Meßszenario kann somit zusammengefaßt werden, daß in dem Fall, daß bei der Nachrichtenübertragung Verzögerungszeiten von mehr als 200 Millisekunden auftreten, die asynchron zuverlässige Kommunikation der synchron zuverlässigen Kommunikation bei hinreichend großen Gruppen vorzuziehen ist. Ohne Verzögerung wäre dagegen die synchrone Variante deutlich schneller.

Neben einer Untersuchung von verschiedenen Ordnungen und Antwortsemantiken ist schließlich die Verwendung von Threads noch einmal untersucht worden. Dabei wurde 1 KByte Daten an Gruppen bis zu 10 Mitgliedern übertragen. Werden auf der Seite des Empfängers keine Verzögerungen wirksam, so ist zwischen einer threadbasierten und einer threadlosen Übertragung kaum ein Unterschied feststellbar. Anders sieht dieser Zusammenhang jedoch aus, wenn beim Empfänger eine bestimmte Zeit für die Bearbeitung der Anfrage mit eingerechnet werden muß. Diese resultierende Verzögerung – angenommen wurden 200 Millisekunden – bewirkt, daß der Einsatz von Threads bei mehr als 2 Gruppenmitgliedern zu einer deutlichen Verkleinerung der Antwortzeiten führt. Ansonsten muß immer berücksichtigt werden, daß die Verwaltung der Threads selbst Bearbeitungszeit erfordert.

5 Monitoring und Management in CORBA

Ist ein Verteiltes System entworfen und implementiert, so muß zur Laufzeit eine Verwaltung bzw. ein Management dieses Systems erfolgen. Bestimmte Prozesse müssen permanent bereitstehen und zuverlässig ausgeführt werden. Fehlverhalten und Ausfall können mitunter weitreichende Folgen haben, aus diesem Grund sind Kontroll- und Beobachtungsfunktionalitäten für ein System äußerst notwendig.

Solche Funktionalitäten sind Bestandteil des Managements von Verteilten Systemen, was aufgrund der Heterogenität der Komponenten besonders komplex ist. Wegen der physikalischen Verteilung ist es schwierig, konsistente globale Zustandsinformationen zu erhalten, auf denen Managemententscheidungen aufbauen können. Außerdem muß eine Skalierbarkeit des Managements gewährleistet sein.

All diese Anforderungen werden an ein Management Verteilter Systeme gestellt. Grundlegend gibt es verschiedene Ansätze. Eine Möglichkeit ist die Abbildung der Organisationsstruktur des Unternehmens auf die Managementstruktur. In diesem Fall orientieren sich die Verantwortungsbereiche des Managements an den Grenzen einzelner Unternehmen und Abteilungen. Ein ähnlicher Ansatz ist die Orientierung an den physikalischen und geographischen Strukturen, z.B. an LANs und WANs. Diese Ansätze sind wenig geeignet, wenn sich die Verteilten Systeme noch stark dynamisch entwikkeln.

Ein alternativer Ansatz betrachtet eine Gliederung der Managementfunktionalitäten nach Diensten wie z.B. Kommunikations-, Datei- und Nachrichtendiensten. Hierbei wird von der unterliegenden Struktur abstrahiert. Bei dem nachfolgend vorgestellten Managementkonzept handelt es sich um eine solche funktionale Gliederung. Notwendig dafür sind jedoch Mechanismen zur Beobachtung von Ereignissen und Prozessen eines Verteilten Systems. Dieser Aufgabenkomplex umfaßt das sogenannte Monitoring, das Gegenstand des nachfolgenden Abschnitts ist.

5.1
Monitoring und Uhrensynchronisation

Um einen uneingeschränkten Zugriff von Systementwicklern und später auch Systembetreibern auf Managementinformationen zu gewährleisten, wurde ein sogenannter Monitor konzeptioniert und realisiert.

Basierend auf existierenden Objekten wurde eine Erweiterung der bestehenden Objektschnittstellen vorgenommen. Bei einer Neuentwicklung von Objekten kann bereits in den Phasen der Objektspezifizierung und Objektimplementierung aktiv Einfluß auf geeignete Schnittstellenerweiterungen genommen werden, so daß einfach auf die notwendigen Informationen zugegriffen werden kann.

Ein Monitoring von CORBA-Systemen soll im folgenden anhand der Orbix-Implementierung betrachtet werden. Prinzipiell bestehen zwei Möglichkeiten, das Monitoring zu realisieren: unter Nutzung sogenannter Filterpunkte, welche im folgenden betrachtet werden, und mittels des Event Services.

5.1.1
Zeitstempel in Orbix

Der grundlegende Mechanismus, auf dem das nachfolgende Monitoring von CORBA-Systemen basieren soll, ist der Orbix-Filtermechanismus. Diese Filterpunkte sind kein von der OMG standardisiertes Konzept, sondern wurden von der Firma IONA im Rahmen der Orbix-Implementierung entwickelt. Diese Orbix-spezifische Erweiterung ist damit nicht allgemeingültig auf CORBA-Systeme übertragbar.

Orbix ermöglicht das Ausführen von zusätzlichem Programmcode bei der Abwicklung einer Operation. Ruft z.B. ein Client eine Serverfunktion auf, so kann sowohl vor dem eigentlichen Aufruf auf Clientseite, als auch nach Rücklieferung des Ergebnisses eine zusätzliche Funktion ausgeführt werden. Ein derartiger Mechanismus wird als Filter bezeichnet. Generell wird dabei zwischen zwei Arten von Filtern unterschieden, den per-object Filtern und den per-process Filtern.

Ein per-object Filter kann entweder vor dem Aufruf einer Operation oder nach der Rückgabe des Ergebnisses eingesetzt werden. Dabei ist auch ein detailliertes Beobachten von Aktivitäten innerhalb eines Prozesses möglich. Bei der Verwendung von per-process Filtern hingegen können nur Vorgänge zwischen verschiedenen Prozessen beobachtet werden. Diese Einschränkung muß jedoch keine Auswirkungen auf die Meßbarkeit von Zeitpunkten haben, da im Verteilten System viele Prozesse sogar zwischen verschiedenen Rechnern ablaufen.

Der Vorteil des per-process Filters liegt in der Unterstützung von acht Filterpunkten, die jeweils auf der Client- und Serverseite in vier verschiedenen Phasen eines Aufrufs zur Ausführung zusätzlicher Operationen verwendet werden können. Abb. 3.11 zeigt diese acht Filterpunkte und veranschaulicht ihre chronologische Abfolge bei der Ausführung eines Requests. Als Marshalling bzw. Unmarshalling wird dabei der Prozeß des Ver- bzw. Entpakkens der Parameter eines Requests bei dessen Ausführung bezeichnet.

Die Konzeptionierung des Orbix-Monitors leitet sich nun aus dieser chronologischen Abfolge der Filterpunkte her.

Filterpunkte in Orbix

Mittels der Filterpunkte kann man an markanten Stellen von Requests Funktionen ausführen, die eine Monitoringfunktionalität für die Orbix-Anwendung bereitstellen. In Orbix erfolgt der Aufruf der Filterpunktfunktionalität durch die Klasse `CORBA::Filter`. Bei Compilern, die keine Nested Classes unterstützen, wird statt dieser Klasse das Makro `COR-BA_Filter` verwendet. Durch die Klasse bzw. das Makro wird zu jedem der Filterpunkte eine virtuelle Funktion gleichen Namens definiert, die bei einem Request automatisch ausgeführt wird. Da der Konstruktor der Klasse geschützt ist, kann keine direkte Instanz der Klasse gebildet werden. Vielmehr ist es notwendig, eine neue Klasse abzuleiten, die einen Konstruktor bereitstellt und zugleich die virtuellen Funktionen definiert. In Abb. 5.1 ist dies beispielhaft für zwei Funktionen angeführt, die es ermöglichen, die Dauer eines Requests zu messen.

Eine gesonderte Betrachtung erfordern in diesem Zusammenhang Zeitmessungen. Solange sich die Filterpunkte, an denen die Messungen hier durchgeführt werden, auf ein und demselben Rechner befinden, kann durch Zugriffe auf die Systemzeit die Dauer von Vorgängen einfach durch Differenzbildung berechnet werden.

Da das Monitoring des globalen Zustands eines Verteilten Systems die Auswertung der Informationen der einzelnen Komponenten voraussetzt [ChSu 92], muß basierend auf dem Filterpunktmechanismus eine Möglichkeit zum Austausch von Daten geschaffen werden. Dabei sind generell zwei Ansätze denkbar. Zum einen kann jede der Systemkomponenten zur Laufzeit die Monitoringinformationen generieren und diese lokal speichern. Ein separates Tool ist dann in regelmäßigen Intervallen oder nach Terminierung des Vorgangs für das Sammeln und die Analyse der Daten verantwortlich. Voraussetzung hierfür ist bei Zeitmessungen die Synchronisation der Systemuhren, da anderenfalls in einem separaten Analyseschritt die chronologische Einordnung der Informationen nicht möglich ist.

```
class OrbixMonitor : public CORBA::Filter {
private:
EventTimer *monitor;
public:
OrbixMonitor() {
        monitor = new EventTimer();
    }
    ~OrbixMonitor() {
        delete EventTimer;
    }

virtual unsigned char outRequestPreMarshal
        (CORBA_Request& r, CORBA_Environment&) {
        monitor->monitorEvent(outRequestPre);
        return 1;
}

virtual unsigned char inReplyPostMarshal
        (CORBA_Request& r,CORBA_Environment&) {
        monitor->monitorEvent(inReplyPost);
        return 1;
}
// analoge Behandlung der übrigen sechs Filterpunkte
};

OrbixMonitor MonitorInstance;
```

Abb. 5.1. Filterpunktbasiertes Monitoring für Orbix

Ein alternativer Ansatz sieht vor, daß die einzelnen Systemkomponenten die Monitoringinformationen im Anschluß an die Generierung an ein Monitoringobjekt zur Analyse weiterleiten [BeBi 96]. Zu diesem Zweck muß allerdings asynchrone Kommunikation zur Verfügung stehen, da eine Blockierung der Komponenten verhindert werden muß, also eine Implementierung z.B. des Event Services vorhanden sein.

Befinden sich jedoch Client und Server auf verschiedenen Knoten des verteilten Systems und soll beispielsweise das Zeitintervall zwischen Abschikken eines Requests vom Client und dem Eintreffen des Requests beim Server gemessen werden, so ist eine Synchronisation der Systemuhren erforderlich.

5.1.2
Synchronisation von Systemuhren

Da in Verteilten Systemen Zeitstempel auf ganz unterschiedlichen Rechnern notwendig sind, müssen die einzelnen Uhren dieser Rechner logisch bzw. physikalisch synchronisiert arbeiten. Die einfachste Bestimmung der zeitlichen Abfolge von Ereignissen und entsprechend die einfachste Berechnung der Dauer von Prozessen in einem Verteilten System wäre die Existenz einer für alle Systemkomponenten sichtbaren Uhr. Eine solche globale Uhr kann jedoch nicht realisiert werden, da die verschiedenen Systemkomponenten autonome Uhren besitzen. Um systemweite Messungen zu ermöglichen, müssen die einzelnen Uhren miteinander synchronisiert werden. Zur Realisierung einer globalen Systemzeit bzw. einer brauchbaren Alternative sollen im folgenden verschiedene Möglichkeiten betrachtet werden.

Uhrensynchronisation kann über Hardware realisiert werden, wenn Kurzwellen- bzw. Satellitendienste, Phasenkomparatoren zur Abgleichung von Oszillatorgeschwindigkeiten und andere Hardwarekomponenten in Anspruch genommen werden [ShRa 94], [VaMa 88]. Allerdings ist die notwendige Apparatur vergleichsweise so teuer und der Installationsaufwand so hoch, daß in der Regel auch die zumeist sehr guten Synchronisationsergebnisse bei gleichzeitig geringer Beeinflussung der Leistungsfähigkeit des Verteilten Systems die Anschaffung solcher Geräte nicht rechtfertigen.

Alternativ gibt es Software, die zur Synchronisation von Uhren genutzt werden kann. In [La 78] wird generell zwischen zwei verschiedenen Arten der Synchronisation unterschieden. Ist für einen bestimmten Zweck die interne Konsistenz der Uhren entscheidend und die Abweichung von der realen Zeit weniger maßgeblich, so daß eine chronologische Reihenfolge von Ereignissen aber gewährleistet werden kann, dann finden sogenannte logische Uhren Anwendung. Zur Synchronisation logischer Uhren, mit denen eine partielle oder wahlweise auch totale Ordnung von Ereignissen hergestellt werden kann, ohne eine Aussage über die realen Zeitpunkte der Ereignisse zu machen, gibt es in der Literatur zahlreiche Algorithmen [Kl 95], [Ta 92].

Sind Messungen der realen Zeit notwendig, beispielsweise, um die Dauer von Prozessen zu berechnen, so ergibt sich das Problem der Synchronisation physikalischer Uhren. Sehr bekannt ist der Algorithmus von Cristian [Cr

89], der von einem passiven Zeitserver ausgeht, bei dem Clients die aktuelle Uhrzeit zu Synchronisationszwecken anfragen können. Der Zeitserver teilt die Uhrzeit einfach mit, die Clients berechnen aus der mittleren Übertragungszeit und der Dauer der Anfragenbeantwortung beim Zeitserver die Zeitdauer, die zu der mitgeteilten Uhrzeit entsprechend hinzuaddiert werden muß, weil diese Zeit inzwischen vergangen ist.

Dieser Algorithmus von Cristian ist gleichermaßen sehr einfach und doch wirkungsvoll, was die Praktikabilität des Ergebnisses anbelangt. Aus diesem Grunde erfolgte eine Implementierung des Algorithmus unter Orbix [Li 97], um Messungen im Verteilten System durchführen zu können.

Ein entsprechender CORBA-Server stellt eine Schnittstelle bereit, über die mittels eines CORBA-Requests die aktuelle Zeit des Servers abgefragt werden kann. Die Implementierung unterteilt sich gemäß Abb. 5.2 in vier Schritte.

Im ersten Schritt wird die Dauer `dResponse` der Übermittlung einer Nachricht vom Zeitserver an den Client ermittelt. Da die Dauer dieses CORBA-Requests von verschiedenen Faktoren abhängig ist (Übertragungszeit über das Netzwerk, ...), wird eine Durchschnittsbildung durchgeführt. Eine vordefinierte Anzahl von `getSystemTime`-Requests wird an den Zeit-Server geschickt und die Dauer der Ausführung bestimmt. Diese Requests liefern eine `timeData`-Struktur, welche die aktuelle Zeit des Zeit-Servers enthält. Um einen identischen Zeitaufwand für das Marshalling und Unmarshalling bei der Anfrage an den Zeitserver und die Rückgabe des Ergebnisses zu gewährleisten, besitzen diese Requests eine `timeData`-Struktur als Eingabeparameter, die aber sonst keine Anwendung findet. Somit können die Zeiten der einzelnen Requests summiert und ihr Durchschnittswert berechnet werden. Durch Halbierung des Durchschnittswerts erhält man dann die gesuchte Größe `dResponse`.

In einem zweiten Schritt der Uhrensynchronisation wird nun die Zeit des Zeitservers gelesen, um die lokale Zeit des Clients auf den um `dResponse` korrigierten Wert zu setzen. Damit erfolgt eine erste Synchronisation. Für den Fall, daß jedoch die Übertragungszeit des Ergebnisses gerade bei diesem Schritt stark vom Durchschnitt abweicht, werden weitere Schritte durchgeführt, die einer höheren Präzision dienen.

Die Uhren des Zeitservers und des Clients werden in einem dritten Schritt wiederholt miteinander verglichen, indem jeweils eine Differenzberechnung durchgeführt wird. Die Anzahl der Wiederholungen ist dabei vorgegeben. Die Differenzen werden jeweils summiert und die Abweichung der unterschiedlichen Zeiten auf dem Zeitserver und der quasi zu stellenden Uhr als Durchschnittswert bestimmt.

Im vierten und letzten Schritt erfolgt dann eine Korrektur der Uhr des Clients um die ermittelte Abweichung dAdjust.

```
for (i=0;i<iNumOfRequests;i++) {
   GetSystemTime(now);       // Bestimmung der lokalen Zeit
   iStart= (now->wMinute * 60000)
                              // Umwandlung in Integerwert
      + (now->wSecond * 1000)
      + now->wMilliseconds;
   try {                      // Lesen des Zeit-Servers
      timeValue = timeSourceVar->getSystemTime(balance);
   }
   catch (const CORBA_SystemException& se) {
      cout << "Error on getSystemTime() " << &se << endl;
   }
   GetSystemTime(now);
   iStop= (long) (now->wMinute * 60000)
      + (long) (now->wSecond * 1000)
      + (long) now->wMilliseconds;
   iDuration = iStop - iStart;   // Bestimmung der Dauer
   dSumDuration += iDuration;    // Aufsummieren
}

dResponse = (dSumDuration/iNumOfRequests)/2;
                                 // Durchschnittsbildung

Lese Zeit-Server und setzte lokale Zeit auf den um dResponse
korrigierten Wert;

for (i=0;i<iNumOfCorections;i++) {
   Lese lokale Zeit und wandle in Integerwert iLocal um;
   (s.o.)
   Lese Zeit-Servers, korrigiere um dResponse und wandle in
   iRemote um; (s.o.)
   iDifference = iLocal - iRemote;
   iSumDifference += iDifference;
}

dAdjust = iSumDifference / iNumOfCorrections;

Korrigiere lokale Zeit um dAdjust;
```

Abb. 5.2. Der Algorithmus zur Uhrensynchronisation unter Orbix

Die Genauigkeit dieses Algorithmus soll an dem in [Li 97] durchgeführten Beispiel der Synchronisation einer Sun und eines Windows NT Rechners diskutiert werden. Die kürzeste Dauer eines leeren Requests, d.h. eines Requests ohne Parameter und mit einem `void` als Rückgabewert, von einem Windows NT Client an einen Sun Server ließ sich dabei als ca. 9 ms messen. Als Abschätzung sei eine Untergrenze von 7 ms angenommen. In der Berechnung der Abweichung der Uhren beträgt dann die minimale Dauer der Übertragung einer Nachricht im Netzwerk, auch als `min` bezeichnet, 3,5 ms. Die durchschnittliche Dauer einer Anfrage an den Zeit-Server beträgt ca. 13,5 ms. Unter diesen Umständen beträgt die maximale Abweichung der Uhren nach Abschluß des zweiten Schritts der vorgestellten Uhrensynchronisation

$$13,5 \text{ ms}/2 - 3,5 \text{ ms} = 3,25 \text{ ms}.$$

Die experimentell ermittelte Uhrenabweichung lag nach Abschluß aller vier Synchronisationsschritte bei `iNumOfRequests=iNumOfCorrections=100` bei 2.1 ms.

Da bei dem vorgestellten Algorithmus nicht garantiert werden kann, daß die Abweichung der Uhren nach Abschluß der Synchronisation einen vorgegebenen Maximalwert unterschreitet, ist der vorgestellte Algorithmus probabilistisch. Ferner ist auch nicht garantiert, daß die Schritte 3 und 4 eine Verbesserung erzielen, wenn das Ergebnis der ersten beiden Schritte schon sehr präzise war. Durch das Wiederholen des Präzisionsvorgangs läßt sich die Wahrscheinlichkeit für die Unterschreitung eines Maximalwerts aber beliebig an Eins annähern. Da nach diesem Synchronisationsalgorithmus die lokale Uhr des CORBA-Clients sowohl vor- als auch nachgehen kann, wäre es theoretisch denkbar, daß beim Nachgehen ein Ereignis auf Seiten des Clients, das von einem Ereignis beim Server ausgelöst wird, einen früheren Zeitstempel erhält. Entsprechend der oben durchgeführten Abschätzung benötigt die Übertragung einer Nachricht zwischen Client und Server mindestens 3,5 ms.

Aus diesem Grund reicht die aus der Synchronisation resultierende maximale Abweichung von 2,1 ms aus, um Konflikte zu verhindern, wenn die von den meisten Uhren verwendeten Quarzkristalle nicht noch zu zusätzlichen Ungenauigkeiten führen. Gemäß [CDK 94] beträgt der Fehler einer Uhr ungefähr 0.000001 Sekunden pro Sekunde. Demzufolge sollte wegen der Relation $2 * 0{,}000001 * x < 1{,}4$ ms mindestens alle 11,7 Minuten eine erneute Synchronisation erfolgen.

Nachdem nun davon ausgegangen werden kann, daß in einem Verteilten System logisch synchronisierte Uhren realisierbar sind, sollen diese im folgenden zum Monitoring von CORBA-Prozessen eingesetzt werden.

5.1.3
Der CORBA-Monitor

Zur Realisierung eines CORBA-Monitors wird sowohl synchrone als auch asynchrone Kommunikation vorausgesetzt. Da die bisherigen, in Abschnitt 5.1.1 gemachten Überlegungen Orbix-spezifisch waren, sind folglich alle auf den Filterpunkten basierenden Ansätze auch nicht auf anderen CORBA-Plattformen realisierbar. Die Ursache ist darin zu sehen, daß die Filterpunkte nicht im CORBA-Standard enthalten sind – sondern ein Add-on der irischen Firma IONA, welche diese Punkte bei der CORBA-Implementierung dem Produkt Orbix hinzugefügt hat.

Aus diesem Grund soll im folgenden eine Orbix-unabhängige Alternative vorgestellt werden, die lediglich auf dem Event Service aufbaut. Diese Alternative ist in allen CORBA-Implementierungen realisierbar, die diesen asynchronen Kommunikationsdienst unterstützen.

Unter Orbix besitzt die Implementierung des Event Services den Namen OrbixTalk. Dieser Dienst soll die Basis für einen sowohl einfachen als auch zugleich komfortablen asymmetrischen Austausch benötigter Informationen darstellen.

Zunächst soll überlegt werden, wann Informationen verschickt werden sollten. Aus Sicht der zu beobachtenden Komponenten ist das optimale Verfahren die Generierung von Monitoringnachrichten zum Zeitpunkt der Informationsgewinnung sowie deren sofortiges Verschicken. Der Prozeß der Informationsgewinnung darf dabei jedoch nicht zu einer Verzögerung oder Blockierung des beobachteten Prozesses führen. Dies bedeutet, daß der Verbrauch der Ressourcen durch den Eingriff in das beobachtete System minimal sein sollte, damit es nicht zu einer relevanten Verfälschung der Monitoringinformationen kommt. Insbesondere in größeren Verteilten Systemen kann die Menge der Informationen, die für die Errechnung eines globalen Systemzustands benötigt werden, schnell groß und zu einer Informationsflut werden.

Die Optimierung der Generierung und Verbreitung von Monitoringinformationen durch beobachtete Objekte steht im direkten Gegensatz zu den Aufgaben des Monitors. Bei der Verarbeitung der Informationen sowie der Echtzeitdarstellung handelt es sich um ressourcenintensive und zeitaufwendige Vorgänge. Deshalb muß gewährleistet werden, daß es zu keinem Konflikt mit den Kriterien der Generierung und Verbreitung der Informationen kommt.

Ein von [MaSl 94] und [Pe 95] verfolgter Ansatz sieht vor, die Verarbeitung der Monitoringinformationen in Form von Filterungen, Validierungen und Aggregationen in die Generierungsphase auszulagern, um somit die benötigte Datenmenge zu verringern. Allerdings führt auch dieser Ansatz zu einem zusätzlichen Verbrauch von Systemressourcen, was der Anforderung der Minimierung widerspricht.

Bei der im Rahmen dieser Arbeit entwickelten Architektur des CORBA-Monitors ermöglicht es die Verwendung des Push-Modells mit einem Event Channel als Kommunikationspartner den Managed Objects, die Monitoringnachrichten zu verschicken, ohne daß der Status des Monitors eine Verzögerung der Kommunikation und somit eine Veränderung des Systemverhaltens bewirken kann. Gleichzeitig kann der Monitor unter Verwendung des Pull-Modells die Monitoringinformationen zu dem Zeitpunkt beim Event Channel anfragen, zu dem vorausgehende Analyse- und Darstellungsoperationen abgeschlossen sind.

Abb. 5.3 beschreibt die Architektur des CORBA-Monitors. Dabei werden die Systemkomponenten als Managed Objects aufgefaßt. Weitere Bestandteile der Architektur sind zwei Event Channels sowie das eigentliche Monitorobjekt.

Der Event Channel `Registration` ermöglicht es den Managed Objects, sich zur Laufzeit dynamisch beim Monitor anzumelden. Der Monitor fragt dabei mittels des Pull-Modells die hereinkommenden Events ab.

Die dynamische Registrierung erhöht die Flexibilität des Monitorings von Verteilten Systemen, da sich genau die Teilmenge der Systemkomponenten beim Monitor anmelden kann, deren Observierung relevante Informationen für konkrete Systemvorgänge liefert.

Ein zweiter Event Channel `Notification` wird verwendet, um die Monitoringinformationen der Managed Objects dem CORBA-Monitor in Form von Events mitzuteilen.

Neben den Vorteilen der asynchronen Kommunikation bietet diese Architektur eine Verteilung der Monitoringfunktionalität an. Aufgrund der Anonymität der Kommunikation ist für die Managed Objects eine Lokalisierung des Monitors nicht notwendig. Die Events werden einfach an den Event Channel übergeben, und es bleibt transparent, welche Monitore diese Events empfangen und auf welchen Komponenten des Verteilten Systems sie sich befinden. Dies ermöglicht zum einen den Einsatz einer beliebigen Anzahl von Monitoren, zum anderen können Monitore auf verschiedene Komponenten des Verteilten Systems ausgelagert werden. Es ergibt sich eine Minimierung des Verbrauchs von Systemressourcen und eine minimale Beeinflussung des Systemverhaltens.

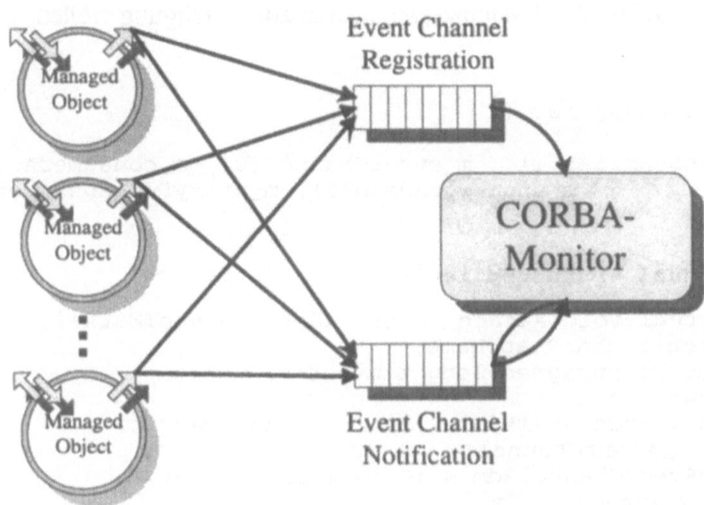

Abb. 5.3. Die Architektur des CORBA-Monitors

Während aus Managementsicht bei dieser Architektur lediglich von den `Notifications` der Managed Objects Gebrauch gemacht wird, sind die Schnittstellen `Operation` und `Result` gar nicht relevant. Prinzipiell läßt sich jedoch eine Erweiterung um zusätzliche Funktionalitäten vornehmen.

Implementierung des CORBA-Monitors in Orbix

Bei der Implementierung des CORBA-Monitors besteht der Kern in der Verwaltung der Event Channels zur dynamischen Registrierung der Systemkomponenten und zum Verbreiten der Monitoringinformationen.

Die eigentliche Implementierung basiert innerhalb der Orbix-Umgebung auf OrbixTalk, dem CORBA-Event Service der Orbix-Implementierung. Dabei muß von jedem Objekt, das einen Event Channel verwendet, zuerst mittels `OrbixTalk::initialise()` eine Initialisierung des OrbixTalk [Iona 96b] erfolgen. Nach Herstellung einer Verbindung zu einem Event Channel mittels `bind` können dann Events an den Event Channel verschickt bzw.

empfangen werden. Aus Gründen der Modularisierung und einfachen Erweiterung der Systemkomponenten wurde gemäß des objektorientierten Paradigmas die Funktionalität zum Binden an einen Event Channel und zur Kommunikation der Events in Klassen gekapselt. Abb. 5.4 zeigt die Klassen `PushSupplier` und `Registration`, welche die Kommunikation für die zu beobachtenden Systemkomponenten zur Verfügung stellen.

```
class PushSupplier {
public:
    PushSupplier () : m_eventChannel(0), m_consumerAdmin(0),
                m_supplierAdmin(0), m_proxyPushConsumer(0)
{};

    virtual ~PushSupplier(){}

    virtual void attach (const char* channelMarker,
        const char* appName,
        const unsigned long timeout);
protected:
    CosEventChannelAdmin::EventChannel_var
        m_eventChannel;
    CosEventChannelAdmin::ConsumerAdmin_var
        m_consumerAdmin;
    CosEventChannelAdmin::SupplierAdmin_var
        m_supplierAdmin;
    CosEventChannelAdmin::ProxyPushConsumer_var
        m_proxyPushConsumer;
};

class Registration : public PushSupplier {
public:
    virtual void sendRegistration(char *replyChannelName);
};

class Notification : public PushSupplier {
public:
    virtual void sendNotification(char *replyChannelName);
};
```

Abb. 5.4. Kapselung der Eventkommunikation im CORBA-Monitor

Die Klasse `PushSupplier` kapselt den Vorgang zur Bereitstellung eines Event Channels, der durch die Funktion `attach` bereitgestellt wird. Diese Funktionalität ist grundlegend und in anderen Kontexten wiederverwertbar.

Die Funktion `attach` erhält als ersten Parameter die Bezeichnung für den zu erzeugenden Event Channel. Für den Benutzer der Funktion wird in transparenter Weise eine Objektreferenz des Event Channels sowie ein Proxy erzeugt, welches die Rolle des `PushConsumers` übernimmt. Die Klassen `Registration` und `Notification` erben die Funktionalität der Klasse `PushSupplier` und erweitern sie um die spezifischen Funktionen `sendRegistration` und `sendNotification` des CORBA-Monitors. Die zu beobachtenden Systemkomponenten können nun durch Bildung einer Objektinstanz dieser beiden Klassen die Rolle eines Suppliers übernehmen, d.h. Events generieren und an den Event Channel verschicken.

Die Bereitstellung der Eventkommunikation auf Seiten des Monitorobjekts erfolgt mittels der Klassen `PullConsumer` sowie `Registration` und `Notification`, die eine analoge Struktur besitzen. Sie dienen der Erzeugung von Event Channels, die als Supplier im Pull-Modell fungieren. Da die Architektur des CORBA-Monitors die Verwendung von zwei Event Channels vorsieht, verwenden die Funktionen `try_getRegistration` und `try_getNotification` den try_pull-Mechanismus der Eventkommunikation, um ein simultanes Abhören der beiden Event Channels zu ermöglichen.

5.2
Ereignisbasiertes CORBA-Management

Die Architektur des CORBA-Monitors ermöglicht die Benachrichtigung durch Managed Objects. Diese ereignisbasierte und unidirektionale Kommunikation ist für die Implementierung eines Monitors zur Unterstützung der Messungen, wie sie im Rahmen der Bewertung asynchroner Kommunikationsmechanismen erfolgten, ausreichend.

5.2.1
Der CORBA-Manager

Zur Realisierung weiterer Managementaspekte ist aber eine bidirektionale Kommunikation notwendig, da der Manager eine Zugriffsmöglichkeit auf die Komponenten des Systems besitzen muß. Zu diesem Zweck erfolgt nun eine Architekturerweiterung und deren Umsetzung in Orbix.

Ziel dieser Erweiterung ist die Bereitstellung eines Zugriffsmechanismus auf den Status von Managed Objects und das Kreieren eines Managementtools, das eine chronologische Betrachtung der transparenten Vorgänge bei einem Aufruf in einem Verteilten System ermöglicht.

Zur Bereitstellung einer bidirektionalen asynchronen Kommunikation zwischen dem CORBA-Manager und den Managed Objects wird die Architektur um private Event Channels erweitert. Diese Architektur ist in Abb. 5.5 dargestellt.

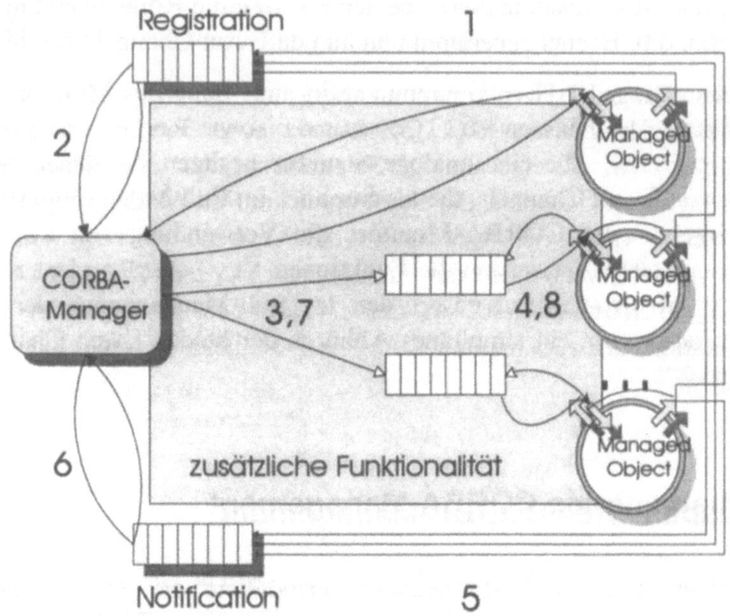

Abb. 5.5. Die Erweiterung der CORBA-Managementarchitektur

Die privaten Event Channels ermöglichen die asynchrone Benachrichtigung eines speziellen Managed Objects durch einen Manager. Analog verwendet der Manager dabei als Supplier das Push-Modell, und die Managed Objects verwenden als Consumer das Pull-Modell. Die Vereinbarung und das Kreieren des Event Channels erfolgt im Anschluß an die dynamische Registrierung des Managed Objects beim Manager. Abb. 5.6 beschreibt die Implementierung dieses Vorgangs in Orbix.

5.2.2
Die Verwaltung der Managed Objects

Die Funktion `pullRegistration`, die mittels des try_pull-Mechanismus die dynamische Registrierung von Managed Objects abfragt, liefert als

Rückgabewert einen Bezeichner für den anzulegenden privaten Event Channel. Dieser Bezeichner wird als Parameter für den Aufruf der Funktion `pushOperation` einer Instanz der Klasse Operation verwendet, welche die Vorgänge zur Allokation des neuen Event Channels kapselt.

Um zu gewährleisten, daß die Bereitstellung des neuen Event Channels vollständig abgeschlossen ist, bevor dieser zur Übermittlung von Events benötigt wird, erfolgt nach Beendigung des Vorgangs auf Seiten des Managers eine Benachrichtigung des Managed Objects über den neuen Event Channel. Dieser Sachverhalt kann von den Managed Objects dazu benutzt werden, auf den Abschluß des Managervorgangs zu warten, indem es nach Erzeugung des Event Channels durch Verwendung des pull-Mechanismus die Bestätigung des Managers abwartet, siehe Abb. 5.7.

Der genannte Fall ist ein Spezialfall des Vorgangs, der die Beobachtung eines – für den Benutzer transparenten – Ablaufs einer Anfrage in einem Verteilten System ermöglicht. Der chronologische Ablauf des gesamten Monitoring- und Managementvorgangs ist in Abb. 5.5 durch die Numerierung gekennzeichnet.

Die Initiierung erfolgt auf Seite der Managed Objects durch das Verschikken eines Events zur dynamischen Registrierung beim CORBA-Manager (1). Das Event wird dabei mittels eines Event Channels asynchron zum Manager übertragen (2). Das Managed Object wartet nun auf die Bestätigung des Managers, daß der vereinbarte Event Channel erzeugt worden ist (3 und 4). Jeweils bei Erreichen eines beobachteten Punkts im Ablauf des Systems erfolgt eine Benachrichtigung des Managers (5 und 6) und eine anschließende Blockierung des Managed Objects, bis vom Manager das Signal zur Fortführung gegeben wird (7 und 8).

Durch die Blockierung der Managed Objects ist somit eine schrittweise Ausführung von Requests möglich. Dabei können detaillierte Informationen bezüglich der Managementaufgaben gewonnen und Managementoperationen ausgeführt werden. Hierfür muß zusätzlich zu den asynchronen Kommunikationsmechanismen ein direkter Zugriff des CORBA-Managers auf die Managed Objects möglich sein. In der erweiterten Architektur ist diesem Umstand durch die Verwendung der beiden Mechanismen `Operation` und `Result` Rechnung getragen.

Befindet sich ein Managed Object nach Verschicken einer Nachricht im Wartezustand, so kann der Manager mittels geeigneter Operationen verschiedene Managementoperationen ausführen. So können im Aufgabenbereich des Konfigurationsmanagements beispielsweise die Werte der Zu-

stands-, Status- und Relationsattribute ausgelesen und als Result an den
Manager zurückgeliefert werden.

```
int main (int argc, char **argv) {
...
   monitorOTManager = OrbixTalk::initialise();

   // Objekte für Anlegen und Behandlung des Event Channels
   Registration      *pullRegistration  = new Registration();
   Notification      *pullNotification  = new Notification();
   Operation *pushOperation       = new Operation();

   // Verbindung mit dem Event Channel wird erstellt
   pullRegistration->attach (registration_EC_Name, appName,
      timeout);
   pullNotification->attach (notification_EC_Name, appName,
      timeout);

   while(!userBreak) {
      processEvents(timeout);
      strcpy(newEC_Name,
         pullRegistration->try_getRegistration());

      if(newRegistration) {
         // dynamisches Anlegen eines neuen Event Channels
         pushOperation->newECregistration(newEC_Name);
            pushOperation->attach (newEC_Name,
              appName, timeout);
           pushOperation->pushReply(newEC_Name);
      }

      strcpy(pushEC_Name,
         pullNotification->try_getNotification());
      if (newNotification) != 0) {
         // Behandle neue Notification
         ...
      }
   }
...
}
```

Abb. 5.6. Verwaltung der Event Channel beim CORBA-Manager

Zur Realisierung des Fehlermanagements ist es möglich, Fehlerdiagnosen zu
starten und leistungsrelevante Parameter zu verändern, um Engpässe des
Systems zu beheben oder die Systemleistung zu optimieren.

5.3
Bottlenecks

Ein Verteiltes System kann sehr schnell recht unübersichtlich werden. Einerseits sind Informationen notwendig, die dem Nutzer dazu dienen, eine Orientierung im System zu erhalten. Der entstehende Markt, auf dem elektronische Dienste angeboten werden, wird immer komplexer und unübersichtlicher, so daß durch tradinganaloge Dienste die Vermittlung und Auswahl geeigneter Server notwendig wird.

```
int main (int argc, char **argv) {
...
  objectOTManager = OrbixTalk::initialise ();

  Registration *pushRegistration = new Registration ();
  Notification *pushNotification = new Notification ();
  Operation  *pullOperation = new Operation();

  // Verbindung mit dem Event Channel wird erstellt
  pushRegistration->attach (registration_EC_Name, appName,
     timeout);
  pushNotification->attach (notification_EC_Name, appName,
     timeout);
  pullOperation->attach (replyChannelName, appName,
     timeout);

  // Registrierung eines neuen Managed Objects
  pushRegistration->sendRegistration();
  processEvents(timeout);
  pullOperation->pullReply ();
  ...
  // Benachrichtigung des Monitors an relevanten Punkten
  pushNotification->sendNotification();
...
}
```

Abb. 5.7. Die Verwaltung der Event Channels beim Managed Object

Neben der Zuordnung von geeigneten Adressen ist jedoch auch die Verfügbarkeit der Dienste zu gewährleisten. Wird ein Server zu häufig in Anspruch genommen, so kann es schnell zu Überlastungen kommen. Um dieser Situation vorzubeugen, werden zwei prinzipiell verschiedene Ansätze betrachtet.

Ein statisches Vorgehen, bei dem zur Laufzeit des Systems keine große Flexibilität hinsichtlich der Anzahl der angebotenen Serveraktivierungen vorhanden sein muß, besteht darin, vor der Installation des Systems Abschätzungen vorzunehmen, inwiefern das System geeignet ausgelastet, jedoch auf keinen Fall überlastet ist und zu Engpässen führen kann. Zu diesem Zweck können Analyse- und Simulationstechniken eingesetzt werden, wenn entsprechende Informationen hinsichtlich der auftretenden Anfrageströme und der zu erwartenden Bedienzeiten vorliegen. Eine Analyse oder Simulation wird mittlere Bearbeitungszeiten angeben, so daß Aussagen vorliegen, wie lange ein Nutzer in etwa auf die Erledigung eines Auftrags warten muß. Ist diese Zeitdauer inakzeptabel bzw. zu groß, so weiß der Analysierer, daß das System überlastet ist und Änderungen hinsichtlich der Systemkozeptionierung vorgenommen werden müssen.

Ist ein System bereits installiert bzw. liegt eine sukzessive Systemerweiterung durch zusätzliche Clients oder auch die Erhöhung der Aktivitäten bestehender Clients vor, so können im Voraus oft keine Analysen für eine bestimmte Systemkonfiguration getätigt werden. Oft kann es auch vorkommen, daß Anfragehäufigkeiten in einem System ausgesprochen stark schwanken. Für diese Fälle muß ein dynamischer Ansatz gefunden werden, der Engpässe und Ausfälle vermeidet.

Dieser dynamische Ansatz besteht in der Erweiterung der Systemarchitektur um zusätzliche Funktionalitäten bzw. Komponenten: der Manager besitzt die Funktionalität, zu erkennen, welcher Server überlastet ist, ein sogenannter Replikationsmanager wird dazu eingesetzt, diesen überlasteten Server zu replizieren und beide Duplikate konsistent zu verwalten.

Diese beiden Möglichkeiten der Vermeidung von Bottlenecks und Deadlocks in einem Verteilten System sind Gegenstand von Kapitel 6 und 7. Das folgende Kapitel untersucht das Gebiet der Serverreplikation, Kapitel 7 untersucht Methoden, die der Systemanalyse dienen.

Ähnliche Problemstellungen gibt es bereits im Bereich der Datenbanktheorie. Auch hier wurde untersucht, inwiefern mittlere Antwortzeiten von Datenbankanfragen dadurch verkürzt werden können, daß Datenbanken repliziert werden. Dennoch unterscheiden sich beide Problemstellungen grundsätzlich. Während eine Replikation von Datenbanken lediglich darin besteht, die Belegung eines Speichermediums zu kopieren, besteht bei der Serverreplikation das Problem, Objekte zu replizieren.

Die Konsistenz dieser beiden Sachverhalte ist von grundlegend verschiedener Komplexität. Werden in einer Datenbank Werte geändert, so ist dies einfach in allen Duplikaten nachzuvollziehen. Problematisch ist lediglich die Zeitdauer, die zwischen der primären Änderung vergeht, und den Änderungen in den Replikaten. Diese Zeitdauer ist möglichst gering zu halten, bzw. es sind geeignete Sperrmechanismen einzuführen, so daß quasi gleichzeitig in allen Kopien Daten geändert werden. Bei der Serverreplikation handelt es sich nun um Prozesse, die durch Zustände und Verhalten geprägt sind.

Diese Probleme sollen im folgenden Kapitel untersucht werden.

6 Replikation, Migration und Lastverteilung in CORBA

Mit der zunehmenden Komplexität der Struktur Verteilter Systeme wachsen auch deren Anforderungen an das Systemmanagement. Insbesondere sind Ausfälle und Engpässe zu vereiden, d.h. die Zuverlässigkeit ist zu erhöhen und die Leistungsbereitschaft des Systems sicherzustellen.

Ein typisches Szenario eines Verteilten Systems besitzt die Eigenschaft, daß ein Server von mehreren Clients benutzt wird. Eine solche Topologie ist jedoch besonders anfällig gegenüber Fehlern. Wird die Verbindung zwischen Client und Server unterbrochen, so kann der Client seine Arbeit nicht fortsetzen, fällt sogar der Server aus, so liegt u.U. das gesamte Netzwerk brach.

Diesen Umständen kann dadurch entgegengewirkt werden, daß Kopien eines Servers zur Verfügung gestellt werden. Damit sind Clients nicht mehr von einem einzelnen Server abhängig, und Ausfälle beschränken sich nur auf den jeweils betroffenen Rechner. Im folgenden wird die Replikation eines Servers durch die Replikation von Objekten realisiert, welche die Funktionalität des Servers anbieten. Problematisch ist dabei jedoch die konsistente Verwaltung der Server.

Aus diesem Grund wird eine Architektur vorgeschlagen, in der Kopien existieren, die zur Laufzeit einander angepaßt werden, d.h. Änderungen in einer Kopie werden in allen anderen Kopien ebenfalls unmittelbar durchgeführt. Dieses Verfahren wird als Replikation bezeichnet. Replikation ist ein aus dem Bereich der Datenbanken stammender Begriff, der nun für Verteilte Systeme angepaßt und erweitert wird. Die Grundaufgabe besteht darin, die Konsistenz aller Replikate zu wahren bzw. im Fehlerfall wiederherzustellen. Da auch ein Replikationsmechanismus den genannten potentiellen Fehlerquellen unterworfen ist, werden Verfahren benötigt, die sowohl fehlertolerant als auch effizient arbeiten.

Der Einsatz von Serverreplikation hat dabei verschiedene Vorteile für ein Verteiltes System.

- **Steigerung der Leistungsfähigkeit**
  Durch den Einsatz von Serverreplikaten werden Anfragen an einen Server auf mehrere Server aufgeteilt. Dadurch verringert sich die Last an einem Server, die mittlere Antwortzeit sinkt, und der Systemdurchsatz kann erhöht werden.

- **Erhöhung der Verfügbarkeit**
  Durch eine Verteilung der Last von einem Server auf seine Replikate kann die Verfügbarkeit hinsichtlich eines verzögerungsfreien Arbeitens erhöht werden. Eine Überlastung einzelner Server wird dadurch weniger wahrscheinlich.

- **Steigerung der Zuverlässigkeit**
  Nach [HHB 96] ist ein System zuverlässig, wenn es selten ausfällt und Komponenten- und Designfehler so überbrücken kann, daß eine aktive Anfrage immer ohne wesentliche Unterbrechungen durchgeführt werden kann. Durch den Einsatz von Replikaten kann diese Zuverlässigkeit von Verteilten Systemen erhöht werden.

- **Realisierung von Fehlertoleranz**
  Im Falle eines Serverausfalls kann ein Replikat die Aufgaben des Servers durch Rekonfiguration übernehmen. Zusätzlich sind Konfigurationen denkbar, in denen Replikate zur Validierung genutzt werden. Besonders hochpriore Anfragen können auch gleichzeitig an verschiedene Replikate geschickt werden, um Serverausfälle direkt zu überbrücken bzw. eine Validierungsmöglichkeit des Ergebnisses zu haben.

Replikation ist im Bereich der Datenbanken ein bereits verwendetes Hilfsmittel zur Erhöhung der Leistungsfähigkeit. Der überwiegende Teil existierender Verfahren ist auch auf die Datenreplikation zugeschnitten. Für den Einsatz einer Replikation von dynamischen Servern in Verteilungsplattformen ist eine reine Replikation von Daten jedoch nicht ausreichend. Denn die Replikation eines Objekts geht über die reine Datenreplikation dadurch hinaus, daß bei der Replikation eines Objekts nicht nur ein Zustand, sondern auch das Verhalten des Objekts betrachtet werden muß. Wird zusätzlich – wie auch unter Orbix –ein objektorientierter Ansatz, z.B. in C++, verfolgt, so ist es anzustreben, eine Replikation auf der semantischen Stufe dieser Konstrukte zu unterstützen.

An einen Replikationsmechanismus bestehen verschiedene Anforderungen.

Zunächst ist Konsistenz zu realisieren. Insbesondere sind in einem idealen System die Kopien auf allen Servern identisch zu realisieren und Änderungen konsistent zu verwalten, denn unterschiedliche Zustände würden zu einem unterschiedlichen Systemverhalten führen, das inkonsistent ist und Fehler verursacht.

Für einen Benutzer darf in diesem Zusammenhang nicht erkennbar sein, ob er mit dem Originalobjekt oder aber mit Kopien dieses Objekts arbeitet. Ferner muß die Gesamtperformance des Systems so hoch sein, daß auch das entfernte Arbeiten auf Kopien zu nur unwesentlichen Verzögerungen führt.

Bei ungünstigen Netztopologien kann es vorkommen, daß der Ausfall einer Kommunikationsverbindung das Netz in zwei oder mehrere Teile spaltet. Es entsteht eine sogenannte Netzteilung. Durch ein geeignetes Netzmanagement ist in einem solchen Fehlerfall dafür zu sorgen, daß die einzelnen Teilnetze bis zur Beseitigung des Fehlers möglichst unabhängig weiterarbeiten können.

Schließlich wird als letzte Anforderung eine Gewährleistung von Nebenläufigkeit erforderlich. Es muß sichergestellt sein, daß die Ausführungsreihenfolge aller Instruktionen unabhängig davon bleibt, ob ein Prozeß zentral oder verteilt ausgeführt wird.

In Transaktionssystemen kommen zu diesen Anforderungen noch die typischen Eigenschaften der Atomarität, Isolation und Dauerhaftigkeit hinzu.

Die genannten Punkte sind zum Teil redundant, bzw. sie überschneiden sich.

Replikation kann sich auf ganz verschiedene Einheiten oder Instanzen beziehen. Je nachdem, was repliziert werden soll, sind unterschiedliche Probleme zu lösen. In Anlehnung an [Ha 98] sollen im folgenden kurz verschiedene replizierbare Instanzen betrachtet werden.

Replikation von Daten

Die Datenreplikation ist die wohl einfachste Form der Replikation. Sie setzt einen Kommunikationsmechanismus voraus, mittels dessen Daten übertragen werden können und mit dem ein Replikationsprotokoll verwendet werden kann. In der Regel wird dazu ein zuverlässiger bidirektionaler Kommunikationskanal vorausgesetzt. Zur Datenreplikation ist nun ein Protokoll erforderlich, welches den Transport der Daten absichert, das Format der Daten während des Trasports definiert und anschließend die Konsistenz der Replikate absichert. Beispiele für Transportprotokolle finden sich in der Literatur zu Computernetzen, z.B. [Ta 89]. Ein einheitliches Format für die Datenübertragung existiert in der Praxis nicht, die Darstellung der Datentypen ist in der Regel von dem entsprechenden Quell- oder auch Zielknoten abhängig.

Replikation von Referenzen

Eine Referenz ist eine Datenstruktur, auf die eine andere Datenstruktur Bezug nimmt. Dies kann zum Beispiel ein Zeiger sein oder ein Index einer Tabelle. Wird diese Referenz als exakte Kopie an den Empfänger übertragen, so funktioniert die Referenz in der Regel beim Empfänger nicht mehr, und es können Fehler auftreten. Demzufolge muß die Replikation von Referenzen anders behandelt werden als die reine Datenreplikation, ggf. muß für jede Art von Referenzen ein eigener Algorithmus entwickelt werden.

Replikation von Programmen

Bei der Replikation von Programmen werden nicht nur Daten transportiert, sondern auch der eigentliche Programmcode. Im einfachsten Fall eines homogenen Systems kann der Programmcode einfach zur Verfügung gestellt werden. Dies ist in Systemen, bei denen Dateien über ein virtuelles verteiltes Dateisystem – zum Beispiel NFS - absprechbar sind, bereits automatisch der Fall. Problematischer ist ein heterogenes Umfeld, da das Programm unter Umständen in verschiedenen Versionen auf den einzelnen Rechnern vorliegen kann. Der Entwickler muß entsprechend dafür sorgen, daß die richtigen Programmversionen erstellt werden. Zu diesem Zweck kann eine Emulation erfolgen oder ein Binärübersetzer verwendet werden, ebenfalls ist es möglich, Programmiersprachen zu verwenden, die bereits für die portable Programmierung ausgelegt sind – zum Beispiel Java. Diese Programmiersprache erzeugt einen plattformunabhängigen Bytecode, der dann interpretiert wird und beim Wechsel der Systemumgebung nicht verändert werden braucht.

Replikation von Prozessen

Ein Prozeß ist ein Programm, das ausgeführt wird und bestimmte Ressourcen belegt. Im Gegensatz zu einem Programm handelt es sich hierbei nicht um eine Datei, sondern es ist zusätzlich ein Zustand zu betrachten, der durch eine Menge von Variablen gekennzeichnet ist. Das Problem besteht darin, den Zustand des Prozesses exakt zu ermitteln und auf dem Zielknoten abzubilden. Daher ist die Prozeßreplikation deutlich komplexer als die Programmreplikation. Um einen Prozeß zu replizieren, muß zunächst das Programm migriert werden. Sofern dieses nicht zur Laufzeit manipuliert wird, genügt es, auf die Programmigration zurückzugreifen. Im Falle selbstmodifizierenden Codes muß dieser im Hauptspeicher repliziert werden, da er selbst einen Zustand repräsentiert. Insbesondere in heterogenen Umgebungen ist die Replikation dann schwierig, jedoch prinzipiell lösbar. Neben dem Programmcode ist der Datenteil zu betrachten, der wie oben beschrieben, repliziert werden kann – dabei sind Referenzen zu erkennen und entsprechend zu behandeln, sofern sie nicht systemweit eindeutig sind. Zur Laufzeit eines Prozesses kommt zu Datenteil und Programmcode der Programmstack hinzu, der ebenfalls nicht einfach zu replizieren ist. Da Compiler häufig noch zusätzlichen Code erzeugen, der unsichtbar für den Programmierer Daten auf dem Stack ablegt, um diese temporär zu speichern, gibt es sehr viele Zugriffe, bei denen die dort gespeicherten Typen laufend geändert werden. Zur Lösung dieses Problems können sogenannte Unterbrechungspunkte in den Code eingefügt werden, zu denen der Stack einen exakt definierten Aufbau hat, welcher die Replikation ermöglicht. Neben diesen Teilen eines Prozesses, die innerhalb des eigenen Adreßraumes liegen, müssen noch externe Ressourcen betrachtet werden, beispielsweise der Zustand von Datenstrukturen, die vom Betriebssystem verwaltet werden, der Zustand der Hardware oder der Zustand anderer Prozesse, mit denen kommuniziert wird. Die Verwendung von Proxies oder ortstransparenten Kommunikationsprotokollen kann ggf. Abhilfe schaffen. Diese Fälle sollen an dieser Stelle jedoch nicht detaillierter betrachtet werden. Hinzu kommt die konsistente Verwaltung von Daten und Programmstack.

Replikation von Objekten

Die Objektreplikation ist mit der Prozeßreplikation verwandt, da ein Objekt nicht nur aus Daten, sondern auch aus Methoden, also Programmcode besteht. Aber es gibt auch gravierende Unterschiede zwischen der Objekt- und der Prozeßreplikation, da Objekte in der Regel kleiner als Prozesse sind. Um einen zu großen Protokolloverhead zu vermeiden, soll die Replikation von 'kleinen' Objekten – zum Beispiel Zahlen – möglichst vermieden werden. Bei 'großen' Objekten – beispielsweise Prozessen – können die Vorteile einer Replikation unter Umständen durch den nötigen Kommunikationsaufwand kompensiert werden. Unter Umständen kann es nicht einfach sein, den genauen Umfang eines Objekts zu definieren, da Objekte in einen Prozeß eingebettet sind. Der Programmierer ist daher gefordert, eine Hilfestellung zu leisten, die es dem System ermöglicht, eine Replikation der richtigen Inhalte zu gewährleisten – beispielsweise kann es erforderlich sein, Hilfsmethoden zum Export und Import der Daten zu schreiben.

In objektorientierten Systemen – die dadurch gekennzeichnet sind, daß es nur Objekte gibt – fallen einige der zuvor betrachteten Probleme weg. Bis auf die Prozessorzeit und den Speicher werden alle Ressourcen, die ein Objekt benötigt, durch andere Objekte zur Verfügung gestellt. Dadurch vereinfacht sich einerseits die Architektur, andererseits gibt es nur Referenzen auf andere Objekte und Hauptspeicheradressen. Eine Kommunikation erfolgt direkt über Methodenaufrufe. In heterogenen Systemen realisiert ferner die zugrundeliegende Verteilungsplattform eine Konvertierung der Daten zwischen den einzelnen Systemen.

Im Vergleich zu den vorangegangenen Strukturen besitzt die Objektreplikation einige interessante Eigenschaften. Durch die Realisierung der Referenzen als Objektreferenzen und die feinere Granularität ist eine klarere Struktur vorhanden, die Replikation selbst wird erleichtert, und es ist eine deutliche Vereinfachung von Replikationsstrategie und Protokoll zur Wahrung der Konsistenz vorhanden.

Im folgenden werden zunächst existierende Techniken zur Datenreplikation vorgestellt, bevor sich der daran anschließende Abschnitt mit der Objektreplikation beschäftigt.

6.1
Datenreplikation

Zur Datenreplikation gibt es zahlreiche Mechanismen. Diese lassen sich in drei Hauptbereiche einteilen, die im folgenden vorgestellt werden: die Read-One-Write-All-Algorithmen (ROWA-Algorithmen), die Quorum-Consensus-Algorithmen (QC-Algorithmen) und ferner die Weak-Consistency-Algorithmen (WC-Algorithmen). Eine ausführliche Übersicht einzelner Techniken ist auch in [Me 97] enthalten.

6.1.1
Read One Write All Algorithmen

Die einfachste Art der Datenreplikation besteht darin, Änderungen einer Kopie auch in allen anderen Kopien vorzunehmen. Diese Klasse von Algorithmen wird unabhängig von ihrer konkreten Realisierung als Read One Write All (ROWA) bezeichnet. Jede Kopie ist immer aktuell, deshalb können Lesezugriffe bei jeder beliebigen Kopie erfolgen, ohne daß Konsistenzfehler zu befürchten sind. Im folgenden sollen einige konkrete Algorithmen skizziert werden. Zunächst wird das sogenannte Simple ROWA Protokoll betrachtet. Die Grundidee besteht darin, einen Schreibzugriff auch stets auf allen existierenden Kopien durchzuführen. Dabei besitzt eine Änderung den Status einer atomaren Transaktion. Neben einer einfachen Struktur besitzt dieser Algorithmus den Vorteil, bei Lesezugriffen eine maximale Fehlertoleranz zu gewährleisten.

Eine Erweiterung dieses Algorithmus ist in [Be 87] unter der Bezeichnung ROWA-Available (ROWA-A) vorgestellt. Dabei werden nur die momentan erreichbaren Replikate im Falle eines Schreibzugriffs angepaßt. Die nicht erreichbaren Replikate sind dann auch für den Lesezugriff nicht zugänglich, bis eine Aktualisierung erfolgte. Durchzuführende Änderungen an nicht erreichbaren Kopien bezeichnet man als Missing Writes. In diesem Zusammenhang müssen alle Missing Writes durchgeführt sein, bevor eine Kopie wieder erreichbar ist. Eine Methode zum Feststellen der Erreichbarkeit einer Kopie ist der Einsatz sogenannter Timeout Ranges. Antwortet ein Replikat innerhalb einer bestimmten Zeit nicht, so wird ein Fehler angenommen. Tritt jedoch eine Verzögerung hinsichtlich der Antwort ein, so kann die Auskunft über den Status eines Replikats schnell falsch sein. Zum Erkennen solcher Fehler werden zusätzliche Protokolle benötigt. Ein zweistufiges Validierungsprotokoll dazu wird beispielsweise in [HHB 96] vorgestellt, es nimmt erst eine Missing Writes Validierung, dann eine Zugriffsvalidierung vor. Ein Nachteil dieses Verfahrens ist die statische Verknüpfung von Hostrechner und Replikat. Eine dynamische Rekonfiguration der Umgebung durch Löschen oder Erzeugen neuer Kopien ist nicht möglich.

Eine andere ROWA-Erweiterung besteht in dem Primary Copy ROWA [Si 95]. Dabei wird ein Replikat zur Primärkopie erklärt, alle anderen Replikate sind Backups. Während Schreibzugriffe auf allen Replikaten durchgeführt werden, wird nur auf den Primärkopien gelesen. Bei Ausfall dieser Komponente springt eine Kopie dafür ein. Nach Ausfall einer Primärkopie darf diese erst wieder diese Rolle einnehmen, wenn ihr Status aktualisiert worden ist. Aufgrund seiner einfachen Struktur wird dieser Algorithmus häufig eingesetzt, z.B. in Sun NIS [HHB 96].

Eine weitere Klasse von ROWA-Algorithmen sind die auf Token basierenden Verfahren, die Token wahren dabei die Konsistenz zwischen Lese- und Schreibzugriffen. Auf die verschiedenen Ausprägungen soll an dieser Stelle jedoch nicht eingegangen werden.

Zusammenfassend kann man festhalten, daß bei ROWA-Protokollen einerseits Kommunikationsfehler nicht abgefangen werden, andererseits Lesezugriffe deutlich bevorteilt sind, da für sie ein Zugriff notwendig ist, während bei Schreibzugriffen alle – zumindest erreichbaren – Kopien benötigt werden. Aus diesen Beobachtungen sind die Quorum Consensus Protokolle entstanden.

6.1.2
Quorum Consensus Algorithmen

Im Gegensatz zu den ROWA-Algorithmen werden bei den QC-Algorithmen Schreibzugiffe nicht auf allen Kopien ausgeführt, sondern nur auf einer Teilmenge, dem sogenannten Write Quorum. Lesezugriffe werden auf einer analogen Menge, dem Read Quorum, durchgeführt. Dabei muß gewährleistet sein, daß die Schnittmenge aus Write Quorum und Read Quorum nicht leer ist, damit bei einem Lesezugriff mindestens eine Kopie einen aktuellen Status hat. Die vorgestellten Verfahren unterscheiden sich im wesentlichen durch das Zusammenstellen der Quoren. Dabei wird in Algorithmen unterteilt, die statische Quoren benutzen, und solche, die dynamische Quoren benutzen.

Der erste QC-Algorithmus ist der Uniform Majority QC-Algorithmus. Dabei wird ein Mehrheitskriterium zugrundegelegt, d.h. Schreib- und Leseoperationen erfolgen nur, wenn jeweils die Mehrheit der beteiligten Hosts ihre Zustimmung gibt. Mit diesem Mehrheitskriterium ist die Forderung nach einer Überlappung von Read und Write Quoren immer erfüllt. Dieses Verfahren ist sehr kostenintensiv, allerdings resistent gegenüber Hostausfällen und auch Kommunikationsfehlern. Problematisch sind nach [HHB 96] Netzzersplitterungen, bei denen mehr als zwei Gruppen entstehen, weil dann keine Mehrheitsquoren mehr gebildet werden können.

Eine Modifikation des QC-Grundverfahrens wird in dem Weighted Majority QC und darauf aufbauend auch noch einem Multidimensional Weighted Majority QC vorgeschlagen. Dabei hat jeder Host nicht genau eine Stimme, sondern verfügt über eine Wichtung. Lese- und Schreibzugriffe werden als Transaktionen auf einer Menge von Hosts durchgeführt, die bestimmte Mindestanforderungen erfüllen.

Alternativ existiert der Wurzel-n-Algorithmus, bei dem Hostrechner durch einen wechselseitigen Ausschluß miteinander zu einem Konstrukt verbunden werden, wobei wieder eine Bedingung für Lese- und Schreibzugriffe erfüllt sein muß. Beim Grid-Protokoll, das ebenfalls in [HHB 96] vorgestellt wird, wird aus einer Menge von Replikaten ein logisches MxN-Gitter erstellt, das eine Teilmenge der gesamten Hosts enthält. Sogenannte Read und Write Coteries werden dann für Lese- und Schreiboperationen definiert.

Ein weiterer Ansatz wurde von Agrawal und El Abbadi [AgEl 90] vorgeschlagen. Diese beiden Wissenschafter verwenden in ihrem Tree Quorum Protocol Binärbäume, um die Quorengrößen möglichst klein zu halten. Die Kernidee dieses Algorithmus besteht darin, Quoren aus Pfaden von der Baumwurzel bis zu den Blättern zu bilden. Schreibzugriffe müssen dabei auf allen Hosts eines Quorums durchgeführt werden, Lesezugriffe auf der aktuellsten Kopie erfolgen. Im Idealfall werden log n Hosts für eine Quorenbildung benötigt, der Worst Case besteht aus (n+1)/2 Hosts. Fallen mehr als log n Hosts aus, so können keine Quoren gebildet werden.

Neben diesen statischen Ansätzen gibt es das Dynamic Uniform Majority Voting, das eine statische Stimmzuordnung beibehält. Der Mehrheitsbegriff wird so definiert, daß eine Partition eine Majority Partition ist, wenn sie die Mehrzahl aller aktuellen, zuletzt geänderten Kopien eines Objekts enthält. Bei diesem Protokoll werden ferner mindestens drei Kopien benötigt. Außerdem besitzt es ein gesteigertes Kommunikationsaufkommen und ist sehr kostenintensiv. Ein anderes dynamisches QC-Verfahren ist aus der Anforderung entstanden, im Fehlerfall Stimmen neu zuweisen zu können. Voraussetzung dafür ist, daß jeder Host geschätzte Werte hat, wie viele Stimmen die anderen Hosts haben. Nach Fehlersituationen können die Stimmen ausgefallener Hosts von anderen Hosts übernommen werden bzw. die Stimmen insgesamt ausgewogener verteilt werden.

Für einige spezielle Szenarien sind die bislang skizzierten Protokolle zu restriktiv. So war bei Netzteilungen gefordert, daß Daten nicht gleichzeitig an zwei verschiedenen Partitionen geändert werden können. Für derartige Problemstellungen gibt es die Weak Consistency Verfahren, auf die jedoch an dieser Stelle nicht detaillierter eingegangen werden soll. Weiterführende Literatur ist in [HHB 96] zu finden.

6.2
Objektreplikation

Da Objekte nicht nur über einen Zustand, sondern auch über Verhalten definiert werden, sind sie wesentlich komplexer als reine Datenstrukturen. Aus diesem Grund lassen sich reine Datenreplikationsverfahren nicht ohne weiteres auf die Objektreplikation übertragen.

Die Bedeutung der Objektreplikation ist jedoch unumstritten. Der Ansatz der Objektorientierung hat in den letzten Jahren breite Anerkennung gefunden und kommt inzwischen in vielen Gebieten zum Einsatz. Viele klassische Programmiersprachen sind um objektorientierte Ansätze erweitert worden, so beispielsweise C zu C++, Pascal zu ObjectPascal und Modula-2 zu Modula-3. Neuere Programmiersprachen, wie zum Beispiel Java, verfolgen rein objektorientierte Ansätze, auch Verteilungsplattformen wie z.B. Orbix bauen auf objektorientierten Ansätzen auf. Problemlösungen sind jedoch oft auf alte Strukturen zugeschnitten, so auch der Problembereich der Replikation, der bisher fast ausschließlich auf die Datenreplikation beschränkt ist. Da Objekte wesentlich komplexere Datenstrukturen sind, genügen die bestehenden Algorithmen nicht den Anforderungen an die Objektreplikation.

Das Gebiet der Objektreplikation ist bisher erst schwach erforscht, bisher wurde es überwiegend aus dem Gebiet der objektorientierten Datenbanksysteme (OODBS) motiviert. Das meistgenutzte Replikationsmodell ist das sogenannte Composite Object Model, bei dem eine Gruppe verbundener Objekte wie eine Einheit behandelt wird, was der ROWA-Semantik entspricht. Die bisher zur Objektreplikation existierenden Verfahren bewegen sich allerdings semantisch auf einer sehr hohen Abstraktionsebene, die kaum Lösungsansätze für eine Replikation des Programmierkonstrukts Objekt bietet. Insbesondere beschränken sich Datenbankobjekte bisher überwiegend auf das Einkapseln von Daten.

Gemäß [Ra 94] gibt es erst wenige kommerzielle Produkte, die einen integrierten Replikationsmechanismus besitzen. Das z.Z. einzige verfügbare Produkt mit vollständiger Replikationstransparenz ist nach [Ra 94] CA:DB-Star von Computer Associates. Aus diesem Grund soll im folgenden ein Rahmensystem geschaffen werden, das Datenreplikation für die Objektreplikation erweitert.

6.2.1
Architekturen zur Objektreplikation

Da ein Objekt sowohl über seinen Zustand als auch sein Verhalten definiert wird, muß ein Verfahren zur Objektreplikation in der Lage sein, sowohl statische als auch dynamische Elemente zu replizieren. Dabei ist nach [Me 97] zu beachten, daß beim Programmierkonstrukt Objekt die Grenzen zwischen Zustand und Verhalten fließend sein können, z.B. durch Methoden, die dynamisch über Zeigeroperationen zur Laufzeit eingebunden werden. Da man in der Regel keine generellen Aussagen über den Aufbau der Datenstrukturen eines Objekts machen kann, ist es nur in speziellen Fällen möglich, einen externen Mechanismus zum Extrahieren und Adaptieren eines Objektzustands zur Verfügung zu stellen. Da jedoch ein allgemeiner Ansatz entwickelt werden soll, besteht für nahezu alle hier vorgestellten Architekturen die Forderung, daß ein Objekt über seine Schnittstelle auch seinen Zustand bekanntgeben und anpassen kann, d.h. bei der Replikation der statischen Komponente eines Objekts werden die Voraussetzungen für die Replikation der dynamischen Komponenten vom Objekt selbst geschaffen. So wird die Verantwortung für den Umgang mit den Objektzuständen an die Objekte selbst zurückdelegiert. Dadurch hat – als positiver Nebeneffekt – der Programmierer eines Objekts größtmöglichen Einfluß darauf, wie der Zustand des Objekts repliziert wird, was ihm eine hinreichende Flexibilität verleiht.

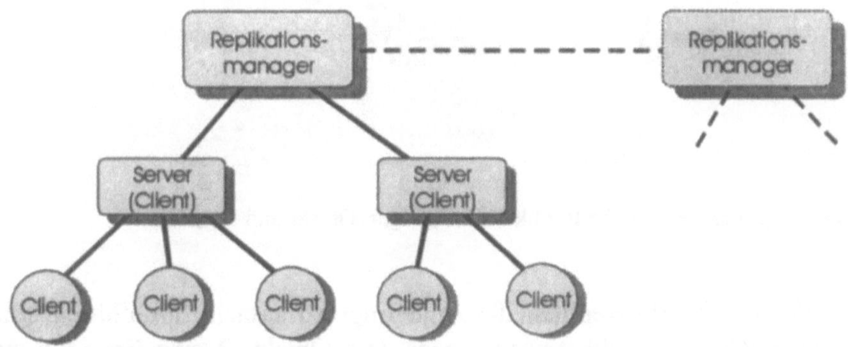

Abb. 6.1. Die Integration eines dezentralen Replikationsmanagers in ein Verteiltes System

Das Kopieren von Objekten ist jedoch nur eine Seite. Es soll zur Laufzeit auch Konsistenz zwischen den Replikaten gewahrt bleiben, d.h. man braucht zusätzliche Funktionen, die konsistente Lese- und Schreibzugriffe auf die Attribute des Objekts realisieren. Diese Aufgabe wird ein sogenannter Replikationsmanager übernehmen. Dies bedeutet für die Objekte, daß sie den Replikationsmechanismus geeignet unterstützen müssen. Sie dürfen nicht mehr direkt auf ihre Attribute zugreifen, sondern müssen dies über den Replikationsmanager vollziehen, damit die Operation auf ein Attribut an die betroffenen Replikate weitergeleitet werden kann.

Damit eine Replikation über Rechnergrenzen hinweg möglich ist, muß auf jedem in das Replikationsnetzwerk eingebundenen Rechner ein Replikationsmanager arbeiten. Dieser kann ein Systemdienst oder ein separater Server sein. Das Prinzip dieser Replikation ist in Abb. 6.1 dargestellt.

Das Zusammenspiel zwischen Replikationsmanager, Objekt und Replikat ist in Abb. 6.2 dargestellt. Dabei verlaufen Schreib- und Lesezugriffe stets nach dem gleichen Muster. Ein Objekt O muß alle Zugriffe auf seine Attribute zunächst an seinen lokalen Replikationsmanager weiterleiten. Dieser übermittelt die Anfrage nach Attributsänderung entsprechend dem verwendeten Protokoll an alle Replikationsmanager, die ein entsprechendes Replikat verwalten, oder an den gemäß des Algorithmus ausgewählten Teil der Replikationsmanager.

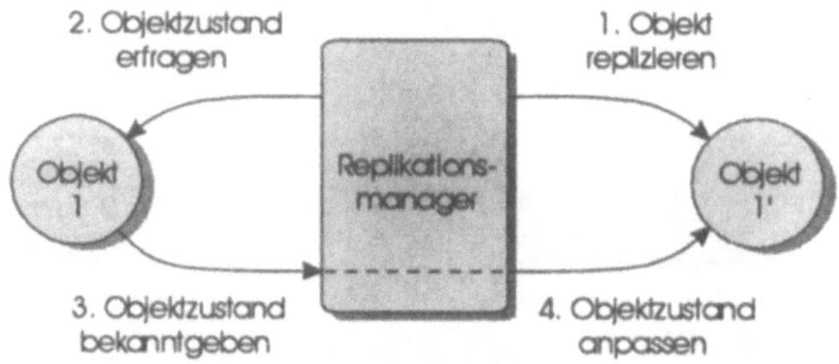

Abb. 6.2. Zusammenspiel von Replikationsmanager, Objekt und Replikat

Hat jedes involvierte Replikat die Änderung erfolgreich durchführen können, so erteilt der Replikationsmanager dem Objekt O eine Freigabe zur Attributsanpassung. Erst dann darf O seine Attribute ändern.

Je nach verwendetem Protokoll muß das Ändern der Attribute bei diesem Vorgang als Transaktion durchgeführt werden. Im folgenden werden vier Architekturen vorgestellt, die zum Zwecke der Objektreplikation eingesetzt werden können. Eine weitere Methode, welche auch zum Zwecke der Replikation angepaßt werden kann, wird ferner in Abschnitt 6.3.2 vorgestellt.

Das Server Pool Model

Das Server Pool Model (SPM) geht davon aus, daß die Verantwortung für die Zustandsexternalisation und -adaption bei den Objekten liegt und sie auch selber Lese- und Schreibzugriffe innerhalb des Replikationsprozesses unterstützen. In diesem Fall muß lediglich noch ein Rahmen für die Replikation des Objektverhaltens geschaffen werden.

Geht man nun nach [Me 97] davon aus, daß verbundene Objekte einer Implementierung in einem Server liegen, so kann man diese Objekte dadurch replizieren, daß man den Server repliziert. Liege die Implementierung eines Objekts A auf einem Server S_1 auf dem Host H_1 und soll A mit allen notwendigen Verbundobjekten auf einen Host H_2 repliziert werden, so kann dort ein Server S_2 gestartet werden, der eine Implementierung von A enthält. Für die Zugriffe auf den Replikationsmanager sind die jeweiligen Implementierungen zuständig.

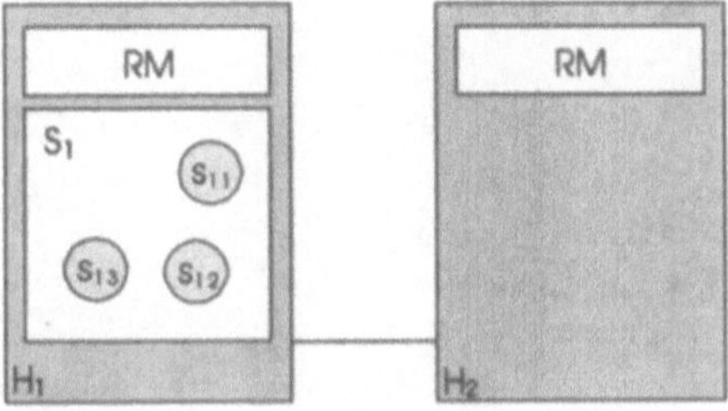

Abb. 6.3. Ausgangssituation

Im folgenden sollen die einzelnen Phasen dieses Replikationsprozesses näher betrachtet werden. Gegeben sei ein Replikationsnetzwerk mit mindestens einem laufenden Server.

Alle Hosts, auf denen ein Replikationsmanager läuft, sollen Bestandteil des Replikationsnetzwerks (RNW) sein, d.h. das RNW ist eine logische Einheit, die sich nicht mit physikalischen Vernetzungen decken muß, wobei jeder Replikationsmanager (RM) aber alle anderen RM erreichen können muß.

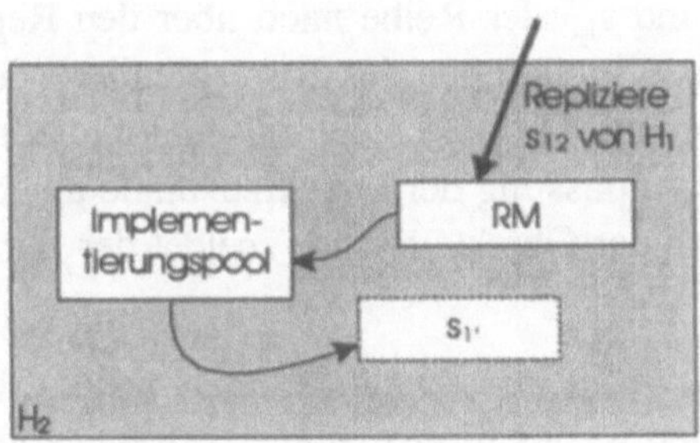

Abb. 6.4. Lokaler Implementierungspool

Die Ausgangssituation besteht nun darin, daß auf dem Host H_1 der Server S_1 läuft, der Objekte s_{11}, s_{12} und s_{13} implementiert, vergleiche Abb. 6.3. Auf Host H_2 befindet sich z.Z. kein Server, auf diesem und allen anderen Servern des RNW läuft ein Replikationsmanager. Nun soll das Objekt s_{12} auf Host H_2 repliziert werden. Auf H_2 wird dazu eine Implementierung $S_{1'}$ von S_1 gestartet. Diese befindet sich entweder in einem lokal auf jedem Server gehaltenen Implementierungspool, siehe Abb. 6.4, oder einem zentral gehaltenen Pool, siehe Abb. 6.5.

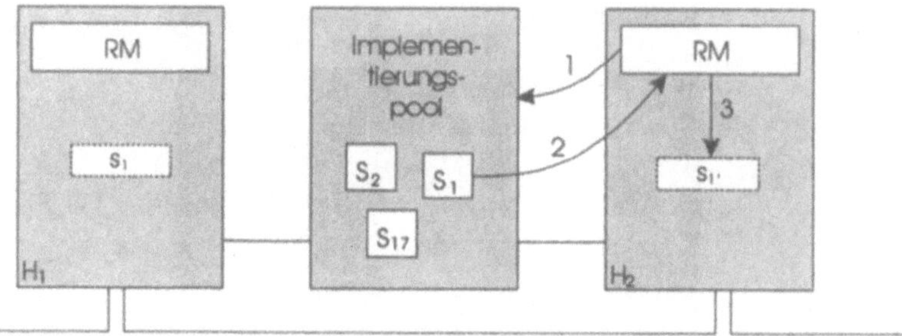

Abb. 6.5. Zentraler Implementierungspool

Während bei lokalen Kopien für die Konsistenz zu sorgen ist, besitzen zentrale Pools den Nachteil, daß sie schnell überlastet sein können. Zudem kann es bei einer zentralen Ablage der Implementierungen je nach System notwendig sein, daß diese zunächst auf den Zielrechner kopiert werden, wodurch es je nach Umfang der Implementationen zu einem Dateitransfer von einigen Megabytes kommen kann. Folglich sind erhebliche Verzögerungen bei der Replikation möglich.

Wurde die Implementierung $s_{1'}$ erfolgreich auf H_2 gestartet, so werden für die Objekte $s_{11'}$, $s_{12'}$ und $s_{13'}$ der Reihe nach über den Replikationsmanager von H_2 die Zustandsbeschreibungen der korrespondierenden Objekte s_{11}, s_{12} und s_{13} aus S_1 angefordert. Abb. 6.6 stellt diesen Sachverhalt für s_{11} dar, für s_{12} und s_{13} erfolgt die Anpassung der Objektzustände analog. Nach einer erfolgreichen Anpassung der Objektzustände meldet der Server $S_{1'}$ die Bereitschaft.

Nun können die Zugriffe auf die Zustände der Objekte erfolgen, wobei dies ausschließlich über den Replikationsmanager erfolgt, sofern ein zugreifendes Objekt nicht direkt mit der Implementierung und dem Hostrechner zusammenhängt.

Auffällig ist an diesem Modell, daß alle drei Objekte s_{11}, s_{12} und s_{13} repliziert werden müssen, obwohl lediglich eine Replikation des Objekts s_{12} angefordert war. In heterogenen Systemen kommt noch das Problem hinzu, daß unterschiedliche Implementierungen für die verschiedenen Plattformen verwaltet werden müssen. Dieses Problem betrifft auch den Replikationsmanager, der auf jedem System laufen muß.

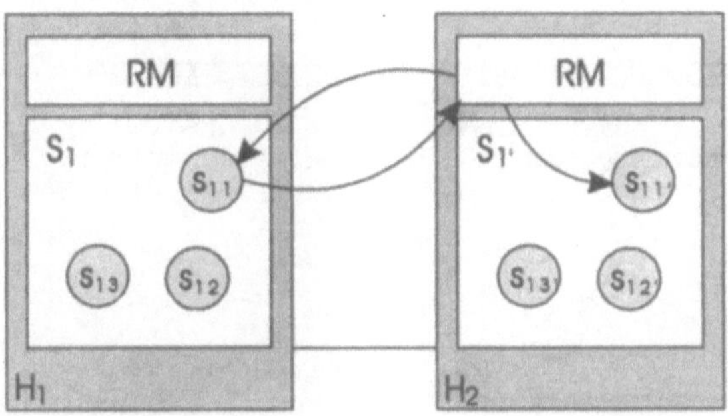

Abb. 6.6. Anpassung der Objektzustände

Dieses Modell unterstützt den Programmierer aus dem Blickwinkel der Objektorientierung nur schwach, da Objekte nicht gezielt erzeugt werden, sondern eine vollständige Implementierung eines Servers repliziert wird, d.h. der statische Teil der Replikation durch Mehrfachinstanzen einer Implementierung abgedeckt wird. Die Objektorientierung wird in diesem Zusammenhang lediglich dazu genutzt, dynamische Elemente der Replikation, d.h. den Zustand der einzelnen Objekte im replizierten Server anzupassen. Wird ein replizierter Server beendet, müssen für alle Objekte des Servers, an die noch Clients gebunden sind, Ersatzobjekte benannt und das System entsprechend umkonfiguriert werden.

Das Object Stream Model

Das Object Stream Model (OSM) basiert auf Konzepten, die dem vorangehenden SPM ähneln. Es besitzt jedoch die Zielsetzung, eine stärkere Bindung zwischen Replikationsprozeß und Objektorientierung zu schaffen. Dabei ist es die Idee des OSMs, ein Objekt zur Laufzeit komplett in ein Datenpaket zu verpacken und an den Zielrechner zu senden. Dieser erzeugt aus dem Datenpaket wieder ein Objekt.

Die Ausgangssituation sei wie im vorangegangenen Modell, d.h. das Objekt s_{12} soll von H_1 nach H_2 repliziert werden. Zur Vereinfachung der Darstellung wird die Objekt/Server/Host-Relation im folgenden durch einen Objekt:Server:Host-Bezeichner beschrieben. $s_{12}:S_1:H_1$ ist so das in Abb. 6.7 dargestellte zu replizierende Objekt.

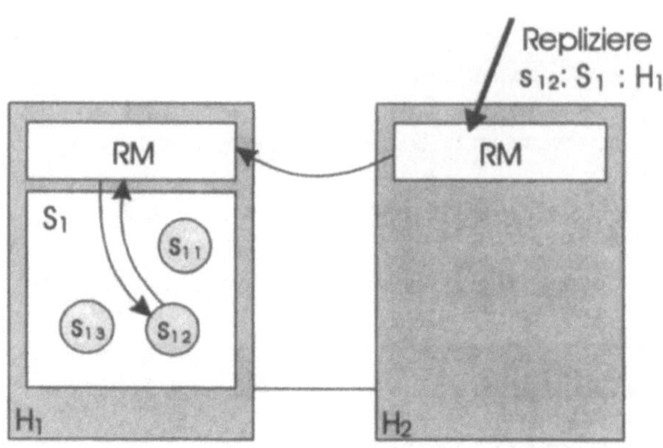

Abb. 6.7. Anfrage für einen Objectstream von s_{12}

Als einen ersten Schritt sendet der Replikationsmanager von H_2 eine Anforderung an den Replikationsmanager von H_1, das gewünschte Objekt zu verpacken. Dabei erzeugt der Replikationsmanager von H_1 ein Datenpaket, das hier als Stream bezeichnet wird, siehe Abb. 6.8. In diesem Stream sind alle Objektinformationen abgelegt, sowohl die statischen als auch die dynamischen.

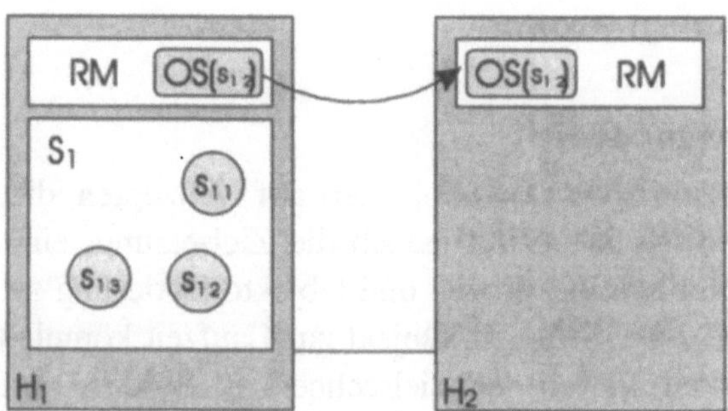

Abb. 6.8. Übermitteln des Object Streams an H_2

Im nächsten Schritt wird der Stream vom Replikationsmanager des Hosts H_1 an den Replikationsmanager des Hosts H_2 gesendet. Der Replikationsmanager von H_2 generiert dann aus den Daten des Object Streams (OS) eine Kopie des Ursprungsobjekts, wie in Abb. 6.9 dargestellt. Dieses replizierte Objekt besitzt wieder den aktuellen Zustand und muß nun vom erzeugenden Replikationsmanager verwaltet werden.

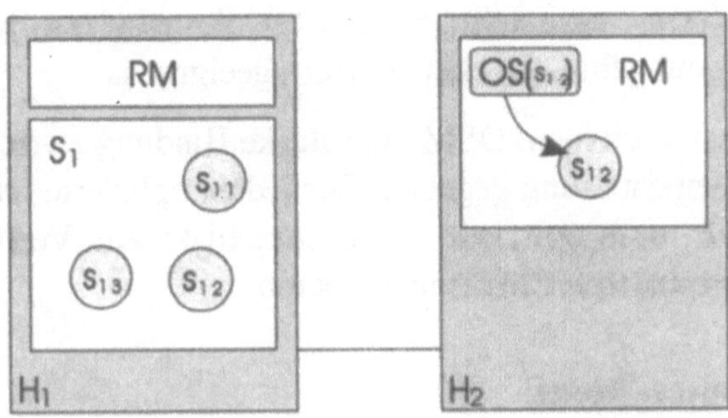

Abb. 6.9. Erzeugen des Replikats im Adreßraum des Replikationsmanagers von H_2

Im Gegensatz zum SPM werden bei diesem OSM nur explizit angeforderte Objekte repliziert. Dabei ist auch hier die Objektdarstellung systemabhängig. Da ferner keine direkte Möglichkeit besteht, unterschiedliche Implementierungen mit einem Objekt zu verknüpfen, ist dieses Verfahren nur für homogene Systemumgebungen geeignet.

Obwohl ein Streaming-Mechanismus, also ein Systemdienst zum Ver- und Entpacken von Objekten, auf den ersten Blick trivial erscheinen mag, sind die Anforderungen an einen solchen Mechanismus sehr hoch. Besonders das Ver- und Entpacken der statischen Objektkomponenten, in der Regel Methoden, also ausführbarer Maschinencode, ist äußerst komplex. So sind beim Vorgang des Verpackens komplizierte Operationen notwendig, um alle benötigten Programmsegmente zusammenzutragen, beim Entpacken und Erzeugen des Replikats besteht die größte Schwierigkeit darin, alle systemabhängigen Laufzeitinformationen zu interpretieren und ein vergleichbares Rahmenwerk mit Speicheradressen, Registerinhalten usw. zu schaffen. Eine Möglichkeit ist die Generierung einer virtuellen Systemumgebung, die das Verhalten des Ursprungsrechners simuliert. Dadurch würde die Komplexität des Replikationsvorgangs allerdings steigen, so daß signifikante Leistungseinbußen zu erwarten sind.

Ein anderes Problem sind die zeitlichen Verzögerungen und Synchronisationsprobleme, welche durch die Komplexität des Replikationsprozesses verursacht werden. Je länger das Streamen des Ursprungsobjekts und das Entpacken und Generieren des Replikats dauert, desto größer wird die Wahrscheinlichkeit, daß es zu Zustandsveränderungen im Ursprungsobjekt und damit auch den Replikaten des Objekts kommt, die nicht berücksichtigt werden. Das bedeutet, daß man für die Dauer des Replikationsvorgangs den Zugriff auf alle Objekte der Klasse des Replikats blockieren muß. Somit ist anzunehmen, daß das vorgestellte Modell für die gängigen Betriebssysteme und Entwicklungsumgebungen eher schlecht geeignet ist.

Wie beim SPM ist auch beim OSM eine starke Bindung zwischen Objektdefinition und Implementierung gegeben. Für jedes replizierte Objekt, das zerstört werden soll, muß ggf. noch ein Ersatzobjekt zur Verfügung gestellt werden, das angebundene Clients nutzen kann.

Das Factory Object Model

Das größte Problem des OSMs ist das Verpacken der statischen Objektelemente und das Erzeugen eines Replikats aus diesen Informationen. Ein Weg zur Lösung dieser Problemstellung wäre die Neuerzeugung eines Objekts der geforderten Klasse und die Anpassung des Zustands.

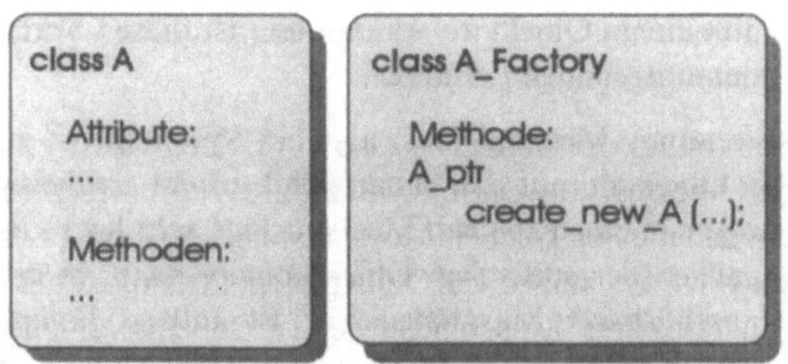

Abb. 6.10. Relation zwischen den Klassen Object und Factory Object

Zu diesem Zweck müßte der Aufruf eines Konstruktors seiner Implementierung erfolgen, wobei solche Konstruktoraufrufe aber immer Objekte innerhalb des Servers erzeugen, der die Implementierung beinhaltet. Insbesondere ist es für einen Client nicht möglich, ein neues Objekt zu erzeugen, was den direkten Einsatz von Objektkonstruktoren zur Replikation verhindert.

Aus den genannten Gründen wird im folgenden das Factory Object Model (FOM) vorgestellt. Bei diesem Modell werden Hilfsobjekte, sogenannte Factory Objects (FO), zum Replizieren der statischen Elemente eines Objekts genutzt. Ein FO besitzt im Normalfall genau eine Funktion – es erzeugt ein Objekt. Das Verhältnis von Objekt und FO wird in Abb. 6.10 dargestellt. Für jedes zu replizierende Objekt muß ein entsprechendes Factory Object existieren. Dies bedeutet für die FOM-Architektur, daß jeder Replikationsmanager für alle zu replizierenden Objekte ein entsprechendes FO besitzen muß.

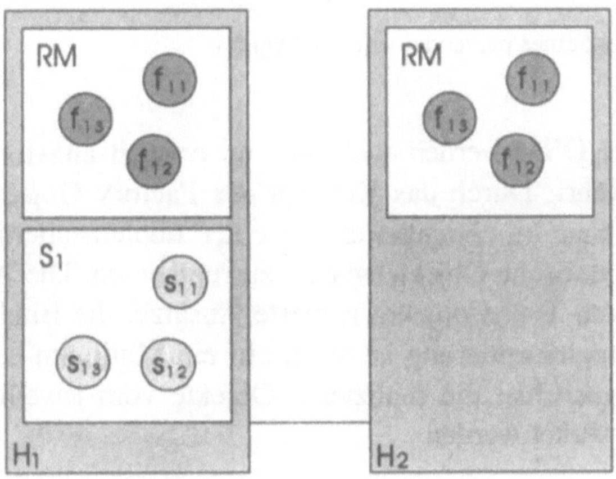

Abb. 6.11. Ausgangssituation für das Factory Object Model

Als Ausgangssituation werde im folgenden – anders, als bei den beiden zuvor beschriebenen Modellen – ein Szenario betrachtet, bei dem jeder RM schon Factory Objects f_{11}, f_{12} und f_{13} für alle potentiellen Replikationen besitzt, siehe Abb. 6.11.

Analog zu den vorherigen Beispielen erhält der Replikationsmanager RM von H_2 wieder die Aufgabe, das Objekt $s_{12}{:}S_1{:}H_1$ zu replizieren. Im ersten Schritt erfragt der Replikationsmanager RM von H_2 alle notwendigen Klasseninformationen von $s_{12}{:}S_1{:}H_1$ und sucht anhand dieser ein passendes Factory Object, siehe Abb. 6.12.

Im nächsten Schritt wird mittels des Factory Objects ein Objekt der gleichen Klasse erzeugt, siehe Abb. 6.13, und der Zustand des neu erzeugten Objekts $s_{12'}$ an den Zustand des Objekts s_{12} angepaßt, siehe Abb. 6.14.

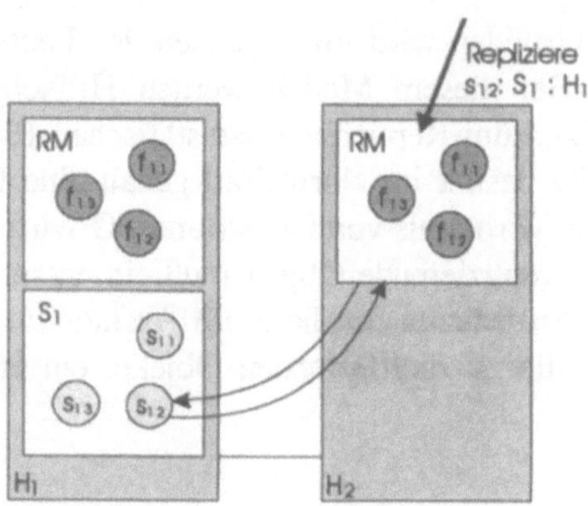

Abb. 6.12. Ermitteln eines passenden Factory Objects

In Analogie zum OSM werden auch hier nur explizit angeforderte Replikationen durchgeführt. Durch das Konzept der Factory Objects wird zudem auf niedriger Ebene im compilierten Code der Implementierungen die Aufgabe realisiert, statische Objektelemente zu replizieren. Die Architektur unterstützt in weiten Teilen objektorientierte Ansätze, die Bindung eines Objekts an seine Implementierung ist dabei auf ein Minimum beschränkt. Wie zuvor müssen auch hier die replizieren Objekte vom jeweiligen Replikationsmanager verwaltet werden.

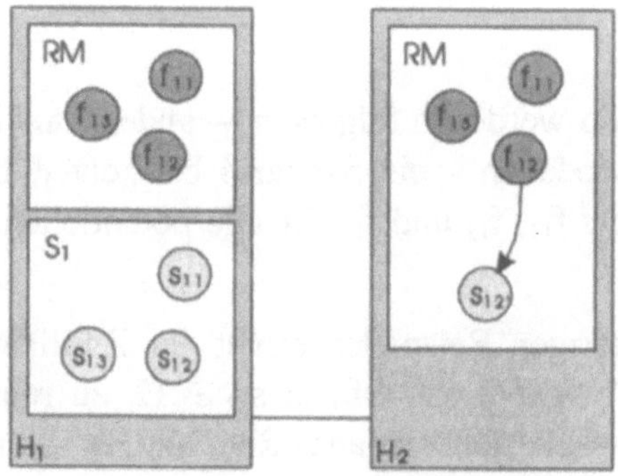

Abb. 6.13. Erzeugen eines Replikats durch das Factory Object

Nachteilig ist dagegen, daß der Replikationsmanager Implementierungen der FOs besitzen muß, d.h. er kann nicht sukzessive erweitert werden, da das Hinzufügen neuer FOs eine Neucompilierung erforderlich macht. Der RM wird also indirekt von den unterstützten Replikationsobjekten abhängig. Beinhalten die Objekte systemabhängige Komponenten, müssen zudem Implementierungen für die verschiedenen Plattformen verwaltet werden.

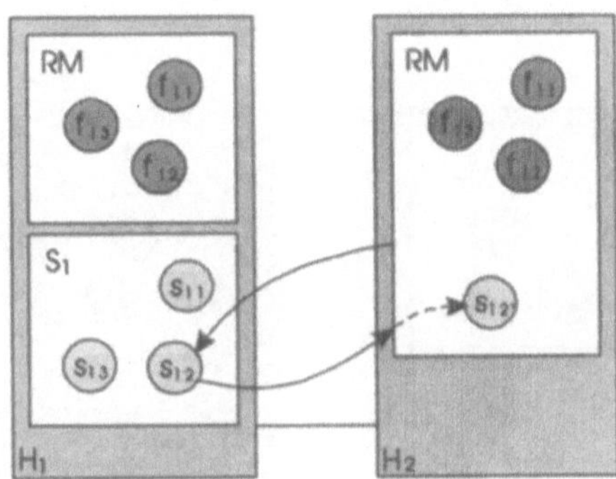

Abb. 6.14. Anpassen des Objektzustands von s_{12}.

Da sich Factory Objects nur dazu eignen, Objekte innerhalb eines Servers anzulegen, ist eine Auslagerung der Factory Objects nicht möglich. Im Vergleich mit dem OSM ist eine Implementierung des Replikationsmechanismus weniger komplex, es ist also auch eine höhere Leistung zu erwarten, dabei ist die Zahl der Zugriffe auf entfernte Rechner größer, der Ressourcenbedarf ist jedoch deutlich niedriger, da keine besonderen Umgebungen für die erzeugten Replikate geschaffen werden müssen.

Im Falle der Zerstörung eines Replikats müssen bei diesem Modell Ersatzobjekte zur Verfügung stehen. Außerdem kann das bereits o.g. Problem der Synchronisation auftreten, wogegen zueinandergehörende Objekte bzw. Replikate geschützt werden müssen. Aus Sicht des Programmierers ist dieses Modell einfacher zu implementieren als das OSM. Das Konzept der Factory Objects ist außerdem weitreichend anerkannt, es ist beispielsweise auch in dem Modell eines Pass-by-Value-Dienstes für CORBA [Gr 96] oder in dem Life Cycle Service [OMG 95] zu finden.

Das Factory Server Model

Aus Sicht der Systemstabilität und der Systemflexibilität ist es wünschenswert, daß die zentrale Komponente der Replikationsarchitekturen, der Replikationsmanager, unabhängig von den replizierten Objekten ist. Dadurch würde zudem der Administrationsaufwand reduziert werden.

Das Factory Server Model (FSM) verwendet ebenfalls die aus dem FOM bereits bekannten Factory Objects. Innerhalb eines Servers können jedoch durch außenstehende Factory Objects keine Objekte erzeugt werden. Aus diesem Grund wird nun eine Kombination aus dem SPM und dem FOM betrachtet.

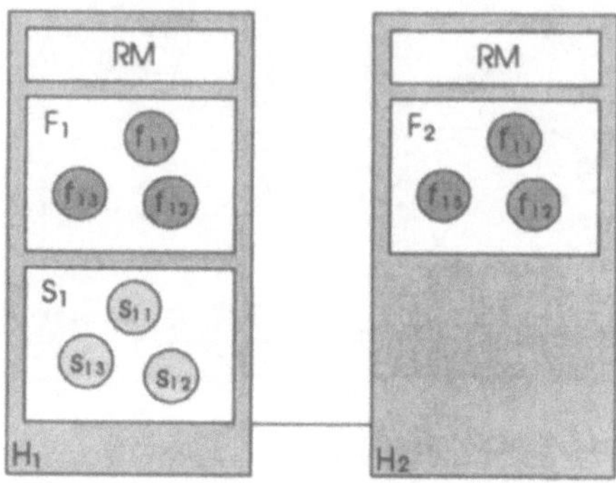

Abb. 6.15. Ausgangssituation beim Factory Server Model

Die vorhandene Architektur wird so erweitert, daß auf jedem Rechner des Replikationsnetzwerks neben dem Replikationsmanager auch ein sogenannter Factory Server (FS) laufen muß. Dieser enthält die entsprechenden Factory Objects, wodurch die Replikationsmanager unabhängig von den Implementierungen der Objekte werden.

Ausgangspunkt für die Replikation ist eine Architektur, bei der die Factory Objects f_{11}, f_{12} und f_{13} nun in den externen Factory Servern F_1 bzw. F_2 liegen, vgl. Abb. 6.15. Erhält nun der RM von H_2 die Aufforderung, $s_{12}{:}S_1{:}H_1$ zu replizieren, so müssen zunächst wieder alle relevanten Klasseninformationen vom Ursprungsobjekt erfragt und ferner ein geeignetes FO gewählt werden, siehe Abb. 6.16.

Im Gegensatz zu den zuvor betrachteten Szenarien befindet sich dieses Objekt jetzt in einem externen Server F_2. Damit das System flexibel bleibt, sollten verschiedene Factory Server pro Host unterstützt werden. Dies bedeutet, daß der Replikationsmanager in der Lage sein muß, zu erkennen, in welchem FS sich das Factory Object befindet.

Im nächsten Schritt – siehe Abb. 6.17 – erzeugt der Factory Server F_2 ein neues Objekt der gleichen Objektklasse wie $s_{12}{:}S_1{:}H_1$ und gibt die zugehörige Referenz an den lokalen Replikationsmanager zurück. Das Replikat

wird folglich nicht im Adreßraum des Managers erzeugt, sondern liegt im
FS.

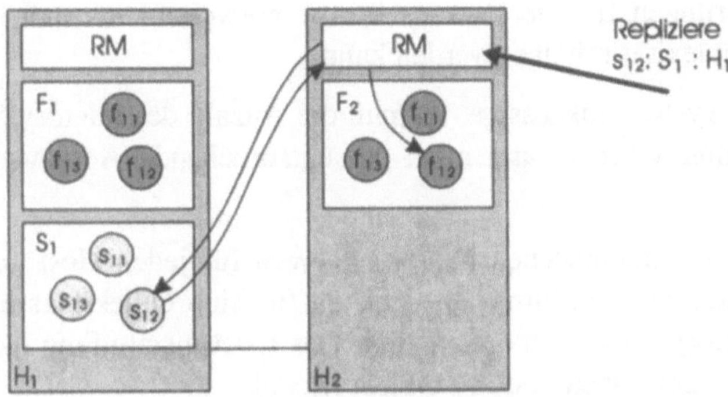

Abb. 6.16. Ermitteln des passenden Factory Servers und des Factory Objects

Damit hat der Replikationsmanager nur noch eine indirekte Kontrolle über
das Replikat, d.h. der FS ist dafür verantwortlich, das replizierte Objekt
freizugeben, wenn das Replikat zerstört werden soll.

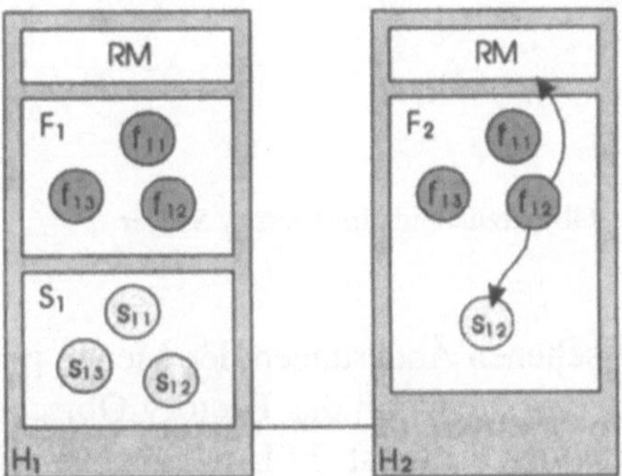

Abb. 6.17. Ereugen des Replikats und Übermitteln der Referenz

In der letzten Phase wird analog zu den vorangegangenen Modellen der Zustand des Replikats an das Original angepaßt, siehe Abb. 6.18. Der RM
reicht dabei den Objektzustand über die zuvor erhaltene Referenz an das
Replikat im FS weiter.

Bei diesem betrachteten Modell bleibt der Replikationsmanager unabhängig von den Implementierungen der zu replizierenden Objekte. Allerdings wird eine weitere systemabhängige Komponente notwendig; und in heterogenen Umgebungen werden neben dem Replikationsmanager noch verschiedene Implementierungen für die Factory Server notwendig, so daß eine hinreichende Komplexität erhalten werden kann.

Wächst das System sukzessive, so muß die Anzahl der Factory Server steigen, und damit wächst dann auch der entsprechende Administrationsaufwand.

Geht man von verschiedenen Factory Servern für jeden Host aus, so wird ein Höchstmaß an Flexibilität erreicht, da für eine Objektklasse prinzipiell mehrere Factory Objects möglich sind. Der Leistungsumfang dieser Architektur ähnelt dem reinen Factory Object Model.

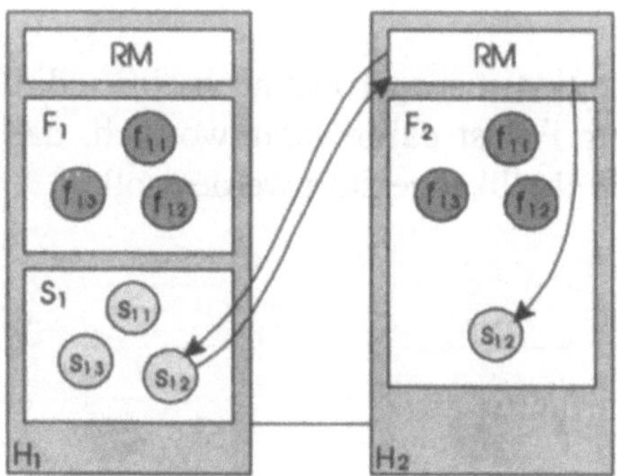

Abb. 6.18. Anpassen des Objektzustands im Factory Server

In einem System mit seltenen Änderungen der Menge potentiell replizierbarer Objekte kann man erwarten, daß das Factory Object Model ein besseres Leistung/Kosten-Verhältnis aufweist. In Umgebungen mit weniger Replikationen ist dagegen vom Factory Server Model eine höhere Effektivität zu erwarten.

Dies schließt auch die Administrationskosten mit ein. Das Freigeben von Replikaten ist aufwendiger, da sich diese Replikate nicht in direkter Kontrolle eines Replikationsmanagers befinden. Die Aufgabe, den Speicherplatz für das Objekt freizugeben, liegt dann bei dem entsprechenden Factory Server.

6.2.2
Implementation einer Replikationsarchitektur

Nach der Vorstellung der vier prinzipiell verschiedenen Architekturen zur Objektreplikation soll innerhalb dieses Abschnitts zur Implementierung übergegangen werden. Dabei scheinen die beiden zuletzt vorgestellten Modelle, das Factory Object Model und das Factory Server Model den gestellten Anforderungen an die Objektreplikation am nächsten zu kommen. Aus diesem Grund wird eine Implementierung beider Konzepte vorgenommen, zumal sie sich konzeptuell nur geringfügig unterscheiden.

Im Rahmen dieses Kapitels wird lediglich die Implementierung des FSMs vorgestellt, da bei diesem Modell der Replikationsmanager als zentrale Komponente bei Erweiterungen potentieller Replikationsobjekte unverändert bleibt. Die eigentliche Implementierung erfolgte unter Orbix. Um den vorherigen Abschnitt noch einmal zusammenzufassen, sind vier Beobachtungen für ein Factory Server Model ableitbar.

- Ein Serverobjekt muß Methoden zur Verfügung stellen, mit denen es seinen Zustand externalisieren und anpassen kann.

- Die Methoden für Attributzugriffe (lesend oder schreibend) müssen den Replikationsprozeß unterstützen, d.h. Attributzugriffe müssen dem RM mitgeteilt werden.

- Der RM selbst soll unabhängig von den replizierten Objekten bleiben, so soll eine Erweiterung des Systems ohne Modifikation des Managers möglich sein.

- Die Factory Objects müssen neben Methoden zum Erzeugen neuer Objekte auch Methoden zum Zerstören existierender Replikate zur Verfügung stellen.

Abb. 6.19 zeigt die Komponenten der implementierten Architektur. Als Beispiel-Server dient dabei ein LongGrid-Server, der eine Modifikation von Elementen einer Matrix vom Typ long ermöglicht. Die Implementierung des LongGrid-Servers kann als Grundlage für die Entwicklung weiterer Server dienen, die ebenfalls in den Replikationsprozeß eingebunden werden sollen.

Grundlegend ist bei der Objektreplikation das bereits beschriebene Modell der Vererbung. Insbesondere sollen alle replizierbaren Objekte von einer vorgegebenen Basisklasse abgeleitet werden. Da auch die IDL Vererbung unterstützt, kann diese Schnittstelle die beiden erstgenannten der oberen Forderungen abdecken.

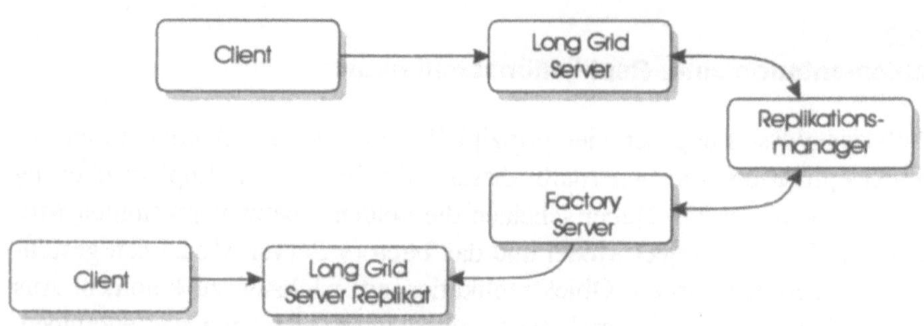

Abb. 6.19. Die Komponenten der Implementierung des Factory Server Models

Zu diesem Zweck wird eine Basisschnittstelle entwickelt, die abstrakte Methoden zum Lesen, Schreiben, Externalisieren und Anpassen von Zuständen enthält. Da ein Factory Object ebenfalls Methoden zum Erzeugen und Löschen von Objekten besitzen muß, kann auch dafür eine Basisklasse gebildet werden. Die IDL stellt über das Modulkonzept einen Mechanismus zur Verfügung, mit dem Schnittstellen gruppiert werden können. Abb. 6.20 zeigt die IDL-Spezifikation für das entsprechende Basismodul.

Arbeiten mindestens zwei Nutzer auf den gleichen Datenbeständen, so benötigt man eine Nebenläufigkeitskontrolle. In der vorliegenden Implementierung wird zu diesem Zweck ein einfacher Sperrmechanismus verwendet, das Conservative Two-Phase-Locking. Dieses arbeitet prinzipiell so, daß alle zu verändernden Objekte gesperrt werden, bevor sie gelesen oder modifiziert werden. Erst wenn alle betroffenen Objekte gesperrt sind, dürfen die Zugriffe erfolgen. In einer zweiten Phase werden die Objekte dann wieder entsperrt. Durch diese Anforderung bedingt, müssen zwei weitere Methoden zum Sperren und Entsperren von Attributen zur Verfügung gestellt werden. Protokolle zu dieser Nebenläufigkeitskontrolle sind unter anderem in [Be 87] und [Me 95] zu finden. Die in der IDL-Spezifikation des Basismoduls `ReplicaObject` angegebene `ReplicaFactory`-Schnittstelle dient als Basisklasse für alle Factory Objects zu replizierbaren Objekten. Sie stellt die Methoden zur Erzeugung und Zerstörung eines Objekts bereit.

Die zentrale Komponente des Factory Server Models ist der Replikationsmanager. Er ist für das Replizieren von Objekten, das Zerstören von Replikaten, das Erfragen und Übermitteln von Objektzuständen und die Konsistenzwahrung zwischen den Replikaten bei Zugriffen auf Objektattribute zuständig.

Von den zuvor vorgestellten Algorithmen zur Konsistenzwahrung wurden das ROWA-A Protocol und das Uniform Majority QC Protocol als typische Vertreter der ROWA- bzw. der QC-Protokolle sowie Primary Copy als das kommerziell am häufigsten verwendete Verfahren implementiert.

```
// Datei: ReplicableObject.idl

module ReplicaObject {
    typedef sequence<any>   ObjectState;
    typedef sequence<any>   ParamList;

    interface Replicable {
    short get_state( inout ObjectState CurrentState);
        short set_state( in ObjectState NewState);
        long get_statesize();
        short get_prop( in any LockID, inout ParamList
            PropState );
        short set_prop( in any LockID, in ParamList
            NewPropState );

        boolean lock_prop( in any LockID, in ParamList Prop );
        boolean unlock_prop( in any LockID, in ParamList Prop
);

        short get_version( in any LockID, in ParamList
            Options,inout long Version );
        short set_version( in any LockID, in ParamList
            Options,in long Version );
    };
    interface ReplicableFactory {
        string create_replicable( in string ObjMarker );
        short delete_replicable( in string ObjMarker );
    };
};
```

Abb. 6.20. Die IDL-Spezifikation des Basismoduls `ReplicaObject`

Abb. 6.21 stellt die IDL-Spezifikation des Replikationsmanagers dar. Der Replikationsmanager muß wissen, welche Objekte repliziert werden können und welche Factory Server dazu zur Verfügung stehen. Zu diesem Zweck muß sich ein Factory Server zunächst beim lokalen Replikationsmanager registrieren und mitteilen, welche Factory Objects er hostet. Diese Informationen werden vom Replikationsmanager in einer Sequenz der Struktur `FactoryInfo` verwaltet, wobei diese Struktur aus Namen für Interface, Server und der zu unterstützenden Objektklasse besteht. Diese Informationen genügen, um zu einer Objektreferenz ein passendes Factory Object zu finden. Im folgenden sollen nicht alle Methoden besprochen werden, sondern stellvertretend lediglich die `ReplicateObject`-Methode vorgestellt werden.

```
interface ReplicaManager {

    struct FactoryInfo {
      string sInterfaceMarker;
      string sServerMarker;
      string sObjectMarker;
    };

    typedef sequence<FactoryInfo> FactoryList;
    attribute short RMA_Algorithm;

    short RMF_ReplicateObject( in string SourceObj );
    short RMF_ReleaseReplica( in string ObjectName,
            in string ObjReplace );
    short RMF_RegisterObject( in string ObjectRefString );
    short RMF_RegisterFactory( in string sInterface,
            in string sServerMarker,
            in string sObjMarker );
    short RMF_WriteProp( in long LockID, in string
            ObjectMarker, n ParamList Params);
    short RMF_ReadProp( in long LockID, in string
            ObjectMarker, inout ParamList Params );
    short RMF_WritePropReq( in string ObjectMarker,
            in ParamList Params,
            inout long NewVersion);
    short RMF_ReadPropReq( in string ObjectMarker,
            inout ParamList Params,
            in long CurrVersion );
    long RMF_RetrieveLockID( in string ObjectMarker,
            in ParamList Params );
    short RMF_WriteVersion( in long LockID, in string
            ObjectMarker, in ParamList Params,
            in long NewVersion);
    short RMF_ReadVersion( in long LockID, in string
            ObjectMarker,in ParamList Params,
            out long Version );
    short RMF_HasReplica( in string ObjectMarker );
    short RMF_LockRM();
    short RMF_UnlockRM();
    short RMF_SetAlgorithm( in short Algorithm );
    boolean RMF_IsPrimaryServer();

};
```

Abb. 6.21. Die IDL-Spezifikation des Replikationsmanagers

Jedes Orbix-Objekt verfügt über eine Methode `object_to_string()`, welche aus einer Objektreferenz eine Zeichenkette generiert. Die `ReplicateObject`-Methode bekommt als einzigen Parameter eine solche Referenz auf das zu replizierende Objekt. Zunächst wird aus der übergebenen Zeichenkette durch die konträre Methode `string_to_object()` eine Objektreferenz generiert.

Zu beachten ist dabei, daß beim Aufruf dieser Methode wie bei `bind()` ein Proxy-Objekt anhand der neuen Referenz erzeugt wird. Da der Replikationsmanager jedoch unabhängig von den replizierbaren Objekten bleiben soll, werden die Proxy-Codes nicht mitgelinkt, d.h. der Replikationsmanager kennt den wirklichen Objekttyp zu der neuen Referenz nicht. In diesem Fall erzeugt Orbix ein Proxy-Objekt für die CORBA_Object-Klasse. Ähnlich wie die Informationen über die Factory Server verwaltet ein RM auch die Referenzen auf die unter seiner Regie replizierten Objekte in einer Liste. Daher wird zunächst nach einem freien Listenplatz für die neue Referenz gesucht.

Ist dieser Listenplatz ermittelt, so wird der Objektzustand des Ursprungsobjekts erfragt. Dies geschieht mittels dem DII unter Verwendung eines CORBA_Request-Objekts. Orbix stellt für die Generierung von Request-Objekten ein spezifisches, streamähnliches Interface zur Verfügung. Will man Request-Objekte alleine mit CORBA-konformen Operationen erstellen, wird die Implementierung wesentlich komplexer. Eine genaue Beschreibung des Orbix-Interfaces findet man in [Iona 95] und [Iona 95r], der CORBA-konforme Weg wird beispielsweise in [Re 96] erläutert.

Man könnte den Eindruck haben, daß mit dem Einsatz des DII zu großer Aufwand getrieben wird, da die Ausnutzung der Vererbungsbeziehung zwischen dem Ursprungsobjekt und der `ReplicaObject::Replicable`-Klasse als adäquate Lösung erscheint. Jedoch wird zu der zuvor erzeugten Referenz kein passendes Proxy-Objekt, sondern ein `CORBA_Object`-Proxy erzeugt. Dieses abstrakte Objekt kennt die benötigten Methoden nicht. Es würde demzufolge ein Fehler ausgelöst.

Zur Implementierung des ROWA-A Protocols wird als Parameter zum einen ein Objektname, zum anderen eine `sequence<any>` benötigt, welche die Attributparameter enthält. Für das Ver- und Entpacken der Parameter sind die jeweiligen Server verantwortlich. Der Ablauf des Schreibzugriffs vollzieht sich in drei Phasen, die in Abb. 6.22 dargestellt sind.

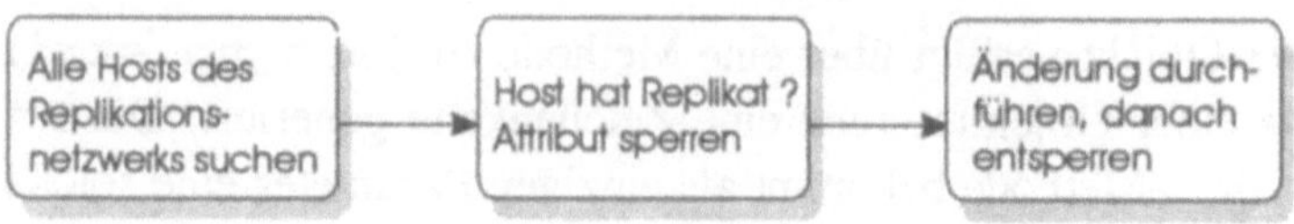

Abb. 6.22. Die drei Phasen eines ROWA-A-Schreibzugriffs

In der ersten Phase werden über den Orbix-Locator alle Hosts des Replikationsnetzwerks gesucht.

Hostet ein Rechner ein Objekt passenden Typs, so wird in der zweiten Phase das zu ändernde Attribut gesperrt. Diese zweite Phase wird dabei für alle beteiligten Hosts durchgeführt.

In der dritten Phase wird bei jedem betroffenen Objekt die Änderung des Attributs durchgeführt und anschließend wieder entsperrt. Für die Granularität des Sperrmechanismus gilt, daß ein Sperren auf der Ebene einzelner Attribute geschieht, nicht auf der Ebene ganzer Objekte, da ein Objekt ansonsten bei jeder Änderung vollständig blockiert, insbesondere auch für Clients. Eine detaillierte Beschreibung dieser drei Phasen und insbesondere des Sperrmechanismus ist in [Me 97] enthalten.

In Analogie zu ROWA-A verfolgt auch das Primary Copy Protocol den gleichen Ansatz eines Schreibzugriffs. Aus diesem Grund sind die zugehörigen Implementierungen identisch. Im Gegensatz zu den Schreibzugriffen werden die Lesezugriffe jedoch anders behandelt. Während unter ROWA-A alle Replikate den gleichen Stellenwert haben, wird unter Primary Copy eine besondere Kopie – der Primary Server – gewählt, der als Primärkopie gilt. Lesezugriffe dürfen nur auf dieses Replikat erfolgen. Den anderen Replikaten wird eher der Status einer Sicherungskopie verliehen. Entsprechend der Häufung von Lesezugriffen kann die Gesamtleistung eines Systems signifikant von der Wahl eines Primary Servers abhängen. In der durchgeführten Implementierung ist hinsichtlich der Wahl eines Primary Servers keine Optimierung vorgenommen worden, der erste Server, der seine Bereitschaft meldet, wird Primary Server.

Ist das initiierende Objekt selber die Primärkopie, so wird die Kontrolle mit einer entsprechenden Kennung unmittelbar an den Aufrufer zurückgegeben. Anderenfalls wird versucht, über einen Aufruf von `FindRemotePrimaryServer` den Primary Server zu finden. Schlägt die Suche fehl, so versucht der jeweilige Replikationsmanager, in Abstimmung mit den anderen

Replikationsmanagern sich selbst als Primary Server einzusetzen. Dieses Prinzip ist in Abb. 6.23 dargestellt.

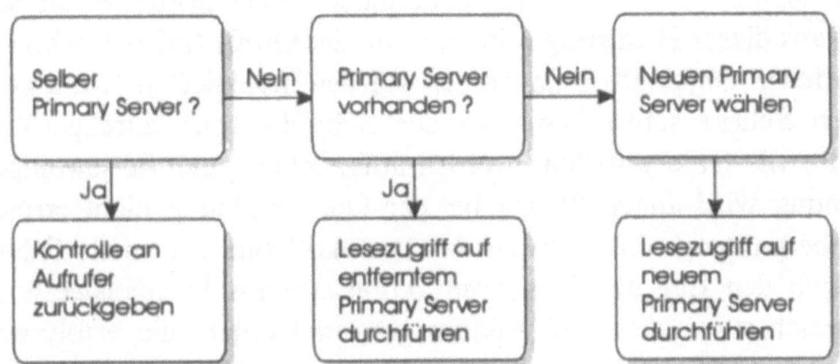

Abb. 6.23. Die Phasen eines Lesezugriffs bei Primary Copy

Anders als bei den ROWA-Protokollen sind bei den QC-Protokollen nicht alle Kopien zwangsläufig konsistent, da Schreib- und Lesezugiffe immer nur auf einem Teil aller Replikate durchgeführt werden. Man benötigt einen zusätzlichen Mechanismus, mit dem festgestellt werden kann, ob ein Replikat aktuell ist.

Hierzu werden Versionskennnungen verwendet, die jedem Attribut ein virtuelles Alter in Form eines Long-Werts zuordnen. Ein Schreibzugriff verläuft dabei in vier Phasen, die in Abb. 6.24 dargestellt sind.

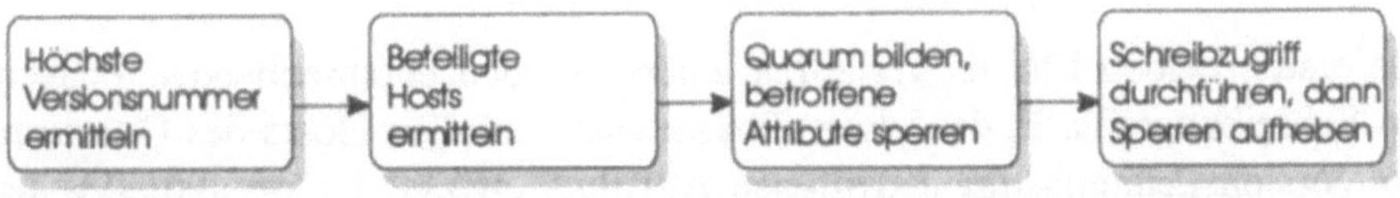

Abb. 6.24. Die Phasen eines Uniform Majority QC-Schreibzugriffs

In der ersten Phase wird mit Hilfe der `GetMostCurrentVersion()`-Methode die höchste aktuelle Versionsnummer ermittelt. Zu diesem Zweck wird ein Quorum aus (n/2)+1 Rechnern gebildet, wobei n die Anzahl der Hosts des Replikationsnetzwerks ist, die ein passendes Objekt hosten. Von jedem Rechner wird die Versionsnummer erfragt. Da wenigstens ein Rechner aktuell ist, entspricht die höchste Versionsnummer des Quorums der höchsten Versionsnummer aller zusammengehörenden Replikate.

In der zweiten Phase wird überprüft, auf welchen Hosts des Replikationsnetzwerks sich ein passendes Objekt befindet. In der dritten Phase schließlich wird aus dieser Hostmenge ein Quorum der Größe (n/2)+1 gebildet, und die betroffenen Objektattribute werden auf den involvierten Hosts gesperrt. Im letzten Schritt schließlich wird der Schreibzugriff durchgeführt, die Sperren für die Objektattribute werden aufgehoben, und die jeweilige Versionskennung wird angepaßt. Da bei der Quorenbildung nicht erreichbare Kopien übergangen werden, bietet das Protokoll eine maximale Fehlertoleranz. Durch den Einsatz eines Transaktionssystems beispielsweise müßte jedoch gesichert werden, daß Änderungen an Kopien, die erfolgreich ins Quorum integriert wurden, auch tatsächlich durchgeführt werden. Eine andere Möglichkeit wäre die Umkonfiguration des Quorums.

Aufgrund des Quorumprinzips arbeitet die Methode für die Lesezugriffe ähnlich wie die Methode der Schreibzugriffe, auch sie benutzt ein Quorum der Größe (n/2)+1. Das Prinzip ist in Abb. 6.25 dargestellt.

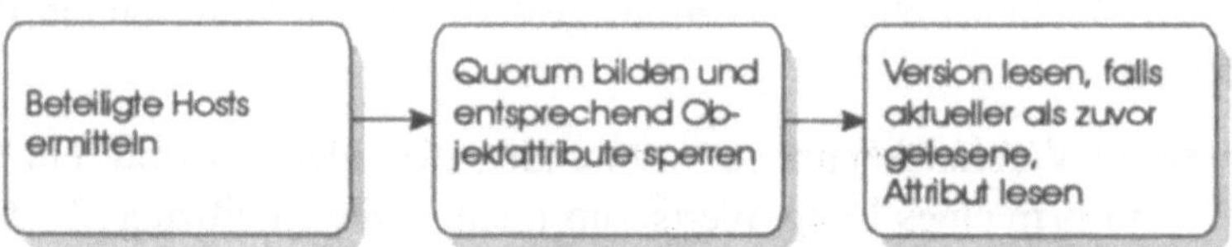

Abb. 6.25. Die drei Phasen eines Lesezugriffs beim Uniform Majority QC

Die ersten beiden Phasen verlaufen analog zu den entsprechenden Phasen des Schreibzugriffs. In der letzten Phase wird von allen Hosts des Quorums die Versionskennung des betroffenen Attributs erfragt. Ist sie aktueller als die zuvor gelesenen, so wird der Attributwert erfragt. Wurden alle Hosts des Quorums bearbeitet, ist der aktuellste Wert der Replikationsgruppe bekannt, da wenigstens ein Replikat des Quorums aktuell war.

Eine Ausführung aller einzelnen Implementierungsmodule würde den Rahmen der vorliegenden Arbeit sprengen. Diese Implementierung der Architektur des Factory Servers besitzt aber den Vorteil, daß sie aus Sicht eines Clients transparent ist, d.h., der Einsatz des Replikationssystems hat auf die Implementierung eines Clients keine Auswirkungen.

Gegenüberstellung von Replikation und Life Cycle Service

Neben dem ORB als zentrale Kommunikationskomponente werden innerhalb des CORBA-Standards auch über die bereits im dritten Kapitel beschriebenen CORBAservices grundlegende Funktionalitäten für die Arbeit mit Objekten definiert. Insbesondere in den Richtlinien des Life Cycle Service werden die Aufgaben und Konventionen zum Erzeugen, Zerstören, Kopieren und Migrieren von verteilten Objekten definiert. Da Orbix – wie viele andere kommerzielle Verteilungsplattformen – die CORBAservices erst zum Teil unterstützt, ist neben anderen Diensten auch der Life Cycle Service noch nicht erhältlich. An dieser Stelle soll deshalb kurz verglichen werden, inwiefern sich die Funktionalitäten überschneiden.

Grundsätzlich können die Funktionalitäten des Life Cycle Service auch mit der vorgestellten Architektur erfüllt werden. So wird das Erzeugen und Zerstören von Objekten direkt über Factory Objects realisiert. Das Kopieren von Objekten wird über Funktionalitäten des Replikationsmanagers realisiert, da das betroffene Objekt die oben beschriebenen Mechanismen zur Zustandsanpassung unterstützt. Das Migrieren eines Objekts ist schließlich durch die kombinierte Benutzung der Methoden `ReplicateObject()` und `ReleaseReplica()` realisierbar, indem man ein Objekt erst repliziert und dann das Ursprungsobjekt löscht sowie als Ersatzobjekt das neu erzeugte Objekt angibt. Mit relativ wenig Aufwand kann diese Kombination der beiden Methoden auch in einer Methode vereinigt werden, in Abschnitt 6.3 wird noch einmal gesondert auf die Objektmigration eingegangen.

Somit können alle vom Life Cycle Service geforderten Funktionalitäten auch mit der hier vorgestellten Architektur realisiert werden. Da diese Replikationsarchitektur zusätzlich in der Lage ist, Konsistenz zu gewährleisten, geht die Funktionalität dieser Replikationsarchitektur über die Funktionalität des Life Cycle Service deutlich hinaus.

Es bleiben einige Fragen offen, welche den Vergleich zwischen Replikationsarchitektur und Life Cycle Service noch dataillierter veranschaulichen. Für die Replikationsarchitektur sollen einige solche Themen abschließend diskutiert werden.

Zunächst stellt sich die Frage, ob ein Client bestimmen kann, wo ein neues Objekt erzeugt werden soll. Dies ist möglich, denn auf jedem Host des Replikationsnetzwerks ist ein Replikationsmanager vorhanden, so daß der Client den Ort des neu erzeugten Objekts durch seine Wahl, welchen Replikationsmanager er verwenden möchte, bestimmen kann.

Als zweite Frage stellt sich, inwiefern durch eine administrative Komponente bestimmt werden kann, wo sich ein neu erzeugtes Objekt befindet. Diese Funktionalität ist prinzipiell möglich, da jeder Replikationsmanager die benötigten Informationen intern zur Verfügung hat und nur eine entsprechende Methode den Clients zur Verfügung stellen müßte.

Ein Client kann theoretisch auch Einfluß darauf nehmen, welche Implementierung für das neue Objekt verwendet wird. Diese Implementierung hängt alleine vom jeweils auf dem Host verwendeten Factory Object ab. Die Architektur könnte also leicht so erweitert werden, daß zu einem Objekttyp verschiedene Implementierungen parallel existieren und ein Client eine Implementierung wählen kann.

Ferner ist es möglich, daß ein Client auch die Initialwerte des neu erzeugten Objekts beeinflussen kann. Da die Objekte selber für die Externalisation und die Anpassung ihres Zustands verantwortlich sind, können sie frei bestimmen, welchen Zustand ein neu erzeugtes Objekt annimmt.

Bei dem Kopiervorgang wird nur ein identisches Objekt erzeugt, die Implementierung wird jedoch nicht angepaßt, d.h. insbesondere werden Verbindungen von Clients an ein Objekt nicht übernommen. Eine solche Vorgehensweise wäre zwar realisierbar, aber für ein Replikationssystem nicht zweckmäßig, da die Replikation von Objektkomponenten in erster Linie dem Ziel dient, Komponenten zu entlasten bzw. die Systemkapazität zu erweitern.

Weitere interessante Aspekte sind darin zu sehen wie beispielsweise Verbindungen von Objekten untereinander behandelt werden oder welche anderen Objekte betroffen sind, wenn ein Objekt aus einem Verbund kopiert wird.

6.2.3
Bewertung der Replikationsarchitektur

Zur Bewertung der Replikationsarchitektur wurde ein Szenario getestet, das aus fünf Intel Pentium PCs mit 32 bzw. 48 MB Hauptspeicher und Prozessoren mit 133 bzw. 166 MHz besteht, die über das Betriebssystem Windows NT verfügen. Diese PCs sind durch ein geschlossenes lokales Netzwerk verbunden und nutzen das TCP/IP-Protokoll.

Eine Messung erfolgte über die bereits beschriebenen Filterpunkte, wobei die beiden Filterpunkte `outRequestPreMarshal` und `inReply-PostMarshal` genutzt wurden, d.h. gemessen wurde die Zeit, die benötigt wird, um einen Aufruf an ein entferntes Objekt zu senden und das Ergebnis zu erhalten. Die Differenz zwischen diesen beiden Zeitpunkten ergibt die Ausführungszeit einer Operation. Für die Messungen in diesem Abschnitt wurde ein separater Client verwendet, der unterschiedliche Simulationsszenarien beschreibt. Zusätzlich kam ein Administrationswerkzeug zum Einsatz, das es erlaubte, das Replikationsprotokoll zur Laufzeit zu wechseln.

Die Messungen erfolgten einerseits im Hinblick auf eine Unterscheidung zwischen Lese- und Schreibzugriff und andererseits hinsichtlich einer Unterscheidung nach dem verwendeten Protokoll, wobei ROWA-A, Primary Copy und Uniform Majority QC zur Auswahl standen. Beim Client wurden vier verschiedene Simulationen implementiert:

- **Nur-Lese-Zugriff**
  unter dem jeweils aktiven Replikationsprotokoll erfolgen n aufeinanderfolgende Lesezugriffe

- **Nur-Schreib-Zugriff**
  unter dem jeweils aktiven Replikationsprotokoll erfolgen n aufeinanderfolgende Schreibzugriffe

- **Alternierende Lese/Schreib-Zugriffe**
  unter dem aktiven Replikationsprotokoll erfolgen n Zugriffe, wobei Lese- und Schreibzugriffe sich abwechseln

- **Zufällige Lese/Schreib-Zugriffe**
  unter dem Replikationsprotokoll erfolgen n zufällige Zugriffe, wobei durch einen Schwellenwert die Wahrscheinlichkeit geregelt wird, mit der es sich um einen Lese- oder Schreibzugriff handelt.

Mit der letztgenannten Zugriffsart können unterschiedliche Szenarien simuliert werden, wobei ganzzahlige Schwellenwerte zwischen 0 und 9 verwendet werden. Je niedriger der Schwellenwert ist, desto höher ist die Wahrscheinlichkeit für einen Schreibzugriff, d.h. es wird ein System simuliert, das durch viele Schreib- und wenige Lesezugriffe charakterisiert ist. Bei einem hohen Schwellenwert wird entsprechend eine im Verhältnis zu den Schreibzugriffen höhere Anzahl von Lesezugriffen simuliert. Ein mittlerer Schwellenwert entspricht demnach einem ausgewogenen Verhältnis von Lese- und Schreibzugriffen. Durch die Zufälligkeit soll dem Umstand entsprochen werden, daß in realen Systemen im allgemeinen kein konstantes Verhältnis von Lese- und Schreibzugriffen vorliegt, sondern nur ein durchschnittlicher Richtwert genannt werden kann. Dieser entspricht dem Schwellenwert dieses Szenarios. Abb. 6.26 zeigt das Verhältnis der Lese- und Schreibzugriffe in Abhängigkeit vom Schwellwert bei 100 Zugriffen.

Auffallend ist, daß es keine Streuung der Meßwerte bei diesen ideal angenommenen Schwellwerten, d.h. keine Abweichungen durch Zufälligkeit,
gibt.

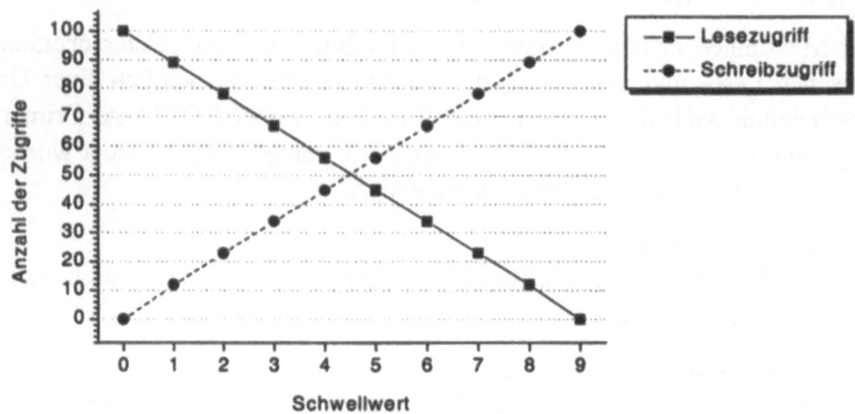

Abb. 6.26. Anzahl simulierter Lese- und Schreibzugriffe bei den einzelnen Schwellenwerten

Im folgenden soll die Dauer einzelner Schreibzugriffe in Abhängigkeit von
der Anzahl der Hosts untersucht werden. Bei mehr als einem Host wurde eine Mitteilung der Ergebnisse für das Primary Copy Protocol vorgenommen,
um zu berücksichtigen, daß je nach Lokalität des Primary Servers unterschiedliche Antwortzeiten entstehen können. Die Meßergebnisse dieses
Szenarios sind in Abb. 6.27 dargestellt.

Bei einem Schreibzugriff verhalten sich das ROWA-A Protocol und das
Primary Copy Protocol nahezu gleich. Diese Aussage trifft auch für ein
wachsendes Testsystem zu. Die Ursache dafür liegt in einer prinzipiell
gleichartigen Implementierung der Schreibzugriffe bei diesen beiden Protokollen. Trotzdem auftretende Abweichungen, die im Millisekundenbereich
liegen, können durch das Ein- und Auslagern von Speicherseiten auf Be-
triebssystemebene sowie auftretende Netzwerkverzögerungen erklärt werden. Insbesondere bei dem im Testszenario verwendeten Betriebssystem
Windows NT in der Version 4.0 muß angemerkt werden, daß die ersten
Release-Versionen Fehler im Systemcache aufweisen können, wodurch die
Systemleistung beeinträchtigt werden kann. Die gemessenen Abweichungen
sind ferner auf eine größere Anzahl von Statusausgaben auf dem Bildschirm

zurückzuführen, die während der Ausführung der jeweiligen Routinen erfolgen. Dabei enthält das ROWA-A Protocol mehr Statusausgaben.

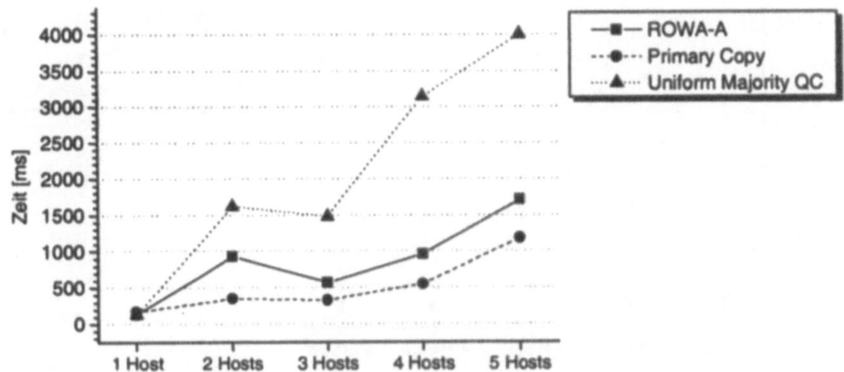

Abb. 6.27. Dauer von Schreibzugriffen in Abhängigkeit von den drei implementierten Protokollen

Beim Uniform Majority QC Protocol resultiert die deutlich größere Antwortzeit aus der Art der Implementierung. Das dabei verwendete Konzept der Versionsmarken erfordert für jeden Schreibzugriff dreimal so viele entfernte Zugriffe wie bei ROWA-A und Primary Copy. Geht man davon aus, daß die entfernten Zugriffe den wesentlichen Anteil an der Antwortzeit ausmachen, so läßt sich das in Abb. 6.27 dargestellte Verhalten erklären. Bei der betrachteten Hostanzahl bekommt das QC-Konzept kaum Gelegenheit, seine Stärken zur Geltung zu bringen. Die Effizienz dieses Verfahrens steigt vermutlich eher bei deutlich größeren Netzwerken.

In Analogie zu den Messungen bezüglich der Schreibzugriffe sollen im folgenden die Lesezugriffe untersucht werden. Dabei werden die Antwortzeiten des Primary Copy wieder gemittelt. Die Meßergebnisse sind in Abb. 6.28 dargestellt.

Bei dem Verfahren ROWA-A sind immer alle Kopien aktuell. Aus diesem Grund kann stets auf die lokale Kopie zurückgegriffen werden. Aus diesem Grund bleiben die Zugriffszeiten – unabhängig von der Anzahl der Hostrechner – tendenziell konstant. Das Primary Copy Protocol erfordert dagegen, daß immer nur die Primärkopie gelesen werden darf. Befindet diese sich auf einem entfernten Server, so sind höhere Antwortzeiten als bei ROWA-A zu erwarten. Arbeiten diese beiden Verfahren hinsichtlich der

Schreibzugriffe gleich, so unterscheiden sie sich bei Lesezugriffen doch wesentlich.

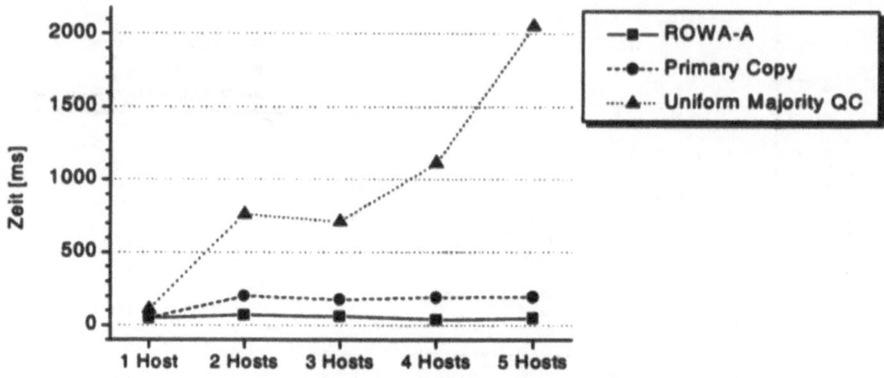

Abb. 6.28. Dauer von Lesezugriffen in Abhängigkeit der drei Protokolle

Ähnlich den Beobachtungen beim Schreibzugriff ist für das Uniform Majority QC Protocol beim Lesezugriff eine deutlich höhere Antwortzeit notwendig.

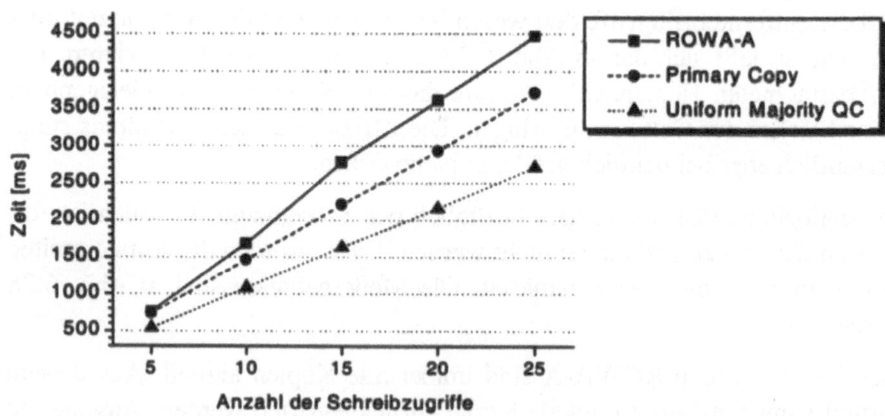

Abb. 6.29. Dauer einer variierenden Anzahl von Schreibzugriffen für die drei Protokolle

Durch die Versionsverwaltung sind auch hier mehr Zugriffe notwendig als bei den vergleichbaren Routinen der anderen beiden Protokolle.

Im folgenden soll ein Ein-Rechner-System bewertet werden. Dabei erfolgen fortlaufend 5 bis 25 Schreibzugriffe unter den drei verschiedenen Protokollen. Da die Implementierungen keine entfernten Methodenaufrufe verwenden, sondern direkt zur initiierenden Methode zurückspringen, müßten im Idealfall alle Messungen die gleichen Antwortzeiten ergeben. Die tatsächlichen Meßergebnisse sind in Abb. 6.29 dargestellt. Auffällig ist in dieser Abbildung ein linearer Anstieg der Gesamtantwortzeiten. Die zwischen den Protokollen vorhandenen Abweichungen der Antwortzeiten sind wieder auf die Anzahl der ausgegebenen Statusmeldungen zurückzuführen.

Geht man nun von einem Ein-Rechner-Netzwerk zu dem ursprünglichen Fünf-Rechner-Netzwerk über, so bestätigen sich die anfänglich gemachten Beobachtungen, vergleiche Abb. 6.30.

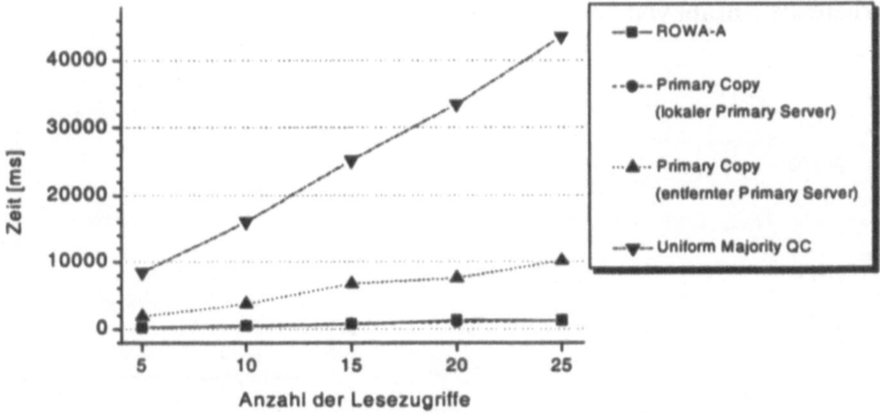

Abb. 6.30. Gesamtantwortzeit einer variierenden Anzahl von Schreibzugriffen bei drei verschiedenen Protokollen in einem Fünf-Rechner-Netzwerk

In Abb. 6.30 wird beim Primary Copy Protocol ferner zwischen einem Local Primary Server und einem Remote Primary Server unterschieden.

Das ROWA-A Protocol und das Primary Copy Protocol bewegen sich im gleichen Leistungsbereich, das Uniform Majority QC Protocol liefert dagegen deutlich höhere Antwortzeiten, die durch eine größere Anzahl entfernter Methodenaufrufe bedingt sind.

Die Antwortzeit des Uniform Majority QC Protocols ist etwa 2,5-mal so hoch wie die Antwortzeit der anderen Protokolle. Bei diesen fünf Rechnern reduziert sich die Gesamtzahl der entfernten Zugriffe, da nur noch ein Teil der Rechner in den Änderungsprozeß eingebunden wird. Dadurch sinkt das Verhältnis trotz dreifacher Anzahl entfernter Zugriffe auf eine Zahl kleiner drei. Alle Kurven steigen – in Analogie zu den in Abb. 6.29 dargestellten Meßwerten – wieder linear an.

Zusammenfassend kann festgehalten werden, daß das Uniform Majority Quorum Consensus Protocol in den untersuchten Szenarien signifikant ineffizienter ist als das ROWA-A und das Primary Copy Protocol. Durch den dreifachen Aufwand bei Schreibzugriffen läßt sich das Aufwandsverhältnis auch bei steigender Netzwerkgröße auf minimal 1.5 reduzieren, d.h. bei der vorliegenden Implementierung arbeitet das Uniform Majority QC Protocol bei Schreibzugriffen im jedem Fall weniger effizient als ROWA-A oder Primary Copy.

Abb. 6.31 stellt in Analogie zu Abb. 6.30 die Gesamtantwortzeit für eine variierende Anzahl von Lesezugriffen dar.

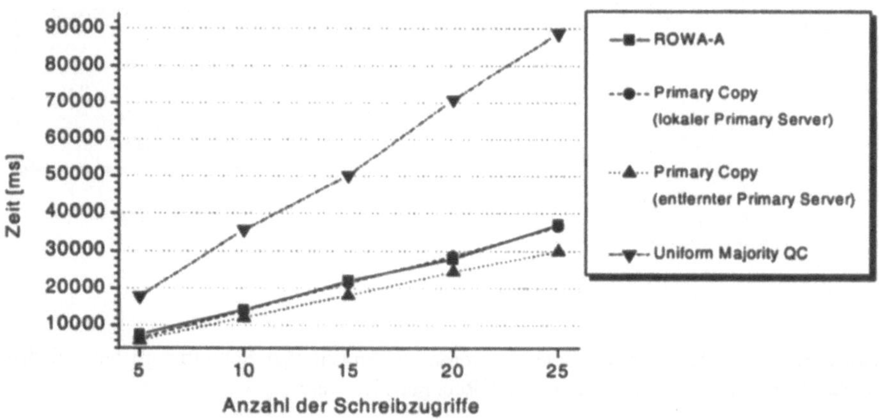

Abb. 6.31. Gesamtantwortzeit einer variierenden Anzahl von Lesezugriffen bei drei verschiedenen Protokollen in einem Fünf-Rechner-Netzwerk

Auch in diesem Meßszenario ist ein linearer Anstieg der Antwortzeit bei zunehmender Anzahl von Zugriffen erkennbar. Die leichten Unterschiede in den Protokollen sind wieder auf die unterschiedliche Anzahl von Statusausgaben sowie die bereits beschriebenen Schwankungen hinsichtlich der Systemlast zurückzuführen.

Einige Besonderheiten sind zu bemerken. Das ROWA-A Protocol und das Primary Copy Protocol verhalten sich erwartungsgemäß fast gleich, bei einem Remote Primary Server sind höhere Antwortzeiten zu beobachten. Im Vergleich mit den anderen beiden Protokollen hat das Uniform Majority Protocol wieder deutlich höhere Laufzeiten. Dabei ist der Unterschied zu ROWA-A bei Lesezugriffen deutlich größer als bei Schreibzugriffen. Bei ROWA-A kann – wie bereits erwähnt – grundsätzlich die lokale Kopie gelesen werden, es sind keine Schreibzugriffe notwendig.

Da beim Uniform Majority QC Protocol mindestens $(n/2)+1$ Hosts involviert werden, bleibt das Aufwandsverhältnis zwischen ROWA-A und dem Uniform Majority QC Protocol auch bei steigender Hostzahl linear, d.h., daß die Gesamtantwortzeit exponentiell wächst.

Vergleicht man die Effizienz von ROWA-A und dem Uniform Majority QC, so kann man zusammenfassen, daß ROWA-A sowohl bei Schreib- als auch bei Lesezugriffen eine höhere Leistung bringt. Mit steigender Netzwerkgröße verbessert sich der Aufwandsfaktor bei Schreibzugriffen, ist jedoch nach unten durch 1.5 begrenzt. Bei Lesezugriffen bleibt der Aufwandsfaktor bei steigender Zugriffszahl und Netzwerkgröße konstant. Diese Beobachtungen lassen sich auch auf das Primary Copy Protocol übertragen. Das Aufwandsverhältnis bleibt auch hier konstant, es hängt nur davon ab, ob der Primary Server lokal oder entfernt in Anspruch genommen wird.

Bei einem lokalen Primary Server verhalten sich ROWA-A und Primary Copy gleich, der Aufwand steigt lediglich linear mit der Anzahl der Zugriffe. Bei einem Remote Primary Server sind die Antwortzeiten unter dem Primary Copy jedoch deutlich höher als bei ROWA-A. Da mit wachsendem Netzwerk die Wahrscheinlichkeit für einen Remote Primary Server steigt, sollte das ROWA-A bevorzugt werden.

Zur weiteren Bewertung der Objektreplikation wurden die Schwellenwerte variiert. Dazu wurden verschiedene Antwortzeiten in dem Fünf-Rechner-Netzwerk gemessen, vergleiche Abb. 6.32.

Beim ROWA-A und beim Primary Copy Protocol sind die Antwortzeiten in einem Meßszenario mit dem Schwellenwert 2 deutlich höher als in einem Szenario mit dem Schwellenwert 7. Auffällig sind außerdem bei Verwendung des Primary Copy Protocols mit Schwellenwert 7 die rund 30% höheren Antwortzeiten, die wahrscheinlich daraus resultieren, daß bei ROWA-Protokollen die Schreibzugriffe wesentlich größere Kosten verursachen als die Lesezugriffe.

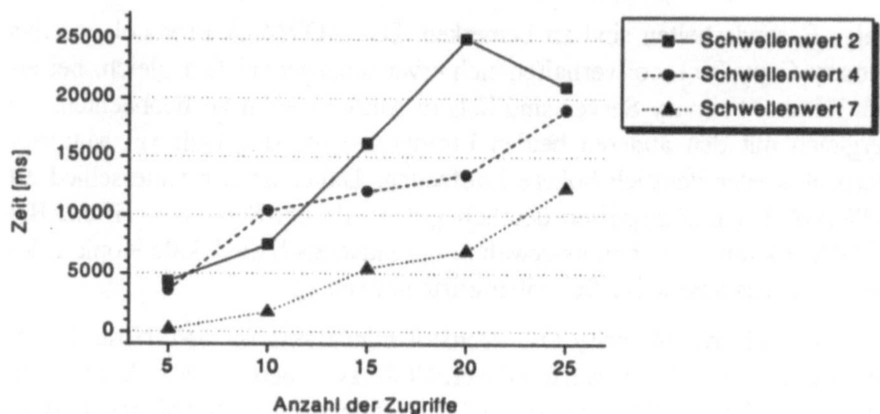

Abb. 6.32. Antwortzeiten eines Fünf-Rechner-Netzwerkes in Abhängigkeit von variierenden Schwellenwerten

Bei der Verwendung des Uniform Majority Protocols sind die Differenzen
bei den verschiedenen Schwellenwerten geringer als bei den anderen beiden
Protokollen, d.h., die Kostendifferenz zwischen Schreib- und Lesezugriffen
ist geringer als bei ROWA-Protokollen. Trotzdem ist die Effizienz des Uniform Majority QC Protocols in der vorliegenden Implementierung in jedem
Fall schlechter als bei den anderen Protokollen. Diese Beobachtung wird im
vorliegenden Fall durch signifikant höhere Gesamtantwortzeiten bestätigt.

Fazit

Insgesamt haben die durchgeführten Messungen gezeigt, daß die konzeptuellen Vorzüge des Quorum Consensus Ansatzes einem größeren Implementierungsaufwand unterliegen. Bei der vorliegenden Implementierung ist das
Uniform Majority Protocol als Vertreter der QC-Protokolle aufgrund der
durch die Versionsverwaltung entstehenden Mehrkosten in allen durchgeführten Simulationen ineffizienter als die beiden ROWA-Protokolle. Auch
bei steigender Netzwerkgröße wird diese Aussage nicht relativiert.

Bei den ROWA-Ansätzen sind die Kosten für Schreib- und Lesezugriffe
wesentlich höher als für Lesezugriffe. Bei dem Primary Copy Protocol dagegen ist die Entfernung des Primary Servers ausschlaggebend für die Antwortzeit bei Lesezugriffen. Ist dieser Server entfernt, so arbeitet das Protokoll bei Lesezugriffen ineffizienter als das ROWA-A Protocol, d.h., je mehr
Lesezugriffe im Szenario vorhanden sind, desto eher empfiehlt sich der Einsatz des ROWA-A Protocols.

Somit ist in einer typischen, von mehr Lese- als Schreibzugriffen geprägten Anwendung das ROWA-A Protocol das leistungsfähigste, während das Uniform Majority QC Protocol am wenigsten zu empfehlen ist.

Dieses Ergebnis zur Auswahl eines Konsistenzprotokolls sollte auch in den Betrachtungen einer Load Balancing Architektur berücksichtigt werden.

6.3
Objektmigration

Um ein Objekt replizieren zu können, muß eine exakte Kopie dieses Objekts erstellt und anschließend konsistent verwaltet werden, damit die neue und auch alle bestehenden Kopien den gleichen Zustand haben. Bei der Objektmigration ist der erste Schritt der gleiche, d.h. die grundlegenden Mechanismen von Replikation und Migration sind dieselben. Während bei der Replikation dann Konsistenzwahrung realisiert werden muß, wird bei der Migration das ursprüngliche Objekt gelöscht.

6.3.1
Mobile Agenten

Ein relativ junges Forschungsgebiet beschäftigt sich mit den sogenannten Mobilen Agenten [OMG 97a]. Ein Mobiler Agent ist ein Programm, das durch ein Netzwerk wandern und dabei eine Aufgabe ausführen kann. Dabei arbeitet das Programm autonom im Auftrag eines Benutzers und kann ggf. mit anderen Agenten kooperieren. Der Unterschied zu klassischen Programmen besteht darin, daß sich bei den Agenten nicht die Daten zum Programm bewegen, sondern das Programm zu den Daten. Dieses Konzept besitzt Vor- und Nachteile, so eignet es sich besonders, wenn die benötigte Datenmenge sehr groß ist, oder diese Daten geschützt werden sollen – eine Gefahr besteht für den Mobilen Agenten aber auch darin, daß er auf seinem Weg durch das Netz manipulierbar ist.

Zwischen migrierenden Objekten und Mobilen Agenten besteht ein direkter Zusammenhang. Prinzipiell läßt sich ein Mobiler Agent als ein migrierendes Objekt implementieren, ein Migrationsdienst muß jedoch zusätzlich Migrations- und Ortstransparenz realisieren, während der Aufenthaltsort eines Mobilen Agenten in der Regel bekannt ist.

In der Praxis werden Mobile Agenten momentan in interpretierenden Sprachen, beispielsweise Java und Tcl realisiert. Neben den Sprachen im Bereich der Mobilen Agenten ist eine Agentensprache, die im Kontext der Künstlichen Intelligenz speziell für Multiagentensysteme entwickelt wurde, die Agent Process Interaction Language (April) [TCW 95], [Ca 96], die für internetbasierte Anwendungen genutzt werden kann.

Über die Sprachen hinaus existiert eine Vielzahl von verwendeten Konzepten und entwickelten Systemen. Im folgenden sollen nur einige Beispiele genannt werden.

Die IBM Aglets Workbench [Agl 98] ist Java-basiert und ermöglicht die Generierung von Mobilen Agenten. Während der Ausführung kann sich ein sogenanntes Aglet auf einen anderen Rechner bewegen und dort die Ausführung fortsetzen. Dabei führen Aglets ihre Daten und den Zustand ihrer Ausführung mit sich.

Ein weiteres Produkt ist die Plattform Voyager der Firma Object Space [Voy 97]. Bei dieser Plattform handelt es sich um ein in Java geschriebenes Agentensystem mit Object Request Broker, mittels der Mobile Agenten realisiert werden können. Zur Zeit ist die aktuelle Version noch kostenlos verfügbar. Das System besitzt einige Besonderheiten: einen Monitor für das System Tracing, ein Thread Management sowie einen Security Manager.

CORBA-basierte Agentenplattformen wie beispielsweise Grasshopper [Gra 98] besitzen den Vorteil, daß Systeme auch in anderen Sprachen mittels CORBAs IDL integriert werden können. Grasshopper betrachtet neben der Mobilität auch den Aspekt der Intelligenz, d.h. bezeichnet sich als mobile und intelligente Agentenplattform.

Neben den industriellen Agentenplattformen gibt es auch Forschungsprototypen, als Beispiel soll das Java Agent Environment (JAE) [PKL 97] erwähnt werden. Dieses Mobile Agenten System nutzt einen Verzeichnisdienst und erlaubt es, agentenbasierte Dienste zu erstellen. Forschungsziel ist die Unterstützung mobiler Benutzer in Funknetzen, die mit Hilfe der Agenten verbindungslose Operationen durchführen können.

Der Vielfalt von Agentensystemen wird durch die Erstellung des Standards Mobile Agent System Interoperability Facilities (MASIF) Rechnung getragen [OMG 97a]. Dieser OMG-Ansatz sieht die Verwendung eines Objektmigrationsdienstes für die Realisierung Mobiler Agenten vor, sofern der Mobile Agent selbst CORBA-Mechanismen nutzt. Zu Zeit (Stand 7/98) ist das o.g. CORBA-basierte Grasshopper die einzige MASIF-konforme Agentenplattform. Die Standardisierungsorganisation Foundation for Intelligent Physical Agents (FIPA) betrachtet eher den Aspekt der intelligenten

Agenten. Dabei beinhaltet sie einen sogenannten Agent Request Broker (ARB), der eine Vermittlung von Agenten ermöglicht.

Das Konzept der Mobilen Agenten, das vielversprechende Neuerungen in Verteilten Systemen ermöglicht, stellt eine Alternative zum traditionellen Client/Server-Konzept dar. Zur Zeit befassen sich zahlreiche Forschungsarbeiten mit der Untersuchung und Bewertung des Einsatzes von Mobilen Agenten in den unterschiedlichsten Bereichen. So wird beispielsweise die Verwendung von Mobilen Agenten für das Benutzermanagement in Mobilfunknetzen betrachtet [KüPa 98]. In Multimediasystemen werden Mobile Agenten für das Verhandeln von QoS-Parametern verwendet [OOC 97]. Weitere Untersuchungen behandeln Mobile Agenten im Bereich des System- und Netzwerkmanagements [LiPa 98] und Sicherheitsaspekte, die sich z.B. durch den Einsatz von Mobilen Agenten im Electronic Commerce ergeben [ZMG 98].

6.3.2
Das Plug In Model

Unabhängig von der Motivation und dem Anwendungsaspekt der Mobilen Agenten soll die Objektreplikation mit all ihren resultierenden Problemen im folgenden Abschnitt aus eher technischer Sicht betrachtet werden.

Nach der Vorstellung der vier verschiedenen Architekturen zur Objektreplikation in Abschnitt 6.2.1 – die in angepaßter Form auch zur Objektmigration Verwendung finden können – wird eine fünfte Möglichkeit vorgestellt. Dieser Migrationsansatz kann prinzipiell auch für die Replikation genutzt werden. Nach dem Server Pool Model, dem Object Stream Model, dem Factory Object Model und dem Server Object Model wird dieser sehr junge und erstmals in [Ha 98] beschriebene Ansatz als Plug In Model (PIM) bezeichnet.

Das Grundprinzip

Die Grundidee des Plug In Models besteht darin, ein Objekt aus einem Factory Object zu erzeugen, das für jeden Objekttyp zur Verfügung steht. Dieser Gedanke ist an den Ansatz des Factory Object Models angelehnt. Aus dem Object Stream Model wird der Gedanke eines Datenstroms übernommen, welcher den kompletten Objektzustand beschreibt. Dieser Datenstrom wird dem Factory Object übergeben, und das neue Objekt wird direkt mit den aktuellen Daten initialisiert. Der Zustand wird also nicht nach der

Initialisierung angepaßt, sondern direkt korrekt gesetzt. Diese einmalige Initialisierung ist effizienter, verbraucht sie doch wesentlich weniger Zeit als die Standardinitialisierung mit anschließender Anpassung des Zustands, da zusätzliche Methodenaufrufe gespart werden. Ferner wird eine potentielle Fehlerquelle umgangen – daß uninitialisierte oder mit Standardwerten versehene Objekte existieren. Wird beim klassischen Factory Object Model ein neuer Objekttyp dem System hinzugefügt, so ist es notwendig, den Server neu zu compilieren und zu starten, das Factory Server Model umgeht dieses Problem, indem jeder Objekttyp einfach in einen eigenen Server verlagert wird.

Beim Plug In Model besteht der Server aus einem Prozeß, der mit dem ORB kommuniziert. Dieser Prozeß enthält nur ein Objekt – einen Factory Finder – über den der Prozeß von anderen Objekten angesprochen werden kann. Außerdem verfügt der Prozeß über eine Schnittstelle zu speziellen Modulen, den Plug-In-Modulen. Der Server kann beliebig viele dieser Plug-In-Module an sich binden, so daß die Module quasi zu einem großen Prozeß oder Server verschmelzen. Dabei befinden sich alle Objekte in den einzelnen Modulen in einem gemeinsamen Adreßraum, so daß sie untereinander nicht über den ORB kommunizieren müssen, sondern – wesentlich schneller – direkte Methodenaufrufe nutzen können. Jedes Plug-In-Modul enthält den kompletten Code, der zur Implementierung eines Objekts nötig ist, und den Code für ein passendes Factory Object. Lädt der Server das Plug-In-Modul, so erzeugt er je eine Instanz der in diesem Modul definierten Factory Objects. Der Factory Finder ist dabei in der Lage, bei einer Anfrage die gewünschten Factories zu liefern. Dieses Konzept der Plug-In-Module ermöglicht eine maximale Flexibilität, ein laufendes System läßt sich einfach um Objekttypen erweitern.

Für die Objektmigration ist es hilfreich, wenn jeder Server jedes beliebige Objekt beherbergen kann. Eine Möglichkeit zu realisieren, daß jeder Server Zugriff auf jedes Plug-In-Modul hat, besteht darin, daß das Plug-In-Modul gemeinsam mit dem Zustand des Objekts in einen Datenstrom verpackt wird und beide Komponenten an den Zielserver gesendet werden. Dieser Gedanke entspricht dem Object Stream Model. Da die in Kapitel 4 gemachten Untersuchungen jedoch eine recht geringe Kommunikationsbandbreite über Orbix ergeben haben, läßt sich bei einem Plug-In-Modul von einigen hundert Kilobyte schnell auf eine Übertragung von mehr als einer Minute schließen. Aus diesem Grund wird alternativ der Ansatz gewählt, Plug-In-Module auf einem File Server – dem Plug-In-Server – abzulegen, so daß über NFS oder FTP ein Zugang möglich ist. Während die eigentliche Kommunikation zwischen den Servern mittels RPC über den ORB erfolgt, werden die Plug-In-Module über FTP von dem Plug-In-Server bezogen.

Vergleich mit Java

Der gewählte Ansatz soll mit dem Konzept der Programmiersprache Java verglichen werden. In Java geschriebene Programme werden vom Java-Compiler in einen plattformunabhängigen Bytecode übersetzt, der von einem Interpreter – der Java Virtual Maschine – Befehl für Befehl aufgeführt wird. Die einzelnen Objektklassen werden in jeweils einer eigenen Quelltextdatei abgelegt, aus welcher der Compiler eine Bytecode-Datei generiert. Diese Dateien werden nicht durch einen Linker verbunden, sondern erst zur Laufzeit von der Laufzeitumgebung – der sogenannten Run Time Environment – geladen. Der Vorteil – beispielsweise bei der Verwendung im Zusammenhang mit dem Internet – besteht darin, daß zunächst nur unbedingt nötiger Code zu laden ist und weiterer Code erst bei Bedarf anzufordern ist.

Das Plug In Model arbeitet ähnlich, die Module können jedoch in einer beliebigen Programmiersprache erstellt werden, siehe Abb. 6.33. Aus dem Quelltext generiert ein passender Compiler eine Objektdatei, die mittels eines Linkers zu einem Plug-In-Modul gebunden wird. Dabei ist es sogar möglich, Teile des Plug-In-Moduls in verschiedenen Sprachen zu schreiben, sofern alle Compiler kompatible Objektdateien erzeugen. Ein Plug-In-Modul ist als Dynamic Link Library (DLL) realisiert. Eine DLL liegt in einem ähnlichen Format wie normale Programme vor und bietet eine Reihe von Funktionen, die andere Programme nutzen können. Zu diesem Zweck wird die DLL in den Hauptspeicher geladen und allen Programmen, die dieses Modul nutzen, gemeinsam zur Verfügung gestellt, wobei trotz mehrerer Nutzer nur einmal physikalischer Speicher belegt wird. Die DLL ist nur auf einer Plattform lauffähig, es kann jedoch möglich sein, sie aus dem gleichen Quelltext für verschiedene Plattformen zu compilieren. Der Server bindet das Plug-In-Modul zur Laufzeit über Funktionen des Betriebssystems ein und kann direkt die implementierten Funktionen ausführen. Im Unterschied zu Java liegt bei diesem Ansatz kein Byte- sondern Maschinencode vor, der direkt auf dem Prozessor ausgeführt werden kann. Die Fähigkeit, Programme erst zur Laufzeit zu binden und die gleiche Programmdatei auf unterschiedlichen Plattformen ausführen zu können, ist die wesentliche Stärke interpretierter Programmiersprachen. Das Plug In Model macht diese Technologie nun auch für compilierende Sprachen zugänglich, deren Vorteil in einer höheren Geschwindigkeit und einer besseren Fehlerprüfung besteht.

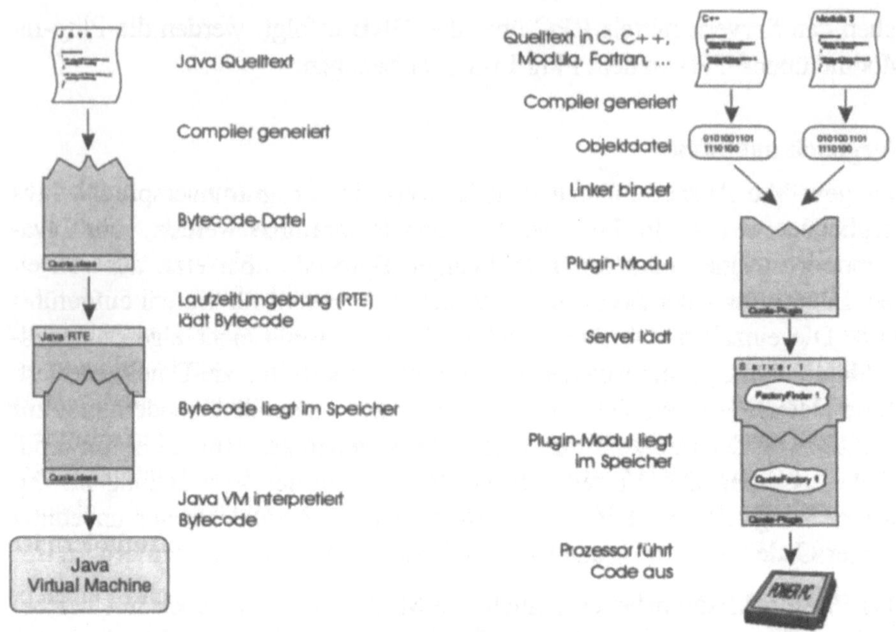

Abb. 6.33. Vergleich von Java- und Plug In Model

Zustandsübertragung

Wird der Zustand eines zu migrierenden Objekts in einem binären Datenstrom gesichert oder als String repräsentiert, so können die – bei heterogenen Plattformen – durch CORBA erhaltenen Vorteile der Datenkonvertierung verlorengehen. Als Alternative kann eine unbeschränkte Sequenz von beliebigen Datentypen definiert werden, in die alle Daten eingefügt werden. Prinzipiell entspricht dies einem binären Datenstrom, allerdings kann der ORB durch die Kenntnis des Datentyps eine Anpassung bei der Übertragung zwischen den Servern vornehmen. Ein Problem bei diesem Vorgehen besteht jedoch darin, daß ein Mechanismus geschaffen werden muß, der den Zustand eines Objekts in einen Initialisierungstrom sichert. Dies soll durch den Programmierer erfolgen, der für jedes Objekt und jeden neuen Datentyp eine spezielle Funktion schreiben muß, um den Datentyp in den Datenstrom einzufügen und anschließend aus diesem wieder zu generieren.

Bei den Datentypen kann es sich auch um Referenzen auf andere CORBA-Objekte handeln. Dynamische Datenstrukturen – insbesondere Zeiger – müssen dabei besonders behandelt werden. Da ein Zeiger nur lokal in seinem Ursprungsprozeß gültig ist, darf weder der Zeigerinhalt noch das Objekt, auf das der Zeiger verweist, ausgegeben werden. Beim Plug In Model werden alle zu übertragenen Zeiger in einer Tabelle gespeichert. Bei einer erstmaligen Zeigerübertragung wird auch das komplette Objekt in den Datenstrom geschrieben und mit übertragen. Auf der Empfängerseite werden alle eintreffenden Zeiger in einer Tabelle abgelegt, welche auch lokale Zeiger beinhaltet. Ist ein Zeiger in dieser Tabelle noch nicht enthalten, so wird das Objekt mittels der Informationen aus dem Datenstrom neu erzeugt und der Zeiger auf dieses Objekt gespeichert. Problematisch kann bei diesem Vorgehen die Behandlung von Zeigern auf Objekte sein, die in einem Array abgelegt sind und die Behandlung von Zeigern auf Attribute innerhalb eines Objekts. Schwer übertragbar sind ferner Zeiger auf Funktionen – der Code kann auf der Empfängerseite an einer anderen Adresse liegen – und Zeiger auf Betriebssystemstrukturen mit lokaler Gültigkeit.

Migrationstransparenz

Im Gegensatz zu Mobilen Agenten wandern migrierende Objekte transparent von einem Knoten zum nächsten. Trotzdem muß eine Objektreferenz auch nach der Migration gültig sein.

Eine Objektreferenz kann in CORBA in zwei Formen existieren – als Zeichenkette und als Zeiger auf ein Objekt. Dabei ist eine Konvertierung zwischen diesen Formen möglich. Ein Zeiger verweist immer auf ein lokales Objekt, welches das CORBA-Objekt repräsentiert. Liegt das CORBA-Objekt im gleichen Prozeß, verweist der Zeiger direkt auf dieses Objekt, anderenfalls zeigt er auf ein Proxy, das alle Aufrufe über den ORB an das entfernte Objekt überträgt. Würde man einen Zeiger auf eine lokale Implementation oder ein lokales Proxy an andere Prozesse übertragen, so wäre er in der neuen Umgebung ungültig. Abhilfe wird dadurch geschaffen, eine Objektreferenz als einen String darzustellen, in Anlehnung an [SHH+ 97] soll dafür auch der Begriff der Kontaktadresse verwendet werden. Diese könnte beispielsweise aus folgenden Komponenten bestehen: Name des Hosts, Name des Prozesses auf dem Host, Objektidentifikation innerhalb des Prozesses und weiterer Komponenten zur Beschreibung des Objekttyps.

Um die Kontaktadresse zu ermitteln, kann ein zweistufiger Ansatz verwendet werden. Ein Naming Service bildet einen Objektnamen auf ein ortsunabhängiges und systemweit eindeutiges Object Handle ab. Diesem wird dann mittels eines Location Services die aktuelle Kontaktadresse zugeordnet. Neben der Abfrage der Kontaktadresse ist der Location Service auch für die Aktualisierung dieser Adresse nach einer erfolgreichen Migration zuständig.

Zur Realisierung dieses Mechanismus kann die innerhalb eines Prozesses gültige Objektidentifikation in der Kontaktadresse auch durch das Object Handle ersetzt werden.

Im Falle vieler kurzlebiger Objekte macht es Sinn, die Kontaktadresse erst nach der ersten Migration im Location Service zu speichern. Dennoch ist der Location Service eine zentrale Komponente und damit ein potentieller Bottleneck.

Die Verwaltung der Object Handles wird durch den Migrationsdienst realisiert.

Implementationen und Proxies

Wird eine Kontaktadresse mit der Methode `string_to_object` in eine Objektreferenz umgewandelt, oder wird eine Objektreferenz als Ergebnis eines entfernten Prozeduraufrufs zurückgegeben – dann wird die CORBA-Laufzeitumgebung aktiv. Zunächst untersucht sie, ob das referenzierte Objekt lokal auf dem Server liegt. In diesem Fall wird ein Zeiger darauf zurückgegeben. Alternativ handelt es sich um ein entferntes Objekt, für das ggf. ein Proxy existieren kann. Ist dies der Fall, so wird ein Zeiger auf das Proxy zurückgegeben, anderenfalls erzeugt die Laufzeitumgebung ein Proxy und gibt dessen Adresse zurück.

Die Migration von Objekten bringt diese Ordnung nun durcheinander.

Es ist möglich, daß der Quellserver noch gültige Zeiger auf das Objekt besitzt. Nach der Migration sollte dann ein Proxy existieren, damit die bestehenden Zeiger gültig bleiben.

Empfängerseitig muß ein gegebenenfalls bestehender Proxy durch die Implementation ausgetauscht werden.

Anstelle eines Zeigers empfiehlt es sich, sogenannte Smart-Pointer zu verwenden, d.h. Objekte, die sich wie Zeiger verhalten, aber eine gewisse Intelligenz besitzen. Nach einer Migration können sie automatisch aktualisiert werden. Während CORBA Smart-Pointer vorsieht, beachtet Orbix dieses Konzept nicht.

Für die Implementierung ist es günstig, stets Proxies zu erzeugen, dabei aber neue, intelligentere Proxies zu verwenden. In Analogie zu den Smart-Pointern werden diese als Smart-Proxies bezeichnet. Mit der Erzeugung eines Objekts wird automatisch ein passender Smart-Proxy angelegt, der intern einen Zeiger auf das Objekt speichert. Eine Referenz verweist dabei immer auf den Proxy, der auch nach einer Migration weiter existiert. In Abb. 6.34 ist ein Objekt vom Typ Account mit zugehörigem Proxy vor und nach der Migration dargestellt. Dabei ist es nicht nötig, Referenzen anzupassen.

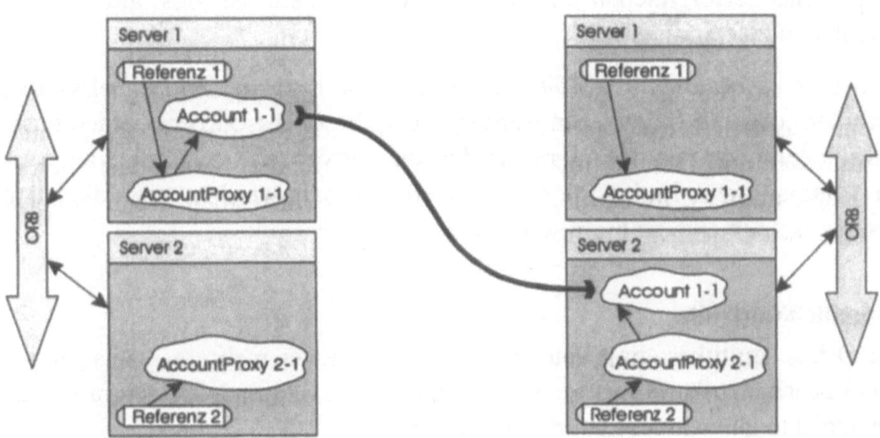

Abb. 6.34. Objekt und Proxy vor und nach der Migration

Der Smart-Proxy ist bei einer Migration stets zu aktualisieren. Zu diesem Zweck wird in einem Prozeß eine Liste aller Smart-Proxies verwaltet. Migriert ein Objekt in den Prozeß, wird der Smart-Proxy anhand des Object Handles gesucht, sofern dieser nicht noch erzeugt werden muß. Dann wird eine Aktualisierung vorgenommen, indem ein Zeiger auf das lokal liegende Objekt eingetragen wird. Vor dem Aufruf einer Methode überprüft der Smart-Proxy, ob es ein lokales Objekt gibt – dann wird die Methode lokal aufgerufen, anderenfalls wird die Methode des Proxies aufgerufen, um das entfernte Objekt anzusprechen.

Der Smart-Proxy ist ferner für die Lokalisierung eines migrierten Objekts zuständig.

Hat sich die Kontaktadresse eines Objekts geändert – d.h. liefert ein Methodenaufruf eines entfernten Objekts einen Fehler – so wird der Location Service genutzt, um die neue Kontaktadresse zu ermitteln. Stimmen beide Kontaktadressen überein, so liegt tatsächlich ein Fehler vor.

Die Erstellung eines passenden Smart-Proxies ist sehr aufwendig. Aus diesem Grund sollte der IDL-Compiler dahingehend erweitert werden, daß er statt eines einfachen Proxies direkt einen Smart-Proxy generiert, was jedoch nur der Hersteller einer CORBA-Implementierung übernehmen könnte. Alternativ kann über eine Header-Datei eine gewissen Anzahl von Makros definiert werden, über die der Programmierer recht einfach Proxies definieren kann.

Nach einer erfolgreichen Migration eines Objekts ist das alte Objekt schließlich zu terminieren.

Dabei ist zu beachten, daß die Ressourcen, die das alte Objekt belegt hat, nicht automatisch freigegeben werden. Denn diese Ressourcen werden unter Umständen noch von der migrierten Instanz verwendet. Ferner darf auch eine Kontaktadresse im Location Service erst gelöscht werden, wenn die letzte Instanz des Objekts gelöscht worden ist.

Zugangskontrolle

Da Orbix Multithreading unterstützt und ein Server mehrere Anfragen parallel bearbeiten kann, ist der Fall denkbar, daß während der Migration eines Objekts ein weiterer Zugriff darauf erfolgt.

Da alle Zugriffe auf ein Objekt über den Smart-Proxy ausgeführt werden, soll ein Zugriffsschutz auch in die Smart-Proxies integriert werden. Mehrere Threads dürfen über einen Proxy zwar parallel Methoden aufrufen – aber sender- und empfängerseitig darf ein Proxy nicht verändert werden, während ein anderer Thread darauf zugreift. Zur Lösung dieses Problems werden – in Analogie zum Readers/Writers-Problem – alle lesenden Threads als äquivalent betrachtet, ein beliebiger lesender Thread repräsentiert diese Äquivalenzklasse. Damit reduziert sich das Problem darauf, nur einem Thread Zugang zu gewähren – entweder einem schreibenden Thread, oder aber einem lesenden Thread und damit auch allen anderen Threads, die lesen möchten. Zur Realisierung dieses Zugangsproblems wird ein Mutex verwendet.

Ein lesender Thread verwendet eine Methode `lock`, ein schreibender Thread eine Methode `lockExclusive`, nach dem Zugriff erfolgt die Freigabe des Mutex.

Die vorgestellten Konzepte betrafen bislang die Serverseite. Ein Client kann auf ein entferntes Objekt zugreifen, hat jedoch nicht die Möglichkeit, Ziel einer Migration zu sein. Dennoch muß der Client den Smart-Proxy verwenden, da dieser den Location Service anspricht, wenn das Objekt nicht mehr an der bisherigen Adresse erreichbar ist.

Der Ablauf der Migration

Im folgenden soll ein Objekt 1-1 vom Typ Account von Server 1 auf Server 2 migriert werden. Die vorgestellten Konzepte werden für dieses Beispiel noch einmal zusammengefaßt. Abb. 6.35 zeigt die Ausgangssituation für die Migration. Der Plug-In-Server kann über FTP angesprochen werden, um Plug-In-Module zu holen.

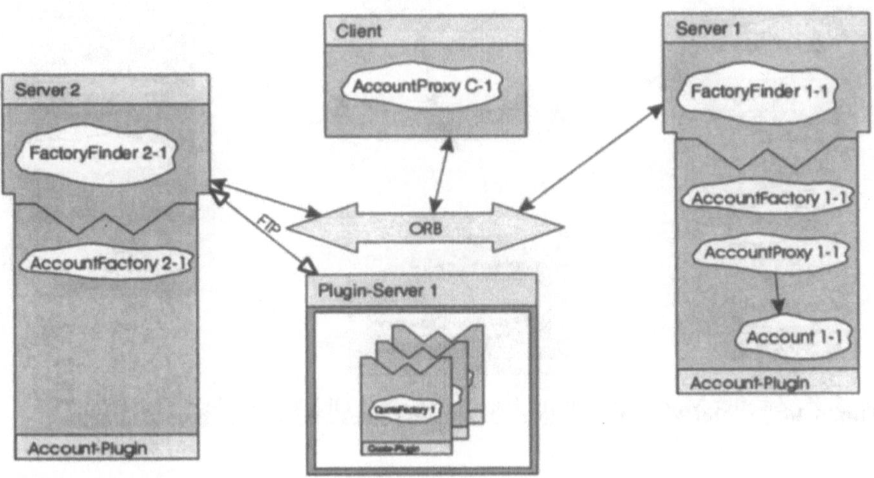

Abb. 6.35. Erster Migrationsschritt: Beginn

Vom Client geht zunächst ein Aufruf einer Migrationsmethode move an das Objekt 1-1. Im Client wird dieser Aufruf über einen Client-Proxy und den ORB zu dem 1-1-Proxy geleitet. Dieser Proxy ruft dann die Migrationsmethode in der Basisklasse des Objekts 1-1 auf.

Die Migrationsmethode sperrt den lokalen 1-1-Proxy exklusiv (lockExclusive) und fragt den Factory Finder des Servers 2 nach einer geeigneten Factory. Dann lädt dieser Server das passende Plug-In-Modul und initialisiert dieses. Hierdurch wird eine 2-1-Factory auf Server 2 erzeugt, ihre Referenz wird als Antwort an die Migrationsmethode übermittelt.

Der Objektzustand wird nun in einen Datenstrom gesichert und die Methode create_object der 2-1-Factory auf Server 2 aufgerufen. Ferner bekommt diese Methode den Datenstrom übergeben. So kann die Factory eine neue Kopie des 1-1-Objekts vom Typ Account erzeugen, und es wird ein Proxy erzeugt, in den das Objekt eingetragen wird, siehe Abb. 6.36.

Schließlich gibt `create_object` die neue Kontaktadresse an die Migrationsmethode zurück. Diese Adresse wird dann in den Location Service eingetragen.

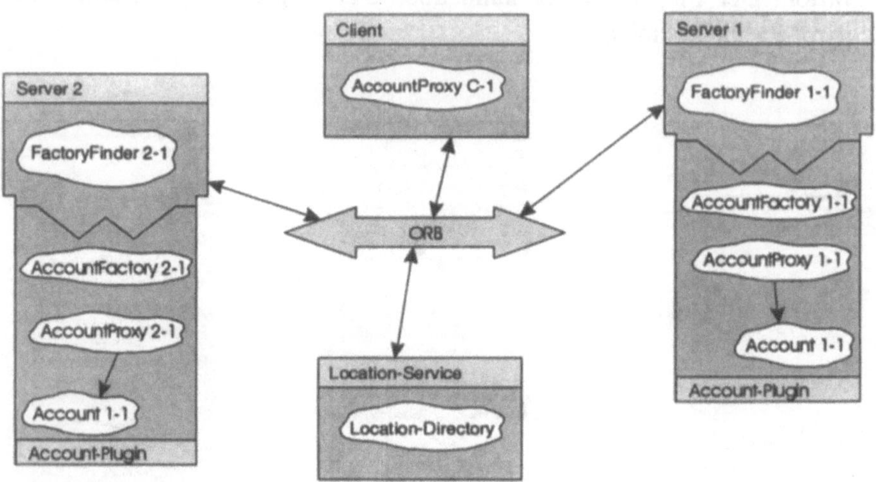

Abb. 6.36. Zweiter Migrationsschritt: Erzeugung eines Objekts auf dem Zielrechner

Der 1-1-Proxy auf dem Server 1 wird nun mit der neuen Kontaktadresse initialisiert und der Mutex wieder freigegeben. Das 1-1-Objekt kann auf dem Server 1 als migriert betrachtet und demzufolge gelöscht werden, siehe Abb. 6.37. Danach kehrt die Kontrolle an den Client zurück. Der Client weiß noch nichts von der neuen Kontaktadresse. Diese wird erst aktualisiert, wenn er das nächste mal versucht, auf das Objekt zuzugreifen und zu diesem Zwecke den Location Service anfragt.

Die vorgestellte Architektur ist damit in der Lage, Objekte in sehr effizienter Weise zu migrieren.

Inwiefern ihr Einsatz aus Sicht der erreichten Performance sinnvoll ist, welche Zeitdauern für die Migration berücksichtigt werden müssen sowie ein Vergleich mit einigen der anderen vorgestellten Modelle ist Gegenstand des nachfolgenden Abschnitts.

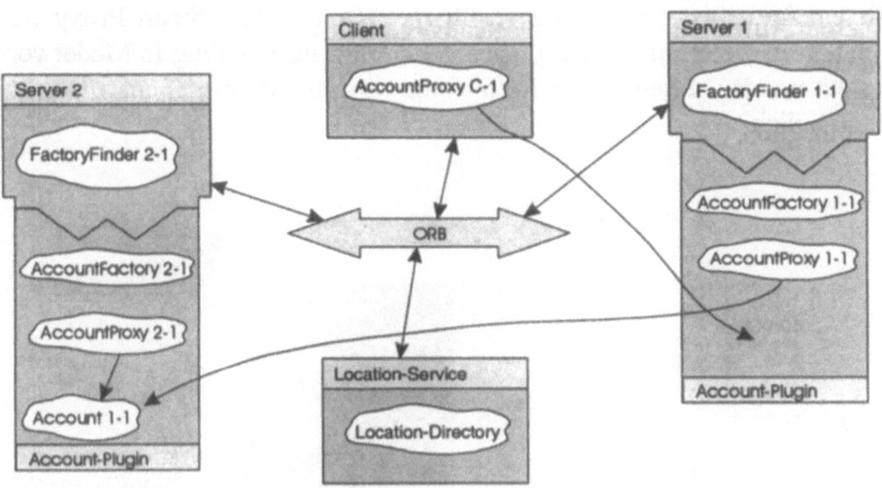

Abb. 6.37. Dritter Migrationsschritt: Löschen des Ursprungsobjekts und Aktualisierung der Kontaktadresse

6.3.3
Bewertung des Plug In Models

Im folgenden Abschnitt soll eine Bewertung des Plug In Models erfolgen. Zu diesem Zweck werden zwei Rechner betrachtet, die über ein lokales Ethernet exklusiv miteinander verbunden sind. Rechner Jungle verfügt über einen Intel Pentium II Prozessor, 266 MHz, und ist mit Windows NT ausgestattet sowie Orbix Version 2.2C01, der Rechner Beach verfügt über einen Intel Pentium Prozessor, 100 MHz, und ist mit Windows 95 ausgestattet sowie ebenfalls Orbix 2.2C01. Während der Messungen wurden nur die Programme ausgeführt, die für die Tests notwendig waren. Vorab soll erwähnt werden, daß die Genauigkeit der internen Uhr von Windows 95 ca. 40 ms beträgt, die Genauigkeit einer Uhr von Windows NT ca. 10 ms. Um bei sehr kleinen zu messenden Zeiten dennoch repräsentative Aussagen machen zu können, wurde die Anzahl der Testwiederholungen bis in den Millionenbereich hinein betrachtet und dann der Mittelwert berechnet.

Zunächst sollen die Dauern für Funktionsaufrufe betrachtet werden, wobei von einem lokalen Funktionsaufruf ausgegangen wird. Abb. 6.38 stellt dabei die Dauer des Aufrufs bis zur Rückkehr der Antwort dar. Zunächst wurde ein Aufruf innerhalb eines klassischen Servers betrachtet. Ein solcher Server verwendet einen normalen Proxy, der keine zusätzliche Zeit benötigt.

Diesem Aufruf ist ein Server gegenübergestellt, der einen Smart-Proxy verwendet, so wie er im vorangegangenen Abschitt für das Plug In Model vorgestellt wurde. Mittels dieser Architektur wird die Migration eines Objekts erst möglich.

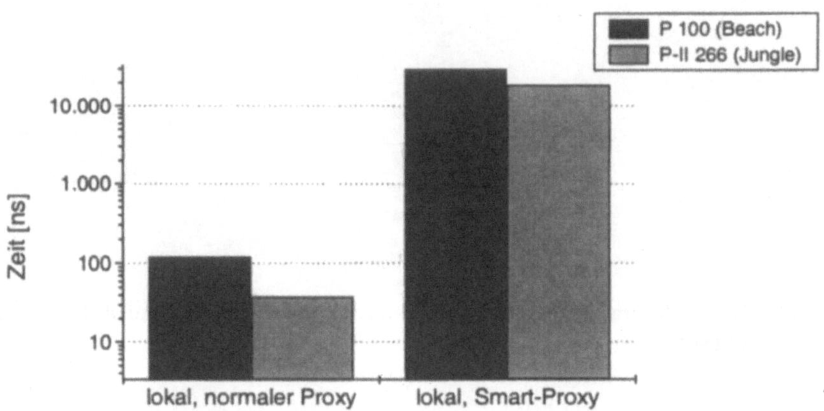

Abb. 6.38. Zeitdauern für lokale Funktionsaufrufe

Vergleicht man die in Abb. 6.38 dargestellten Werte, so benötigt die Verwaltung des Smart-Proxies wesentlich mehr Zeit. Zu beachten ist in der Graphik die logarithmische Darstellung – der Smart-Proxy verbraucht mehr als 100mal so viel Zeit wie der normale Proxy. Allerdings ist diese Zeit auch relativ zu betrachten, d.h. eine einfache Funktion rechtfertigt die Verwendung eines Smart-Proxies wohl weniger, umfangreichere Funktionen werden dadurch jedoch verhältnismäßig gering belastet.

Findet ein Funktionsaufruf entfernt statt, so wird in Abb. 6.39 noch einmal in einen RPC, bei dem sich beide Prozesse auf dem gleichen Rechner befinden, und einen RPC, der wirklich entfernt auf einem anderen Rechner ausgeführt wird, unterschieden. Die Zeit wird jeweils aus Sicht des Clients betrachtet. Als Vergleichswert ist zusätzlich die Zeidauer für die einfache Operation angegeben, einen Zahlenwert in einen String zu konvertieren. Dieser Wert ist ebenfalls in Abb. 6.39 dargestellt. Es ist ersichtlich, daß die Kommunikation über den ORB in jedem Fall mehr Zeit verbraucht, als eine Kommunikation ohne ORB. Interessant ist hierbei, daß es quasi keinen Unterschied macht, ob der Aufruf auf dem gleichen oder einem entfernten Rechner stattfindet, auf dem langsamen Rechner ist der Aufruf sogar schneller, wenn der Serverprozeß auf einem anderen Rechner läuft. Offensichtlich benötigt der Server mehr Rechenleistung als der Client, so daß der schnelle Rechner als Server den Kommunikationsoverhead des Netzwerkes wieder ausgleicht.

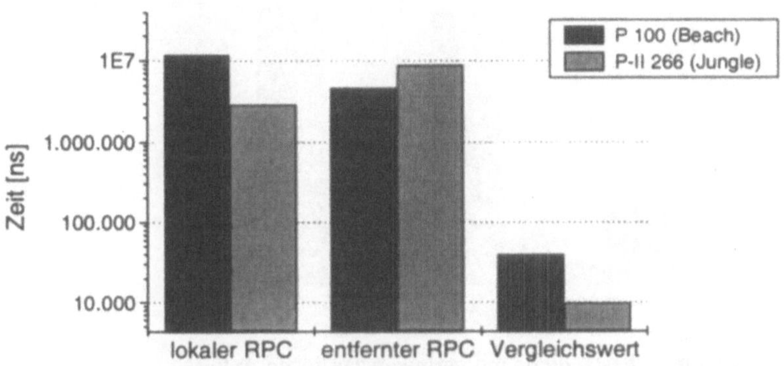

Abb. 6.39. Zeitdauer für RPC-Aufrufe über den ORB

Für die Realisierung des Migrationsdienstes bedeutet dies, daß das Server Pool Model und das Factory Server Model für die Leistungssteigerung mittels Migration vollkommen ungeeignet sind, da Objekte in einem anderen Prozeß erzeugt werden und damit die teure Kommunikation über den ORB unvermeidbar ist.

Beim Plug In Model steht dem Nachteil eines minimalen Anstiegs der Kommunikationszeit innerhalb eines Servers jedoch der Vorteil der Kommunikation ohne ORB gegenüber.

Der durch die Verwendung des Smart-Proxies entstehende zusätzliche Aufwand wurde noch detaillierter untersucht und ist in Abb. 6.40 und Abb. 6.41 dargestellt. Insbesondere wurde der zusätzliche Aufwand für den Funktionsaufruf gemessen, die Entscheidung, ob das Objekt lokal oder entfernt liegt, sowie die Behandlung CORBA-spezifischer Fehler. Diese drei in Abb. 6.40 dargestellten Größen benötigen relativ wenig Zeit. Die eigentliche Dauer entsteht durch die Verwendung des Mutexes im Kontext eines möglichen Multithreadings. Hierbei ist in Abb. 6.41 zwischen Belegung und Sperrung des Mutexes unterschieden. Die langen Zeitdauern resultieren aus dem Kontextwechsel zum Betriebssystem und eine ggf. erforderliche Synchronisation mit anderen Threads. Diese Zeitdauern sind auf beiden Rechnern recht ähnlich. Würde man nun noch auf die Verwendung einer Multithread-Unterstützung verzichten, so würde die durch einen Smart-Proxy benötigte Zeit noch einmal stark reduziert werden können und eine Proxy-Verwendung auch bei einfachen Funktionen sinnvoll erscheinen.

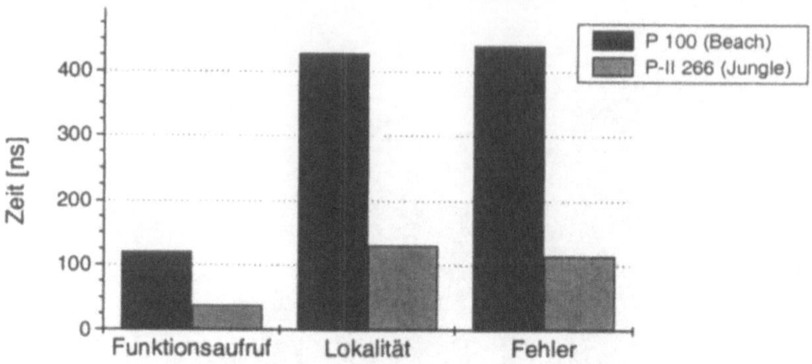

Abb. 6.40. Migrationsbestandteile mit geringem zeitlichen Anteil

Für die Migration ist es ferner interessant, zu betrachten, welche Zeitdauer der Transport eines Plug-In-Moduls benötigt.

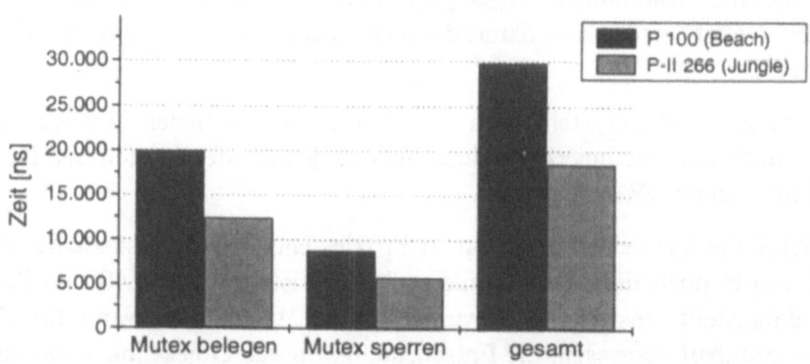

Abb. 6.41. Zeitdauern für die Verwaltung der Mutexe

Die eigentliche Übertragung kann über den ORB oder ein klassisches Netzwerkprotokoll erfolgen, wobei letzteres vorzuziehen ist. Denn ein Plug-In-Modul hat eine Größe von wenigstens 100 KB, und über den ORB ist lediglich eine Datenrate von wenigen Kilobyte pro Sekunde erreichbar. Beispielsweise dauerte die Übertragung eines Moduls von 200 KB Größe über den ORB 43 Sekunden, was einer Datenrate von 4,8 KB/s entspricht.

Alternativ kann auch das Microsoft-spezifische Protokoll SMB verwendet werden oder FTP, wobei das FTP dem SMB in der Regel noch unterlegen war.

Angemerkt werden soll noch, daß die Größe des Plug-In-Moduls – wie auch schon im Kapitel 4 bei der allgemeinen Datenübertragung beschrieben – einen erheblichen Einfluß auf die Übertragungszeit hat. Durch den Einsatz von DLLs ist es möglich, diese Module auf den wesentlichen Code zu reduzieren. Demnach sollten möglichst kleine Module übertragen werden, und die Rechenleistung des Clients sollte zusätzlich möglichst hoch sein. Es ist in der Regel auch sinnvoll, Daten zu komprimieren, zu übertragen und dann wieder zu entpacken.

Ist das Modul übertragen worden, kann der Server dieses laden und eine Factory erzeugen. Technisch gesehen handelt es sich bei dem Plug-In-Modul um eine DLL. Wird diese das erste Mal geladen, d.h. vom Betriebssystem in den Hauptspeicher geschrieben, so werden interne Datenstrukturen angepaßt. Beim Anfordern der DLL durch einen weiteren Prozeß braucht diese Library nicht neu geladen zu werden.

Ist das Plug-In-Modul auf dem entfernten Rechner initialisiert und eine Factory für einen gewünschten Objekttyp verfügbar, so benötigt die eigentliche Migration eine relativ konstante Zeit. In [Ha 98] wird noch ausführlicher auf sechs verschiedene Szenarien für die Migration eingegangen, die einzeln ausgewertet werden: (1) Factory suchen, (2) Zustand sichern, (3) Datenstrom konvertieren, (4) Kopie erzeugen, (5) Proxy anpassen und (6) Objekt löschen. Bei dem Zeitaufwand für die Migration dominieren dabei die beiden RPCs.

Schließlich ist als Zeitfaktor noch die Lokalisierung eines Objekts zu nennen, diese ist insbesondere mit der Anpassung der Referenzen verbunden. Hierbei benötigen insbesondere die Proxies noch einmal Zeit.

Fazit

Plug-In-Module sollten komprimiert auf dem Plug-In-Server abgelegt werden und über ein normales Netzwerkprotokoll an den Client übertragen werden. Der Zielrechner sollte dann die Module entpacken und im lokalen Cache auf der Festplatte speichern.

Erfolgt ein Ladevorgang für ein Plug-In-Modul auf einem Server mehrfach, so ist dies ab dem zweiten Ladevorgang erheblich schneller als beim ersten mal.

Durch die Dominanz des RPCs bei der eigentlichen Migration kann der langsamere Rechner von einem RPC über das Netzwerk dominieren, da der schnellere Rechner das Ergebnis trotz Netzoverhead in deutlich kürzerer Zeit liefern kann. Die Gesamtdauer einer Migration hängt ferner entscheidend von der Größe des zu migrierenden Objekts ab. Insbesondere ist die Anzahl der Attribute für die Zustandssicherung von Bedeutung, und die Umwandlung des Objekts in einen Datenstrom ist ebenfalls sehr zeitintensiv.

6.4
Load Balancing

Nachdem im vorangegangenen Abschnitt das Prinzip erläutert wurde, Server zu replizieren, soll diese Funktionalität nun genutzt werden, um Clientanfragen gezielt auf die verschiedenen Replikate der Server zu verteilen, damit die Antwortzeit der Clientanfragen minimiert werden kann. Neben dieser Zielsetzung gibt es die zu Beginn des Kapitels 6 beschriebenen Vorteile.

Load Balancing ist allgemein als die Verteilung von Aufgaben auf die verschiedenen Ressourcen in einem Verteilten System definiert. Bereits zu Beginn der achtziger Jahre wurden erste Ergebnisse zu dieser Thematik veröffentlicht. Richtungsweisend waren insbesondere die Arbeiten [VaMo 85] und [ELZ 86].

Lastverteilung reicht vom einfachen Scheduling in Einprozessorsystemen bis zu Problemstellungen in Verteilten Systemen. Die einfache Lastverteilung wird dabei auch als Load Sharing bezeichnet, während man ansonsten von dem an dieser Stelle interessanteren Load Balancing spricht. Eine Klassifikation ist in Abb. 6.42 dargestellt.

Lastverteilung kann statisch oder dynamisch ausgeführt werden. Von statischer Lastverteilung spricht man, wenn verschiedene Aufgaben fest auf das System verteilt werden. Ist eine Aufgabe einer Ressource zugeordnet worden, so bleibt diese Zuordnung bis zur Erledigung der Aufgabe bestehen. Dabei findet die Zuweisung von Aufgaben an Ressourcen nach einem festen Prinzip wie etwa dem Round Robin statt. Aktuelle Kriterien, wie etwa die momentane Belastung der Ressource, werden dabei nicht berücksichtigt. Bei der dynamischen Lastverteilung werden aktuelle Parameter der Ressource mit berücksichtigt. In der Regel wird die Ressource gewählt, die am geringsten belastet ist, um in möglichst kurzer Zeit zu einer Lösung der Aufgabe zu kommen. Dabei wird direkt auf den aktuellen Systemzustand reagiert, ein Monitor liefert aktuelle Daten über die Ressourcen des Systems.

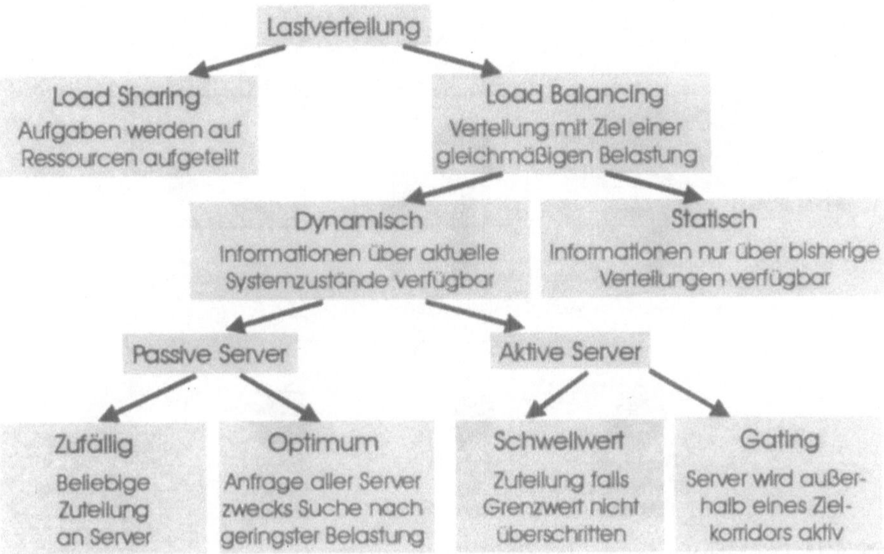

Abb. 6.42. Klassifikation von Arten der Lastverteilung

Neben der Unterteilung in statische und dynamische Lastverteilung wird in passive und aktive Verfahren unterschieden. Bei aktiven Verfahren wird eine Verteilung von Komponenten initiiert, die selbst überlastet sind. Bei den passiven Verfahren fordern unterlastete Komponenten Aufgaben an.

6.4.1
Ansätze zum Load Balancing

Auf dem Gebiet des Load Balancings gibt es zahlreiche Forschungsarbeiten, von denen fünf besonders bedeutend bzw. bekannt sind, die im folgenden vorgestellt werden sollen.

- **Der Ansatz von Usländer et al**

In [BrUs 96] und [UsBr 96] wird ein allgemeiner, prototypischer Managementansatz für CORBA-Objekte vorgestellt, der von einer Management Information Base (MIB) ausgeht. Ein Manager sammelt Informationen, indem er über ein standardisiertes Managementprotokoll wie CMIP oder SNMP (für die Funktionsweise dieser grundlegenden Protokolle vgl. beispielsweise [HeAb 93]) und über ein CORBA-Gateway Anfragen an Managed Objects stellt, siehe Abb. 6.43.

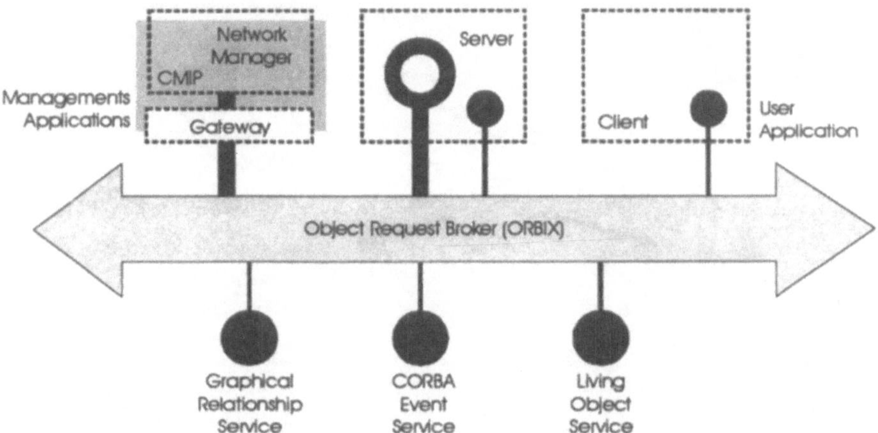

Abb. 6.43. Der Managementansatz nach Usländer et al

Ein Load Balancing im eigentlichen Sinne findet dabei nicht statt. Ferner ist zu bemängeln, daß der Manager als zentrale Komponente realisiert wird, so daß er bei Ausfall oder Überlastung die Funktionalität des Systems beeinträchtigen kann. Eine fehlende CORBA 2.0-Konformität verhindert ferner die Portierbarkeit dieses Ansatzes auf andere Verteilungsplattformen.

- **Der Ansatz von Koch**

In [KKR 95] wird die Lastverteilung mittels eines sogenannten Adaptive Linear Combiners (ALC) durchgeführt. Dabei handelt es sich um einen der modernsten aber auch aufwendigsten Ansätze zur Lastverteilung, der sich an Ansätze zu Neuronalen Netzen und Backpropagation-Algorithmen anlehnt.

Ein ALC wird durch verschiedene Komponenten realisiert. Ein Manager dient als zentraler Koordinator für Managementaufgaben, ein Scheduler führt die eigentliche Lastverteilung durch, und Agenten extrahieren aus dem Betriebssystemkern die zum Scheduling benötigten Daten. Damit können stärker belastete Komponenten eines Verteilten Systems von weniger stark belasteten Komponenten unterschieden werden. Die Realisierung der Agenten ist jedoch betriebssystemabhängig und muß für jede Version eines Betriebssystems speziell angepaßt werden. Die Architektur ist in Abb. 6.44 dargestellt.

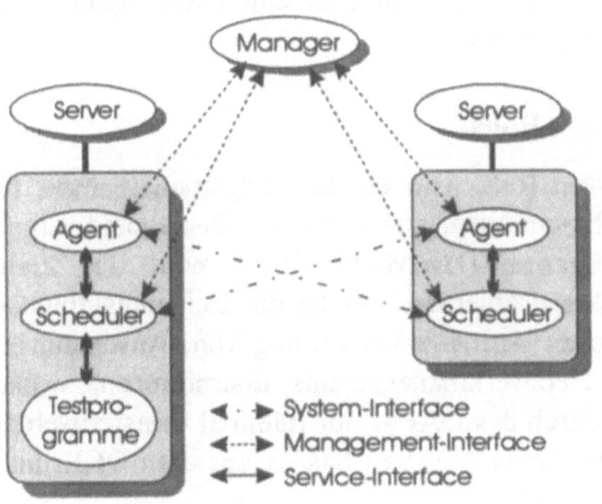

Abb. 6.44. Der Managementansatz von Koch

Nachteilig ist die auf ANSAware basierende Realisierung, durch die keine CORBA-Konformität gegeben ist. Bis auf den zentralen Manager ist diese Architektur jedoch verteilt realisiert, was hinsichtlich verschiedener Transparenzeigenschaften von Vorteil ist.

- **Der Ansatz von Kröger et al**

Im Gegensatz zu dem Ansatz von Koch zeichnet sich der Ansatz von Kröger et al [KHR 95] dadurch aus, daß das eigentliche Monitoring in die verteilte Anwendung integriert wurde. Die Architektur basiert auf Sensoren, einem Evaluator, einem Manager und Aktoren. Dabei sind Sensoren Bestandteile der zu überwachenden Applikation. Sie werden in die einzelnen Objekte der verteilten Anwendung integriert. Die mittels der Orbix-Filterpunkte realisierten Sensoren, über die jedes Objekt verfügt, werden implementiert, indem die Objekte mit zusätzlichem Code ausgestattet werden.

Das Eintreten bestimmter Ereignisse wird von den Sensoren an den Evaluator gemeldet, der als eine zentrale Komponente im System vorhanden ist und die Ereignisse auf leistungsbezogene Kenngrößen abbildet. Nachteilig ist bei diesem Ansatz zum einen die fehlende CORBA 2.0-Konformität durch die Nutzung der Orbix-Filterpunkte, zum anderen ein möglicherweise auftretener Bottleneck, der durch die zentrale Realisierung von Manager und Evaluator bedingt ist. Ferner kann die Performance bei diesem Ansatz nur über eine nachträgliche Rekonfigurierung der Anwendung erfolgen.

- **Der Ansatz von Rolia**

Im Ansatz von Rolia wird ein Leistungsmanagement für verteilte Anwendungen beschrieben, das auch als Distributed Application Performance Management (DAPM) bezeichnet wird. Die Zielsetzung ist eine Erkennung von Problemen, welche die Leistungsfähigkeit des Systems mindern. Ferner wird eine Verwaltung von Anwendungen und die Integration des Netzwerkmanagements übernommen, wobei die verteilte Anwendung durch das DAPM nur minimal belastet werden soll. Die Implementierung dieses Ansatzes basiert auf dem DCE und ist nur prototypmäßig realisiert.

- **Der Ansatz von Schiemann**

Beim Ansatz von Schiemann [Sc 96] werden CORBA-basierte Mechanismen dazu verwendet, die Leistungsfähigkeit eines Systems zu steigern. Zu diesem Zweck werden Softwaremonitore realisiert, welche die notwendigen Daten – wie zum Beispiel Anfragerate, Anfragegröße, Anzahl der Clients und Serverzustände – liefern. Dabei bleibt die eigentliche Lastverteilung für den Nutzer transparent. Eine Erzeugung und Verlegung von Servern ist bei diesem Ansatz prinzipiell vorgesehen, jedoch nicht vollständig konzeptioniert und implementiert.

Kernstück der Architektur von Schiemann ist ein Load Balancer, der als zentrale Komponente dargestellt ist, siehe Abb. 6.45. Dieser arbeitet eng mit einem Naming und einem Locator Service zusammen, geplant ist ferner die Verwendung des Event Services.

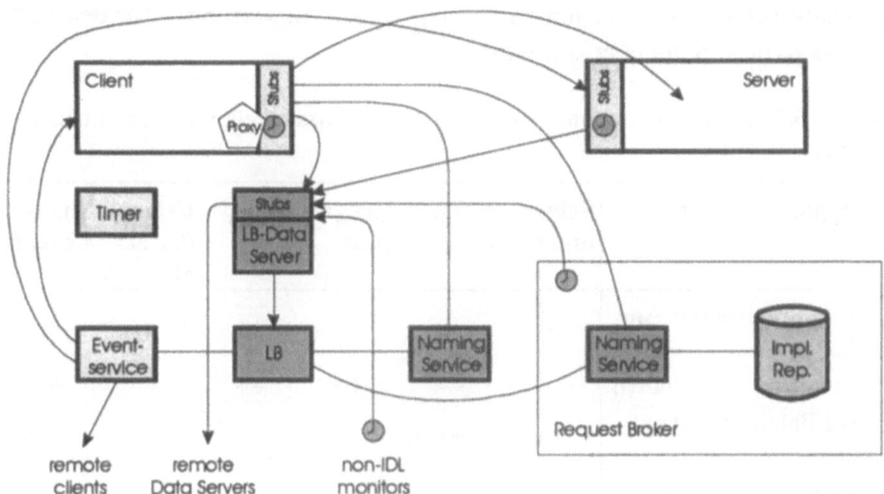

Abb. 6.45. Die Architektur nach Schiemann

In der tatsächlichen Realisierung besteht dieser Load Balancer neben dem zentralen Kern zusätzlich aus Stellvertretern, die auf jedem Host gestartet werden und dort Daten sammeln können. Schwachstellen dieser Architektur sind darin zu sehen, daß durch die zentrale Realisierung des Load Balancers keine echte Verteilung gegeben ist, wodurch eine Reihe von Engpässen denkbar wird. Eine Monitoringkomponente fehlt in der Architektur vollständig, die Implementierung ist zunächst auf homogene Plattformen beschränkt.

Eine weitere Forschungsarbeit auf dem Gebiet des Load Balancings stellt sich die Frage, wie viele Informationen benötigt werden, um eine effektive Entscheidung hinsichtlich der Lastverteilung treffen zu können [Be 96]. Alle Ansätze zusammen haben dabei gemeinsam, daß ihre Funktionalität nicht innerhalb des ORBs realisiert wurde. Diese Funktionalität ist zwar kein Bestandteil des Standards, jedoch denkbar und unter dem Gesichtspunkt der Transparenz auch offensichtlich sinnvoll. Für eine solche Implementierung wäre jedoch der Quellcode einer Verteilungsplattform notwendig.

Tabelle 6.1 stellt die genannten Ansätze noch einmal zusammenfassend gegenüber. Dabei reicht die Bewertung von ++, d.h., das entsprechende Kriterium wird absolut erfüllt, über + für die teilweise Erfüllung des Kriteriums, ein o, falls keine genaue Aussage möglich ist, - für den Fall, daß das Kriterium kaum erfüllt wird bis hin zu der negativsten Bewertung -- für den Fall, daß das Kriterium nicht erfüllt wird.

Tabelle 6.1. Gegenüberstellung der vorgestellten Ansätze als Basis des Load Balancings

Konzepte / Ansätze	Schie-mann	Koch et al.	Kröger et al.	Rolia	Uslän-der et al.	Eigener Ansatz
- Verteilt realisierter Ansatz	-	+	+	++	o	+
- Monitoring ist enthalten	-	++	++	++	-	++
- Load Balancing ist enthalten	++	++	-	-	- -	++
- Replikationsentscheidungen werden getroffen	- -	- -	- -	- -	--	+
- Architektur auch für andere Managementaufgaben zu verwenden	- -	+	++	- -	++	O
- Es müssen nicht alle Objekte betrachtet werden	+	++	- -	- -	- -	+
- Läuft auf vielen Plattformen	++	-	-	-	- -	+
- Ist vollständig implementiert	o	++	-	o	-	++
- Ist CORBA konform	++	- -	- -	- -	- -	++
- Verwendet moderne Algorithmen	o	++	o	o	o	O
- Benötigt keine systemspezifischen Befehle	++	- -	o	o	++	+

6.4.2
Architektur zum dynamischen Load Balancing

Die im folgenden vorgeschlagene Architektur wird sich durch ein hohes Maß an Verteiltheit und Transparenz auszeichnen. Durch eine Implementierung alternativer Verfahren zum Monitoring und Load Balancing soll eine hinreichende Flexibilität ermöglicht werden. Insgesamt zeichnet sich das Konzept durch die Integration von drei zusätzlichen Komponenten in das verteilte Client/Server-System aus, diese Komponenten sind der Monitor, der Load Balancer und Manager. Diese Architektur wurde in Zusammenarbeit mit [Se 97] entwickelt. Abb. 6.46 gibt einen Überblick über die Gesamtarchitektur.

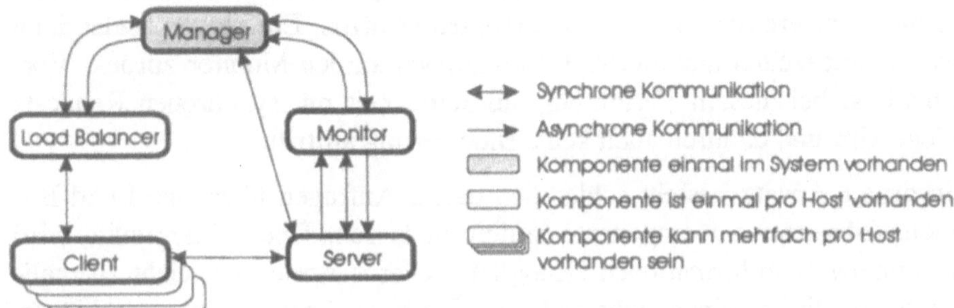

Abb. 6.46. Das Grundprinzip des dynamischen Load Balancings

Clients und Server

Die Clients des Verteilten Systems erzeugen in diesem Szenario die Anfragen, welche zu Belastungen der Server im System führen. Es kann für jeden Client individuell festgelegt werden, ob für seine Anfragen ein Load Balancing stattfinden soll oder ob nicht. Die Art der Anfragen kann ebenfalls bestimmt werden, so können beliebig viele gleich lange oder unterschiedlich lange Anfragen erzeugt werden, Zufallseinstellungen sind möglich, und über weitere Parameter sind Pausen zwischen den Anfragen modellierbar. Die Server des Verteilten Systems bilden in bekannter Art und Weise den Gegenpart zu den Clients. Sie bearbeiten die ankommenden Anfragen nacheinander, wobei eine bestimmte Rechenzeit verbraucht wird.

Der Monitor

Im Verteilten System ist der Monitor auch verteilt realisiert. Dies bedeutet, daß auf jedem Host ein Monitor gestartet wird, der die Server auf seinem Host überwacht. Die Ergebnisse der Überwachung sendet der Monitor an den Manager und von diesem an alle Load Balancer. Es gibt drei verschiedene Möglichkeiten, wie der Monitor arbeiten soll.

Die erste Möglichkeit besteht darin, daß der Monitor sogenannte Monitoring Requests erzeugt. Diese veranlassen den Server dazu, die Nachricht ohne weitere Verarbeitung wieder an den Monitor zurückzusenden. Aus den unterschiedlichen Zeitspannen bis zum Reply schließt der Monitor auf die Belastung des Servers. Dabei benötigt dieses Verfahren kaum Instrumentierung beim Server, besitzt jedoch kommunikationsbedingt den Nachteil, daß der Monitor blockiert ist, während die Anfrage bearbeitet wird.

Die zweite Möglichkeit basiert darauf, Oneway-Calls an Server zu senden, die insbesondere recht lange Antwortzeiten besitzen. Ein Server sendet dann Bearbeitungszeiten und andere Informationen an den Monitor zurück. Vorteilhaft ist bei diesem Verfahren, daß keine Zeit mit synchronen Requests belegt wird und dadurch auch keine Blockierung auftritt.

Ein dritter Ansatz besteht schließlich darin, Anfragen über eine Load Balancing/Monitoring-Komponente laufen zu lassen. Über Filterpunkte wird ein Zugang zu Informationen ermöglicht. Dieser Ansatz ist leicht zu realisieren und liefert einen vollständigen Überblick über bestimmte Abläufe. Allerdings wirkt es sich nachteilig aus, daß alle Anfragen über zentrale Komponenten abgewickelt werden, was zu Overhead und Bottlenecks führen kann.

Das Monitoring dient innerhalb des Load Balancings dazu, Kennzahlen zu ermitteln, die Aussagen über die Belastung der einzelnen, vom Monitor mitgeteilten Server machen. Innerhalb der realisierten Architektur können den Servern unterschiedliche Prioritäten für das Monitoring gegeben werden, außerdem ist es möglich, den Abstand zwischen zwei Messungen festzulegen. Messungen können dabei wahlweise synchron oder asynchron erfolgen.

Der Load Balancer

Nach der Vorstellung des Monitorings soll zur nächsten Komponente übergegangen werden, dem Load Balancer. Diese Komponente ist verteilt realisiert, d.h. einen solchen Load Balancer gibt es auf jedem Host. Durch die Existenz mehrerer Load Balancer können eventuelle Engpässe vermieden werden, wenn viele Clients auf Load Balancer zugreifen.

Ein Client wendet sich mit einer Anfrage an den lokalen Load Balancer und spezifiziert dabei, welchen Dienst er mit welchen Kriterien des Load Balancings erhalten möchte. Kriterien können z.B. der beste Server sein, der die kürzesten Antwortzeiten liefert, oder ein Server, der rein zufällig gewählt wird. Eine andere Möglichkeit besteht darin, daß der Client einen Grenzwert dem Load Balancer mitteilt. Der Load Balancer sucht dann einen Server, dessen Auslastung unter diesem Grenzwert liegt. Soll – als letzte Möglichkeit – kein Load Balancing durchgeführt werden, so wählt der Load Balancer einfach einen beliebigen passenden Server aus.

In der Literatur werden Algorithmen zur Lastverteilung in zwei Klassen eingeteilt: quelleninitiierte Algorithmen und serverinitiierte Algorithmen. Quelleninitiierte Algorithmen sind solche Verfahren, bei denen anfragende Clients nach Servern suchen. Bei den serverinitiierenden Verfahren suchen die nicht ausgelasteten Server nach Anfragen. Der hier vorgestellte Ansatz ist quelleninitiiert.

Die Architektur zum Load Balancing wurde so angelegt, daß Anwendungen sowohl auf der Seite des Clients als auch auf der Seite des Servers leicht integrierbar sind. Auf der Serverseite ist – im einfachsten Fall – die Schnittstelle zum Monitor einzubinden, was mit einem Include-Befehl geschieht.

Der Manager

Als letzte Komponente soll schließlich der Manager genannt werden. Er ist zentral realisiert und steuert den Monitor und den Load Balancer. Ferner verwaltet er die Server und vergibt Aufträge zur Serverreplikation. Monitor und Load Balancer werden vom Manager so konfiguriert, daß eine optimale Arbeitsweise des Systems gewährleistet ist.

Bei dieser Architektur ist der Manager die einzige Komponente, die zentral realisiert wurde. In Abhängigkeit von der Größe des Verteilten Systems sollte zunächst davon ausgegangen werden, daß ein zentraler Manager den Anforderungen genügt, erst wenn sehr große Verteilte Systeme betrachtet werden, sind Überlegungen angebracht, inwiefern auch der Manager verteilt realisiert werden sollte.

Der Ablauf des Load Balancings

Eine Sequenz von Prozessen des Load Balancings ist in Abb. 6.47 dargestellt.

Im ersten Schritt des in Abb. 6.47 dargestellten Ablaufs registriert sich der Server beim Manager, woraufhin der Manager im zweiten Schritt den zugehörigen Monitor und Load Balancer initialisiert. Im dritten Schritt beginnt der Monitor das Monitoring. Dabei bestehen zwei Möglichkeiten: im Fall (3) geschieht das Monitoring synchron, im Fall (3a) asynchron, wobei zwei Oneway-Calls erfolgen, einer für die Anfrage, der andere zur Rückgabe der Ergebnisse. Beim Monitor erfolgt zunächst eine sogenannte Nullmessung, um die Dauer eines unbelasteten Aufrufs zu messen. Dann wird der Server freigeschaltet, um Clients zu bedienen. Der Monitor kann nun durch das Stellen von Anfragen Messungen am Server vornehmen. Durch das Zurücksenden der Monitoranfragen beim Server bestimmt der Monitor die entsprechenden Zeiten.

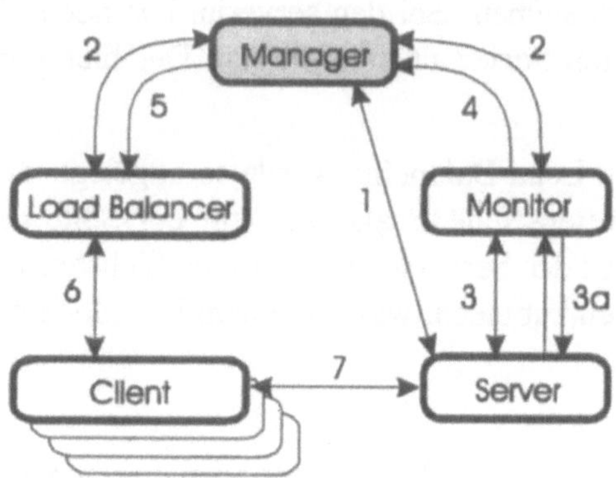

Abb. 6.47. Ablauf des dynamischen Load Balancings

In einem vierten Schritt werden die Ergebnisse vom Monitor asynchron an den Manager geleitet. In Schritt fünf versendet der Manager die erhaltenen Werte über Oneway-Calls an die Load Balancer, wobei der entsprechende Load Balancer, den der Client verwenden will, nach einem passenden Server gefragt wird. Schließlich kann der Client im siebten und letzten Schritt den Aufruf des Servers durchführen.

Die Variante des aktiven Servers

Eine spezielle Variante der normalen Server sind die sogenannten aktiven Server. Ein solcher aktiver Server meldet sich beim Monitor, wenn über eine gewisse Zeitdauer hinweg keine Anfragen an ihn gestellt worden sind. Allerdings muß dabei noch eine zusätzliche Kommunikationsbeziehung geschaffen werden, über die sich der Server beim Monitor meldet. Über den Manager gelangt die Information, daß der entsprechende Server nicht ausgelastet ist, zu den Load Balancern, die damit ihre Lastverteilungen korrigieren, bzw. diesen Sachverhalt für zukünftige Clientanfragen berücksichtigen können.

Die Frage ist nun, ob eine solche serverinitiierte Realisierung von Vorteil ist. Dabei ist zum einen der zeitliche Abstand zu berücksichtigen, d.h. die

Zeitdauer, die vergehen muß, bis ein Server seine Nichtauslastung an den
Monitor meldet. Zum anderen ist auch der Extremfall denkbar, daß das gesamte Load Balancing auf den Aktionen der Server beruht, indem diese ihren Zustand melden. Bei einer relativ großen Auslastung ist jedoch zu befürchten, daß sich die mittleren Antwortzeiten dadurch verlängern, daß die
aktiven Server in kleinen Zeitintervallen leerstehen, und zwar dann, wenn
sie ihren Zustand an den Monitor melden und darauf warten, daß ihnen
dann neue Aufträge zugewiesen werden.

Der Entwurf der dynamischen Load Balancing Architecture

Die Load Balancing Architecture (LBA) wurde zunächst spezifiziert. Dabei
war die Beschreibung der Objektschnittstellen in der IDL von besonderer
Bedeutung [Se 97]. Abb. 6.48 gibt beispielhaft die Beschreibung der IDL-
Spezifikation des Monitorobjekts an.

```
//
//  monitor.idl
//
// IDL file für den Monitor

module monitor {

  // Schnittstelle zwischen Monitor und Manager
     interface manager {
     short newserver (inout string name, inout string host,
                      inout string referenz,
                      in     short prioritaet,
                      in     short maxdauer,
                      in     short abstand,
                      in     short monitoringart);
     short delserver (inout string referenz);
     short modkonfserver (inout string name, inout string
                          host,
                      in     short prioritaet,
                      in     short maxdauer,
                      in     short abstand,
                      in     short monitoringart);
     };

  // Schnittstelle zwischen Monitor und Server
     interface server {
        oneway void messungAntwort (in short id, in long
                        messung2, in long messung3);
        oneway void onidle (in string referenz);
        };
};
```

Abb. 6.48. IDL-Spezifikation des Monitors

Die verschiedenen Schnittstellen, die von diesem Objekt angeboten werden können, sind in Modulen zusammengefaßt. Im angegebenen Beispiel ist das Modul `modul monitor` beschrieben. Dieses Modul besteht aus zwei einzelnen Schnittstellen, die als `manager` und `server` bezeichnet wurden.

Der nächste Arbeitsschritt ist die Compilierung der Schnittstellenbeschreibung. Dadurch werden – wie bereits im Abschnitt 2.2 beschrieben – Headerdateien und Grundgerüste für die weitere Programmentwicklung erzeugt. Dieser Prozeß läuft zweigeteilt. Von einem Preprozessor wird die Schnittstellendefinition um zusätzliche Definitionen und optionale Bestandteile für die Beschreibung ergänzt. Der eigentliche IDL-Compiler erzeugt dann die entsprechenden Dateien. Ausgehend von der Compilierung erfolgt die eigentliche Codierung der Objektfunktionalität in den Headerdateien und deren Implementierungsdatei.

Der dritte Arbeitsschritt besteht darin, den eigentlichen Code für das Objekt zu erstellen. Dabei ist auch die Wahl der Datenstrukturen und Algorithmen vorzunehmen und zu implementieren. Der Code für die Realisierung des Monitors aus Abb. 6.47 ist in Abb. 6.49 auszugsweise angegeben.

Auf Serverseite ist der Objektcode in ein Serverprogramm einzubetten, nach dem Starten eines Serverprozesses steht das Objekt dann zur Verfügung. Der Client muß entsprechend instrumentiert werden, damit er die Objektfunktionalität nutzen kann.

In Abb. 6.50 ist ein Beispiel für die Einbettung eines Serverobjekts in den Server angegeben. Dieses Programm ist Bestandteil des Load Balancers, der selbst Server in Bezug auf die Clients ist und Client im Verhältnis zum Manager.

Bei dem Manager als zentrale Komponente des Verteilten Systems müssen sich die einzelnen Objekte anmelden. Dieser mehrstufige Vorgang beginnt damit, daß zunächst die eigentlichen Objekte des Load Balancers erzeugt werden, dann wird dem ORB die Funktionsfähigkeit des Load Balancers mit dem Befehl `impl_is_ready` gemeldet, wodurch es möglich wird, daß Objekte innerhalb der Serverprozesse von den Clients angesprochen werden.. Die Bearbeitung von Anfragen wird allerdings erst zu einem späteren Zeitpunkt gestartet. Daran schließt sich die Anmeldung des Servers beim Manager an, insbesondere wird durch die Funktion `bind` eine durch den ORB vermittelte Verbindung zum Manager hergestellt.

In einem weiteren Schritt meldet sich der Balancer zur Registrierung beim Manager an. Dabei handelt es sich um einen synchronen Funktionsaufruf, bei dem der Load Balancer erst weiterarbeitet, wenn der Manager die Registrierung bestätigt hat. Schließlich übernimmt der Load Balancer seine Rolle als Server und startet mit dem Befehl `Orbix.processEvents` die Verarbeitung der ankommenden Anfragen.

Der Parameter `infinite_timeout` bewirkt, daß der Load Balancer für eine unbegrenzte Zeit auf Anfragen wartet.

Diese Wartezeit kann aber auch terminiert werden, was zur Folge hat, daß die Ausführung des Serverprozesses beendet wird, wenn über eine bestimmte Zeit hinweg keine Anfrage gestellt wurde.

```
// Implementierung der Interface-Funktion, um einen neuen
// Server zu registrieren.

CORBA::Short monitorcls::managercls:: newserver(char *&
        name, char *& host, char *& referenz, CORBA::Short
        prioritaet, CORBA::Short maxdauer, CORBA::Short
        abstand, CORBA::Short monitoringart,
        CORBA::Environment &IT_env) {
  int erg = 0;
  int test1 = 0;
  test1 = monitored_server.occurcheck(referenz);
  ...
  if (test1 == 0) {
    erg = monitored_server.addelement(name, host, referenz,
          prioritaet, maxdauer, abstand, monitoringart);
    monitored_server.showliste();
    erg = 1;
  } else {
    cout << "ungueltiger Anmeldeversuch" << endl;
    erg = 0;
  }
  return erg;
}
```

Abb. 6.49. Auszug aus dem Code des Monitors

Durch einen abschließenden Compilierungs- und Linkvorgang werden die benötigten Dateien verbunden und eine lauffähige Programmversion erzeugt. Diese Version kann auf ihre Korrektheit getestet werden. Es lassen sich so beispielsweise Fehler bei der Umsetzung von Objektschnittstellen erkennen und leichter beheben, ohne daß umfangreiche Tests notwendig werden.

```
// 1 - Serverobjekte erzeugen - für jede Schnittstelle
//       mindestens eins
         balancercls::managercls ms_server;
         balancercls::clientcls ms_server2;
...
// 2 - Server beim ORB anmelden
         try{ CORBA::Orbix.impl_is_ready("balancer_Mi",0);
                }
...
// 3 - Bindung an den Manager herstellen, um den Balancer
//       zu registrieren
         try{ serverObj = manager::server::_bind
            (":manager_Mi","sumatra"); }
...
// 4 - Registrieren des Objekts beim Manager
         try{ wahl = serverObj
            ->_register(name,host,referenz); }
...
// 5 - Ankommende Anfragen werden bearbeitet
         try{ CORBA::Orbix.processEvents
            (CORBA::ORB::INFINITE_TIMEOUT); }
...
```

Abb. 6.50. Anmeldeprozedur für ein Serverobjekt beim Load Balancer

6.4.3
Bewertung der Load Balancing Implementation

Im folgenden sollen die praktischen Erfahrungen mit der aus Abschnitt 6.4.2 bekannten und realisierten Lösung dargestellt werden. Zu diesem Zweck wurden zahlreiche praktische Messungen durchgeführt, wobei an dieser Stelle nur einige Ergebnisse dargestellt werden. Einen ergänzenden Überblick über die Qualität und das Verhalten der Implementierung gibt [Se 97].

Die Messungen wurden auf Rechnern des Lehrstuhls für Informatik IV der RWTH Aachen durchgeführt, die über ein LAN miteinander verbunden sind. Dabei konnten nur solche Systeme mit dem Betriebssystem Unix verwendet werden, für die eine Version der Verteilungsplattform Orbix vorlag. Dies beschränkte die Zahl der zu nutzenden Rechner auf diejenigen, die mit der Version 2.5 des UNIX-Betriebssystems Solaris ausgestattet sind. Zur Messung wurden die Workstations Borneo, Sumatra, Downunder, Ostgote und Titanic des Lehrstuhls für Informatik IV benutzt. Borneo ist eine SPARCstation 2 mit 200 MB Hauptspeicher und einem 4/75-Prozessor.

Downunder, Ostgote und Sumatra sind Workstations vom Typ Sparc 5 mit 1 oder 2 GB Festplattenkapazität, 32 MB Hauptspeicher und einem 100 bzw. 110 MHz-Prozessor. Titanic ist schließlich eine Workstation vom Typ Sun Ultra 1, die über 2 GB Festplattenkapazität, 128 MB Hauptspeicher und einen 140 MHz Prozessor verfügt.

Realisierung von Meßpunkten

Bei einer Orbix-unabhängigen, d.h. nicht auf Filterpunkten der Implementierung Orbix basierenden Zeitmessung gibt es allgemein drei Eigenschaften, die im folgenden kurz betrachtet werden sollen.

- Zum ersten werden Funktionen zur Zeitmessung danach unterteilt, ob sie die Prozeßzeit oder die Realzeit messen. Während man unter der Prozeßzeit die Zeit versteht, in der ein Prozeß die CPU nutzt, gibt die Realzeit an, wieviel Zeit zwischen zwei Messungen vergangen ist und zwar unabhängig davon, wie lange die CPU dem Prozeß zugeteilt war.

- Unter der zweiten Eigenschaft versteht man die Auflösung einer Funktion, d.h. die Genauigkeit der Zeitmessung. Solche Genauigkeiten reichen von einer Sekunde bis zu einer Mikrosekunde.

- Schließlich lassen sich Funktionen auch danach klassifizieren, inwiefern sie in einem Standard, etwa dem POSIX-Standard enthalten sind. Die Standardisierung der Funktionen hat dabei den Vorteil, daß sie oft auch auf anderen Plattformen lauffähig sind, wenn diese dem Standard entsprechen.

In der realisierten Testumgebung wurden Clientanfragen so konfiguriert, daß der Server eine vorher bestimmte Zeit der CPU verbraucht. Zu diesem Zweck wurde in der Serverkomponente eine Funktion implementiert, welche die vom Server verbrauchte CPU-Zeit mißt. Dabei wird die Prozeßzeit gemessen. Diese Prozeßzeit wird verwendet, damit andere Belastungen des Systems mit in die Berechnungen einfließen können.

Durch diese Verwendung der Prozeßzeit kann auch bewertet werden, wie die zum Load Balancing notwendigen Komponenten das System insgesamt belasten. Ferner kann abgeschätzt werden, welche Monitoring bzw. Load Balancing Strategien sich besonders günstig bzw. extrem ungünstig auf das System auswirken.

Auf der anderen Seite besitzt der Client ebenfalls eine Funktion zur Messung der absoluten Zeitdauer, die von der Versendung einer Anfrage des Clients bis zum Erhalt der Antwort vergeht. In dieser Zeitspanne ist auch die Bearbeitung der Anfrage durch den Server enthalten, wobei diese Zeit durch die Systemlast bedingt variieren kann. Durch den Vergleich der verschiedenen Antwortzeiten für Clientanfragen können schließlich Rückschlüsse auf die Belastung des Systems gezogen werden. Beim Client wird allerdings die absolute Zeit gemessen.

Auch der Monitor ist mit einer Funktionalität zur Zeitmessung ausgestattet. Dieser Meßpunkt wird benötigt, um die Dauer bis zur Beantwortung einer Monitoringanfrage zu messen. Durch die Auswertung dieser Daten lassen sich Rückschlüsse auf die Auslastung der Server ziehen.

Für synchrone und asynchrone Messungen wurden unterschiedliche Modelle der Zeitmessung implementiert, bei einem synchronen Aufruf genügt eine Betrachtung des Monitors. Hierbei wird die Differenz zwischen dem Abschicken und Erhalten von Anfragen bzw. Replys bestimmt, bei asynchronen Aufrufen interessiert die Zeitdauer vom Abschicken einer Anfrage bis zum Ankommen dieser Nachricht beim entsprechenden Server. Das Zurückschicken eines weiteren asynchronen Aufrufs bleibt dabei zunächst unberücksichtigt.

Das Load Balancing in der Testumgebung

Zunächst soll das Verhalten synchroner und asynchroner Meßaufrufe verglichen werden. Zu diesem Zweck wurden je 100 Meßanfragen synchron bzw. asynchron an Server auf zwei verschiedenen Rechnern gesendet. Diese Server waren nicht durch Anfragen anderer Clients belastet, ferner waren Monitor und Server auf demselben Rechner installiert, so daß die Netzlast keine wesentliche Rolle spielte. Das Ergebnis dieser Messungen ist in Abb. 6.51 dargestellt.

Alle Meßreihen beginnen mit einer relativ großen Antwortzeit, die dann recht schnell sinkt. Die Ursache für dieses Verhalten liegt darin, daß der benutzte Servercode erst in den Hauptspeicher geladen werden muß. Für spätere Meßanfragen ist der Code dann bereits vorhanden, und Plattenzugriffe sind nicht mehr notwendig, so daß sich die Antwortzeit verkürzt.

Auffällig ist ferner, daß die Antwortzeiten auf dem Rechner Borneo fast doppelt so lang sind wie auf Sumatra. Dies ist durch die Hardwareausstattung bedingt. Sumatra verfügt über größere Plattenspeicher und einen schnelleren Prozessor. Auf der Borneo ist außerdem ein stärkeres Schwanken der Werte zu beobachten. Dies kommt, da die Borneo durch fremde Prozesse stärker ausgelastet ist, was längere Wartezeiten bedingt.

Durch die Implementierung wäre zu erwarten, daß ein asynchroner Aufruf schneller arbeitet als ein synchroner Aufruf. Es zeigt sich jedoch, daß die synchronen Aufrufe schneller bzw. mindestens genau so schnell sind wie die asynchronen Aufrufe.

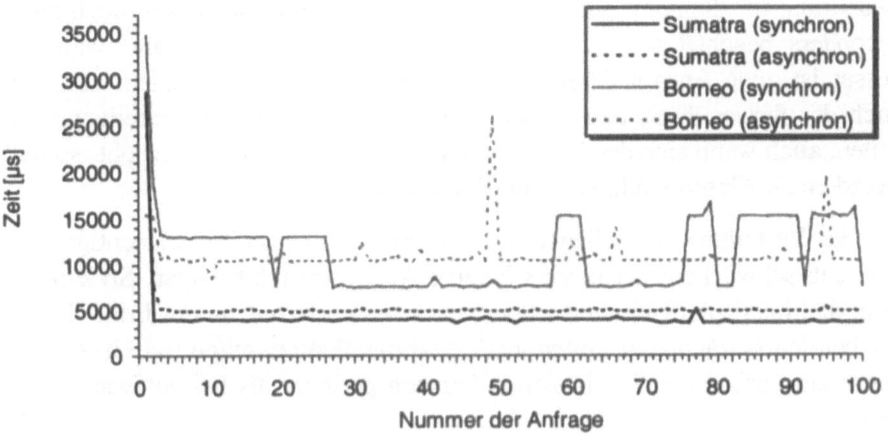

Abb. 6.51. Vergleich synchroner und asynchroner Meßanfragen in der Load Balancing Testumgebung

Dieses Phänomen läßt sich anhand der Bearbeitungsreihenfolge der Prozesse erklären. Während im synchronen Fall der Sender einer Anfrage auf die Antwort wartet, kann er bei einer asynchronen Anfrage weiterarbeiten und andere Aufgaben durchführen. Dadurch beansprucht er Ressourcen und nimmt weiterhin als aktiver Prozeß am Scheduling teil. Dies verzögert die Ausführung der anderen Prozesse und damit auch die Beantwortung des Requests durch den Empfänger der ursprünglichen Anfrage. Der Monitor arbeitet nach der Versendung einer asynchronen Messung weiter und wartet das Ergebnis der Messung nicht ab. Dadurch stehen dem Server Ressourcen erst verzögert zur Verfügung. Zudem muß er sich die Ressourcen auch noch teilen. Somit steigt die Antwortzeit auf den gemessenen Wert. Als Fazit kann insgesamt festgehalten werden, daß der Einsatz asynchroner Messungen genau überlegt und auf die konkrete Situation abgestimmt werden sollte.

In [Se 97] sind Untersuchungen gemacht worden, inwiefern sich vier Clients, die auf einem Rechner gestartet werden, gegenseitig stören. Dabei wurde gemessen, daß sich in dem Fall, daß die Clients in einem System gleichmäßig verteilt werden, dieser Sachverhalt günstig auf die Antwortzeiten auswirkt. In absoluten Zahlen wird dabei zu dem Ergebnis gekommen, daß der zusätzliche Aufwand bei vier zentralen Clientprozessen knapp 90 Sekunden beträgt. Setzt man die Gesamtlaufzeiten der beiden Versuche zueinander ins Verhältnis, so laufen die vier zentral gestarteten Clients etwa 26% langsamer als vier verteilt realisierte Clientkomponenten. Dieses Ergebnis zeigt, daß die Verteilung der Clients auf verschiedene Rechner von Bedeutung für die Antwortzeiten ist, was in der Literatur bislang noch nicht besonders beachtet wurde. So sind Fragestellungen interessant, wann es besser ist, eine Anzahl Clients auf dem Rechner unterzubringen, auf dem auch der Server läuft, bzw. wann alternativ Clients besser verteilt werden sollen, auch wenn sich der Kommunikationsaufwand dadurch erhöht, so daß trotzdem ein Geschwindigkeitsvorteil erreicht wird.

Bei der Verteilung von Clients und Servern muß ferner berücksichtigt werden, daß schwächere Hosts stets längere Antwortzeiten besitzen. So kann es sein, daß lokale Aufrufe sinnvoller werden als entfernte, da der Load Balancer bei den betrachteten Zeiten auch Kommunikationszeiten mit einrechnet. Diese sind naturgemäß bei lokalen Servern geringer als bei entfernten Servern.

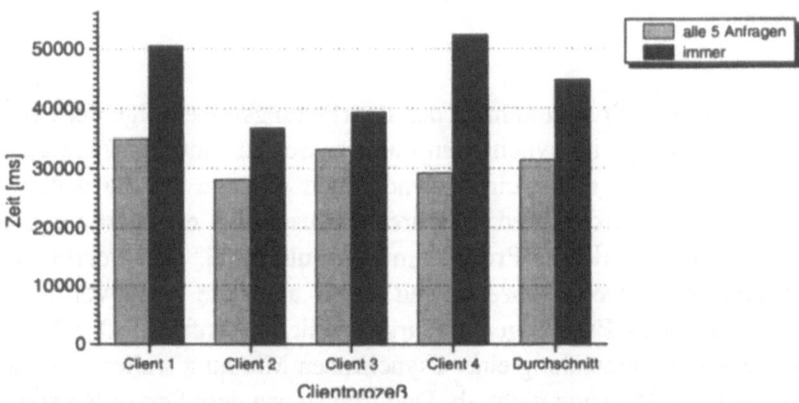

Abb. 6.52. Load Balancing mit Aktualisierung nach jeder bzw. jeder fünften Anfrage

Im folgenden soll untersucht werden, wie sich die Auswahl von Load Balancing Strategien auswirkt. Zu diesem Zweck wurden die vier verschiedenen Load Balancing Methoden getestet: die Suche nach dem besten Server, die zufällige Auswahl eines Servers, die Anfrage des Load Balancers vor jeder Anfrage und die Anfrage des Load Balancers nach einer bestimmten, frei wählbaren Anzahl x von Anfragen.

Zur Untersuchung dieser Aufgabenstellung wurden drei Server und vier Clients in einem Verteilten System untersucht. Die Server wurden einmal pro Sekunde durch synchrone Monitoringanfragen überwacht. Pro Client wurden 40 Anfragen gestartet, die den jeweiligen Server eine Sekunde lang beschäftigen sollten. Abb. 6.52 zeigt das Ergebnis einer Reihe von Tests, bei denen der beste Server ausgewählt wurde. Dazu wurden die Load Balancer entweder vor jeder Anfrage eines Clients einbezogen, oder es erfolgte nur vor jeder fünften Anfrage ein Load Balancing.

Das getestete Szenario ließe erwarten, daß ein stetiges Load Balancing mit einer Aktualisierung vor jeder Anfrage die besten Resultate liefert. Abb. 6.52 zeigt jedoch, daß dies nicht der Fall ist. Der Aufwand für die Clientprozesse ist wesentlich geringer, wenn nur alle fünf Anfragen ein Load Balancing durchgeführt wird. Außerdem ist zu erkennen, daß die Clients viel gleichmäßiger bedient werden. Dieses Ergebnis wurde durch zahlreiche Wiederholungen des Versuchs verifiziert. Die Erklärung für diesen Sachverhalt liegt im Load Balancing selbst. Wird vor jeder Anfrage ein Load Balancing durchgeführt, so ist der Aufwand schon allein durch das stetige Load Balancing höher. Zwischen den verschiedenen Komponenten werden Ressourcen aufgeteilt und wechselseitig in Anspruch genommen. Dadurch ist es für den Client unter Umständen schwieriger, mit der Anfrage an einen Server zu geraten, der sofort betriebsbereit ist. So kann der Start eines Servers beispielsweise verzögert werden, weil der Load Balancer gerade auf dem gleichen Rechner arbeitet und so die CPU und andere Ressourcen belegt. Selbst wenn der Load Balancer die Arbeit beendet hat, muß noch zwischen den Prozessen umgeschaltet werden. Eventuell noch benötigte Programmteile werden in den Speicher geladen. Ferner ist der vom Client abzuarbeitende Code wesentlich geringer, wenn nicht immer ein Load Balancing durchgeführt wird. Ist dies jedoch immer der Fall, so müssen durch die zusätzlich nötigen Codebestandteile u.U. andere Speicherbereiche in den Hauptspeicher geladen und der Balancer aufgerufen werden. Arbeitet zudem noch ein Server, so kann er möglicherweise zuerst die CPU zugeteilt bekommen, was zu weiteren Verzögerungen führt. Durch das Scheduling zwischen den drei Prozessen werden diese dann immer wieder unterbrochen, und somit sinkt die Antwortzeit.

Ein weiteres Verhalten kommt zu den in Abb. 6.52 beobachteten Phänomen noch hinzu. Und zwar werden die Ergebnisse der Monitoringanfragen an alle Load Balancer gemeldet. Bis zur nächsten Messung bleibt dieser Wert aktuell, im betrachteten Szenario also mindestens eine Sekunde. Fragen in dieser Zeit mehrere Clients ihren Load Balancer ab, wobei jeder Client – wie in Abb. 6.52 dargestellt – seinen eigenen Load Balancer besitzt, so erhalten sie die gleiche Auskunft, was den besten Server angeht. Die Ausführungszeit verlängert sich beträchtlich. Diesen Effekt gibt es zwar auch, wenn nur alle fünf Anfragen ein Load Balancing durchgeführt wird, doch zeigt sich dann, daß die Anfragen zu sehr unterschiedlichen Zeiten gestellt werden. Die Streubreite der Anfragen ist dann größer, was die Beendigung der Requests und ein erneutes Load Balancing betrifft. Durch resultierende aktuellere Messungen wird das Ergebnis des Load Balancings besser, und Clientanfragen können somit auch besser gestreut werden.

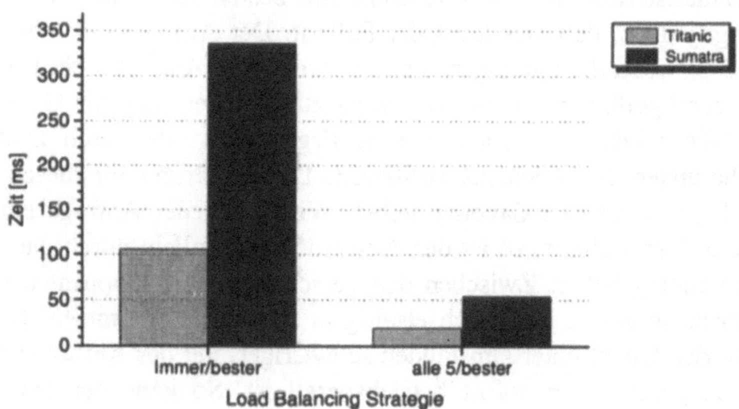

Abb. 6.53. Gesamtdauer der Antwortzeiten für die Suche nach dem besten Server

Um für das Load Balancing absolute Werte zu erhalten, wurden die Antwortzeiten der Load Balancing Anfragen gemessen. Abb. 6.53 stellt die gesamten, aufsummierten Zeiten für die Rechner Titanic und Sumatra dar.

Besonders auffällig ist in Abb. 6.53, wie extrem die gemessenen Werte ausfielen. Der Grund für diesen Effekt liegt darin begründet, daß die Leistungsfähigkeit der Rechner die Antwortzeiten des Load Balancings relativ stark beeinflußt. So ist der Rechner Titanic schon von der Hardwareausstattung stärker dimensioniert als die Sumatra. Eine andere Ursache ist jedoch in der übrigen Last des Rechners zu sehen. So läuft auf Sumatra die Managementkomponente, die auf Grund des für die Implementierung nicht vorhandenen Event Services einen Teil der Kommunikation sicherstellen muß. Da diese Komponente bei jeder Messung durch einen beliebigen Monitor in Anspruch genommen wird, entsteht eine zusätzliche Belastung, welche die Abarbeitung von Anfragen zum Load Balancing weiter verzögert.

Als Fazit kann festgehalten werden, daß allgemeine, der Infrastruktur dienende Managementkomponenten auf einem eigenen, schnellen Rechner laufen sollten. Auf diesem Host sollten dann keine Client- oder Serverprozesse mehr gestartet werden. Außerdem genügt es, nicht ständig, sondern nur nach einer bestimmten Anzahl von Anfragen ein Load Balancing durchzuführen.

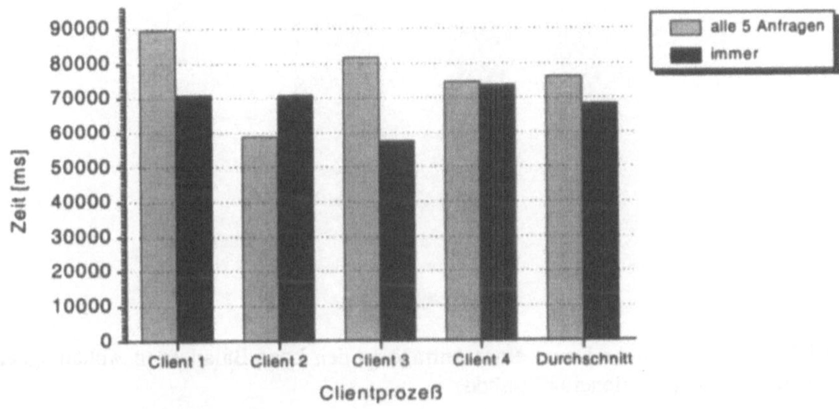

Abb. 6.54. Load Balancing für zufällig ausgewählte Server

Im folgenden soll nicht nur nach dem besten Server gesucht werden, sondern herausgearbeitet werden, inwiefern es sinnvoll ist, Anfragen zufällig auf verschiedene Server zu verteilen. Fraglich ist insbesondere, ob durch diese Vorgehensweise die Belastungen der Server ebenfalls gesenkt und die Antwortzeiten auf Clientanfragen verringert werden. Zu diesem Zweck wurde wieder das Szenario der drei Server und vier Clients gewählt. Abb. 6.54 stellt die Meßwerte dieses Versuchs dar.

Die in Abb. 6.54 dargestellten Antwortzeiten sind offensichtlich viel ausgeglichener als bei einem Load Balancing mit der Suche nach dem besten Server. Beide dargestellten Meßreihen beschreiben den Aufwand für die Clientanfragen. Während in der ersten Meßreihe vor jeder Anfrage eines Clients ein Load Balancing durchgeführt wurde, ist für die Anfragen der zweiten Meßreihe nur nach jeder fünften Messung ein Load Balancing durchgeführt worden. In beiden Fällen ist der entsprechende Server mit einem C++-Zufallszahlengenerator ausgewählt worden. Der Unterschied zwischen beiden Meßreichen beträgt im Mittel nur knapp 8 Sekunden. In diesem Fall kann keine eindeutige Empfehlung gegeben werden, wie oft ein Load Balancing durchgeführt werden sollte, da beide Vorgehensweisen in einem Fall zu besseren, im anderen Fall zu schlechteren Ergebnissen führen können. Die aktuelle Belastung spielt keine Rolle.

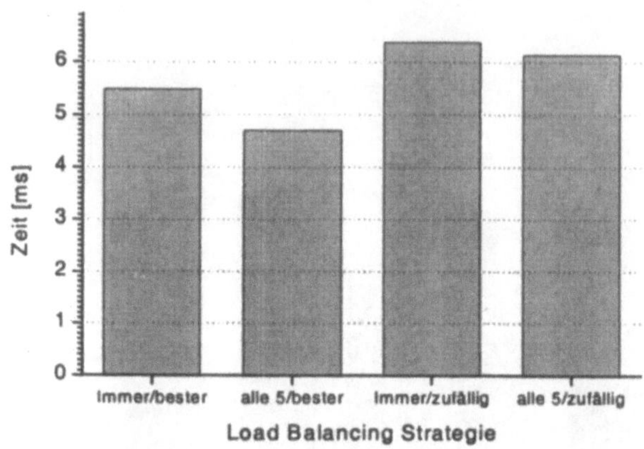

Abb. 6.55. Durchschnittliche Dauer einer Anfrage an den Load Balancer in Abhängigkeit von der gewählten Load Balancing Methode

Um die Load Balancing Verfahren abschließend beurteilen zu können, sind noch zwei Vergleiche durchgeführt worden. Abb. 6.55 stellt die durchschnittliche Dauer der Aufrufe des Load Balancings dar.

Aus Abb. 6.55 kann abgelesen werden, daß ein Aufruf eines Load Balancers bis zu 1,5 Millisekunden schneller ist, wenn nicht nach einem zufälligen Server, sondern nach dem besten Server gefragt wird. Dieser Effekt liegt darin begründet, daß zusätzlicher Code zur Berechnung der Zufallszahl abzuarbeiten ist, wenn ein Server zufällig ausgesucht werden soll. Anhand dieser Zahl wird dann ein Server ausgewählt.

Dieses Verfahren dauert länger als die direkte Suche nach dem besten Server, bei dem die Liste der Server einmal durchsucht und der passende Server ausgegeben wird. Es muß bemerkt werden, daß diese Meßergebnisse auf das betrachtete Szenario beschränkt sind, d.h. von der untersuchten Anzahl der Clients und Server abhängen können.

Nach der Untersuchung der Antwortzeiten für Anfragen an einen Load Balancer soll im folgenden untersucht werden, wie effektiv die einzelnen Strategien zum Load Balancing sind. Diese Effektivität ist ein Maß für den durchschnittlichen Aufwand, der bei einer Anfrage des Clients an einen Server entsteht, d.h. ein Maß für die Zeitspanne, die über die Bearbeitung der Anfrage durch den Server hinausgeht. Zwischen dem Aufwand und der Dauer der Load Balancing Anfragen besteht eigentlich kein direkter Zusammenhang. Wie Abb. 6.56 jedoch zeigt, ist genau die Strategie die erfolgreichste, deren Anfrage beim Load Balancer auch am kürzesten ist.

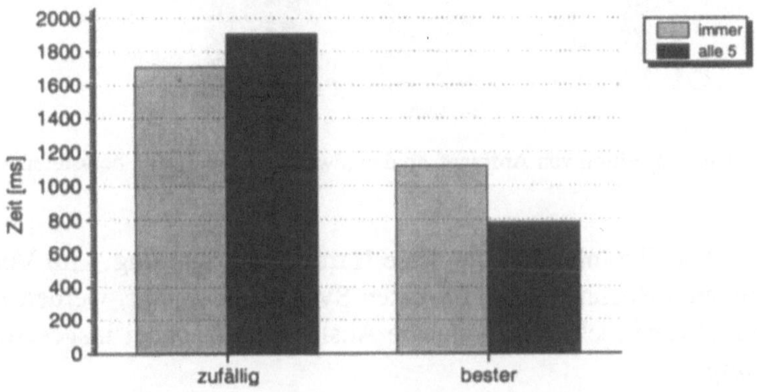

Abb. 6.56. Durchschnittlicher Aufwand von Anfragen an den Load Balancer

Abb. 6.56 zeigt wiederum, daß es sich lohnt, nach dem besten Server zu suchen. Mit Hilfe der Ergebnisse des Load Balancings lassen sich sehr schnell gute Antwortzeiten erreichen. So beträgt die Verzögerung der Anfragen, die den Server aufrufen, weniger als 0,8 Sekunden, obwohl vier Clients in schneller Folge Anfragen an die Server stellen. Es muß jedoch nicht jeder Anfrage ein Load Balancing vorausgehen, trotzdem wird für die Requests die schnellste Zeit ermöglicht. Interessant wäre in diesem Zusammenhang, wie groß der optimale Abstand zwischen zwei Load Balancing Anfragen sein müßte.

Schließlich soll ein weiteres Kriterium für die Qualität der Lastverteilung betrachtet werden, die Verteilung der Aufgaben an die Server. Für eine gute Verteilung sollten die Server möglichst gleichmäßig mit Aufgaben belastet werden, wobei die Leistungsfähigkeit der einzelnen Rechner mit zu berücksichtigen ist. Werden die Anfragen stets an den am wenigsten belasteten

Server gerichtet, so erhält man tendenziell eine gleiche Auslastung. Abb. 6.57 stellt die Verteilung der Aufgaben im vorhandenen Szenario dar.

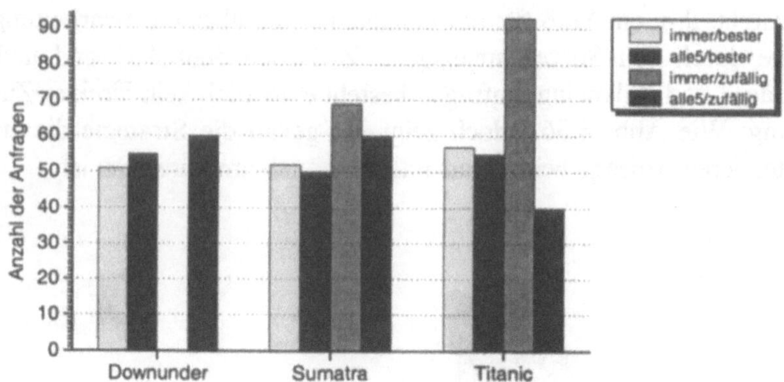

Abb. 6.57. Die Verteilung von Anfragen an den jeweils am wenigsten belasteten Server

Da der Rechner Titanic über die beste Hardwareausstattung – im Vergleich zu den anderen Rechnern des Verteilten Systems – verfügt, werden ihm oft ein paar Aufträge mehr zugeteilt. Die Auslastung ist dabei insgesamt recht gleichmäßig.

Betrachtet man die Load Balancing Strategien, bei denen ein Server zufällig ausgewählt wird, so ist eine relativ ungleichmäßige Belastung vorhanden. Bestimmte Server werden oft, andere nie beschäftigt. Dies führt zu einer Überlastung einzelner Server, was längere Antwortzeiten bedingt. Insbesondere wird auch auf die unterschiedlichen Ausstattungen und Potentiale der einzelnen Rechner keine Rücksicht genommen. Dies bestätigt die bereits früher gewonnenen Erkenntnisse.

Um die Effektivität des Load Balancings in Abhängigkeit von der Anzahl gestarteter Clients zu untersuchen, werden in [Se 97] verschiedene Szenarien mit unterschiedlich vielen Clients untersucht, wobei jeder der Clients 30 Anfragen ausführt, die den Server je eine Sekunde lang beschäftigen. Zwischen den Anfragen wird eine Pause von 500 ms geschaltet. Drei zur Bearbeitung vorgesehene Server werden vom Monitor synchron alle 2000 ms gemonitort, als Load Balancing Strategie wird der beste Server ausgewählt. Bei den Messungen zeigt sich, daß der Aufwand für die Anfragen mit zunehmender Anzahl von Clients steigt. Hat ein Client die Server für sich alleine zur Verfügung, so beträgt der Aufwand 4 Sekunden für alle 30 Anfragen. Teilen sich fünf Clients die drei Server, so beträgt die Wartezeit 56 Sekunden.

Um die Qualität der Verfahren zu beurteilen, sollen den gemessenen Antwortzeiten theoretische Grenzwerte gegenübergestellt werden. Im ungünstigsten Fall würden demnach alle Clients auf einem Server ausgeführt werden. Der günstigste Fall ist eine gleichmäßige Verteilung der Aufgaben auf alle Server. Abb. 6.58 stellt die gemessenen Laufzeiten für 30 Aufrufe pro Client diesen theoretischen Schranken gegenüber.

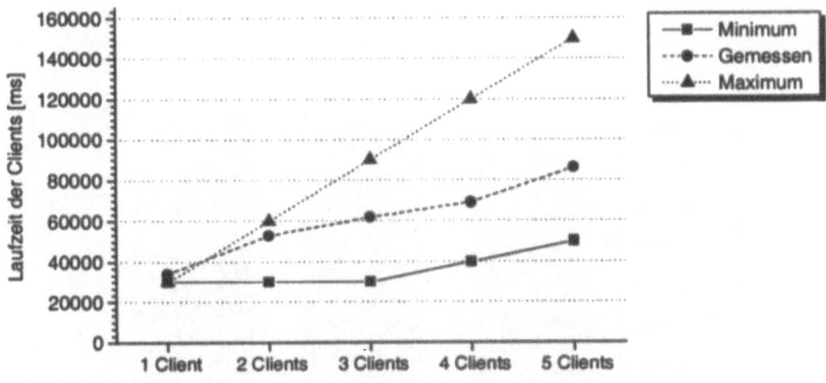

Abb. 6.58. Gegenüberstellung gemessener Werte mit theoretisch denkbaren oberen und unteren Schranken

Abb. 6.58 zeigt, daß durch das Load Balancing ein deutlicher Geschwindigkeitsvorteil zu erzielen ist, wenn dieser in Relation zu den theoretischen Grenzwerten gesehen wird, wobei die Clientwerte hier eine Ausnahme bilden, da die Anfragen nacheinander versendet werden und die Dauer der Bearbeitung der Anfragen in beiden Fällen 30 Sekunden beträgt. Da der Aufwand für die Durchführung des Load Balancings noch hinzukommt, sind die gemessenen Werte größer. In Systemen mit nur einem Client lohnt sich kein Load Balancing, es sei denn, die verschiedenen Server sind unterschiedlich stark belastet oder haben verschiedene Hardwareausstattungen.

Bereits ab zwei Clients ist der Einsatz eines Load Balancers von Vorteil. Bei genau zwei Clients beträgt die Zeitersparnis im betrachteten Szenario bereits 12%, bei fünf Clients sogar 43% im Verhältnis zum ungünstigsten Fall.

Als letztes Szenario wurde die Implementierung der konventionellen Architektur mit der Implementierung aktiver Server verglichen. Bei der aktiven Servervariante meldet sich – wie bereits beschrieben – ein Server beim Monitor, wenn er über eine bestimmte Zeitdauer hinweg keine Aufträge zu bearbeiten hat. Der Monitor leitet diese Information direkt über den Manager an die Load Balancer weiter.

Nachteilig ist für die Implementierung, daß jeder Server, der dieses Verfahren nutzen will, instrumentiert werden muß. Dazu sind Veränderungen des eigentlichen Servercods notwendig. Abb. 6.59 stellt die gemessenen Werte graphisch dar.

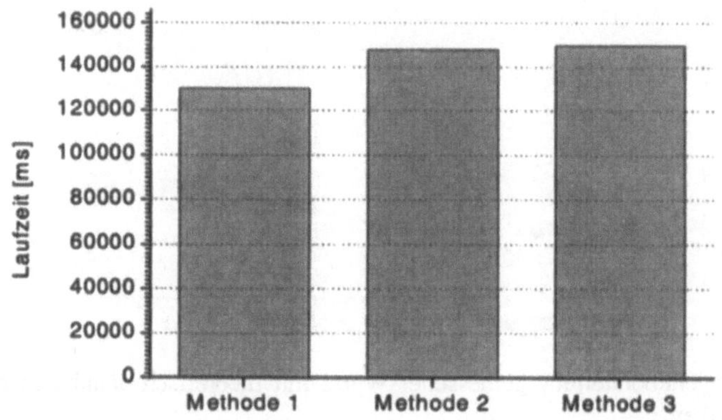

Abb. 6.59. Vergleich von Laufzeiten mit und ohne aktivem Server

Überraschender Weise ist in Abb. 6.59 ersichtlich, daß die konventionelle Methode 1 ohne aktive Server die kürzesten Antwortzeiten ergibt. Bei den entsprechenden Messungen wurden zwei nicht aktive Server und vier Clients verwendet. Der Abstand der Monitoranfragen lag bei mindestens einer Sekunde. Diese Parameter wurden auch für die Messungen bei Methode 2 verwendet, die Anzahl der Anfragen der Clients und das Load Balancing blieben erhalten. Dagegen wurden bei der zweiten Methode die Abstände zwischen den Messungen des Monitors auf mindestens 15 Sekunden angehoben, wobei aktive Server eingesetzt wurden. Eine Meldung erfolgt an den Monitor dann, wenn die Server länger als eine Sekunde unbeschäftigt blieben. Die Antwortzeiten der Clients, so ist aus Abb. 6.59 ersichtlich, verlängern sich dabei um etwa 18 Sekunden. Eine dritte Meßreihe geht von einem regelmäßigen Monitoring und der gleichzeitigen Verwendung aktiver Server aus. Dabei verbessern sich die Meßwerte jedoch auch nicht. Somit lohnt sich der durch aktive Server entstehende zusätzliche Implementierungsaufwand nicht. Reines Monitoring hat in den untersuchten Szenarien stets die besten Meßergebnisse geliefert.

Fazit

Zusammenfassend kann für diesen Abschnitt festgehalten werden, daß asynchrone Kommunikationsvorgänge länger dauern als synchrone Kommunikationsvorgänge. Dabei schwanken die Laufzeiten jedoch noch von der zugrundeliegenden Hardwareausstattung zwischen 3,5 und 8 ms. Befinden sich die Prozesse nicht auf dem gleichen Rechner, so verlängert sich die Dauer einer Anfrage durch die hinzukommende Netzwerkverzögerung.

Der Aufwand für das Monitoring sollte nicht überbewertet werden. Bei gleichbleibender Clientanzahl ist er nahezu konstant und sinkt erst, wenn die Mindestabstände zwischen den Messungen größer werden als die Dauer einer Clientanfrage. Ferner sollten Clients im System möglichst gleichmäßig verteilt werden, um kürzere Antwortzeiten zu erhalten.

Bei der vorliegenden Implementierung ist der Einsatz des Load Balancers am effektivsten gewesen, wenn nach dem besten Server gesucht wird. Im Gegensatz zu einer zufälligen Serverauswahl führt die Strategie des besten Servers zu einer gleichmäßigen Belastung der Server, dabei wird implizit auch die Hardwareausstattung und damit die Kapazität der Rechner berücksichtigt. Der Einsatz aktiver Server lohnte sich nicht.

7 Modellierung und Analyse von Client/Server-Systemen

Nach den eher praktischen Untersuchungen der vorangegangenen Kapitel sollen im folgenden grundlegende Möglichkeiten vorgestellt werden, ein Verteiltes System zu modellieren und zu analysieren. Dabei steht weniger die Topologie des Verteilten Systems oder zugrundeliegenden Rechnernetzes oder das interne Verhalten der einzelnen Clients und Server des Verteilten Systems im Vordergrund als vielmehr das Verhalten dieser Komponenten. Betrachtet wird auch nicht, welche Dienste ausgewählt werden und wie die Vermittlung erfolgt, sondern welche Zeitdauern für die Abarbeitung von Aufträgen genutzt werden, wie häufig einzelne Komponenten angefragt werden und welche Raten dabei zugrunde liegen. Für das System ergeben sich Auslastungen der Server und Antwortzeiten der Clients als interessante Zielgrößen.

Die folgenden Ausführungen basieren auf der Architektur eines Client/Server-Modells. Dabei wird streng zwischen logischen Clients und Servern getrennt, das heißt, eine Einheit kann in der Modellierung nur entweder die Rolle eines Clients oder die Rolle eines Servers annehmen. Im weiteren Abstraktionsprozeß wird zu Modellierungszwecken der Fokus auf die Server gelegt. Es entsteht ein Modell, das sich auf die aus [Po 95] bekannte P^2AM-Analyse zurückführen läßt.

Darüber hinaus wird neben der Gegenüberstellung mit entsprechenden Simulationen eine alternative numerische Analyse mittels Petrinetzen durchgeführt, und alle Ergebnisse werden einander gegenübergestellt.

7.1
Modellierung von Client/Server-Systemen

Zum Zwecke der Leistungsbewertung muß zunächst ein Modell erstellt werden, das Client/Server-Strukturen in einer abstrakten Art und Weise betrachtet. Dieses Modell wird im nachfolgenden Abschnitt die Basis zur Leistungsbewertung von Client/Server-Systemen darstellen.

Zunächst wird die globale Struktur eines Client/Server-Modells betrachtet. Ziel der Überlegungen ist es, dabei eine möglichst optimale Entwurfsvorbereitung zu treffen, die dann als Grundlage für einen effizienten Systementwurf dienen soll. Letztendlich sollen Aussagen gemacht werden, ob einzelne Server den Anforderungen genügen oder ob nicht, d.h. ob eine andere Dimensionierung der Server erforderlich ist oder einzelne Server repliziert werden müssen, weil ansonsten Engpässe im System unvermeidbar sind.

Die Anzahl notwendiger Server wird im wesentlichen von zwei gegenläufigen Größen bestimmt, zum einen von der Bedienrate, zum anderen von der Ankunftsrate von Aufträgen an diesen Server. Die Bedienrate hängt dabei selbst wieder von der Leistungsfähigkeit der Server ab, d.h. mit welcher Taktfrequenz dieser Server arbeiten kann, und von der Art der Aufträge, die auf diesem Server durchgeführt werden. Aus diesen beiden Größen kann der Mittelwert bestimmt werden, den die Bearbeitung einer Anfrage dauert. Der reziproke Wert dieses Mittelwertes ergibt die Bedienrate, d.h. die Anzahl von Aufträgen, die in einer bestimmten Zeiteinheit abgearbeitet werden kann. Die Ankunftsrate ist ebenfalls nicht so einfach zu bestimmen. Sie hängt von der Menge aller Anfragen ab, d.h. letztendlich auch von allen Clients, da jeder Client an einen beliebigen Server Anfragen senden kann. Je mehr Anfragen an einen Server gestellt werden, desto größer ist die erforderliche Serverkapazität, um einen reibungslosen Verlauf des Systems zu gewährleisten.

Alle diese genannten Größen sind nicht beeinflußbar, wenn ein Kunde des Systems in seiner Arbeit nicht eingeschränkt werden kann. Demzufolge kann für eine zu betrachtende Systemkonfiguration lediglich ein Ist-Zustand beschrieben werden. Es kann berechnet werden, ob das System zu Deadlocks führt oder in der entworfenen Architektur optimal mit kurzen Antwortzeiten arbeitet. Funktioniert das System nicht, so ist an den Schwachstellen Abhilfe zu schaffen, zum Beispiel, indem ein überlasteter Server in replizierter Form modelliert wird, damit auf jeden dieser beiden Server die Hälfte der Anfragen trifft.

Während in [Po 95] noch von 6 prinzipiell verschiedenen Traderarchitekturen ausgegangen wurde (Modelle 1 und 2 für zentrale Verarbeitung von Traderanfragen mit sequentieller bzw. paralleler Anfrageabarbeitung; Modelle 3-6 für verteilte Verarbeitung mit jeweils sequentieller oder verteilter Verarbeitung, wobei die einzelnen Trader parallel bzw. nacheinander angesprochen werden), soll im folgenden angenommen werden, daß Server dezentral angeordnet sind. Die Trader werden dabei ohne Beschränkung der Allgemeinheit zu Servern verallgemeinert. Damit entfallen bei den vorgestellten Struktur/Ablaufmodellen die Modelle 1 und 2, da eine zentrale Verarbeitung nicht mehr betrachtet wird, und es entfallen die Modelle 3 und 5, da die parallele Abarbeitung von Anfragen auf verschiedenen Rechnern heutzutage selbstverständlich ist.

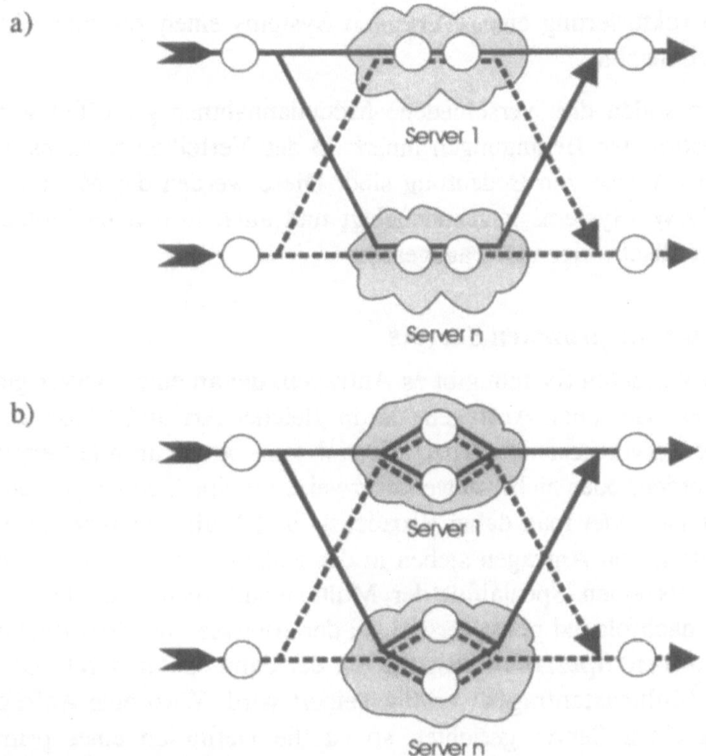

Abb. 7.1. Modellierung eines Verteilten Systems, das aus Einprozessorrechnern (a) bzw. Mehrprozessorrechnern (b) besteht

Damit läßt sich die Betrachtung eines Verteilten Systems, bei dem jeder Rechner über einen Prozessor verfügt, als Struktur/Ablaufmodell der Klasse 4 darstellen; ein Verteiltes System von Mehrprozessorrechnern wird als Struktur/Ablaufmodell der Klasse 6 modelliert. Diese beiden Modelle sind in Abb. 7.1 dargestellt.

In [Kl 84] wird festgestellt, daß bei gleicher Rechenkapazität ein zentrales System immer günstiger ist als ein Verteiltes System. Im Vergleich eines Verteilten Systems mit n Rechnern mit einem zentralen System eines Prozessors mit gleicher Gesamtleistung ist das zentrale System n-mal schneller. Diesem Vorteil zentraler Ansätze stehen jedoch die Vorteile Verteilter Systeme (vergleiche Kapitel 2) gegenüber.

In einem Zeitalter, in dem Hardware so günstig anbietet, daß diese keinen entscheidenden Kostenfaktor ausmacht, soll auf die rein finanzielle Diskussion verzichtet werden. Hinzu kommt, daß eine administrative oder organisatorische Strukturierung eines Verteilten Systems einen zentralen Ansatz oft unmöglich macht.

Im folgenden sollen drei verschiedene Modellannahmen getroffen werden, die unter bestimmten Bedingungen innerhalb des Verteilten Systems in unterschiedlicher Weise von Bedeutung sind. Diese werden der Modellierung des Client/Server-Systems zugrundegelegt und auch in den nachfolgenden Abschnitten stillschweigend vorausgesetzt.

1. Definition eines primären Servers

In einem Verteilten System gibt es Anfragen, die an einen Server gerichtet werden, oder auch Anfragen, die in gleicher Art und Weise an verschiedene Server gestellt werden. Je nachdem, ob sie an alle Server gerichtet werden, oder nicht notwendigerweise an eine Teilmenge von Servern, unterscheidet man dabei Broadcast- und Multicastanfragen. Diese beiden Arten von Anfragen stehen in der Relation, daß man Broadcastanfragen als einen Spezialfall der Multicastanfragen betrachten kann, wobei es nachfolgend günstiger ist, bei der Analyse von Broadcastanfragen von diesem Spezialfall auszugehen, der dann später durch die Analyse von Multicastanfragen verallgemeinert wird. Wird eine Anfrage an mehr als einen Server gerichtet, so ist die Definition eines primären Servers notwendig. Dabei wird modelltheoretisch angenommen, daß eine Anfrage erst an genau einen Server gerichtet wird, und dieser eine Server die Anfrage dann an die anderen bezeichneten Server weiterleitet. Die in der Praxis resultierende Implementierung würde zwar mehr Zeit für die Abarbeitung erfordern, aber diese Zeit wird in der Modellierung vernachlässigt. Eine Ungenauigkeit entsteht dadurch nicht, eher werden zwei Abstraktionen vorgenommen, die sich gegenseitig wieder aufheben.

2. Vernachlässigung von Clients

Um die Gesamtanzahl der Komponenten eines Verteilten Systems zu verringern, wird bei der Modellierung von den Clients abstrahiert. Diese Annahme hat den Nachteil, daß bei einem Auftrag nicht mehr festgestellt werden kann, woher dieser Auftrag kommt, das heißt, die Zuordnung zwischen Aufträgen und Clients geht bei der Modellierung verloren, diese Information hat jedoch keinen Einfluß auf die Analyse des Systems. Die zu berechnenden Größen, das heißt, die Auslastung des Servers und die mittlere Antwortzeit auf die Anfragen der Clients, bleiben davon unbeeinflußt.

3. Auflösung rekursiver Anfragen

In der Praxis ist es nicht ungewöhnlich, daß eine Serveranfrage selbst wieder Unterprogrammaufrufe enthält, welche auf anderen Servern ausgeführt werden müssen. Dadurch können sich rekursive Anfragen über n Server ergeben. Diese Anfragen sind jedoch in der realen Form nicht modellierbar. Aus diesem Grund wird eine solche Anfrage aufgelöst und in Form mehrerer Anfragen dargestellt. Die resultierende Modellierung ergibt eine Menge von n Anfragen, die seitens n verschiedener Server ausgelöst werden können, von denen jeder einzelne Server selbst wieder als primärer Server bezüglich dieser Anfrage dient, oder aber die von dem ursprünglichen primären Server allesamt ausgelöst werden. Eventuell auftretende semantische Probleme, zum Beispiel hinsichtlich der Reihenfolge der Abarbeitung, werden in diesem Szenario nicht mit berücksichtigt. Es gilt wieder der Grundsatz, daß die Auslastung der Server die größte Priorität bei der Analyse besitzt, auch wenn im Fall rekursiver Serveranfragen die Gesamtabarbeitungszeit für diese rekursive Anfrage zerlegt wird und dadurch der Mittelwert der Antwortzeit streng genommen verfälscht wird, in dem die Gesamtbearbeitungszeit diesen verringert.

In Abb. 7.2 ist ein Verteiltes System dargestellt, das aus drei Servern und vier Clients besteht. Dabei ist das Anfrageaufkommen nicht eingezeichnet.

Nach der Modellierungsabstraktion sind die Clients nicht mehr involviert. Ferner ist auffällig, daß eine einfache Anfrage eines Clients an einen Server nun als eine Anfrage eines Servers an sich selbst dargestellt ist. Diese Situation stellt Abb. 7.3 dar.

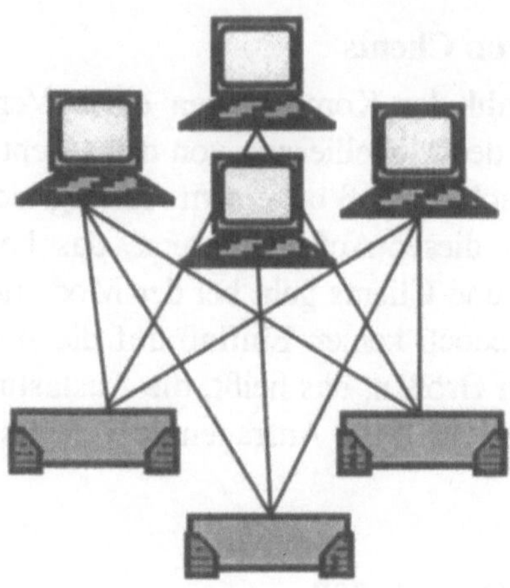

Abb. 7.2. Reales Verteiltes System

Zur Visualisierung der Vernachlässigung von Clients sind diese Clients in der graphischen Darstellung mit den Servern verknüpft. Bei dieser Einheit ist jedoch symbolisch ein Client einem Server zugeordnet, im Beispiel des in Abb. 7.2 dargestellten Systems und des zugehörigen, in Abb. 7.3 dargestellten Modells können dann auch Clients verloren gehen.

Abb. 7.3. Abstraktion vom Verteilten System zu Modellierungszwecken

Die Auswirkungen auf die Auslastung der Server ist jedoch in beiden Fällen die gleiche, da logisch gesehen die Menge der Clients einem Server zugeordnet wird, die an diesen Server mindestens einen Auftrag schickt. Da Clients an verschiedene Server Aufträge schicken können, können einem Server mehrere Clients zugeordnet sein, und die einzelnen Clients können auch mit mehreren Servern verknüpft werden. Im folgenden wird jedoch nicht mehr auf die Clients eingegangen, sondern nur davon gesprochen, daß an einen Server Aufträge gerichtet werden bzw. auf einem Server Aufträge vorliegen, unabhängig davon, wo diese Aufträge im einzelnen herkommen.

Die allgemeine Analyse eines Verteilten Systems ist ein komplexer Prozeß, der nicht in dieser Form angegangen werden kann. Vielmehr ist es notwendig, eine Strukturierung einzuführen, mit der die Komplexität nacheinander reduziert wird.

Aus diesem Grund sollte zunächst die Möglichkeit bestehen, einzelne Anfragen eines Clients an einen Server zu modellieren. Auch eine Menge von einzelnen und unabhängigen Anfragen von Clients an einen oder mehrere Server fällt in diese Problemklasse. Herkömmliche Leistungsanalysemethoden ermöglichen dann eine Lösung.

In Verteilten Systemen kann es vorkommen, daß eine Anfrage von verschiedenen Servern gleichzeitig, d.h. parallel bearbeitet werden muß, bevor der Client eine Antwort erhält. Diese Problemklasse betrifft die bereits erwähnten Multicast- und Broadcastanfragen. Im Unterschied zu n einzelnen Anfragen eines Clients ist es bei einer Multicast- oder Broadcastanfrage an n Server so, daß die Antworten synchronisiert werden müssen. Das heißt, jede einzelne Anfrage gilt erst dann als beantwortet, wenn alle n Anfragen beantwortet sind. Zum Teil wird im weiteren Programmverlauf ein komplizierter Synchronisationsmechanismus erforderlich sein, um die Antworten auszuwerten. Von dieser weiteren Berechnung soll im folgenden jedoch abstrahiert werden.

Broadcastanfragen als Spezialfall der Multicastanfragen sind einfacher zu analysieren und zu bewerten. Aus diesem Grund sollen sie im folgenden betrachtet werden, bevor der daran anschließende Abschnitt die Verallgemeinerung in Richtung Multicastanalyse übernimmt.

7.2
Analyse von Broadcastanfragen

Im folgenden soll von der Analyse der Broadcastsysteme (BCS) ausgegangen werden, wobei die Existenz der Clients vernachlässigt wird. Dabei schickt ein Server – wie in Abb. 7.4 dargestellt – an sich selbst und alle anderen Server eine Anfrage und erhält nach dem Eintreffen der letzten Auswertung eine Antwort auf seine Anfrage zurück.

Soll dieses Szenario mittels leistungsanalytischer Konzepte bewertet werden, so werden Fork-Join-Netze (FJNe) für die Modellierung und Analyse eingesetzt. Bei einem Fork-Join-Netz handelt es sich um ein Warteschlangennetz, das um zwei Typen von Stationen erweitert wird. Ein Typ einer solchen Station ist die sogenannte Forkstation. Sie spaltet einen ankommenden Auftrag in eine gewisse Anzahl von abgehenden Aufträgen, wobei diese Anzahl in dem hier vorliegenden Modellierungsfall der Anzahl der Server im Verteilten System entspricht.

Die Bezeichnung FORK ist an die gleichnamige UNIX-Prozeßoperation angelehnt, welche dazu dient, einen Prozeß von einem gegebenen übergeordneten Prozeß abzuspalten. Das Gegenstück zur Forkoperation ist die sogenannte Joinoperation. Diese Operation fügt eine gewisse Anzahl eingehender Aufträge zu einem abgehenden Auftrag zusammen. Dabei kann die Ausführung einer Joinoperation erst dann erfolgen, wenn alle zusammenzufügenden Aufträge vollständig abgearbeitet wurden. Die aus UNIX bekannte gleichnamige Operation JOIN dient dem Zusammenfügen zweier Prozesse in synchronisierter Art und Weise, wenn zuvor eine Abspaltung mit der Forkoperation erfolgt ist.

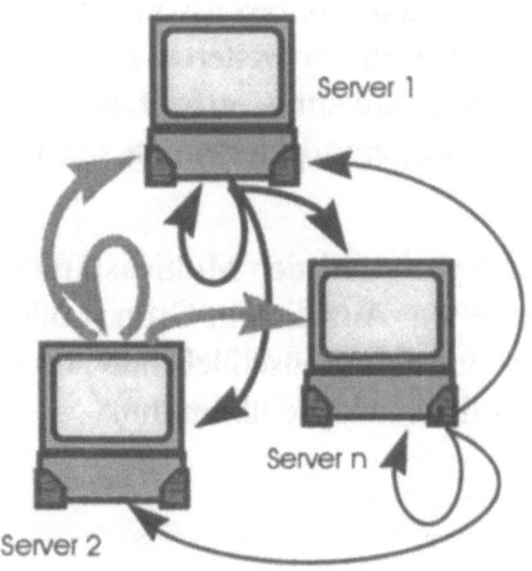

Abb. 7.4. Eine Broadcastanfrage für den Fall n=3

In dem vorliegenden Szenario der Broadcastanfrage kommt dem die Anfrage initiierenden Server nun eine besondere Bedeutung zu. Insbesondere heißt das, daß dieser primäre Server insgesamt drei Funktionen besitzt.

Zum ersten initiiert er die Broadcastanfrage, er versendet die Anfragen an alle n Server des Systems, also auch an sich selbst und verschickt sie quasi wieder an den Initiator. Zum zweiten bearbeitet er die Anfrage, die er logisch gesehen an sich selbst geschickt hat. Und zum dritten empfängt er die n Antworten von der Gesamtmenge der Server. Diesen drei logischen Abläufen entsprechen in der Warteschlangenmodellierung drei verschiedene Bedienstationen, in denen Abläufe geschehen.

Eine geeignete Vormodellierung kann unter Benutzung des Taskpräzedenzgraphen (TPG) erfolgen. Darunter versteht man einen gerichteten, kreisfreien Graphen, der aus einer Menge von sogenannten Tasks und einer Menge von gerichteten Kanten über diesen Tasks besteht, siehe auch [Po 95]. Eine gerichtete Kante von einem Task T zu einem Task V bedeutet dabei, daß der Task V nach der Beendigung von Task T bearbeitet wird.

Eine TPG-Modellierung von Broadcastanfragen benötigt demzufolge n+2 Tasks, wobei von einem Task je eine gerichtete Kante zu n Tasks führt und von diesen n Tasks je eine gerichtete Kante zu einem letzten Task. Der erste Task entspricht dem Absenden des Auftrags, d.h. der FORK-Station, die nachfolgenden n Tasks dem Verarbeiten der Anfragen in den n Servern und der letzte Task der Synchronisation der Antworten, also der JOIN-Station.

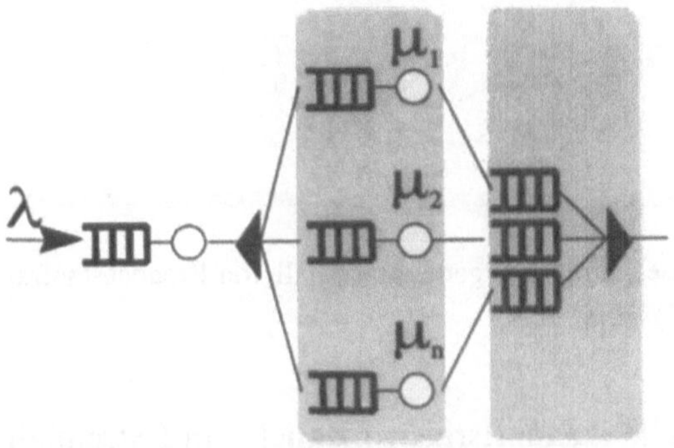

Abb. 7.5. Warteschlangenmodell für die Broadcastanfrage eines Servers an ein Verteiltes System mit n=3 Servern

Im folgenden wird der TPG auf ein Warteschlangenmodell abgebildet. Es entsteht das in Abb. 7.5 dargestellte System für die Broadcastanfrage eines Servers an das Verteilte System.

Dabei liegen drei verschiedene Bedienraten μ_1, μ_2 und μ_3 an den einzelnen Servern vor. Außerdem wird nicht nur von einer Anfrage des primären Servers an das Verteilte System ausgegangen, sondern von einer Menge von Anfragen, so daß über einen längeren Zeitraum eine Ankunftsrate vorliegt, die an dieser Stelle mit λ bezeichnet wird. Die erste Bedienstation schickt die Aufträge ab, die dann an der Forkstation vervielfältigt werden, die einzelnen Server sind hinter der Forkstation dargestellt, und hinter sogenannten Synchronisationswarteschlangen befindet sich schließlich eine Joinstation, die eine Synchronisation und Zusammenfassung der Ergebnisse vornimmt.

Nun kann es vorkommen, daß nicht nur ein Server eine solche Broadcastanfrage im Verteilten System sendet, sondern daß mehrere, bzw. alle Server an alle anderen Server Broadcastanfragen verschicken. Dieser allgemeine Fall ist in Abb. 7.6 dargestellt.

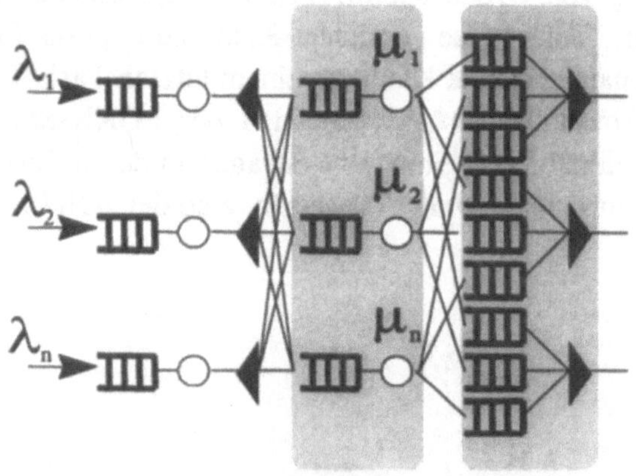

Abb. 7.6. Warteschlangenmodell für den allgemeinsten Fall von Broadcastanfragen an ein Verteiltes System mit n=3 Servern

Dabei sind unterschiedliche Ankunftsraten möglich, im Extremfall können einzelne Raten auch den Wert null besitzen, so daß doch nur von einer Teilmenge der Server solche Broadcastanfragen versendet werden.

Problematisch bei dieser Überlagerung der Prozesse ist nun, daß die Bedienraten sich quasi für die einzelnen Anfragen aufteilen müssen. Es steht also für Anfragen eines Servers nicht mehr die im Szenario aus Abb. 7.5 angegebene Bedienrate zur Verfügung, sondern diese Bedienrate teilt sich auf die Gesamtmenge der Anfragen auf. Dadurch sind klassische Methoden zur Analyse von Fork-Join-Netzen nicht mehr geeignet, eine solche Leistungsbewertung durchzuführen.

Im folgenden soll die Analyse des Broadcastszenarios ermöglicht werden. Das in Abb. 7.6 beschriebene Modell kann jedoch mit Verfahren aus der Literatur nicht bewertet werden. Aus diesem Grund ist es notwendig, das

Modell auf ein oder mehrere andere Modelle zurückzuführen, die mittels aus der Literatur bekannten Verfahren ausgewertet werden können. Zu diesem Zweck ist zunächst die Komplexität des Systems zu reduzieren, und dazu wird im folgenden betrachtet, welche Eingangsströme an den unterschiedlichen Knoten anliegen. Betrachten wir den Server i. Dieser Server erhält von allen anderen Servern Ankunftsströme, wobei er Anfragen bearbeiten muß, und er selbst schickt Anfragen an alle anderen Server. Diese Situation ist in Abb. 7.7 dargestellt.

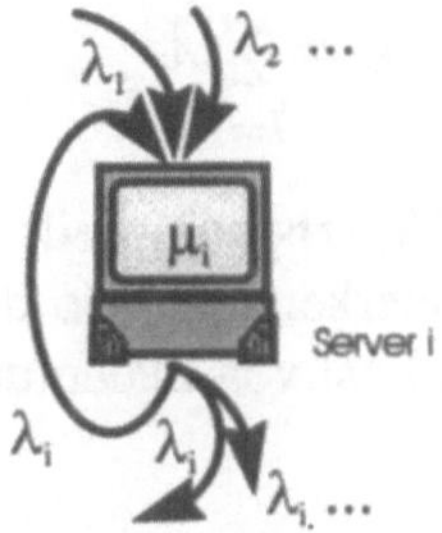

Abb. 7.7. Datenflüsse an den und vom i-ten Server

Betrachtet man nun nicht den i-ten Server aus Sicht des ankommenden und abgehenden Anfrageverhaltens, sondern die Verarbeitungseinheit des i-ten Servers, so ergibt sich Abb. 7.8.

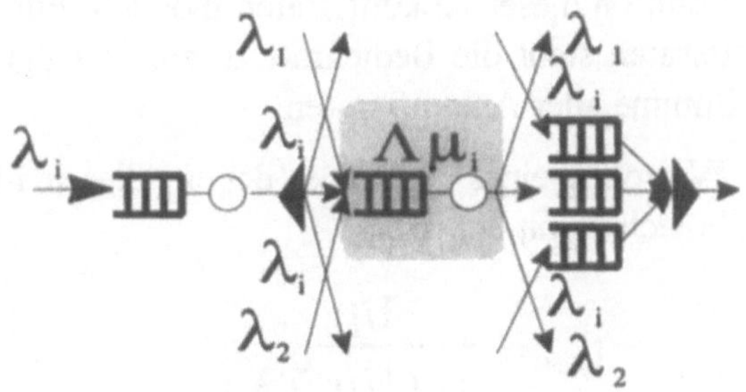

Abb. 7.8. Anfrageaufkommen und -abgänge der Verarbeitungseinheit am i-ten Server

Bei dieser Betrachtung der Verarbeitungseinheit wird von Struktur/Ablaufmodellen der Klasse 4 ausgegangen, das heißt, die Bearbeitungsrate charakterisiert den Gesamtrechner, der im Normalfall ein Einprozessorrechner ist. Mehrprozessorenrechner können nur durch Einprozessorrechner approximiert werden, die einzelnen Prozessoren können jedoch nicht getrennt betrachtet werden.

Im folgenden soll eine Betrachtung der Eingangsströme erfolgen. Diese Eingangsströme werden als Poissonströme modelliert und haben exponentialverteilte Zwischenankunftszeiten. Damit ist eine Überlagerung der Eingangsströme zu einem Strom möglich. Es ergibt sich für die Gesamtankunftsrate

$$\Lambda = \sum_{i=1}^{n} \lambda_i \cdot$$

Die alleinige Betrachtung des Verarbeitungsteils ergibt das in Abb. 7.9 dargestellte Szenario. Dabei ist unerkennbar, wo die einzelnen Ankunftsraten herkommen, es ist lediglich die Last von Bedeutung.

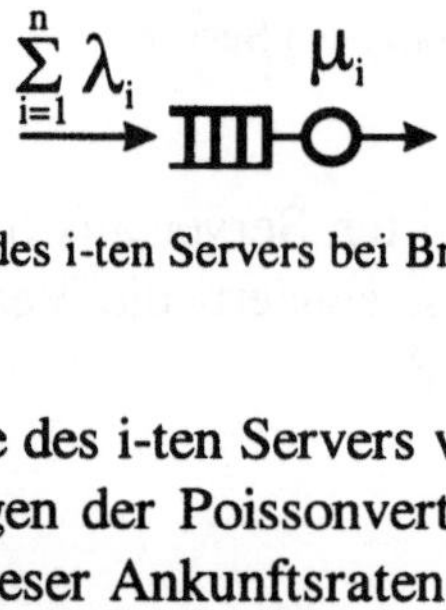

Abb. 7.9. Der Verarbeitungsteil des i-ten Servers bei Broadcastanfragen

Zu der eigenen Ankunftsrate des i-ten Servers werden die Ankunftsraten der übrigen Server addiert, wegen der Poissonverteilung der Ankunftsraten ist die gewöhnliche Addition dieser Ankunftsraten möglich. Für die Summe aller dieser Ankunftsraten steht die Bedienrate μ_i zur Verfügung, die größer sein muß als die Summe aller Ankunftsraten.

Für die mittlere Wartezeit eines Auftrags, der an diesen i-ten Server geschickt wird, ergibt sich damit der Wert

$$t_{total\ i} = \frac{1/\mu_i}{1 - (1/\mu_i \sum_{i=1}^{n} \lambda_i)}$$

Betrachtet man nun nicht den i-ten Verarbeitungsteil, sondern den Synchronisationsteil des i-ten Servers, so ergibt sich die in Abb. 7.10 dargestellte Struktur. Dabei leitet ein Server i seine Anfragen mit der entsprechenden

Ankunftsrate λ_i an alle anderen Server weiter. Nach der abgeschlossenen Bearbeitung dieser Anfragen erfolgt die Synchronisation der Anfragen. In diesem Zusammenhang steht dem i-ten Server aber nur ein gewisser Anteil der Bedienrate dieses Servers als Verarbeitungskapazität zur Verfügung.

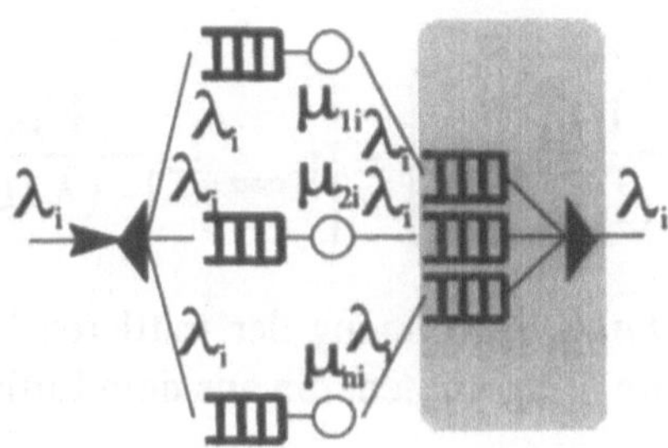

Abb. 7.10. Synchronisationsteil des i-ten Severs in einem Verteilten System mit Broadcastanfragen an n=3 Server

Aus diesem Grund sind Bedienraten μ_{ij} eingeführt worden, die für den i-ten Server den Anteil seiner Bedienrate zur Abarbeitung von Anfragen des j-ten Servers charakterisieren. Das Problem besteht jedoch darin, zu berechnen, welcher Anteil dem j-ten Server gerade zur Verfügung steht. Und dieser Anteil läßt sich mittels eines einfachen Dreisatzes aus der Mathematik bestimmen, da das Ziel eine Beibehaltung der angenommenen mittleren Ankunftszeit der Aufträge ist.

Zur Lösung des entstehenden Problems wird eine aus der Literatur bekannte Idee zugrundegelegt. In [Se 77] besteht das Problem, ein Warteschlangennetz zu analysieren, bei dem verschiedene Knoten unterschiedliche Prioritäten haben können. Für jede Prioritätsklasse wurden dabei sogenannte Shadowserver-Knoten modelliert, welche die ursprünglichen Knoten ersetzen. Offen war jedoch, welche Bedienrate die Shadowserver-Knoten im Verhältnis zu den ursprünglichen Servern zugeteilt, also definiert bekommen. Zur Berechnung dieser geeignet herabgesetzten Bedienrate mußte berücksichtigt werden, daß der Effekt der Verdrängung durch Aufträge höherer Priorität richtig wiedergegeben wird. Dieses Reduzieren der neuen Komplexität eines Warteschlangenmodells durch Herabsetzen der Bedienrate soll auch im folgenden verwendet werden. Auch wenn in neueren Literaturstellen das Prinzip von [Se 77] noch verbessert werden konnte, so ist die Herangehensweise doch beispielhaft für die im Falle der Broadcastanfragen notwendige Modellierung.

Die reduzierte Bedienrate μ_{ij} wird im folgenden dadurch berechnet, daß die mittlere Ankunftszeit eines Auftrags im real vorliegenden System, das heißt in einem System mit n Broadcastanfragen und einer real an einem Server vorliegenden Bedienrate μ_i gleichgesetzt wird der Betrachtung nur eines i-ten Synchronisationsteils mit n verschiedenen Bedienstationen und der Ankunftsrate eines – und zwar gerade des i-ten – Servers. Formal ausgedrückt ergibt sich

$$\left[t_{\text{total } i} = \frac{1/\mu_i}{1 - (1/\mu_i \sum_{i=1}^{n} \lambda_i)} \right] = \left[t_{\text{Ersatz } ij} = \frac{1/\mu_{ij}}{1 - (\lambda_i/\mu_{ij})} \right].$$

Man erhält die Werte durch Berechnung der mittleren Wartezeit durch die mittlere Kundenanzahl im i-ten Knoten, die aus dem Little's Result folgt.

Die λ_i und auch die μ_i sind dabei bekannt. Für ein durch den Server fest vorgegebnes i entsteht somit ein Gleichungssystem aus n Gleichungen, das für jedes j=1,...,n die Variable μ_{ij} berechnen läßt. Durch Auflösen der j-ten Gleichung ergibt sich damit für μ_{ij} der Wert

$$\mu_{ij} = \mu_j - \Lambda + \lambda_i.$$

Damit kann die Leistungsanalyse der Broadcastanfragen im Verteilten System darauf reduziert werden, daß dieses System in n Teilsysteme zerlegt wird, welche die gleichen Bedienstationen besitzen, jedoch mit unterschiedlichen Bedienraten rechnen. Dieses Szenario ist in Abb. 7.11 dargestellt.

Für die reduzierten Ersatzbedienraten ergibt sich durch Anwendung der o.g. Formel die folgende Matrix:

$$M = \begin{pmatrix} \mu_{11} \; \mu_{12} \; \cdots \; \mu_{1n} \\ \cdots \qquad\qquad \cdots \\ \mu_{n1} \; \mu_{n2} \; \cdots \; \mu_{nn} \end{pmatrix}$$

Damit ist die Analyse des Broadcastszenarios auf die n-fache Analyse von gewöhnlichen Fork-Join-Netzen zurückgeführt worden. Diese Netze können auf vielfältige Arten analysiert werden. Eine Gegenüberstellung der Möglichkeiten ist in [Po 95] diskutiert, wobei der Ansatz von Duda und Czachorski [DuCz 87], [Bo 89] als der für die vorliegende Situation günstigste Ansatz ausgewählt werden kann. Dieses Verfahren geht von einem FJN mit n parallelen M/G/1-Stationen aus, d.h. n Stationen mit gedächtnislosen Ankunftsraten, allgemeinen Bedienraten und einer Bedieneinheit. Alle n Stationen arbeiten dabei parallel.

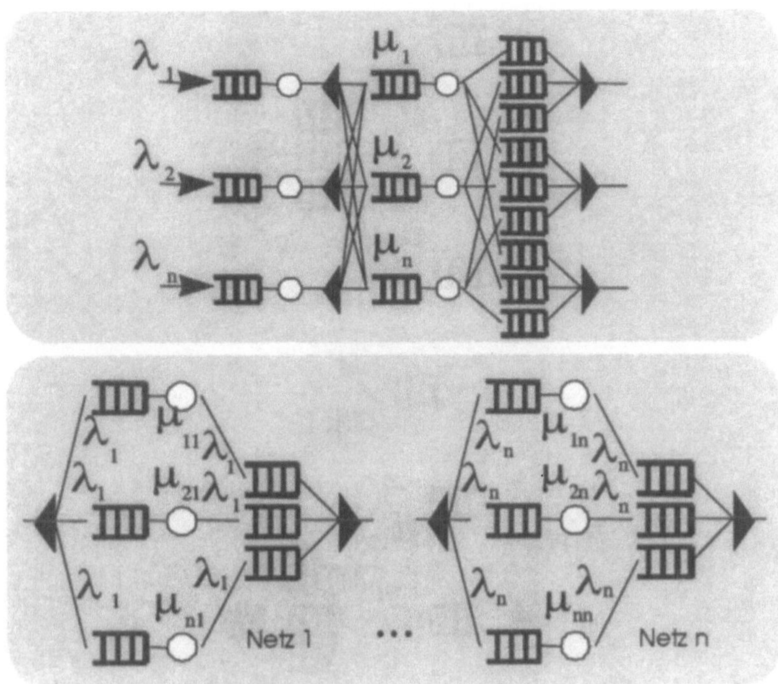

Abb. 7.11. Zerlegung eines Verteilten Systems mit n Broadcastanfrageaufkomen in n Teilsysteme mit geeigneten Bedienraten

Als weitere Vereinbarung werden bei den n Stationen im allgemeinsten Fall unterschiedliche Bedienraten angenommen. Es ist auch möglich, eine ineinander verschachtelte Struktur festzulegen. Dadurch ist dieser Ansatz gut geeignet, Systeme zu analysieren, die durch einen gerichteten, zyklusfreien TPGen beschrieben werden.

Die Idee dieses Ansatzes besteht in folgendem: ein FJN, das nicht weiter verschachtelt ist, wird durch eine M/M/1-Station ersetzt, siehe Abb. 7.12. Diese M/M/1-Station hat eine zustandsabhängige Bedienrate. Ersetzt man das FJN durch ein geschlossenes Produktformnetz (PFN), so kann man aus dessen Lösung einen lastabhängigen Ersatzknoten bestimmen. Im Gegensatz zu Ansätzen von Thomasian und Bay [ThBa 86] sowie Kapelnikov [Ka 87], [KME 87], die nur die einfache Ausführung eines Programms bestimmen, wird hier mit einer poissonverteilten Ankunftsrate für Programmaufträge gerechnet.

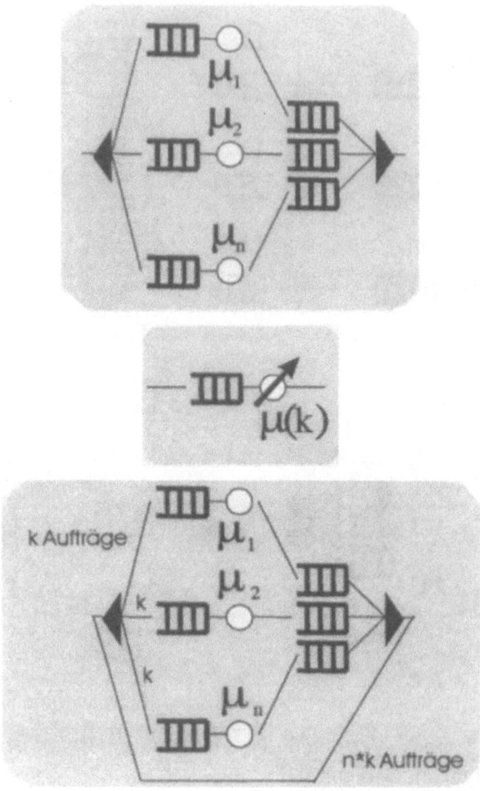

Abb. 7.12. Die Idee der Ersetzung eines Fork-Join-Netzes durch ein geschlossenes Produktformnetz

Die zugrundeliegende Idee dieses Verfahrens soll nachvollzogen werden. Motivation ist die Tatsache, daß die Kreierung von Tasks durch einen Server, der eine Broadcastanfrage auslöst, durch die beschriebene Forkstation und auch die abschließende Joinstation eine Produktformlösung für ein Warteschlangennetz ausschließt. Aus diesem Grund wird der Äquivalenznachweis in einer recht ungewöhnlichen Art und Weise durchgeführt. Dazu wird ein offenes System betrachtet, und dessen Teilsysteme werden durch zustandsabhängige äquivalente Server ersetzt, deren Parameter durch kurzgeschlossene Teilsysteme berechnet werden. Das geschlossene Teilsystem wird durch eine Anzahl von Tasks gelöst, die von eins bis unendlich reichen kann.

Abb. 7.13 geht von einem solchen einfachen Fork-Join-Netz mit zwei Zweigen aus.

Zur Modellierung der Zustandsübergänge ist das entsprechende System in Abb. 7.14 dargestellt. In mindestens einer Synchronisationswarteschlange sind keine Aufträge vorhanden, da ansonsten sofort eine Synchronisation der fertigen Aufträge erfolgen würde. Daraus resultieren ausgehend vom Zustand (0,0), d.h., daß sich in keiner Synchronisationswarteschlange Aufträge befinden, je n Zustände für die Anzahl der Aufträge in der ersten bzw. zweiten Warteschlange. Insgesamt sind somit 2n+1 Zustände vorhanden, die Übergangsraten werden durch die Bedienrate des jeweils anderen Servers bestimmt.

Im Falle eines rekursiven Fork-Join-Netzes wird dieses zunächst solange zerlegt, bis man ein einzelnes FJN betrachten kann. Dieses nichtrekursive FJN bestehe aus n Prozessoren, d.h. n parallel auszuführenden Tasks, siehe Abbildung 7.12.

Anstelle des ursprünglichen Fork-Join-Netzes wird nun das geschlossene Teilsystem mit n*k Tasks betrachtet, wobei k der Anzahl der Jobs im System entspricht. Dieses System läßt sich durch einen äquivalenten M/M/1-Knoten mit zustandsabhängigen Bedienraten ersetzen, seine schematische Darstellung ist ebenfalls in Abbildung 7.12 skizziert.

Das normale Fork-Join-Netz wird nun kurzgeschlossen, d.h. es wird angenommen, daß die Anzahl der abgehenden Aufträge gleich der Anzahl der ankommenden Aufträge ist. Ferner wird davon ausgegangen, daß die von den n Prozessen bearbeiteten Aufträge zwar innerhalb der Joinstation synchronisiert werden, ein Auftrag darf die Joinstation also erst dann passieren, wenn sich in jeder der n Warteschlangen vor der Joinstation mindestens ein Auftrag befindet und je ein Auftrag dieser Warteschlangen nur gemeinsam von der Joinstation durchgelassen wird. An dieser Stelle erfolgt jedoch nicht die Zusammensetzung der n bearbeiteten Aufträge zu einem gemeinsamen Auftrag, der die Joinstation verläßt, sondern es erfolgt eine Zerlegung dieses einen real existierenden Auftrags in n Aufträge. Liegen in jeder der n Warteschlangen mindestens k Tasks vor, so kann die Joinstation auch die Tasks aller Warteschlangen auf einmal synchronisieren, in einem solchen Fall würden n*k Tasks diese Station passieren.

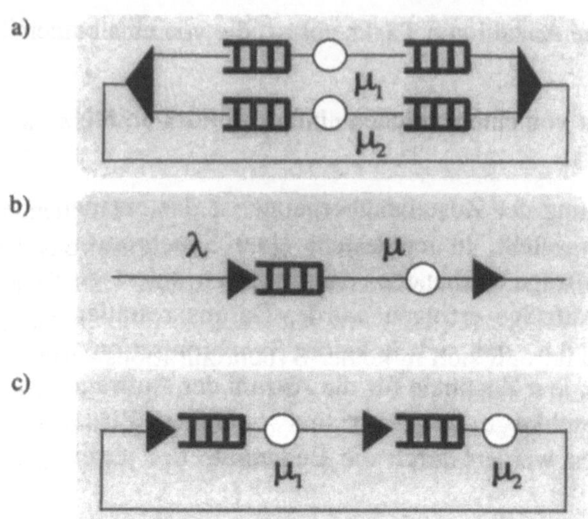

Abb. 7.13. Drei Netze: das Fork-Join-Netz (a), M/M/1/2k (b) und ein 2-Knoten-Blockier-netz (c)

Durch das Kurzschließen erhält man ein geschlossenes Netz, die k*n Aufträge werden also innerhalb des Systems an den logischen Ort der Forkstation geleitet. Da hierbei wegen der Modifikation des Systems keine Aufsplittung eines Auftrags auf die n Zweige des Fork-Join-Netzes vorgenommen zu werden braucht, entfällt eine Einbeziehung einer Forkstation. Die n*k Aufträge werden auf die n Zweige des Fork-Join-Netzes aufgeteilt, so daß auf jeden Zweig dieses Netzes k Aufträge entfallen. Da die Anzahl der Aufräge innerhalb des Systems konstant ist, können Markovmodelle zur Leistungsbewertung von Warteschlangensystemen dazu verwendet werden, eine Analyse dieses Systems durchzuführen. Zugehörige Modellierungsverfahren sind beispielsweise in [Bo 89] oder [Ki 90] enthalten. Sie ermöglichen die Bestimmung der gesuchten Leistungsparameter.

Da Fork-Join-Netze über keine expliziten Lösungsmöglichkeiten zur Handhabung von Parallelität verfügen, werden diese auf andere Netze zurückgeführt, die sich mit bekannten Lösungsalgorithmen analysieren lassen. Im folgenden werden am Beispiel eines Fork-Join-Netzes mit zwei Zweigen verschiedene Netze hinsichtlich einer Isomorphie der Zustände untersucht. Die Verallgemeinerung für n Server, d.h. ein FJN mit n Zweigen, wird an dieser Stelle nicht diskutiert.

Als zweites Netz wird eine einfache M/M/1/2k-Station betrachtet, also ein
limitierter Warteraum mit poissonverteilten Zwischenankunftszeiten, exponentiellen Bedienraten, einem Server und 2k Warteplätzen. Hierbei liegt
kein geschlossenes Netz vor, sondern eine offene Konfiguration. Die Anzahl
der Aufträge in der Station und ihrer Warteschlange hängen damit nicht nur
von der Bedienrate μ der Station ab, sondern werden auch von der Ankunftsrate λ bestimmt. Dann ergibt sich für die Anzahl der Aufträge im System das in Abb. 7.14b dargestellte Zustandsübergangsdiagramm für das
M/M/1/2k-System. Die Anzahl der Zustände ist auch hier 2k+1.

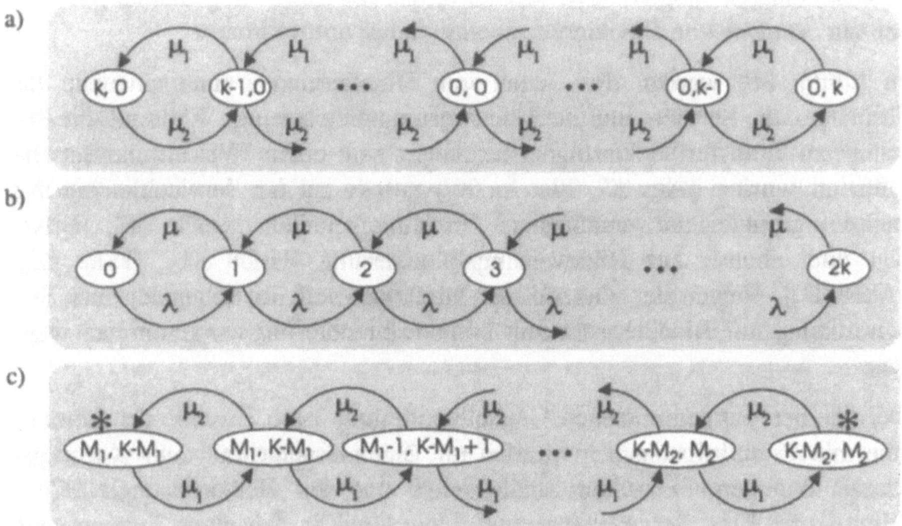

Abb. 7.14. Zustandsübergangsdiagramme für das Fork-Join-Netz (a), M/M/1/2k (b) und
ein 2-Knoten-Blockiernetz (c)

Betrachtet man diese beiden Zustandsübergangsdiagramme, so ist durch die
gleiche Anzahl von Zuständen eine Isomorphie hinsichtlich der Analyse der
Systeme feststellbar. Zu diesem Zwecke wird eine Abbildung von μ_1 auf μ,
von μ_2 auf λ und von den Zuständen (k,0) auf (0); (k-1,0) auf (1) bis hin zu
(0,k) auf (2k) vorgenommen. Es soll bemerkt werden, daß es irrelevant ist,
ob

$$\mu_1 \leq \mu_2 \text{ oder } \mu_2 \leq \mu_1 .$$

Da der betrachtete Warteraum des M/M/1/2k-Systems beschränkt ist, kann auch eine Ankunftsrate zugelassen werden, die größer als die Bedienrate ist. In diesem Fall erfolgt ein Überlauf der Warteschlange, es gehen Aufträge verloren, aber die Bedienrate wird nicht überschritten.

Sind in einem oder mehreren Knoten eines Warteschlangennetzes die Aufnahmekapazitäten begrenzt, so daß die Warteschlange endlicher Kapazität keinen Auftag mehr aufnehmen kann, also Blockierungen bestehen, so spricht man von einem Blockiernetz. [Bo 89] faßt für Blockiernetze zusammen, daß exakte Ergebnisse im allgemeinen Fall nur mit sehr aufwendigen numerischen Analysen erhalten werden können, oder dann, wenn Einschränkungen vorgenommen werden. Befinden sich nur zwei Knoten im Netz, so ist eine Analyse möglich. Die meisten in der Literatur vorgestellten Verfahren zur Analyse von Blockiernetzen sind daher approximativ.

In [OnPe 86] werden drei Arten von Blockierungen unterschieden: die Transfer-, die Service- und die Rückweisungsblockierung. Während die Arbeiten zu Transferblockierungen besonders von einem Wissenschaftler angefertigt wurden [Aky 87, 88a, b, 89] gab es zu der Serviceblockierung mehrere grundlegend verschiedene Forschungsquellen [KoRe 78], [BoKo 81], und ebenso zur Rückweisungsblockierung [HoDi 81], [BaIa 82], [AkBr 89]. Wegen der Vielzahl der Methoden soll im folgenden eine Beschränkung auf Blockiernetze mit Transferblockierung vorgenommen werden.

Bei der hier vorgenommenen Gegenüberstellung zum Zwecke der Isomorphie mit Produktformnetzen werden nur Blockiernetze mit einer Auftragsklasse, exponentialverteilten Bedienzeiten und der Bedienstrategie FCFS (First Come First Served) betrachtet. Übergänge in denselben Zustand sind nicht möglich, d.h.

$$p_{ii}=0.$$

Jeder Knoten hat ferner eine feste Kapazität M_i, die sich aus der Kapazität der Warteschlange plus der Anzahl m_i der Bedieneinheiten errechnet. Knoten mit unendlicher Kapazität können durch die Annahme $K<M_i$ berücksichtigt werden. Dabei muß die Gesamtkapazität des Systems größer sein als die Zahl der Aufträge im System, d.h.

$$K < M_1+M_2.$$

K ist die Anzahl der Kunden im System, und es liegt das in Abb. 7.13 beschriebene Netz mit zwei Zweigen vor.

Besitzt jeder Knoten mindestens die Kapazität

$$M_i = K,$$

enthält die Warteschlange also mindestens $K-m_i$ Warteplätze, so erhält man ein Netz ohne Blockierungen. Existiert dagegen ein Knoten mit

$$M_i < K,$$

so können Blockierungen auftreten.

Während im Fall eines Zwei-Knoten-Netzes (ZKN) ohne Blockierungen

$$Z = K+1$$

Zustände möglich sind, reduziert sich diese Anzahl beim Auftreten von Blockierungen. In diesem Fall werden alle Zustände weggelassen, bei denen die Kapazitäten überschritten werden, und die Blockierzustände durch ein "*" gekennzeichnet.

Die Anzahl der Zustände eines Blockiernetzes läßt sich damit berechnen als

$$Z = \min\{K, M_1 + m_2\} + \min\{K, M_2 + m_1\} - K + 1.$$

Das entsprechende Zustandsübergangsdiagramm für ein Zwei-Knoten-Blockier-Netz (ZKBN) ist in Abb. 7.14c dargestellt. Dabei wird von der Annahme ausgegangen, daß jeder Knoten nur über eine Bedienstation verfügt.

Ein zu dem betrachteten Fork-Join-Netz äquivalentes Zustandsübergangs-diagramm ergibt sich nun durch Hinzunahme der Bedingungen

$$K < M_i, \quad m_i = 1 \text{ für } i = 1,2 \text{ und } K = 2k,$$

wenn die Bedienraten μ_1 und μ_2 entsprechend übernommen werden. Dann erhält man, wie in Abb. 7.14c dargestellt, $2k+1$ Zustände.

In [Aky 88a] wird gezeigt, daß es keinen Isomorphismus zwischen einem Produktformnetz und einem Blockiernetz mit drei Stationen gibt. Folglich gibt es auch kein Produktformnetz, das isomorph zu einem Fork-Join-Netz mit drei Stationen ist. Es gibt auch kein Produktformnetz, das isomorph zu einem Fork-Join-Netz mit drei Zweigen ist, einige Zustände existieren immer, welche die Local-Balance-Eigenschaft nicht erfüllen.

Die Grundidee der Analyse von Broadcastanfragen besteht nun darin, diese Warteschlangennetze zunächst auf Modelle zurückzuführen, die sich durch Fork-Join-Analysen bewerten lassen. Dies geschieht durch die anfangs beschriebene Berechnung von Ersatzbedienraten, die in Form einer Matrix abgelegt werden. Für jedes einzelne Fork-Join-Netz wird dann approximativ das Netz mit einer existierenden Produktformlösung bestimmt, das die geringste Abweichung hinsichtlich der Anzahl der Zustände aufweist. Und dieses Netz wird dann analysiert. Eine Rücktransformation der Werte ergibt die Leistungsparameter des zu analysierenden Broadcastszenarios für das betrachtete Verteilte System.

Im folgenden soll die Zustandszahl optimiert werden. Das heißt, es soll berechnet werden, über wie viele Zustände das j-te Fork-Join-Netz verfügt. Zu diesem Zweck wird die folgende Überlegung angestellt. In dem j-ten FJN existieren n parallele Zweige, die über jeweils m_i Bedienstationen im i-ten Zweig verfügen. Die Gesamtzustandsanzahl ergibt sich in Abhängigkeit von der Auftragsanzahl k, die in jedem Zweig identisch vorliegt, als Produkt über die Zustandsanzahlen in jedem einzelnen Zweig. Von dieser Zustandsanzahl wird die Menge derjenigen Zustände abgezogen, die durch eine mögliche Synchronisation entfallen. Insbesondere tritt dieser Fall dann auf, wenn sich in jeder Synchronisationswarteschlange eines Zweiges mindestens ein Auftrag befindet. Die resultierende Gesamtzahl der Zustände läßt sich dann angeben als

$$Z_{FJN}(k) = \prod_{j=1}^{n} \binom{m_j + k}{m_j} - \prod_{j=1}^{n} \binom{m_j + k - 1}{m_j}.$$

Im Falle gewöhnlicher FJNe mit einer Station pro Zweig wird

$$m_i = 1$$

gesetzt.

Im folgenden besteht das Problem, ein isomorphes PFN zu finden, das über die gleiche Zustandsanzahl verfügt, bzw. falls das nicht möglich ist, ein PFN auszuwählen, dessen Zustandsanzahl eine möglichst geringe Abweichung von der gegebenen Zustandsanzahl des j-ten Fork-Join-Netzes besitzt. Mit der angegebenen Gleichung wird die Zustandsanzahl des betrachteten FJNes bestimmt, die Anzahl der Zustände des PFNes wird im folgenden bestimmt.

Zu diesem Zweck ist es notwendig, gewisse Anforderungen an das PFN zu stellen. Es muß ein Blockiernetz gewählt werden, das über die gleiche Anzahl von Stationen N verfügt, wie in dem entsprechenden j-ten FJN insgesamt Stationen m_i vorhanden sind. Aus der Anzahl dieser Zustände in diesem PFN läßt sich dann in ähnlicher Weise die Zustandsanzahl berechnen:

$$Z_{PFN}(K) = \binom{N+K-1}{N-1}$$

Das Auswählen eines isomorphen Blockiernetzes wird nun zum Auswählen eines zum FJN – bezüglich der Zustandsanzahl – möglichst gering abweichenden Netzes, das heißt

$$\left| Z_{FJN}(k) - Z_{PFN}(K) \right| = \min_{l} \left| Z_{FJN}(k) - Z_{PFN}(l) \right|$$

mit

$$N = \sum_{j=1}^{n} m_j$$

Damit ist ein äquivalentes Netz gewählt. Und damit ist die Analyse der sogenannten Vermaschten Fork-Join-Netze (VFJN), die zur Modellierung von Broadcastanfragen verwendet werden, auf die Analyse von Produktformnetzen zurückgeführt.

Diese Analyse äquivalenter Netze kann mit klassischen Methoden der Warteschlangentheorie durchgeführt werden. Im folgenden soll dazu die sogenannte Mittelwertanalyse (MWA) in der von [ReLa 80] entwickelten Form verwendet werden.

Es wird ein j-tes Teilnetz, nacheinander für j=1, ..., n ausgewählt. Das MWA-Verfahren beschränkt sich darauf, ohne explizite Bestimmung der Normalisierungskonstanten iterativ die drei Mittelwertgrößen Antwortzeit, Durchsatz und Anzahl der Aufträge in den Knoten zu berechnen. Grundlage dieser Theorie ist zum einen das Gesetz von Little [Lit 61], zum anderen das Theorem über die Verteilung beim Ankunftszeitpunkt, kurz Ankunftstheorem, das von [ReLa 80] und [SeMi 81] für alle Netze mit Produktformlösung bewiesen wurde. Das Prinzip dieser MWA ist in Abb. 7.15 skizziert.

Zunächst wird für das j-te Teilsystem und jedes i=1, ..., n die mittlere Antwortzeit für K Kunden im System berechnet. Dabei finden die Bedienraten für die Ersatznetze aus der Bedienratenmatrix Verwendung. Zu diesem Zweck wird die erste Formel in Abb. 7.15 verwendet. Bei der ersten Nutzung wird

$$K=1$$

gesetzt. Im Falle von 0 Aufträgen sind dabei auch keine Kunden in den jeweiligen Knoten vorhanden. Bei größeren Werten für K wird der jeweilige Wert aus der vorangegangenen Iterationsschleife genutzt. An diese Rechnung schließt sich die Auswertung des Durchsatzes an, welcher in der zweiten Formel in Abb. 7.15 dargestellt ist. Im angenommenen Szenario der nicht erweiterten VFJNe wird

$$e_i = 1$$

gesetzt. Dieser Durchsatz ermöglicht die Berechnung der mittleren Anzahl von Aufträgen pro Knoten, die mittels der dritten in Abb. 7.15 dargestellten Formel bestimmt werden kann.

Für jeden der i=1, ..., n Knoten erfolgt eine getrennte Berechnung dieser Größen. Nach der Errechnung dieser Größen kann mit der Berechnung der mittleren Antwortzeit für K+1 Kunden im geschlossenen System mit der ersten Formel in Abb. 7.15 fortgefahren werden. Nach K Iterationsschritten liegt der Wert $\lambda(K)$ vor, und die MWA ist für das jeweils gewählte j abgeschlossen.

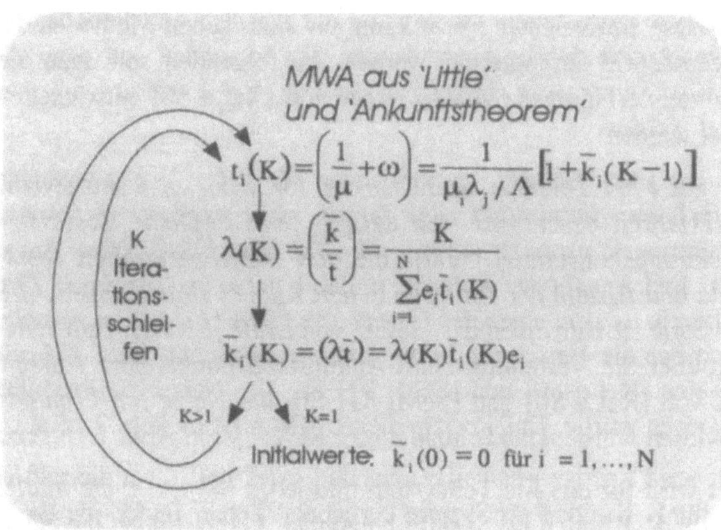

$$t_i(K) = \left(\frac{1}{\mu} + \omega\right) = \frac{1}{\mu_i \lambda_j / \Lambda}\left[1 + \bar{k}_i(K-1)\right]$$

$$\lambda(K) = \left(\frac{\bar{k}}{\bar{t}}\right) = \frac{K}{\sum_{i=1}^{N} e_i \bar{t}_i(K)}$$

$$\bar{k}_i(K) = (\lambda \bar{t}) = \lambda(K)\bar{t}_i(K)e_i$$

$$\text{Initialwerte: } \bar{k}_i(0) = 0 \text{ für } i = 1, ..., N$$

Abb. 7.15. Analyse des j-ten Teilsystems für j=1, ..., n mittels MWA und Ankunftstheorem

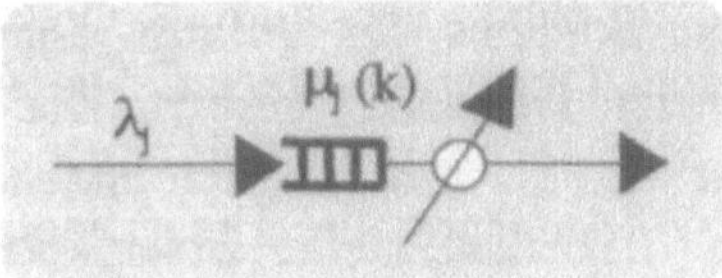

Abb. 7.16. Die Rücktransformation der Analyseparameter des Produktformnetzes auf das Fork-Join-Netz

Nach der Analyse des j-ten Teilnetzes und der Durchsatzberechnung ist es notwendig, eine Rücktransformation der Parameter durchzuführen. Diese Rücktransformation soll im folgenden betrachtet werden.

Bestimmung der Gleichgewichtszustandswahrscheinlichkeit p_0 mittels G/S-Prozeßmodell:

$$p_0 = 1 / \left(1 + \sum_{k=1}^{\infty} \prod_{i=0}^{k-1} \frac{\lambda_i}{\mu_{i+1}} \right)$$

Ermittlung der Gleichgewichtszustandswahrscheinlichkeit p_k, $k>0$:

$$p_k = \prod_{i=0}^{k-1} \frac{\lambda_j}{\mu_{i+1}} \, p_0, \quad k > 0$$

Berechnung der mittleren Anzahl der Aufträge im j-ten FJN:

$$\overline{k}_{FJN_j} = \sum_{k=1}^{\infty} k \, p_j(k)$$

Bestimmung der mittleren Antwortzeit des j-ten Servers:

$$\overline{t}_{FJN_j} = \frac{\overline{k}_{FJN_j}}{\lambda_j}$$

Abb. 7.17. Die 4-stufige Rücktransformation der Parameter zur Berechnung der mittleren Antwortzeit auf Broadcastanfragen

Die Bedienrate des Ersatzknotens, der anfangs angenommen wurde, wird nun gleich dem errechneten Durchsatz gesetzt. Die Ankunftsrate bleibt in diesem Fall erhalten, ist also der ursprünglich angenommene Wert. Daraus ergibt sich der in Abb. 7.16 dargestellte Ersatzknoten des ersetzten j-ten Teilnetzes.

Insgesamt werden für die n Teilnetze folglich n Ersatzknoten erhalten, aus denen einzeln die mittleren Antwortzeiten für den entsprechenden Server bestimmt werden können. Eine Zusammenfassung der weiteren vier notwendigen Schritte ist in Abb. 7.17 skizziert.

Zunächst läßt sich im ersten in Abb. 7.17 dargestellten Schritt die Gleichgewichtszustandswahrscheinlichkeit des Zustands 0 bestimmen.

Die zweite Formel dient der Berechnung der Wahrscheinlichkeiten der Zustände k.

Aus der Ermittlung der mittleren Anzahl von Aufträgen im j-ten FJN, die sich mittels der dritten in Abb. 7.17 dargestellten Formel bestimmen läßt, ist die Angabe der gesuchten Zielgröße, d.h. der mittleren Antwortzeit des j-ten Servers möglich.

Diese läßt sich mit Hilfe der aus dem Little's Result ableitbaren Beziehung bestimmen, die in der vierten Formel angegeben ist. Mit der erhaltenen mittleren Antwortzeit des j-ten Servers ist die Analyse des VFJNes zur Bewertung der Broadcastanfragen abgeschlossen.

7.3
Analyse von Multicastanfragen

Kehrt man zur Ausgangssituation der Verteilten Systeme zurück, so werden in der Praxis eher Fälle auftreten, bei denen eine Anfrage nicht an alle Server des Systems geschickt wird, sondern nur an eine Teilmenge. Diese sogenannten Multicastanfragen werden im folgenden behandelt. Ein entsprechendes Szenario mit n=3 Servern ist in Abb. 7.18 dargestellt.

Dieses Szenario beschreibt den dauerhaften Zustand, daß Server 1 immer an genau sich selbst und Server n Anfragen schickt, Server n schickt nur an sich selbst Anfragen. Andere Server werden in diesem Fall nicht betrachtet. Für jeden einzelnen Server kann nun das entsprechende Warteschlangenmodell betrachtet werden. Dieses Modell betrachtet hinsichtlich der Anfrage genau einen Server, die Weiterleitung und Bearbeitung der Anfragen kann jedoch auf verschiedenen Servern erfolgen. Daraus ergibt sich eine neues Warteschlangensystem, vgl. [LiMe 98].

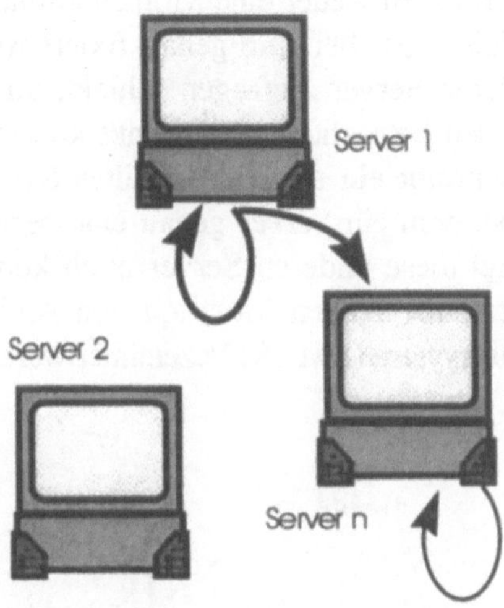

Abb. 7.18. Ein Multicastszenario für den Fall n=3

Für den in Abb. 7.18 beschriebenen Fall ist das Warteschlangensystem für den Server 1 in Abb. 7.19 dargestellt.

Die Bezeichnung der Bedienraten erfolgt in Analogie zu der Broadcastmodellierung, die Ankunftsraten werden auch entsprechend übernommen. Erfolgt jedoch keine Weiterleitung von Anfragen, so wird an den Zweig des Fork-Join-Netzes eine Null geschrieben. Nach der Synchronisation der Anfrageströme liegt wieder eine Ankunftsrate vor, wie sie anfangs vom initiierenden primären Server ausging.

Zwecks Analyse dieses Anfrageszenarios wird die Berechnung der Ersatzbedienraten beibehalten, wobei die Ankunftsraten an Server, die nicht benötigt werden, gleich null gesetzt wird.

Dadurch erfolgt eine Reduzierung der Gesamtbedienrate.

Jedoch sind bestimmte Server von der Bearbeitung ausgeschlossen. Aus diesem Grund wird das jeweilige Fork-Join-Netz reduziert. Für den in Abb. 7.19 betrachteten Fall wird beispielsweise nur ein aus zwei Zweigen bestehendes Fork-Join-Netz betrachtet, das gerade den Server 1 und den Server n enthält. Trotzdem geht jede Last in die Ersatzbedienrate der anderen Server ein. Diese Überlegung wird für jede einzelne Anfragesituation der n Server wiederholt, und die verschiedenen Strukturen der Netze werden getrennt ausgewertet.

Dieses Szenario beschreibt entweder eine Momentaufnahme eines Verteilten Systems, d.h. einen Zeitpunkt, bei dem genau fixiert werden kann, welcher Server an welche anderen Server Anfragen schickt, und bei dem diese Anfrageströme auch für den betrachteten Zeitpunkt konstant beibehalten werden, oder aber es beschreibt ein starres Verteiltes System mit festgelegten Aufgabenbereichen, bei dem ein Server genau eine bestimmte Menge anderer Server benötigt und diese anderen Server auch konstant beibehält. Ein Verteiltes System mit einer solchen Situation von Anfrageaufkommen soll als Statisches Multicastsystem (SMCS) bezeichnet werden.

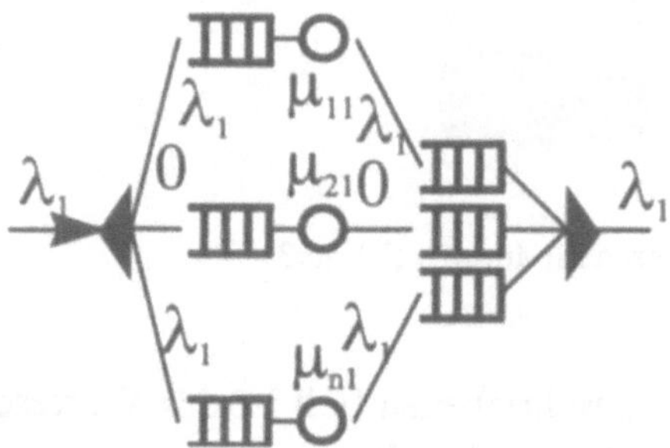

Abb. 7.19. Warteschlangenmodell für die statische Multicastanfrage von Server 1 des in Abb. 7.18 beschriebenen Verteilten Systems

Dem gegenüber steht das sogenannte Dynamische Multicastsystem (DMCS), das eine Verallgemeinerung des SMCS ist.

Die Idee der DMCS besteht dabei in folgendem: betrachtet man statische Multicastanfragen über einen längeren Zeitraum, so werden Anfragen mit einer bestimmten Wahrscheinlichkeit an andere Server weitergeleitet. Diese Annahme von Übergabewahrscheinlichkeiten bedingt die Einführung einer neuen Größe, der Wahrscheinlichkeiten p_{ij}, die bezeichnen, welcher Anteil der Anfragen von Server i an Server j weitergeleitet wird.

Entsprechend der anfangs dieses Kapitels getroffenen Annahmen soll noch einmal auf den Ursprung der Anfragen durch Clients zurückgekommen werden. Dabei kommt eine Anfrage von einem Server i an einen Server j letztendlich immer dadurch zustande, daß irgendein Client des Verteilten

Systems eine Anfrage an Server i und Server j richtet. Eine Anfrage wird jedoch immer an mindestens einen Server des Verteilten Systems geschickt, wird eine Anfrage an keinen Server des Systems geschickt, so braucht sie gar nicht betrachtet zu werden. Aus diesem Grund muß die Anfrage, die genau an einen Server geschickt wird, auch von diesem Server behandelt werden, das heißt, vom primären Server abgearbeitet werden. Und genau aus diesem Grund ist die Wahrscheinlichkeit der Übergabe einer Anfrage von einem Server i an genau diesen Server i, d.h. p_{ii} stets gleich eins.

Das neue Szenario, das sich für DMCS ergibt, ist in Abb. 7.20 dargestellt.

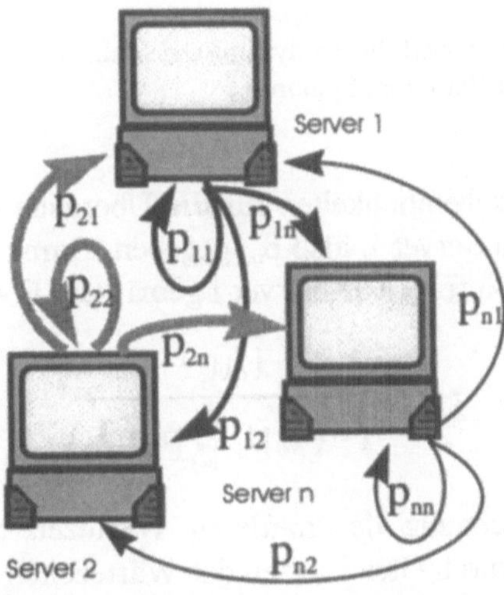

Abb. 7.20. Ein dynamisches Multicastszenario für den Fall n=3

Das entsprechende Warteschlangenmodell ist logisch ableitbar. Es nimmt zusätzlich zu den bereits betrachteten Elementen der Ankunfts- und Bedienraten die Wahrscheinlichkeiten für die Übergänge von Anfragen vom Server i zum Server j, bezeichnet durch p_{ij}, hinzu. Dieses Modell ist in Abb. 7.20 dargestellt.

Die Analyse dieses resultierenden Systems ist mit klassischen Mitteln nicht mehr möglich und läßt sich auch nicht ohne weiteres auf die bisherigen Untersuchungen zurückführen. Aus diesem Grund wird im folgenden eine neuartige Analysemethode vorgestellt.

In Analogie zu dem SMCS wird auch bei dynamischen Anfragen davon ausgegangen, daß alle Anfragen, die im Verteilten System betrachtet werden, auch an mindestens einen Server gerichtet sind, dies ist der primäre Server.

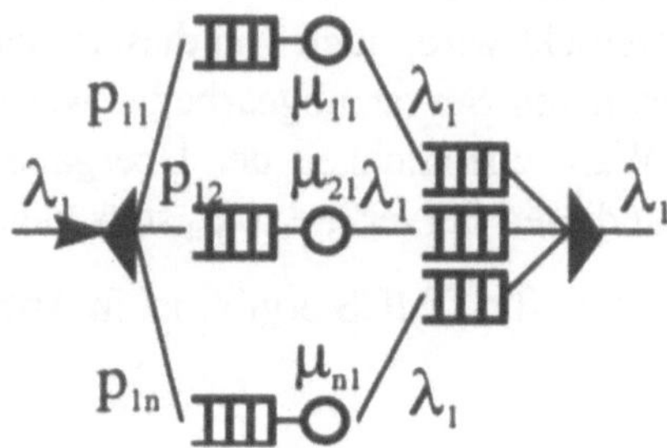

Abb. 7.21. Warteschlangenmodell für die dynamische Multicastanfrage von Server 1 des in Abb. 7.20 beschriebenen Verteilten Systems

Ferner sind alle Wahrscheinlichkeiten für die Übergabe einer Anfrage von einem Server i an einen Server j, also p_{ij}, gegeben. Damit berechnet sich die mittlere Wartezeit für Anfragen an Server i gemäß der Formel:

$$t_i = \frac{1/\mu_i}{1 - (1/\mu_i \sum_{i=1}^{n} p_{ij}\lambda_i)} \quad .$$

Die Formel zur Berechnung der mittleren Wartezeit des Ersatzknotens bleibt dabei erhalten. Durch Gleichsetzen der Wartezeiten erhält man

$$\mu_{ij} = \mu_j + \lambda_i - \sum_{i=1}^{n} p_{ij}\,\lambda_j \quad .$$

In dieser Ausführung ist eine Berechnung offensichtlich noch nachvollziehbar. Im folgenden muß jedoch eine Überlegung hinzugenommen werden, welche die Auswertung erforderlich macht.

Es wird die Menge aller Anfragekombinationen an ein Verteiltes System betrachtet. Bei n Servern ergeben sich 2^n Elemente. Aus dieser Potenzmenge wird ein Element abgezogen, und zwar wird nicht betrachtet, daß keine Anfrage an irgendeinen Server besteht. Dadurch ergibt sich eine Menge mit

$$2^n - 1$$

Elementen. Aus dieser Menge wird nun eine Anfragekombination ausgewählt, diese sei

$$S = \{\ S_{i_1},\ S_{i_2},\ ...,\ S_{i_r}\}.$$

S bezeichnet eine Anfrage an einen beliebigen primären Server, der Element
der Menge S ist, und diese Anfrage an die Server S_{i_1}, S_{i_2}, ..., S_{i_r} weiterleitet.

Dabei ist

$$|\ S\ | = r \text{ und } r \leq n.$$

Das betrachtete Warteschlangensystem mit den ursprünglich n Servern wird
nun auf ein System mit r Servern reduziert.

In die Ersatzbedienrate aller betrachteten Server geht jedoch die Last der
Anfragen der übrigen n-r Server ein, d.h. die o.g. Formel bleibt bestehen,
auch wenn sich die Gesamtzahl der betrachteten Server verringert.

Für jede einzelne Anfragekombination wird diese Betrachtung wiederholt.
Damit ergeben sich 2^n-1 Analysen für das gesamte Verteilte System. Jede
Analyse wird dadurch abgeschlossen, daß eine mittlere Wartezeit für die
entsprechende Anfrage berechnet wird. Aus dieser Menge von 2^n-1 mittleren
Wartezeiten muß nun ein gewichteter Mittelwert berechnet werden.

Dazu muß noch eine weitere Überlegung hinzugefügt werden.

Sei S = {S_{i_1}, S_{i_2}, ..., S_{i_r}} wieder eine Multicastanfrage an r Server des Verteilten Systems. Der primäre Server habe aus modellierungstechnischen
Gründen die Nummer p, wobei

$$p \in \{i_1, i_2, ..., i_r\}.$$

Das auszuwertende Fork-Join-Netz geht bei der Modellierung dann von dem
Server S_p aus, das heißt, es wird angenommen, daß dieser Server sich lo-
gisch gesehen vor der Fork-Station befindet, also die Anfrage an die anderen
Server S_{i_1}, S_{i_2}, ..., S_{i_r} verschickt.

Die Wahrscheinlichkeit für eine solche Anfrage S ist dann

$$P(S) = \prod_{i=1}^{n} w_{pi}$$

mit

$$w_{pi} = \left\{ \begin{array}{l} p_{pi} \; \forall \; S_i \in S \\ 1 - p_{pi} \; \forall \; S_i \notin S \end{array} \right\}$$

Zu jeder Anfragekombination wird das entsprechende aus $|S| = r$ Stationen bestehende Fork-Join-Netz mit den berechneten Ersatzbedienraten ausgewertet und die berechnete mittlere Antwortzeit über die Wahrscheinlichkeit $P(S)$ für eine solche Anfrage gewichtet gemittelt, das heißt, der Erwartungswert berechnet. Da für alle 2^n-1 Anfragekombinationen die Summe über alle $P(S)$ gleich eins ist, macht dieses Vorgehen Sinn.

Formal berechnet sich die mittlere Antwortzeit für eine Anfrage an ein DMCS gemäß der Formel

$$t_{DCMS} = \sum_{k=1}^{2^n-1} P(S_k) \cdot t_{S_k} \; ,$$

wobei von 2^n-1 verschiedenen Anfragen S_k ausgegangen wird, für die jeweils eine mittlere Antwortzeit t_{S_k} berechnet wurde.

Interessant ist ferner, daß die betrachteten p_{ij} stochastisch unabhängig sind. Durch diesen Sachverhalt lassen sich Vereinfachungen hinsichtlich der Modellierung vornehmen.

Damit ist es möglich, mittlere Antwortzeiten für DMCS zu bestimmen, und die Ausführungen zu den Multicastanalysen können abgeschlossen werden.

7.4
Verifikation mittels Petrinetzen

Nach einer Vorstellung der approximativen Verfahren soll im folgenden eine weitere Alternative betrachtet werden, die numerische Analyse mittels Petrinetzen.

Ein Petrinetz (Petri Net, PN) ist ein mathematisches Hilfsmittel, das es erlaubt, viele der bei der Informationsübertragung und -verarbeitung auftretenen Erscheinungen zu beschreiben und zu analysieren. Insbesondere eignen sich Petrinetze zur Modellierung nebenläufiger, asynchroner, verteilter, paralleler, nichtdeterministischer oder stochastischer Systeme. Die graphische

Art der Darstellung ermöglicht eine Veranschaulichung komplexer Abläufe und die mathematische Analyse qualitativer und quantitativer Systemeigenschaften.

Eingeführt wurden die Petrinetze 1962 im Rahmen der Dissertation von C. A. Petri. Seitdem wurde eine Reihe neuer bzw. erweiterter Konzepte entwickelt, um den unterschiedlichsten Anforderungen gerecht zu werden. Einfache Konzepte von Petrinetzen erlauben die Anwendung kraftvoller mathematischer Verfahren zur Analyse des modellierten Systems, während komplexere Konzepte zwar das betreffene System wesentlich detaillierter nachbilden können, dafür aber mathematisch sehr schnell unzugänglich werden. Insbesondere die Leistungsbewertung von Kommunikationsarchitekturen ist jedoch ein Gebiet, auf dem Petrinetze sehr erfolgreich eingesetzt werden können.

Ein Petrinetz ist ein endlicher, gerichteter Graph, der aus einer endlichen Menge S von Stellen, einer endlichen Menge T von Transitionen und einer Menge

$$F \subseteq (SxT) \cup (TxS)$$

von Kanten besteht. Den einzelnen Stellen kann jeweils eine bestimmte Anzahl von Token zugeordnet werden.

Die Konfiguration von Token in den Stellen wird Markierung genannt. Die Transitionen, die eine gegebene Markierung in eine weitere Markierung überführen können, heißen aktive Transitionen. Duch ein Schalten oder sogenanntes Feuern einer Transition erfolgt ein Übergang von einer Markierung zu einer anderen Markierung. Ausgehend von einer Startkonfiguration läßt sich aus der Menge der Markierungen und Transitionen ein Erreichbarkeitsgraph (Reachability Graph, RG) aufstellen. Dieser kann entlang der Transitionen nichtdeterministisch durchlaufen werden.

Gehen in einem Erreichbarkeitsgraphen mehrere Kanten von einer Markierung ab, muß eine Entscheidung über den weiteren Verlauf getroffen werden. Den Transitionen werden dazu Übergangsraten oder Wahrscheinlichkeiten für das Schalten zugeordnet. Man spricht in diesem Fall von einem stochastischen Petrinetz.

Der gewichtete oder bewertete Erreichbarkeitsgraph kann nun als ein markovscher Zustandsraum aufgefaßt werden. Damit lassen sich mit Hilfe eines Markov-Prozesses Aussagen über das Verhalten des zugrundeliegenden Petrinetzes treffen.

Viele Markov-Modelle zeichnen sich dadurch aus, daß sie einen sehr großen Zustandsraum besitzen. Dies schränkt die entsprechende Analyse stark ein. Dieser Zustandsraum kann unter Umständen dadurch beschränkt werden, daß Zustände, die nur mit einer geringen Wahrscheinlichkeit erreicht werden, nicht in den Zustandsraum aufgenommen werden. Wird die Analyse durch eine solche Vereinfachung modifiziert, so muß untersucht werden, welch ein Fehler entsteht und inwiefern dieser geeignet ausgeglichen werden kann.

Eine alternative Reduktion des Zustandsraums kann man dadurch erhalten, daß der Generationsprozeß des Zustandsraums aufgeteilt wird, d.h. das entsprechende Petrinetz wird in kleinere Petrinetze aufgeteilt, die jeweils einzeln analysiert werden. Bei dieser Herangehensweise ergibt sich jedoch das Problem, daß zwischen den Unternetzen Wechselwirkungen auftreten können, die in der Analyse berücksichtigt werden müssen.

Damit bieten stochastische Petrinetze die Möglichkeit, große und komplexe Zustandsräume eines Markov-Prozesses auf einfache und übersichtliche Art und Weise zu beschreiben. Gleichzeitig ist die Möglichkeit gegeben, den Zustandsraum schon beim Aufbau des Erreichbarkeitsgraphen durch Optimierung bzw. Zerlegung gering zu halten.

Das Stochastic Petri Net Package

Das Stochastic Petri Net Package (SPNP) ist ein Werkzeug zur Bewertung sogenannter Generalized Stochastic Petri Nets (GSPNs).

Das mit SPNP zu analysierende Petrinetz muß in Form einer C-Quelldatei geliefert werden, die aus einer das Petrinetz definierenden Funktion sowie Funktionen zur Steuerung und Auswertung der Berechnung besteht. Ein C-Compiler übersetzt die C-Quelldatei zusammen mit vorkompilierten Objektdateien, die das SPNP ausmachen, in ein ausführbares Programm, das die modellierten Berechnungen durchführt. Viele Parameter lassen sich auch zur Laufzeit eingeben, so daß das Tool auch für den Batch-Betrieb geeignet ist.

Dieses Werkzeug versteht die Standardkonstrukte von Petrinetzen, insbesondere

- Stellen, die mit einer beliebigen Anzahl von Token initialisiert werden,

- Transitionen, die entweder ratenabhängig mit Übergangsraten oder unmittelbar mit Übergangswahrscheinlichkeiten versehen sind, wobei im Falle von Übergangswahrscheinlichkeiten eine Normierung zu eins vorgenommen wird; ferner ist es möglich, Prioritäten zu definieren, die bei einer aktivierten Transition dazu dienen, automatisch alle Transitionen mit niedrigerer Priorität zu deaktivieren, oder es ist auch möglich, Funktionen zu definieren, die für eine gegebenen Markierung entscheiden, ob die zugeordnete Transition aktiviert werden darf, und

- Kanten, dabei unterscheidet man einfache Kanten zwischen Stellen und Transitionen, Kanten mit einem Gewicht größer eins (auch mit tokenabhängigen Gewichten) und Kanten, die bei Vorhandensein von Token in bestimmten Stellen die zugehörigen Transitionen deaktivieren, sowie einige

- Erweiterungen, z.B. Felder von Stellen und Transitionen.

Die Raten und Wahrscheinlichkeiten der Transitionen können dabei als Konstante, als Produkt einer Konstanten und der Anzahl der Token in einer bestimmten Stelle oder durch eine frei definierbare Funktion angegeben werden, wobei diese Funktion Zugriff auf die Anzahl der Token aller Stellen und den aktuellen Zustand aller Transitionen der aktuellen Markierung hat. Durch die zusätzlichen Mechanismen wie Prioritäten, Guards und verbietende Kanten kann insgesamt eine sehr große Klasse von Problemen modelliert werden.

Die interne Arbeitsweise des SPNP läuft so ab, daß das übersetzte Programm anhand der Definition des Petrinetzes zunächst den zugehörigen Erreichbarkeitsgraphen aufbaut. Die Größe dieses Graphen und die Wahrscheinlichkeiten an seinen Kanten werden insbesondere durch die im Petrinetz angegebenen Prioritäten, Raten, Wahrscheinlichkeiten und Guardfunktionen bestimmt. Dabei werden zunächst redundante Kanten zu einer Kante zusammengeführt, danach werden alle verschwindenden Markierungen, also alle Markierungen, von denen mindestens eine Kante durch eine unmittelbare Transition wegführt, eliminiert. Ist der Erreichbarkeitsgraph generiert und optimiert, so wird er als Zustandsraum eines Markovprozesses aufgefaßt.

Die weitere Analyse läßt sich auf verschiedene Arten durchführen. SPNP bietet zunächst die Möglichkeit der Steady State Analysis, d.h. der Suche eines Gleichgewichtszustands durch Lösen der ergodischen Markov-Kette [CMT 89] [CFM+ 94].

In der Praxis läßt sich ein Petrinetz mit dem SPNP nur bis zu einer bestimmten Größe handhaben. Überschreitet der Erreichbarkeitsgraph ungefähr 200.000 Kanten und 15.000 Markierungen, so steigen Rechenaufwand sowie Platzbedarf so stark an, daß das Tool in einer vertretbaren Zeit kein Ergebnis mehr liefert.

Ist eine Analyse des gegebenen Petrinetzes mittels SPNP durchgeführt worden, so muß aus den gewonnenen Ergebnissen die mittlere Antwortzeit berechnet werden. Zu diesem Zweck wird zum einen die mittlere Anzahl von Token in allen Stellen betrachtet, zum anderen die Wahrscheinlichkeit dafür, daß die in Abb. 7.22 eingeführte World-Stelle nicht leer ist. Ist die Wahrscheinlichkeit für das Nichtvorhandensein von Token in dieser World-Stelle hinreichend klein, so kann mit Hilfe der mittleren Anzahlen von Token an den Stellen die mittlere Anzahl von Kunden im System durch Addition berechnet werden. Unter Verwendung von Little's Result ist es möglich, aus den gegebenen Werten die mittlere Antwortzeit für eine Anfrage an das System zu errechnen.

Petrinetzanalyse des Broadcastszenarios

Im folgenden soll das im vorangegangenen Abschnitt bereits betrachtete Broadcastszenario weiter untersucht werden. Nach der approximativen Analyse mittels der Warteschlangentheorie sollen auch Petrinetze im folgenden dazu dienen, eine Analyse vorzunehmen. Zu diesem Zweck besteht zunächst die Aufgabe, eine geeignete Modellierung des Verteilten Systems mit Hilfe von Stellen und Transitionen vorzunehmen. Das Ergebnis dieses Modellierungprozesses ist in Abb. 7.22 dargestellt.

Ausgangspunkt dieses modellierten Petrinetzes ist eine Stelle, die im folgenden als sogenannte Token-Welt bezeichnet wird. Diese Stelle dient dazu, die Kunden für das zu betrachtende System bereitzustellen. Insbesondere muß beachtet werden, daß diese Stelle nicht leerlaufen sollte, d.h., die Wahrscheinlichkeit für das Vorhandensein von Token in dieser Stelle muß hinreichend nahe an Eins liegen, um exakte Meßergebnisse zu erlangen. Nach einer Bearbeitung der durch Token modellierten Aufträge, d.h. Anfragen an die Server des Systems, erfolgt eine Rückführung dieser Token in die Token-Welt, so daß ein geschlossenes System vorliegt. Erfolgt nun eine Anfrage an das Verteilte System, die hier als Broadcast-Aufruf betrachtet werden soll, so schaltet im zugehörigen Petrinetz die Transition des Ankunftsprozesses. Dabei ist die Größe λ von Bedeutung, die eine Gesamtankunftsrate beschreibt. D.h. während im ursprünglich betrachteten System jeder von n Clients in der Lage war, Aufträge zu generieren, sind diese einzelnen Ankunftsraten in dem vorliegenden Petrinetzszenario aufsummiert, so daß das hier vorliegende λ eine gesamte Ankunft von Aufträgen für das System be-

beschreibt. Die Ankunftsprozesse ließen sich auch einzeln modellieren, durch die Annahme von Poissonströmen sind beide Szenarien isomorph hinsichtlich ihres Verhaltens und damit auch hinsichtlich der berechneten mittleren Antwortzeiten der Anfragen.

Die im Verteilten System vor den Servern vorhandenen Warteschlangen werden im vorliegenden Petrinetzszenario durch Stellen modelliert. Dabei verlieren die Aufträge ihre Identität, was im später betrachteten Multicastszenario speziell untersucht werden muß, im vorliegenden Fall jedoch nicht relevant ist, da alle ankommenden Aufträge von jedem Server bearbeitet werden müssen.

Die Bearbeitung der Aufträge in den Servern wird durch das Petrinetz als Schalten einer Transition mit der mittleren Bedienrate μ_i modelliert. Eine sich anschließende Synchronisationswarteschlange ist wieder als Stelle modelliert, die am Ende der Auftragsbedienung die fertigen Aufträge sammelt. Ist die Bearbeitung eines Auftrags von allen Servern erfolgt, so schaltet die folgende unmittelbare Transition zur Synchronisation dieses Auftrags, d.h. sobald in jeder der vorgeschalteten Stellen mindestens ein Token vorhanden ist, schaltet diese Transition. Damit ist aus Sicht des Petrinetzes die Bearbeitung einer Broadcastanfrage abgeschlossen. Während im realen Verteilten System das Ergebnis dieser Anfrage an den initiierenden Kunden zurückgegeben wird, erfolgt im vorliegenden Petrinetzszenario eine Rückführung des entsprechenden Tokens in die Token-Welt.

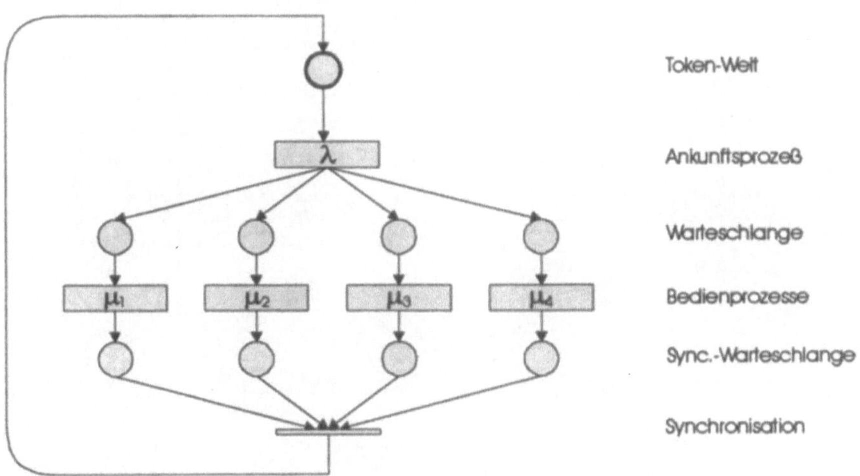

Abb. 7.22. Petrinetz für Broadcastanfragen an vier Server

Mit diesem vorgestellten Petrinetz werden verschiedene Szenarien betrachtet. So wird im nachfolgenden Abschnitt von einem Verteilten System mit zwei Servern ausgegangen, prinzipiell ist jedoch jede Anzahl von Servern in einem Verteilten System denkbar und auch modellierbar, wobei die natürlichen Grenzen des SPNP hinsichtlich einer zu analysierenden Zustandsanzahl berücksichtigt werden müssen.

Petrinetzanalyse des Multicastszenarios

Nach einer Betrachtung des Petrinetzes für die Modellierung von Broadcastszenarien in Abb. 7.22 soll im folgenden die Modellierung von Multicastszenarien vorgenommen werden.

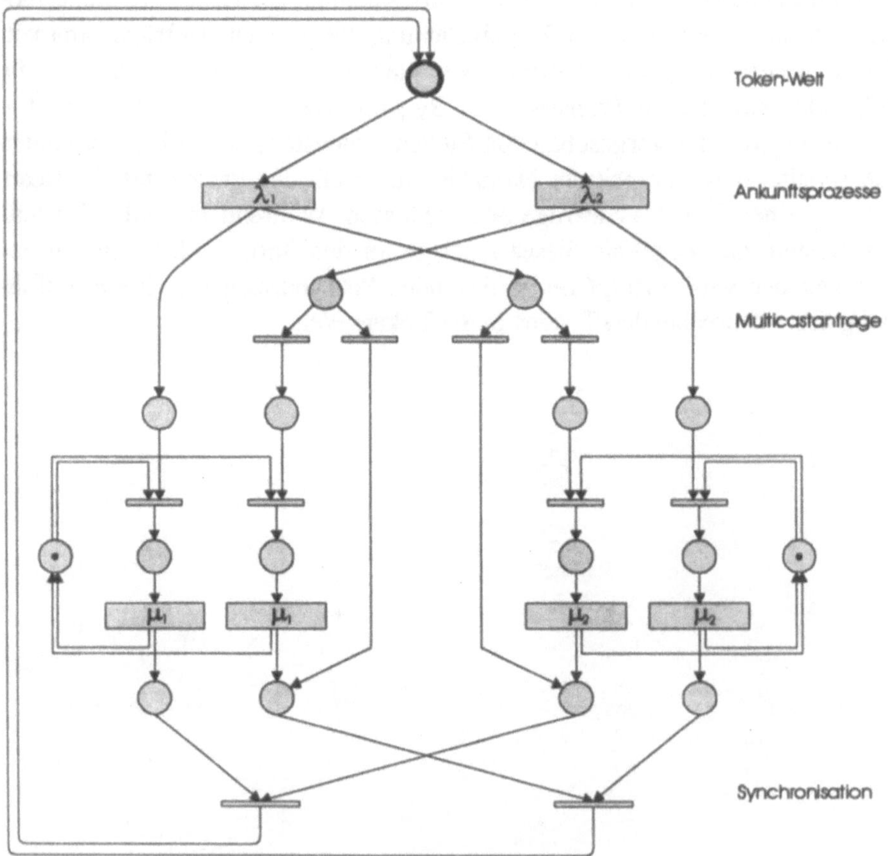

Abb. 7.23. Petrinetz für Multicastanfragen an zwei Server

Zu diesem Zweck wird das ursprüngliche Petrinetz der Broadcastmodellierung betrachtet und geeignet modifiziert. Während die Token-Welt noch analog übernommen werden kann, ist es aber nicht mehr möglich, ankommende Clientanfragen mittels einer Transition zu modellieren. In Abb. 7.23 ist das entsprechende Petrinetz für ein Verteiltes System mit Multicastanfragen an zwei Server dargestellt.

Dieses Petrinetz geht dementsprechend auch von zwei Transitionen aus, die über einzelne Ankunftsraten λ_i verfügen. Für eine Multicastanfrage gibt es nun für die Weiterleitung an jeden Server zwei Möglichkeiten – entweder diese Anfrage soll von diesem Server bearbeitet werden, dann wird das Token in der Petrinetzmodellierung an eine die Warteschlange simulierende Stelle und die entsprechende den Server modellierende Transition weitergeleitet; oder aber die betrachtete Anfrage soll nicht von diesem Server bearbeitet werden, dann erfolgt ein sogenannter Bypass, der das Token direkt der Synchronisationswarteschlange überführt. Die in einem der früheren Abschnitte gemachte Annahme, daß eine Anfrage zumindest von einem Server, dem primären Server, an den diese Anfrage gestellt wird, bearbeitet werden soll, bleibt bei der Modellierung erhalten. Zur quantitativen Beschreibung, ob eine Anfrage bearbeitet wird oder ob nicht, gibt es Wahrscheinlichkeiten, die in die Modellierung mit einfließen, und zwar in der unmittelbar dem Ankunftsprozeß folgenden Stellen/Transitionskombination.

In diesem betrachteten Petrinetzmodell besitzt jeder Server so viele Ein- und Ausgänge wie es Ankunftsprozesse gibt. Innerhalb der Server geht dabei die Zuordnung der Aufträge zu den Ankunftsprozessen nicht verloren. Damit ist es problemlos möglich, am Ende der Bearbeitung, und zwar in der Synchronisation, die richtigen Aufträge wieder zusammenzuführen.

Diese beiden Petrinetze zur Modellierung von Broad- und Multicastanfragen an Verteilte Systeme lassen sich relativ unproblematisch mittels des Tools SPNP analysieren. Im folgenden Abschnitt wird auf Simulationen eingegangen, dann werden die drei Prinzipien an Beispielen vergleichend gegenübergestellt.

7.5
Vergleich der Verfahren

Neben der reinen Gegenüberstellung von approximativer Analyse und Petrinetzauswertung soll ebenfalls eine Simulation der Broadcast- und Multicastanfragen erfolgen.

Das Simulationsmodell

Während die in den ersten Abschnitten dieses Kapitels vorgestellte Analysemethode eine Aufsplittung des Gesamtsystems in n Teilsysteme vornimmt, basiert das Simulationsmodell auf einer anderen Modellierung des Systems. Es generiert n Ankunftsströme mit exponentialverteilten Zwischenankunftszeiten. Jeder Auftrag wird zu einem bestimmten Zeitpunkt an n Server gleichzeitig weitergeleitet, wenn zunächst das Broadcastszenario betrachtet wird.

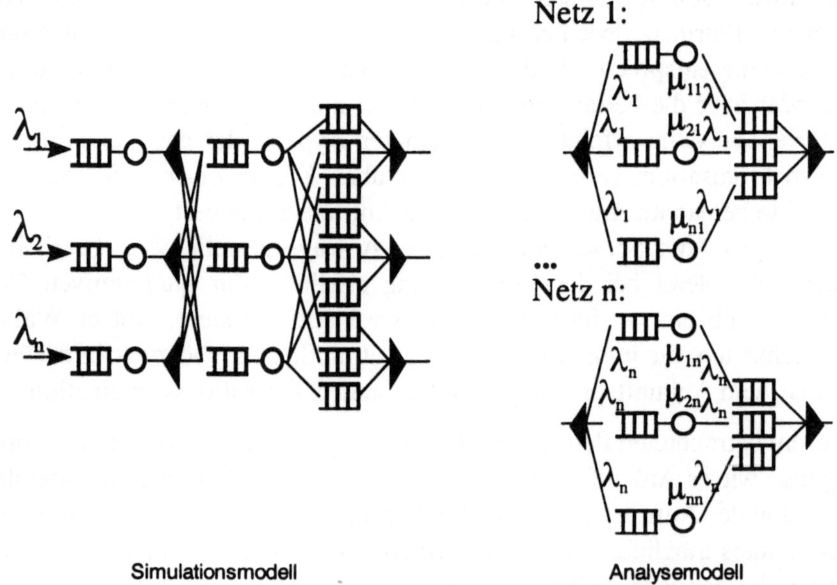

Abb. 7.24. Gegenüberstellung von Simulationsmodell und approximativem Analysemodell

Unabhängig davon werden n Folgen von exponentialverteilten Bedienzeiten erzeugt, die bei der simulierten Ankunft eines Prozesses die Dauer der Bearbeitung nachbilden. Ist die Bearbeitung eines Auftrags in allen Bedieneinheiten abgeschlossen, so wird die Synchronisation dadurch simuliert, daß das Maximum der Endzeiten der Bearbeitung in den n Stationen berechnet wird. Von diesem Maximum wird die Zeit des Eintritts eines Auftrags in das System subtrahiert und die Differenz über eine i.d.R. fünfstellige Anzahl von Aufträgen gemittelt. Diese Größe wird für jeden einzelnen Server berechnet und entspricht der mittleren Antwortzeit dieses Servers. Das Prinzip der Simulation ist in Abb. 7.24 noch einmal verdeutlicht. Die dabei dargestellten n Warteschlangen vor dem Eintreten eines Auftrags in die Forkstation werden in der Ausführung der Simulation durch einen Ankunftsstrom mit den o.g. exponentialverteilten Zwischenankunftszeiten modelliert. Diese Warteschlangen sind im Sinne der Warteschlangentheorie also nicht als solche zu verstehen.

Anders verhält es sich bei den Warteschlangen vor jeder einzelnen Bedienstation. Innerhalb der Simulation wird hier eine originalgetreue Abbildung auf das reale Verhalten vorgenommen. Das Warten in der entsprechenden Schlange ist eine Maximumbestimmung. Dabei wird für den k-ten Auftrag zum einen der Zeitpunkt der Beendigung des (k-1)-ten Auftrags betrachtet, zum anderen das Eintreten des k-ten Auftrags in die Warteschlange. Das Maximum dieser beiden Zeiten zuzüglich der Bearbeitungszeit für den k-ten Auftrag ergibt den Zeitpunkt der Beendigung des Auftrags.

Die Warteschlangen vor der Join-Station sind wieder Warteschlangen, die mittels einer Maximumbestimmung simuliert werden. Hierbei wird von den n aufgesplitteten Teilaufträgen der späteste Zeitpunkt des Eintreffens in der Joinwarteschlange ermittelt. Dieser Zeitpunkt ist gleichzeitig der Fertigstellungs- oder Abarbeitungszeitpunkt des k-ten Auftrags.

Da das Simulationsmodell auf einer mathematischen Basis des Ausrechnens von Zeiten beruht, sind kaum Fehler vorstellbar, die eine Beeinträchtigung der Ergebnisse bedingen. Bei hinreichend genauer Exponentialverteilung der Eingangsgrößen und genügend großer Anzahl von durchlaufenden Aufträgen ist eine gute Basis für genaue Resultate gegeben, auch wenn die Simulation derartiger Werte sehr zeitaufwendig ist.

Vergleich der Bewertungen für Broadcastanfragen

Im folgenden soll eine Broadcastanfrage an ein Verteiltes System betrachtet werden, wobei von zwei Servern ausgegangen wird. Die Parameter für die Bedien- und Ankunftsraten sind der Tabelle 7.1 zu entnehmen. Der Stern * bedeutet, daß für diese Werte die Ankunftsrate des ersten Servers variiert wird. Ist keine Einheit angegeben, so wird von s^{-1} ausgegangen.

Die Auswertung der approximativen Analyse, der Petrinetzanalyse und die Meßergebnisse der Simulation sind in Abb. 7.25 graphisch gegenübergestellt. Dabei ist erkennbar, daß die Simulationsergebnisse jeweils zwischen der approximativen Analyse und der Petrinetzbewertung liegen. Auffällig ist auch, daß es in jedem der drei betrachteten Szenarien einen optimalen Punkt

zu geben scheint, bei dem die Simulation der approximativen Analyse am
nächsten kommt.

Tabelle 7.1. Parameter des bewerteten Broadcastszenarios

	Bedienrate μ_1	Bedienrate μ_2	Ankunftsrate λ_1	Ankunftsrate λ_2
Szenario 1	0,1	0,2	*	0,01
Szenario 2	0,12	0,22	*	0,01
Szenario 3	0,14	0,24	*	0,01

Dieser optimale Punkt wurde bereits in [Po 95] festgestellt. Die berechneten
Werte für die Petrinetzanalyse spiegeln eine grundsätzlich andere Tendenz
wider.

Mit größerer Last ist hier auch eine größere Abweichung zu verzeichnen,
wobei bei einer sehr kleinen Auslastung keine mathematische Abweichung
dieser Tendenz entgegenwirkt und den Fehler ausgleicht.

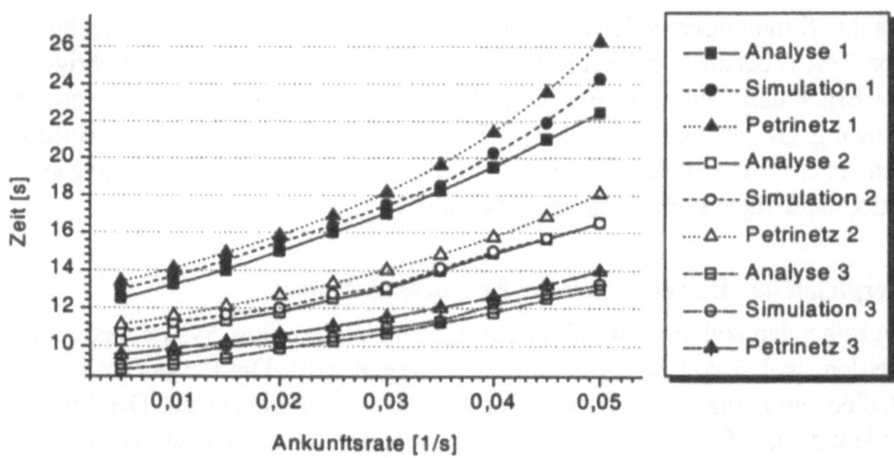

Abb. 7.25. Gegenüberstellung der Werte von approximativer Analyse, Petrinetzanalyse
und Simulation für das Broadcastszenario

Mit diesem Beispiel sollen die Bewertungen zu Broadcastanalysen abgeschlossen werden.

Vergleich der Bewertungen für Multicastanfragen

Innerhalb dieses Abschnitts soll das für die Multicastanalyse genutzte Petrinetz betrachtet werden. Es erfolgt die Untersuchung von zwei prinzipiell verschiedenen Szenarien, die unter ganz verschiedenen Gesichtspunkten betrachtet werden. Im folgenden wird ein Verteiltes System mit zwei Servern untersucht. Dabei ist die Übergangswahrscheinlichkeit der Aufträge zwischen den Servern konstant auf 0,7 gesetzt worden.

In Tabelle 7.2 sind die Parameter für das bewertete Multicastszenario dargestellt. Dabei sind feste Ankunftsraten vorgegeben, die Bedienrate für den ersten Server ist ebenfalls konstant. Eine Variation der Parameter wird hinsichtlich der Bedienrate des zweiten Servers vorgenommen. Die Multicasteigenschaft kommt dadurch zum Tragen, daß Anfragen an primäre Server zwar stets bearbeitet werden, Anfragen an den jeweils anderen Server jedoch – wie bereits beschrieben – nur mit Wahrscheinlichkeit 0,7 weitergeleitet werden.

Tabelle 7.2. Parameter des ersten bewerteten Multicastszenarios

	Bedien-rate μ_1	Bedien-rate μ_2	Ankunfts-rate λ_1	Ankunfts-rate λ_2	p_{ij} für $i=j$	p_{ij} für $i \neq j$
Szanario 1	0,3	*	0,1	0,1	1,0	0,7

Die verschiedenen Meßergebnisse zur approximativen Analyse, zur Petrinetzanalyse und zur Simulation sind in Abb. 7.26 dargestellt. Analyse 1, Simulation 1 und Petrinetz 1 beschreiben dabei das Verhalten des Servers 1, Analyse 2, Simulation 2 und Petrinetz 2 das Verhalten des Servers 2. Auffällig ist ein starkes Schwanken der Simulationswerte, das auftrat, obwohl jeweils ca. 10.000 Simulationswerte berechnet wurden. Eine weitere Besonderheit der in Abb. 7.26 enthaltenen Meßwerte ist ihr Unterschied zu den im Broadcastfall dargestellten Meßwerten. Während im oben dargestellten Fall die berechneten Werte der Petrinetzanalyse stets über den Werten der approximativen Analyse lagen, verhalten sich diese Werte im hier vorliegenden Fall genau umgekehrt. Die Simulation liegt in etwa wieder zwischen der approximativen und der Petrinetzanalyse.

Insgesamt kann jedoch festgehalten werden, daß die Abweichungen zwischen den verschiedenen betrachteten Bewertungsverfahren hinreichend klein sind. Der Modellierer hat damit die Wahl, sich einen ersten Überblick über die Auslastung eines Szenarios mittels der approximativen Analyse in sehr kurzer Zeit zu verschaffen, mit relativ langer Laufzeit Simulationen durchzuführen oder aber auf Petrinetzanalysen zurückzugreifen.

Bei den Petrinetzanalysen kommt es jedoch relativ schnell zu langen Bearbeitungszeiten verbunden mit einem großen Speicheraufwand, wenn ein genaueres Analyseergebnis angestrebt wird und zu diesem Zweck mit einer größeren Gesamtanzahl von Token im System gerechnet wird, um den Zustandsraum des Erreichbarkeitsgraphen zu vergrößern. In diesem Fall sinkt – wie gewünscht – die Wahrscheinlichkeit für das Nichtvorhandensein von Token in der Token-Welt, und damit wird die Genauigkeit der mittleren Anzahlen von Token in den einzelnen Stellen vergrößert.

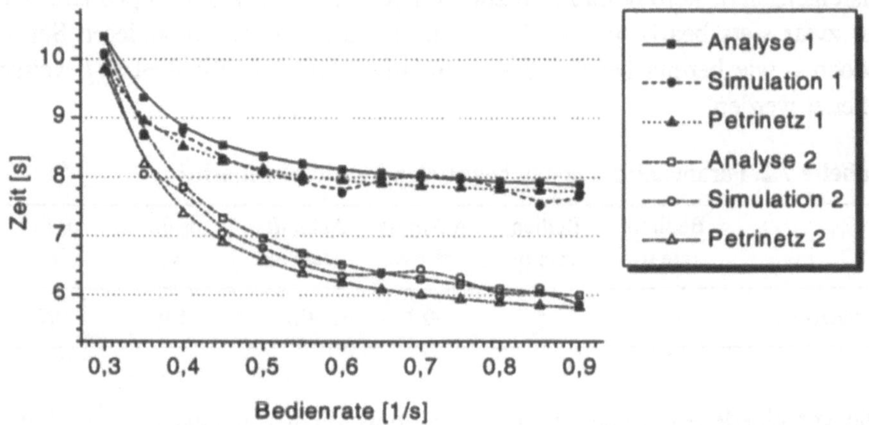

Abb. 7.26. Gegenüberstellung der Werte des Multicastszenarios

Diese Eigenschaft soll im folgenden durch die Gegenüberstellung einer variierenden Anzahl von Token in einer Multicastanalyse dargestellt werden.

Tabelle 7.3. Parameter des zweiten bewerteten Multicastszenarios

	Bedien-rate μ_1	Bedien-rate μ_2	Ankunfts-rate λ_1	Ankunfts-rate λ_2	p_{ij} für $i=j$	p_{ij} für $i\neq j$
Szenario 1	0,7	0,9	*	0,1	1,0	0,7

Zu diesem Zweck wird ein Petrinetz betrachtet, das mit unterschiedlichen Anzahlen von Token analysiert wird. Die Parameter der einzelnen Messungen sind in Tabelle 7.3, die Analysewerte sind in Abb. 7.27 graphisch dargestellt. Auffällig ist in der graphischen Darstellung jedoch, daß bei geringen Ankunftsraten, also bei geringer Last, die Abweichungen der Analysewerte bei unterschiedlichen Anzahlen von Token sehr gering sind.

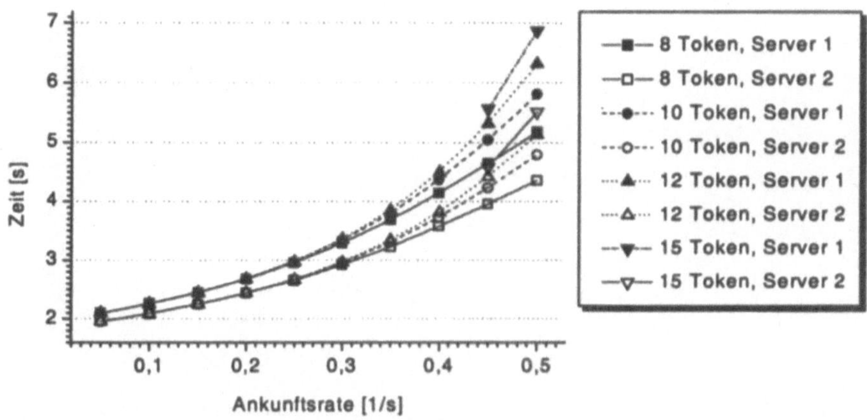

Abb. 7.27. Gegenüberstellung der Antwortzeit von Anfragen bei mit unterschiedlichen Tokenanzahlen durchgeführten Petrinetzanalysen

Mit zunehmender Last wird die Abweichung allerdings unverhältnismäßig hoch, wobei die berechneten Werte für die mittlere Antwortzeit bei zu wenig Token deutlich unterhalb der simulierten Werte liegen. Da die Token-Welt bei zu kleiner Gesamtanzahl von Token dem modellierten System zu wenig Aufträge liefert und damit die vorgegebene Last nicht erreicht wird, führt dies zu kleineren Werten für die mittleren Anzahlen von Token in den einzelnen Stellen und damit insgesamt zu kleineren Werten für die mittlere Ankunftszeit.

Fazit

Eine Einarbeitung in die Analyse Verteilter Systeme mag dem eher praktisch arbeitenden Informatiker auf den ersten Blick etwas mühselig erscheinen. Die Methoden erlauben jedoch in kurzer Zeit einen repräsentativen Überblick über Antwortzeiten und Auslastung eines Verteilten Systems. Hierzu stehen prinzipiell drei Möglichkeiten zur Verfügung: eine Analysemethode, die Petri-Netz-Methode und die Simulation.

gen in Tabelle 7.5, die Analysewerte sind in Abb. 7.27 graphisch dargestellt. Auffällig ist in der graphischen Darstellung jedoch, daß bei geringen Automaten, also bei geringer Last, die Abweichungen der Analysewerte bei unterschiedlichen Anzahlen von Token sehr gering sind.

Abb. 7.27. Graphische Darstellung der Antwortzeit von Anfragen R_x bei unterschiedlichen Fehlerraten λ_i bei der Petri-Netz-Analysen

Mit zunehmender Last wird die Abweichung allerdings überdimensional groß, womit die bereits im Werte auf die mittlere Antwortzeit bei wenig Token innerhalb der simulierten Werte liegen. Um die Token-Werte bei zunehmender Last/Anzahl von T_i an den mittleren Systemzustand anzupassen und damit das vorgegebene Last gut erreicht wird, läuft dies auf kleineren Werten für die mittleren Anzahl von Token in den einzelnen Stellen und damit insgesamt zu kleineren Werten für die mittlere Antwortzeit.

8 Einordnung und Ausblick

Bei dem Bestreben, eine universelle Kommunikation in Verteilten Systemen zu erreichen, sind heterogene Hard- und Softwarekomponenten häufig noch ein Hindernis. So ist es nicht trivial, von einem beliebigen Rechner auf die Funktionalität eines beliebigen anderen Rechners zuzugreifen. Erste Lösungsansätze hinsichtlich dieser Problematik sind neue Konzepte wie das Verteilte Objektmodell, der Remote Procedure Call und die Common Object Request Broker Architecture, die auch herstellerseitig durch die Entwicklung entsprechender Produkte unterstützt werden. Die vorliegende Arbeit stellte einige grundlegende Defizite dieser Entwicklung heraus und machte Architekturvorschläge, realisierte Prototyplösungen und bewertete die entwickelten Ansätze. Insbesondere wurden dabei die folgenden Ergebnisse erzielt.

Es wurde ein Ansatz zum Entwurf von Komponenten eines Verteilten Systems entwickelt, der den speziellen Anforderungen an CORBA-basierte Verteilungsplattformen Rechnung trägt. Insbesondere wurde ein objektorientierter Entwurf mit einer IDL-bezogenen Spezifikationsmethode verknüpft, um damit die Basis für die Schnittstellenbeschreibung der Komponenten zu besitzen.

Als Erweiterung des Tradingdienstes in Verteilten Systemen wurde eine Architektur für eine sogenannte Evaluationskomponente entwickelt. Wird diese Komponente in einen Trader integriert, so besteht nicht nur die Möglichkeit, einen Dienst zu suchen oder auszuwählen, der exakt eine gegebene Spezifikation erfüllt, sondern darüber hinaus ist es auch möglich, optimale Dienste auszuwählen, d.h. Dienste, die einer gegebenen Spezifikation am nächsten kommen.

Ein Remote Procedure Call, auf dem die Kommunikation eines Verteilten Systems basiert, ist von Natur aus ein synchroner Kommunikationsmechanismus. In Verteilten Systemen ist es jedoch auch notwendig, asynchrone Kommunikation zu ermöglichen. Aus diesem Grund wurden verschiedene Alternativen untersucht, inwiefern eine quasi asynchrone Kommunikation basierend auf synchronen Kommunikationsmechanismen ermöglicht werden kann. Die Implementierungen dieser Alternativen wurden vergleichend bewertet.

Bei der klassischen synchronen Kommunikation ist es standardmäßig nicht möglich, eine Nachricht an eine Menge von Empfängern zu versenden. Aus diesem Grund wurde auf Anwendungsebene ein auf dem standardisierten Event Service basierender Mechanismus entwickelt, der einen Gruppenkommunikationsdienst realisiert. Dieser Mechanismus wurde implementiert und bewertet. Von besonderer Bedeutung dabei sind auch Überlegungen, daß eine quasi-parallele Realisierung mittels Threads von Vorteil ist.

Um ein Verteiltes System zur Laufzeit optimal zu verwalten, kann es notwendig sein, einzelne Serverobjekte zu replizieren, um ankommende Anfragen auf mehrere Server zu verteilen. Da klassische Mechanismen der Datenreplikation nicht ausreichen, dieser Anforderung gerecht zu werden, wurde ein Konzept entwickelt, um Objekte zur Laufzeit replizieren und konsistent verwalten zu können.

Zur dynamischen Verwaltung von Anfragen in einem laufenden Verteilten System wurde ein Mechanismus zum Load Balancing verteilter Anwendungen entwickelt. Dieser Ansatz zeichnet sich durch eine verteilte Realisierung der Komponenten aus und erfüllt damit die Anforderungen, die von einem Verteilten System an die Transparenz gestellt werden.

Schließlich ist zur Bewertung eines Verteilten Systems ein umfangreiches Regelwerk entwickelt worden, das neben einem approximativen Algorithmus zu dessen Analyse auch eine Gegenüberstellung mittels Simulationskonzepten und eine numerische Analyse mittels Petrinetzen ermöglicht. Diese einzelnen Verfahren benötigen eine unterschiedliche Bearbeitungszeit und liefern unterschiedlich genaue Ergebnisse. Entsprechend der vom Modellierer gestellten Anforderungen besteht damit die Möglichkeit, eine den Bedürfnissen der Praxis entsprechende Methode auszuwählen und zur Bewertung des Systems einzusetzen.

Neben den speziell erzielten Ergebnissen ist eine Reihe von Ideen und Ansätzen entstanden bzw. angedacht worden, die im Rahmen der vorliegenden Arbeit nicht aufgegriffen wurden, jedoch von Interesse für weitergehende Forschungsarbeiten sein könnten.

Bezüglich der Erweiterung des Trading Service durch die Evaluatorkomponente ist bereits eine Verbesserung der bestehenden Konzepte hinsichtlich ihrer Laufzeit durch eine effizientere Implementierung erreicht worden. Die Arbeiten zu dieser Evaluationskomponente sind damit jedoch nicht erschöpft. Neben einer denkbaren Überarbeitung der Realisierung des AHP kann auch das Regelwerk zum Vergleich von Diensteigenschaften noch erweitert werden. Dies umfaßt einerseits das Zulassen von probabilistischen und statistischen Angaben zu Diensteigenschaften, andererseits gibt es im QoS-Standard noch weitere Parameter, die eine Qualitätskontrolle ermöglichen. Dazu gehören Schwellwerte sowie zugehörige Mechanismen und Überwachungsfunktionen. Auch diese Parameter sollten schon bei der Dienstvermittlung einbezogen werden. Denkbar wäre es ferner, den Trading Service mit einer Monitoring- und Managementfunktionalität zu koppeln. So könnten zur Laufzeit dynamische Diensteigenschaften aktualisiert werden, wenn diese bei der Vermittlung mit berücksichtigt werden. Somit wäre das Trading auch eine echte Erweiterung eines Directory Service hinsichtlich einer Funktionalität, die bei diesem Dienst gar nicht betrachtet wird.

Von großer praktischer Relevanz ist die Diskussion der Datenübertragung mittels asynchroner Kommunikationsmechanismen, die im vierten Kapitel vorgestellt wurde. Leider erweist sich eine solche unidirektionale Datenübertragung – insbesondere bei sehr großen Datenbeständen – mittels der entwickelten CORBA-Mechanismen als weniger effizient. Während sich nur bei einigen Transfermethoden konkrete Probleme der Skalierbarkeit ergeben, gilt für alle untersuchten Methoden, daß aufgrund der Beschränkung der Transferraten eine gute Verwaltung derartiger Datenbestände nicht möglich ist. In diesem Fall sollte auf die homogene Integration des Datentransfers in einem CORBA-System mittels der komfortableren CORBA-Mechanismen verzichtet werden und die Datenübertragung direkt zwischen den Datenbanksystemen erfolgen.

Im Rahmen der vorgestellten Managementarchitektur des fünften Kapitels wurde lediglich ein Bezug zum Konfigurations- und Leistungsmanagement vorgenommen. Von einer detaillierteren Betrachtung des Fehler-, Abrechnungs- und Sicherheitsmanagements ist grundlegend abgesehen worden. Dagegen wäre durch das Einführen von Kontrollobjekten die Entdeckung von Fehlern und die Ermittlung von Kosten, die in einem Verteilten System anfallen, möglich. Auch das zusätzliche Betrachten des Sicherheitsmanagements ist im Zeitalter des Electronic Commerce ein unumgängliches Thema. Und gerade im Sicherheitsbereich liegt auch ein großer Mangel heutiger Verteilungsplattformen. Das Fehlen eines zuverlässigen und gleichzeitig globalen Sicherheitskonzepts stellt einen entscheidenden Faktor für die Bestimmung der Einsatzbereiche von Verteilten Systemen dar. Einer der von der OMG standardisierten CORBAservices, der Licensing Service, stellt zwar Zugriffs- und Kontrollmechanismen für verteilte Anwendungen bereit, für eine umfassende Sicherheit im Sinne des OSI-Managements inklusive Datencodierung, Paßwortschutz und Monitoring von unautorisierten Zugriffsversuchen ist der Licensing Service aber nicht umfassend genug. Darüber hinaus steht dieser CORBAservice in den meisten CORBA-Implementierungen noch nicht zur Verfügung.

Für die im sechsten Kapitel zunächst vorgestellte Thematik der Objektreplikation war es von Nachteil, daß der vom CORBA-Standard spezifizierte Life Cycle Service nicht zur Verfügung stand. Dieser Dienst ermöglicht das Erzeugen, Kopieren, Zerstören und Bewegen von Objekten, was für die Objektreplikation und –migration unumgänglich ist. D.h., mit dieser Funktionalität hätte eine Objektreplikation und folglich auch –migration prinzipiell realisiert werden können. Andererseits würden diese Dienste den Life Cycle Service auch z.T. abdecken. Das soll bedeuten, daß die zum Zwecke der Objektreplikation und –migration entwickelten Implementierungsmodule sehr einfach dahingehend anpaßbar sind, daß eine Realisierung des Life Cycle Service problemlos möglich ist. Obwohl die Implementierung Gebrauch von Orbix-spezifischen Elementen macht und durch Systemeigenschaften des Orbix, wie zum Beispiel das Proxykonzept geprägt wird, ist die zugrundeliegende Architektur grundsätzlich zum Einsatz in anderen objektorientierten Verteilungsplattformen geeignet. Die realisierte Replikationsarchitektur sollte nur als ein Ansatz in dieser Richtung verstanden werden. So ist es denkbar, ein Transaktionssystem zu schaffen, das in der Lage ist, atomare Transaktionen in Verteilten Systemen zu realisieren. Ferner wäre eine Deadlockerkennung interessant. Die vorgestellten und zum Teil genutzten Protokolle sollten ebenfalls als Basis verstanden werden, prinzipielle Untersuchungen durchzuführen.

Bei der ebenfalls im sechsten Kapitel betrachteten Architektur zum Load Balancing war die Verteilung von Komponenten im Verteilten System von besonderer Bedeutung. Die Verteilung von Clients auf das Verteilte System ist nicht unerheblich, allerdings gibt es in der Literatur bislang kaum Behandlungen zu diesem Thema, das ebenfalls in die Rubrik des Konfigurationsmanagements fällt. Der normale Ansatz besteht zur Zeit einfach darin, Komponenten eines Verteilten Systems mehr oder weniger willkürlich zu starten. Zukünftige Überlegungen sollten darauf abzielen, diesen Vorgang zu optimieren bzw. unter dem Gesichtspunkt der Effizienz zu automatisieren, wobei eine möglichst geringe Systemlast angestrebt wird. Die Verteilung ist ebenfalls für den eigentlichen Manager interessant. Fast alle Kommunikationsvorgänge der vorgestellten Architektur des Load Balancings laufen über den Manager. In Abhängigkeit davon, auf welchem Rechner dieser Manager arbeitet, verändert sich ebenfalls die Gesamtleistung des Systems, auch unabhängig von der übrigen Systemlast.

Das siebte Kapitel stellt universelle analytische, numerische und simulative Methoden zur Bewertung eines allgemeinen Verteilten Systems vor. Während das entwickelte analytische Verfahren eine Approximation ist und damit nur annähernd exakte Werte berechnet, braucht es sehr wenig Speicherplatz und Rechnerressourcen. Innerhalb kürzester Zeit besitzt der Modellierer ein Ergebnis für die Auslastung seines zu modellierenden Verteilten Systems und kann sich einen Überblick über die Effizienz dieses Szenarios verschaffen. Die Abweichung der erhaltenen Ergebnisse sollte dabei jedoch akzeptiert werden. Bei der numerischen Analyse mittels Petrinetzen und auch bei simulativen Auswertungen ist die Rechengenauigkeit vom gewählten Szenario abhängig. So kann durch eine Variation der Tokenanzahl der Zustandsraum vergrößert werden und zu exakteren Ergebnissen bei der Petrinetzanalyse übergegangen werden, bei der Simulation kann durch eine Erhöhung von Testläufen ein genaueres Ergebnis erhalten werden. Dieses hat jedoch in beiden Fällen seinen Preis, die Berechnungen brauchen mehr Speicherplatz und dauern wesentlich länger. Somit ist seitens des Analysierers ein Trade-Off zwischen einem schnellen, näherungsweisen Ergebnis und einem länger dauerenden hinreichend exakten Ergebnis selbst zu bestimmen.

Generell kann festgehalten werden, daß die Konzepte und Mechanismen für die Kommunikation, das Management, die Lastbalancierung, Erweiterung der Funktionalität und Bewertung von Verteilten Systemen, die im Rahmen der vorliegenden Arbeit unter Orbix entwickelt wurden, sich auch auf andere CORBA-Implementierungen und nicht CORBA-konforme Verteilungsplattformen übertragen lassen, auch wenn sich konkrete Meßergebnisse durch implementierungsspezifische Details ändern können. Alle vorgestellten Grundprinzipien waren bewußt allgemein formuliert, die CORBA-Implementierung Orbix sollte in diesem Zusammenhang lediglich als Referenzimplementierung dienen, um die Wirkungsweise zu demonstrieren und eine konkrete Testumgebung zu haben.

Abkürzungen

ACE	Adaptive Communication Environment
ACET	Adaptive Communication Environment Toolkit
ACID	Atomic, Consistent, Isolated and Durable
AHP	Analytic Hierarchy Process
ALC	Adaptive Linear Combiner
ANSA	Advanced Network System Architecture
API	Application Programming Interface
April	Agent Process Interaction Language
ARB	Agent Request Broker
ATM	Asynchronous Transfer Mode
BCS	Broadcastsystem
BD	Behaviour Description
BOA	Basic Object Adapter
BON	Better Object Notation
CCS	Calculus of Communicating Systems
CDR	Common Data Representation
CDS	Cell Directory Service
CHQ	Controlled Highest Quality
CIOP	Common Inter-ORB Protocol
CMIP	Common Management Information Protocol
CMIS	Common Management Information Service
COM	Component Object Model
CORBA	Common Object Request Broker Architecture
COSS	CORBA Object Service Specification
CPU	Central Processing Unit
CSCW	Computer Supported Cooperative Work
CSP	Communicating Sequential Processes
DAP	Direct Access Protocol
DAPM	Distributed Application Performance Management
DCE	Distributed Computing Environment
DCOM	Distributed Component Object Model
DDL	Data Definition Language

DDO	Dynamic Data Object
DFS	Distributed File Service
DII	Dynamic Invocation Interface
DLL	Dynamic Link Library
DMCS	Dynamisches Multicastsystem
DME	Distributed Management Environment
DNS	Directory Name Service
DSI	Dynamic Skeleton Interface
DSOM	Distributed System Object Model
DST	Distributed Smalltalk
DUA	Directory User Agent
ESIOP	Environment-Specific Inter-ORB Protocol
ESTELLE	Extended Finite State Machine Language
ETX	Enterprise Transaction Express
FCFS	First Come First Served
FIFO	First In First Out
FIPA	Foundation for Intelligent Physical Agents
FJN	Fork Join Net
FO	Factory Object
FOM	Factory Object Model
FS	Factory Server
FSM	Factory Server Model
FTP	File Transfer Protocol
GDS	Global Directory Service
GIOP	General Inter-ORB Protocol
GMO	Group Member Object
GSPN	Generalized Stochastic Petri Net
HOOD	Hierarchical Object-Oriented Design
HP	Hewlett Packard
IDL	Interface Definition Language
IIOP	Internet Inter-ORB Protocol
IML	Implementation Mapping Language
IOP	Inter-ORB-Protocol
IOR	Interoperable Object Reference
IP	Internet Protocol
IR	Implementation Repository
ISO	International Standardisation Organisation

LAN	Local Area Network
LBA	Load Balancing Architecture
LOTOS	Language of Temporal Ordering Specification
LQA	Lowest Quality Acceptable
MASIF	Mobile Agent System Interoperability Facilities
MIB	Management Information Base
MML	Method Mapping Language
MO	Managed Object
MWA	Mittelwertanalyse
NEO	Network Enabled Objects
NFS	Network File System
OA	Object Adapter
OAD	Object Activation Daemon
OBA	Object Behaviour Analysis
OCL	Object Constraint Language
OCLS	Object Constraint Language Specification
ODL	Object Definition Language
ODP	Open Distributed Processing
OLE	Object Linking and Embedding
OM	Objektmodell
OMA	Object Management Architecture
OMG	Object Management Group
OMT	Object-Modeling Technique
OO	Object Orientation
OOA	Object-Oriented Analysis
OOA&D	Object-Oriented Analysis and Design
OOD	Object-Oriented Design
OODBA	Object-Oriented Database Adapter
OODBS	Object-Oriented Database Systems
OOO	Object-Oriented Analysis, Design and Implementation
OOS	Object-Oriented Specification
OOSA	Object-Oriented Systems Analysis (von Shaer und Mellor)
OOSE	Object-Oriented Software Engineering
ORB	Object Request Broker
OS	Object Stream
OSA	Object-Oriented Systems Analysis (von Embley)
OSF	Open Software Foundation
OSI	Open Systems Interconnection
OSM	Object Stream Model
OT	Objekttechnologie

P²AM	Parallel Performance Analysis Methodology
PDO	Portable Distributed Object
PDS	Persistent Data Service
PFN	Produktformnetz
PID	Persistent Identifier
PIM	Plug In Model
PMC	Post Modern Computing
PN	Petri Net
PO	Persistent Object
POA	Portable Object Adapter
POM	Persistent Object Manager
POS	Persistence Object Service
POSIX	Portable Operating System for Computer Environments
QC	Quorum Consensus
QoS	Quality of Service
RFP	Request for Proposal
RG	Reachability Graph
RM	Replikationsmanager
RMI	Remote Method Invocation
RNW	Replikationsnetzwerk
ROWA	Read One Write All
ROWA-A	Read One Write All Available
RPC	Remote Procedure Call
RRBC	Relcase-to-Release Binary Compatibility
SA	Service Attribute
SCOOP	Software Construction by Object-Oriented Pictures
SDL	Specification and Description Language
SMCS	Statisches Multicastsystem
SNMP	Simple Network Management Protocol
SOM	System Object Model
SOMOA	System Object Model Object Adapter
SPM	Server Pool Model
SPNP	Stochastic Petri Net Package
SRDL	Service Request Description Language
SRS	Software Requirements Specification
TCP	Transmission Control Protocol
TCP/IP	Transmission Control Protocol / Internet Protocol
TINA	Telecommunication Information Networking Architecture
TPG	Taskpräzedenzgraph

UDP	User Datagram Protocol
UML	Unified Modeling Language
UML-NG	Unified Modeling Language Notation Guide
VFJN	Vermaschtes Fork-Join-Netz
VOM	Verteiltes Objektmodell
WAN	Wide Area Network
WCA	Weak Consistency Algorithm
ZKBN	Zwei-Knoten-Blockiernetz
ZKN	Zwei-Knoten-Netz

Literatur

[AgEl 90]   Agrawal, D.; El Abbadi, A. *The Tree Quorum Protocol: An Efficient Approach For Managing Replicated Data.* In: Proceedings of the 16th VLDB Conference, Brisbane, Australia, 1990

[Agl 98]   Aglets Software Development Kit, IBM, 1998. http://www.trl.ibm.co.jp/aglets/

[Ai 96]   Ainhirn, W.: *Konsistenz und Verteilung.* In: Industrial and Short Paper Proceedings of International Workshop TreDS'96, Aachen/Germany, October 1996

[Ak 87]   Akyildiz, I.: *Exact Product Form Solution for Queuing Networks with Blocking.* In: IEEE Transactions on Computers, Vol. 36, 1987, 122-125

[Ak 88a]   Akyildiz, I.: *Analysis of Closed Queuing Networks with Blocking.* In: IEEE Transactions on Software Engineering, Vol. 14, No. 1, 1988, 62-70

[Ak 88b]   Akyildiz, I.: *Mean Value Analysis for Blocking Queuing Networks.* In: IEEE Transactions on Software Engineering, Vol. 14, No. 4, April 1988, 418-428

[Ak 89]   Akyildiz, I.: *Mean Value Analysis for Blocking Queuing Networks with Multiple Servers and Blocking.* In: IEEE Transactions on Computers, Vol. 38, No. 1, Jan. 1989, 99-114

[AkBr 89]   Akyildiz, I.; von Brand, H.: *Exact Solutions for Open, Closed and Mixed Queuing Networks with Rejection Blocking.* In: Journal Theoretical Computer Science, North Holland, 1989

[BaIa 82]   Balsamo, S.; Iazeolla, G.: *An Extension of of Norton's Theorem for Queuing Networks.* In: IEEE Transactions on Software Engineering, Vol. 8, No. 4, July 1982, 298-305

[BaSt 94]   Balzert, H.; Stein, W.: *Worin unterscheiden sich die objetorientierten Methoden?* In: OBJEKTspektrum 2/94, 1994

[Be 87]   Berstein, P.A. et al.: *Concurrency Control and Recovery in Database Systems*, Addison-Wesley, 1987

[BeBi 96]   Bearden, M; Binchini, R.: *Efficent and fault-tolerant distributed host monitoring using system-level diagnosis.* In: Schill, A.; Mittasch, Chr.; Spaniol, O.; Popien, C. (Hrsg.): Distributed Platforms, Proceedings of the IFIP/IEEE International Conference on Distributed Platforms, Chapman & Hall, London 1996, 159-171

[BeGo 92]   Berry, G.; Gonthier, G.: *The Esterel synchronous programming language: design, semantics, implementation.* Science of Computer Programming, 1992

[BHMS 94]   Böhmak, W.; Hutschenreuter, T.; Mittasch, C.; Schill, A.: *Quality-of-Service-Verwaltung für Anwendungen in Hochleistungs- und Mobilfunknetzen.* In: Popien, C.; Meyer, B.: Neue Konzepte für die Offene Verteilte Verarbeitung. Aachener Beiträge zur Informatik, Bd. 7, 1994

[BiNe 84]   Birell, A.; Nelson, B.: *Implementing Remote Procedure Call.* In: ACM Transactions on Computer Systems, Bd. 2, 1984, 39 ff.

[Bo 89]   Bolch, G.: *Leistungsbewertung von Rechnersystemen.* B.G. Teubner Verlag Stuttgart, 1989

[Bo 91]   Booch, G.: *Object Oriented Design with Applications.* 1st ed. Benjamin/Cummings Publishing Company Inc., Redwood City, 1991

[BoKo 81]   Boxma, O.J.; Konheim, A.G.: *Approximate Analysis of Exponential Queuing Systems with Blocking.* Acta Informatica, Vol. 15, 1981, 19-66

[BRR 87]   Brauer, W.; Reisig, W.; Rozenberg, G. (Hrsg.): *Petri Nets: Central Models and Their Properties.* Lecture Notes in Computer Science 254, Springer, 1987

[BrUs 96]   Brunne, H.; Usländer, T: *Design of a Monitoring System for Corba-based Applications.* In: Spaniol, O.; Popien, C.; Meyer, B. (Hrsg.): Trends in Distributed Systems, Industrial and Short Paper proceedings, Verlag der Augustinus Buchhandlung, Aachen 1996, ABI. 17, 52-66

[BuGi 94]   Butenuth, R.; Gilles, S.: *COSY – ein Betriebssystem für hochparallele Computer.* In: Parallele Datenverarbeitung aktuell, TAT 94, Aachen, 1994

[Ca 96]   Cabe, F. G. Mc: *April – an agent programming language for the Internet.* Fujitsu Labs, Oct. 1996. http://www.fujitsu.co.jp/hypertext/Products/Software/April/Eindex.html

[CBW 95]   Chikarmane, V.; Bunt, R.; Williamson, C.: *Mobile IP-based Multicast as a Service for Mobile Hosts.* In: Proceedings of the Workshop on Services in Distributed and Networked Environments, 1995

[CDK 94]   Coulouris, G.; Dollimore, J.; Kindberg, T.: *Distributed Systems – Concepts and Design.* Addison-Wesley, 1994, ISBN 0-201-62433-8

[CePe 84]   Ceri, S.; Pelagotti, G.: *Distributed Databases: Principles and Systems.* McGraw Hill, 1984

[CFM+ 94]   Ciardo, G.; Fricks, R.; Muppala, J.; Trivedi, K.: *SPNP Users Manual,* Version 4.0, Department of Electrical Engineering, Duke University, Durham, 1994

[ChSu 92]   Chiu, D.M.; Sudama, R.: *Network Monitoring Explained – Design and Application.* Ellis Horwood Limited, 1992, ISBN 0-13-614710-0

[ChTo 92]   Chou, D.T.-C.; Tokuda, H.: *System Support for Dynamic QoS Control of Continuous Media Communication*. Third International Workshop on Network and Operating System Support for Digital Audio and Video, San Diego, 1992

[ChZw 85]   Cheriton, D.R.; Zwaenepoel, W.: *Distributed process groups in the V kernel*. In: ACM Transactions on Computer Systems, Vol. 3, No. 2, 1985, 77-110

[CMT 89]   Ciardo, G.; Muppala, J.; Trivedi, K.: *SPNP Stochastic Petri Net Package*, International Conference on Petri Nets and Performance Models, Kyoto, Japan, 1989

[CoMa 95]   Costa, F.M.; Madeira, E.R.M.: *Cooperative groups support in the Multiware platform*. In: PANEL '95 – XXI Latin American Conference on Informatics, Canela, Brazilian Computer Society, 1995

[CoMa 96]   Costa, F.M.; Madeira, E.R.M.: *An object group model and its implementation to support cooperative applications on CORBA*. In: Proceedings of the ICDP'96/IFIP IEEE International Conference on Distributed Platforms, Dresden, Germany, 1996

[COR+ 97]   *CORBAplus: The ORB for the Enterprise*. A CORBAplus Overview, 1997. http://www.expersoft.com/

[CoYo 91]   Coad, P.; Yourdon, E.: *Object Oriented Analysis*. 2nd ed. Prentice-Hall, Englewood Cliffs, 1991

[Cr 89]   Cristian, F.: *Probabilistic Clock Synchronisation*. In: Distributed Computing, Nr. 3, 1989, 146 ff.

[DAIS 97]   *DAIS – The Commercial ORB*, 1997. http://www.iclsoft. com/

[DCOM 96]   *DCOM Technical Overview*. White Paper. Microsoft Corporation, 1996

[DCOM 98]   *DCOM Architecture*. White Paper. Microsoft Corporation, 1998

[DEC 94]   *Object Broker System Integrator's Guide*, Version 2.5. Digital Equipment Corporation, August 1994

[DEC 96]   *ObjectBroker InfoCenter*. DEC White Paper. WWW: http://www.dec. com/info/objectbroker/product/obwhite.htm, 1996

[DME 92]   Open Software Foundation: *OSF Distributed Management Environment Architecture*, OMG 1992

[DoPe 94]   Douligeris, C.; Pereira, I.: *A Telecommunications Quality Study Using the Analytic Hierarchy Process*. IEEE Journal on Selected Areas in Communications, Vol. 12, No. 2, Feb. 1994, 241-250

[DuCz 87]   Duda, A; Czachorski, T.: *Performance Evaluation of Fork and Join Primitives*. In: Acta Informatica, 24 (1987), 525-553

[EKW 91]   Embley, D. E.; Kurtz, B. D.; Woodfield, S. N.: *Object-Oriented Systems Analysis – a Model-Driven Approach.* Prentice-Hall, Englewood Cliffs, 1991

[ELZ 86]   Eager, D.; Lazowska, E.; Zahorjan, J.: *Adaptive Load Sharing in Homogenous Distributed Systems.* In: IEEE Transactions on Software Engineering; 12(1986)5, 662-675

[Eng 98]   Eng, B.: *CORBA – ORB Core Feature Matrix, CORBAservices Feature Matrix, CORBA Vendor Platform Matrix, CORBA Vendors, Free CORBA Software,* ... http://www. vex.net/~ben/corba/

[FiKe 92]   Fichman, F.G.; Kemerer, C.F.: *Object-Oriented and Conventional Analysis and Design Methodologies.* IEEE Computer, Oct. 1992, 22-39

[FSH 94]   Fedaoui, L.; Seneviratne, A.; Horlait, E.: *Implementation of a End-to-End Quality of Service Management Scheme.* In: Hutchison, D.; Danthine, A.; Leopold, H.; Coulson, G. (Eds.): Multimedia Transport and Teleservices. Lecture Notes in Computer Science, Bd. 882, Springer Berlin Heidelberg New York, 1994

[Ga 96]   Garg, V.K.: *Principles of Distributed Systems.* Kluwer Academic Publishers, Boston, London, Dordrecht, 1996

[GaSa 77]   Gane, C.; Sarson, T.: *Structured Systems Analysis: Tools & Techniques.* New York: Improved System Technologies, 1977

[Ge 95]   Geihs, K.: *Client/Server-Systeme.* Thomson Publishing, 1995

[Gr 96]   Grasso, E. *Passing Objects by value in CORBA.* In LNCS 1161, Springer, 1996

[Gra 98]   *Grashopper – An Initelligent Mobile Agent Platform.* IKV, 1998. http://www.ikv.de/products/grasshopper/

[Ha 98]   Haustein, T.: *Objektmigration für CORBA-basierte Verteilungsplattformen.* Diplomarbeit am Lehrstuhl für Informatik IV der RWTH Aachen, 1998

[HCR+ 91]   Halbwachs, N.; Casp, P.; Raymond, P.; Pilaud, D.: *The synchronous data flow programming language Lustre.* Proceedings of the IEEE, 1991

[He 92]   Henderson-Sellers, B.: *A Book of Object-Oriented Knowledge.* Prentice-Hall, Englewood Cliffs, 1992

[He 94]   Heineken, M.: *ANSAmon: Ein Monitor für die Leistungsanalyse verteilter Anwendungen.* In: Popien, C.; Meyer, B.: Neue Konzepte für die Offene Verteilte Verarbeitung. Aachener Beiträge zur Informatik, Bd. 7, 1994

[He 95]   Heineken, M.: *Leistungsanalyse der Dienstvermittlung in einem ODP-Prototypsystem unter besonderer Berücksichtigung der Kommunikation.* Diplomarbeit am Lehrstuhl für Informatik IV der RWTH Aachen, 1995

[HeAb 93]   Hegering, H.-G.; Abeck, S.: *Integriertes Netz- und Systemmanagement.* Addison-Wesley, Bonn, 1993

[HHB 96]   Helal, A.; Heddaya, A.; Bhargava, B.: *Replication Techniques in Distributed Systems.* Kluwer Academic Publishing, 1996

[Ho 85]   Hoare, C.A.R.: *Communicating Sequential Processes.* Series in Computer Science, Prentice Hall, 1985

[Ho 96]   Hornig, P.: *Die Kinder der OMA – Überblick über CORBA-Implementierungen.* In: OBJECTspektrum 1/1996, Januar 1996, 38 ff.

[HoDi 81]   Hordijk, A.; van Dijk, N.: *Networks of Queues with Blocking.* Performance '81, F.J. Kylstra (ed.), North-Holland, 1981, 51-65

[HoTo 96]   Horn, C.; O'Toole, A.: *Distributed Object Oriented Approaches.* In: Proceedings of the IFIP/IEEE International Conference on Distributed Platforms, Chapman & Hall, 1996, 7 ff.

[HP 96a]   *HP Introduces CORBA 2.0-Compliant HP Distributed Smalltalk.* Hewlett Packard Press Release. WWW: http://www.hp.com/csopress/95aug07.html, 1996

[HP 96b]   *HP Introduces HP ORB Plus 2.0, New Generation C++ Object Request Broker.* Hewlett Packard Press Release. WWW: http://www.hp.com/pressrel/apr96/02apr96h.htm, 1996

[HTT 97]   Helbig, T.; Tretter, S.; Trossen, D.: *Combining CORBA and ITU-T.120 to an Efficient Conferencing Service.* In: Proceedings of the IDMS'97 International Workshop on Interactive Multimedia and Telecommunication Systems, LNCS 1309, Darmstadt, 1997

[IBM 94]   *SOMobjects Developer Toolkit, Programmer's Reference Manual*, Version 2.1. IBM, October 1994

[IBM 96]   *SOMobjects Specifications Sheet.* IBM. WWW: http:// www.software.hosting.ibm.com/objects/somobjects/docs/somspec21.html, 1996

[IDV 96]   Ionitoiu, C.; Domokos, A.; Verzea, V.: *An implmentation of a structured name space based group communication.* IFIP/IEEE, In: Proceedings of the ICDP'96 International Conference on Distributed Platforms, Germany, 1996

[Iona 95]   Iona Technologies *Orbix 2 – Programming Guide.* Manual shipped with Orbix Rel 2, Nov. 1995

[Iona 95b]   IONA Ships Orbix for UnixWare 2.0 and Tuxedo, Iona Technologies Press Release. WWW: http://www.iridium.com.au/PR/Press19.html, 1995

[Iona 95r]   Iona Technologies *Orbix 2 – Reference Guide.* Manual shipped with Orbix Rel 2, Nov. 1995

[Iona 96a]   Iona Technologies. *Orbix Product Description.* http://www.iona.com/Orbix/Orbix.html, 1996

[Iona 96b]   Iona Technologies: *OrbixTalk Programming Guide*, 1996

[Jad 96]   APM Limited. *Jade Project Overview*, November 1996. http://www. an-sa.co.uk/Jade/overview.htm

[JCJ+92]   Jacobson, I.; Christerson, M.; Jonsson, P.; et. al.: *Object-Oriented Software Engineering*. Addison Wesley, Workingham, 1992

[JeRo 91]   Jensen, K.; Rozenberg, G. (Hrsg.): *High-level Petri Nets: Theory and Application*. Springer-Verlag, Berlin, Heidelberg, New York, 1991

[JoBi 89]   Joseph, T.; Birman, K.: *Reliable Broadcast Protocols*. In: Distributed Systems, Mullender, S. (Ed.), ACM Press, 1989

[Jü 93]   Jülig, R.: *Applying formal software synthesis*. IEEE Software, 1993

[Ka 87]   Kapelnikov, A.: *Analytic Modelling Methodology for Evaluating Performance of Distributed Multi-Computer Systems*. UCLA, PhD Dissertation CSD-870061, November 1987

[KaTa 93]   Kaashoek, M.F.; Tanenbaum, A.S.: *Group Communication in Amoeba and ist Applications*. Distributed System Engineering Journal vol. 1, July 1993, 48-58

[KHR 95]   Kröger, R.; Haber, A.; Ruppert, S.: *Performance Management verteilter objektorientierter Anwendungen*. In: Krumm, H. (Hrsg.): Entwicklung und Management verteilter Anwendungssysteme, Krehl Verlag, Münster, 1995, 110-120

[Ki 90]   King, P.: *Computer and Communication System Performance Modelling*. Prentice Hall 1990

[KKR 95]   Koch, T.; Krämer, B.; Rohde, G.: *Adaptive Scheduler für Verteilte Systeme*. In: Proceedings zu Kommunikation in Verteilten Systemen 95, 316-329

[Kl 84]   Kleinrock, L.: *On the Theory of Distributed Processing*. In: Proceedings of the 22nd Annual Allerton Conference on Communication, Control and Computers, University of Illinois, Monticello 1984, 60-70

[Kl 95]   Klar, R. et al.: *Messung und Modellierung Paralleler und Verteilter Rechensysteme*. Teubner Verlag, Stuttgart, 1995, ISBN 3-519-02144-7

[KME 87]   Kapelnikov, A.; Muntz, R.; Ercegovac, M.: *A Modelling Methodology for the Analysis of Concurrent Systems and Computations*. UCLA Technical Report CSD-870038, July 1987

[KoMo 94]   Koksalan, M.; Moskowitz, H.: *Solving the Multiobjective Decision Making Problem Using a Distance Function*. In: Tzeng, G.H.; Wang, H.F.; Wen, U.P.; Yu, P.L. (ed.): Multiple Criteria Decision Making, Springer, Berlin Heidelberg, New York, 1994

[KoRe 78]   Konheim, A.G.; Reiser, M.: *Finite Capacity Queuing Systems with Applications in Computer Modelling*. SIAM Journal on Computing, Vol. 7, No. 2, May 1978, 210-229

[KPM 96]   Küpper, A.; Popien, C.; Meyer, B.: *Service Management using up-to-date quality properties*. In: Proceedings of the IFIP/IEEE International Conference on Distributed Platforms, ICDP '96, Chapman & Hall, 1996, 447-459

[Kr 97]   Kröger, F.: *Temporal Logic of Programs*, EATCS Monographs on Theoretical Computer Science, Vol. 8, Springer, 1997

[KTV 93]   Kaashoek, M.F.; Tanenbaum, A.S.; Verstoep, K.: *Using Group Communication to implement a Fault-Tolerant Directory Service*. In: Proceedings of the Thirteenth International Conference on Distributed Computing Systems, IEEE, 1993

[Kü 96]   Küpper, A: *Untersuchung von dynamischen Attributierungsansätzen bei der Dienstvermittlung unter ANSAware*. Diplomarbeit am Lehrstuhl für Informatik IV der RWTH Aachen, April 1996

[KüPa 98]   Küpper, A.; Park, A. S. B.: *Stationary vs. Mobile User Agents in Future Mobile Telecommunication Networks*. In: Mobile Agents '98, Stuttgart, Germany, Sep. 1998

[KüPo 95]   Küpper, A.; Popien, C.: *Ein Managementszenario für die Dienstvermittlung in Verteilten Systemen*. In: ITG/GI-Fachtagung "Kommunikation in Verteilten Systemen", KiVS'95, 22.-24.2.1995, Springer, 460-474

[KüPo 96]   Küpper, A.; Popien, C.: *Integration dynamischer Qualitätsattribute in die Dienstvermittlung unter ANSAware*. In: Zeitschrift PIK, Heft 1/96, Saur-Verlag, Stuttgart, 1996, 3-11

[KVK+94]   Krämer, B.; Völker, N.; Koch, T.; Gotthardt, K.: *Stärken und Schwächen formaler Beschreibungstechniken für Verteilte Systeme*. In: Praxis der Informationsverarbeitung und Kommunikation 3/94, K.G. Saur Verlag, 1994

[La 78]   Lamport, L.: *Time, Clocks, and the Ordering of Events in a Distributed System*. In: Communications of the ACM, 21(1978)7, 558 ff.

[Li 61]   Little, J.D.C.: *A Proof of the Queuing Formula $L=\lambda W$*. In: Operations Research, Vol. 9, No. 3, May 1961, 383-387

[Li 97]   Lipperts, S: *Entwicklung und Management von CORBA-Diensten zur Datenübertragung zwischen verteilten Finanzobjekten*. Diplomarbeit am Lehrstuhl für Informatik IV der RWTH Aachen, Februar 1997

[LiMe 98]   Linnhoff-Popien, C.; Meyer, B.: *Modelling Multicast Queries in Distributed Systems*. IEE International Network Conference, Plymouth 1998, 143-150

[LiPa 98]   Lipperts, S.; Park, A.: *Managing CORBA with Agents*. In: Forth International Symposium on Interworking 'Interoperability of Networks for Interoperable Services', Ottawa, Canada, July 1998

[LiTh 97]   Linnhoff-Popien, C.; Thißen, D.: *Integrating QoS Restrictions into the Process of Service Selection.* Proceedings of Fifth International IFIP and ACM Workshop on Quality of Service. New York, May 1997, 225-237

[LLL+96a]   Leclerc, M.; Linnhoff-Popien, C.; Lipperts, S. et al.: *CORBA-based Data Transfer for Financial Risk Management.* In: Spaniol, O.; Linnhoff-Popien, C.; Meyer, B. (Eds.): International Workshop TreDS'96, Aachen, Oct. 1996, Lecture Notes in Computer Science, Springer, Berlin, Heidelberg, New York 1996, 136-147

[LLL+96b]   Leclerc, M.; Linnhoff-Popien, C.; Lipperts, S. et al.: *Developing Complex Services for Financial Environments on a CORBA based Distributed Platform.* In: Trends in Distributed Systems '96, International Workshop, Spaniol, O.; Linnhoff-Popien, C.; Meyer, B. (Eds.): Aachen, October 1996, 40-52

[MaOd 92]   Martin, J.; Odell, J. J.: *Object-Oriented Analysis and Design.* Prentice-Hall, Englewood Cliffs, 1992

[MAP 96]   Meyer, B.; Anstötz, F.; Popien, C.: *Towards implementing policy-based systems management.* In: IEE Distributed Systems Engineering, Journal 3, 1996, UK, 78-85

[MaSl 94]   Mansouri-Samani, M.; Sloman, M.: *Monitoring Distributed Systems.* In: Network and Distributed System Management, Addison-Wesley, 1994

[Me 95]   Meier, S.: *Concurrency Control.* Seminar "Verteilte Systeme 95", Seminararbeit am Lehrstuhl für Informatik IV, RWTH Aachen, 1995

[Me 97]   Meier, S.: *Objektreplikation unter Orbix.* Diplomarbeit am Lehrstuhl für Informatik IV der RWTH Aachen, Oktober 1997

[Mer 97]   Merkle B.: *RMI: Verteilte Java-Objekte.* iX 12/1997, 130-135

[Mi 89]   Milner, R.A.: *Communication and Concurrency.* Prentice Hall, 1989

[MICO 97]   *MICO – Current Version*, February 1997. http://www.vsb.cs. uni-frankfurt.de/~mico/FrameDescription.html

[MRB 93]   de Meer, J.; Rennoch, A.; Burmeister, J.: *Formal Approach to QoS Specification and Verification.* Proceedings CASON '93, Vol. 1, 108-119

[Mü 96]   Müller, H.P.: *Wenn Bits Bares Geld sind.* In: Business Computing Spezial 2/96, Februar 1996, 40 ff.

[MüSc 96]   Müsken, V.; Schult, T.J.: *Objektkunst.* In: c't Heft 4, 1996

[MZL 97]   Meyer, B.; Zlatintsis, S.; Linnhoff-Popien, C.: *Implementing Inter-Domain Trader Cooperation.* Journal on Integrated Computer-Aided Engineering, New York, 1997

[MZP 96]   Meyer, B.; Zlatintsis, S.; Popien, C.: *Enabling Interworking between Heterogeneous Distributed Platforms – A Gateway for Federating Traders.* In: Proceedings of the IFIP/IEEE Int. Conference on Distributed Platforms, ICDP'96, Chapman & Hall, 1996, 329-341

[Ne 92]   Nerson, J.-M.: *Applying Object-Oriented Analysis and Design*. In: Communications of the ACM, Vol. 35, No. 9, Sep. 1992

[Ni 92]   Nitsch, R. von: *Entscheidung bei Zielkonflikten*. Gabler Verlag, 1992

[ODP Tr]   ISO/IEC DIS 13235 *ODP Trading Function*. Draft International Standard, 1995.

[OMG 95]   OMG: *CORBAServices: Common Object Services Specification*. 1995

[OMG 96]   OMG: *CORBAservices: Common Object Service Specification*. OMG Document 93-3-28, March 1996

[OMG 97]   OMG: *Specification of the Portable Object Adapter (POA)*. OMG Document orbos/97-05-15 ed., June 1997

[OMG 97a]   OMG: *Mobile Agent System Interoperability Facilities Specification*. 1997. http://www.omg.org

[OnPe 86]   Onvural, R.O.; Perros, H.G.: *On Equivalencies of Blocking Mechanisms in Queuing Networks with Blocking*. Operations Research Letters, Vol. 5, No. 6, Dec. 1986, 293-298

[OOC 97]   Olivera, L.; Olivera, P.; Cardozo, E.: *An Agent-Based Approach for Quality of Service Negotiation and Management in Distributed Multimedia Systems*. In: Mobile Agents '97, Berlin, Germany, April 1997

[OSF 92a]   Open Software Foundation: *Introduction to OSF DCE*; Open Software Foundation, Cambridge, USA 1992

[OSF 92b]   Open Software Foundation: *DCE Application Development Guide*. Open Software Foundation, Cambridge, USA, 1992

[Pe 95]   Perlick, M.: *Monitoring in Verteilten Echtzeitsystemen*. Seminararbeit am Lehrstuhl für Informatik IV, RWTH Aachen, 1995

[PKL 97]   Park, A.; Küpper, A.; Leuker, S.: *JAE - A Multi-Agent System with Internet Services Access*. Forth International Conference on Intelligence in Services and Networks ‚Technology for Cooperative Competition', Como, May 1997

[PMC 95]   *ORBeline User's Guide*. Post-Modern Computing Technologies, March 1995

[PMS 94]   Popien, C.; Meyer, B.; Sassenscheidt, F.: *Effiziente Modellierung von ODP-Traderfederationen mittels P^2AM*. In: B. Wolfinger: Innovationen bei Rechen- und Kommunikationssystemen, Springer 1994

[Po 95]   Popien, C.: *Dienstvermittlung in Verteilten Systemen*, Teubner-Verlag, Stuttgart, 1995

[Po 96]   Popien, C.: *Verteilte Systeme*. Skript zu den Vorlesungen an der RWTH Aachen und der Uni GH Essen. Aachener Beiträge zur Informatik, Bd. 16. Verlag der Augustinusbuchhandlung, Aachen 1996 (1. Auflage)

[PoKü 96]   Popien, C.; Küpper, A.: *An object-oriented description of services in a distributed system*. Proceedings of IFIP International Conference on Formal Methods for Open Object-based Distributed Systems, Chapman & Hall, 1996, 261-268

[PoMe 94]   Popien, C.; Meyer, B.: *A service request description language*. In: Hogrefe, D.; Leue, S (Eds.): Formal Description Techniques VII, Chapman & Hall, 1994

[PSW 95]   Popien, C.; Schürmann, G.; Weiß, K.-H.: *Verteilte Verarbeitung in Offenen Systemen*. B.G. Teubner Stuttgart, 1995

[Pu 97]   Puder, A.: *Verteilte Objekte: DCOM versus CORBA*. iX 8/1997, 44-51

[QoS BF]   ISO/IEC JTC1/SC21/WG1/QoS/SO-7: *Open Systems Interconnection, Data Management and Open Distributed Processing – Quality of Service, Basic Framework* – Working Draft #4, July 1994

[QoS F]   ISO/IEC JTC1/SC21/WG1/N1298: *Open Systems Interconnection, Data Management and Open Distributed Processing – Quality of Service Framework* – Working Draft #3, Jan. 1994

[QoS MM]   ISO/IEC JTC1/SC21/WG1/QoS/SO-8: *Open Systems Interconnection, Data Management and Open Distributed Processing – Quality of Service, Methods and Mechanisms* – Working Draft #1, July 1994

[Ra 94]   Rahm, E.: *Mehrrechner-Datenbanksysteme*. Addison-Wesley, 1996

[RAA+ 90]   Rozier, M.; Abrossimov, V.; Armand, F. et al.: *Overview of the CHORUS Distributed Operating Systems*. Neuauflage des Artikels in: Computing Systems, 1(1990)4, 305-370

[RBP+ 91]   Rumbaugh, J.; Blaha, M.; Premerlani, W.; et al.: *Object-Oriented Modelling and Design*. Prentice-Hall, Englewood Cliffs, 1991

[Re 96]   Redlich, J.-P.: *CORBA 2.0: Praktische Einführung für C++ und Java*. Addison Wesley, Bonn, 1996

[ReLa 80]   Reiser, M.; Lavenberg, S.S.: *Mean-Value Analysis of Closed Multichain Queuing Networks*. Journal of the ACM, Vol. 27, No. 2, April 1980, 313-322

[RLT 97]   Reichl, P.; Linnhoff-Popien, C.; Thißen, D.: *Einbeziehung von Nutzerinteressen bei der QoS-basierten Dienstvermittlung unter CORBA*. In: Kommunikation in Verteilten Systemen, Springer, 1997, 236-251

[RMI 98]   *Java Remote Method Invocation – Distributed Computing for Java*. White Paper. Sun Microsystems, 1998

[Ro 90]   Roy, B.: *Decision-Aid and Decision-Making*. In: Bana e Costa, D.: Readings in Multiple Criteria Decision Aid; Springer, 1990

[RoBl 92]   Rodden, T.; Gordon, S.B.: *Distributed Systems Support For Computer Suported Cooperative Work*. Cooperative System Engineering Group, Technical Reports 15/92, 1992

[RuGo 92]   Rubin, K.S.; Goldberg, A.: *Object Behaviour Analysis*. In: Communications of the ACM, Vol. 35, No. 9, Sep. 1992

[Sa 80]   Saaty, T.L.: *The Analytic Hierarchy Process*. McGraw-Hill, 1980

[Sa 86]   Saaty, T.L.: *Absolute and relative measurement with the AHP*. Socio-Econom. Plann. Sci., 20(1986)6, 327-331

[Sc 94]   Schmidt, D.C.: *ACE: An Object-Oriented Framework for Developing Distributed Applications*. In: Proceedings of the 6th USENIX C++ Technical Conference (Cambridge / Massachusetts), USENIX Association, April/Mai 1994

[Sc 95]   Schmidt, D.C.: *An OO Encapsulation of Lighwight OS Concurrency Machanisms in the ACE Toolkit*. In: Tech. Rep. WUCD-95-31, Washington University, St. Louis, September 1995

[Sc 96]   Schiemann, B.: *A New Approch for Load Balancing in Heterogenous Distributed Systems*. In: Spaniol, O.; Popien, C.; Meyer, B. (Hrsg.): Trends in Distributed Systems; Industrial and Short Paper Proceedings, Verlag der Augustinus Buchhandlung, Aachen 1996, ABI. 17, 29-39

[Sc 97]   Schwarz, M.: *Moment, ich verbinde – COM, SOM und CORBA, oder die Suche nach dem Software-Espranto*. In c't 1997, Heft 3, 256-273

[ScVi 97]   Schmidt D.C., Vinoski, S.: *Object Interconnections – Object Adapters: Concepts and Terminology*. To appear in the October 1997 issue of the SIGS C++ Report Magazine, 1997

[Se 77]   Sevcik, K.C.: *Priority Scheduling Disciplined in Queuing Network Models of Computer Systems*. Proceedings IFIP Congress, North-Holland, 1977, 565-570

[Se 97]   Semrau, M.: *Dynamisches Load Balancing für replizierte CORBA-Objekte*. Diplomarbeit am Lehrstuhl für Informatik IV der RWTH Aachen, September 1997

[SeMi 81]   Sevcik, K.C.; Mitrani, I.: *The Distribution of Queuing Network States at Input and Output Instants*. Journal of the ACM, Vol. 28, No. 2, April 1981, 358-371

[SHH+ 97]   van Stehen, M.; Hauck, F.; Homburg, P.; Tanenbaum, A.: *The Architectural Design of Globe: A Wide-Area Distributed System*. IEEE Communications Magazine, 1997

[ShMe 91]   Shlaer, S.; Mellor, S.J.: *Object Lifecycles – Modelling the World in States*. Prentice-Hall, Englewood Cliffs, 1991

[ShRa 94]   Shin, K.; Ramanathan, P.: *Real-Time Computing: A new Discipline of Computer Science and Engineering*. In: Proceedings of the IEEE, Bd. 82, Nr. 1, 1994

[ShYu 89]   Shi, Y.; Yu, P.L.: *Goal Setting and Compromise Solutions*. In: Karpak, B.; Zionts, S. (Eds.): Multiple Criteria Decision Making and Risk Analysis Using Microcomputers. NATO ASI Series, Vol 56, Springer, 1989

[Si 95]   Silberschatz, A.; Galvin, P. *Operating Systems Concepts*. 4th Edition, Addison-Wesley, 1995

[SLM 96a]   Spaniol, O.; Linnhoff-Popien, C.; Meyer, B. (Eds.): *Trends in Distributed Systems*. Springer, 1996

[SLM 96b]   Spaniol, O.; Linnhoff-Popien, C.; Meyer, B. (Eds.): *Trends in Distributed Systems*. Aachener Beiträge zur Informatik, Bd. 17, Verlag der Augustinus Buchhandlung, Aachen, 1996

[SoPe 97]   Somadder, G.; Petriu, D.: *Performance Measurements of Multi-Threaded Servers in a Distributed Environment*. In: Rolia, J.; Slonim, J.; Botsford, J.: Open Distributed Processsing and Distributed Platforms, Chapman & Hall, Cornwall, 1997

[Sp 92]   Spivey, M.: *The Z Notation: A Reference Manual* – Second Edition. International Series in Computer Science, Prentice Hall, 1992

[SPM 94]   Spaniol, O.; Popien, C.; Meyer, B.: *Dienste und Dienstvermittlung in Client/Server-Systemen*. International Thomson Publishing, 1994

[St 93]   Stein, W.: *Object Oriented Analysis Methods – Ein Vergleich*. Informatik Spektrum 16, 1993, 317-332

[St 94]   Stein, W.: *Objektorientierte Analysemethoden – Vergleich, Bewertung, Auswahl*. Bibliographisches Institut, Wissenschaftsverlag, Mannheim, Leipzig, Wien, Zürich, 1994

[Sta 94]   Staude, M.: *Echtzeitprogrammierung; Prozesse am Faden; Nutzung der Thread-Library von Solaris 2.2 für die Datenkommunikation*. ix 5/1994, 188 ff.

[Sun 95]   Sun Microsystems: *DOE Programming Guide (Beta)*. Mai 1995

[Sun 96a]   Sun Microsystems: *Distributed Object Technology in the Financial Services Industry – Trading and Risk Management*. White Paper, February 1996

[Sun 96b]   Sun Microsystems: *Solaris NEO*. http://www.sun.com/solaris/neo/, 1996

[Ta 89]   Tanenbaum, A.S.: *Computer Networks*. Prentice Hall, London, 1989

[Ta 92]   Tanenbaum, A.S.: *Modern Operating Systems*. Prentice-Hall International Editions, München, New York, 1992

[Ta 95]   Tanenbaum, A.S.: *Verteilte Betriebssysteme*. Prentice-Hall International Editions, München, New York, 1995

[Ta 96]   Tanenbaum, A.S.: *Modern Operating Systems*. Prentice-Hall International Editions, München, New York, 1996

[TAO 97]   Schmidt, D.C.: *Overview of the TAO Project*. Dezember 1997, http://www.cs.wustl.edu/~schmidt/TAO-overview. html

[TCW 95]   Takada, Y.; Cabe, Francis G. Mc; Wada, Y.: *Multi-Agent Oriented Programming Language – April.* IPSJ the 51th, 1995, http://www.fujitsu.co.jp/hypertext/Products/Software/April/Epaper.html

[Th 95]   Thißen, D.: *Neue Konzepte des QoS.* Seminararbeit am Lehrstuhl für Informatik IV der RWTH Aachen, Mai 1995

[Th 96]   Thißen, D.: *QoS-basierte Optimierung der Dienstselektion in einem ORBIX-Trader.* Diplomarbeit am Lehrstuhl für Informatik IV der RWTH Aachen, Juli 1996

[ThBa 86]   Thomasian, A.; Bay, P.: *Analytic Queueing Network Models of Parallel Processing of Task Systems.* In: IEEE Transactions on Computers, 35 (1986) 12, 1045-1054

[ThLi 96]   Thißen, D.; Linnhoff-Popien, C.: *Finding Optimal Services within a CORBA Trader.* In: Trends in Distributed Systems, Springer, Oct. 1996, 200-213

[TIB 96a]   TIBCO, Inc.: *Enterprise Transaction Express.* White Paper, TIBCO, 1996

[TIB 96b]   TIBCO, Inc.: *Rendezvous Information Bus.* White Paper, TIBCO, 1996

[TLL 97]   Thißen, D.; Linnhoff-Popien, C.; Lipperts, S.: *Can CORBA Fulfill Data Transfer Requirements of Industrial Enterprises?* First International Enterprise Distributed Object Computing Workshop (EDOC´97), Queensland, Australia, Oct. 1997

[Tr 95]   Trapp, J.: *Am dünnen Faden – POSIX-Definitionen zur Thread-Programmierung.* Zeitschrift iX 4/1995, 136-145

[TTC+ 92]   Tokuda, H.; Tobe, Y.; Chou, D.T.-C.; Moura, J.M.F.: *Continuous Media Communication with Dynamic QoS Control Using ARTS with an FDDI Network.* ACM SIGCOMM 92, Baltimore, 1992

[Tu 93]   Tuner, K.J.: *Using Formal Description Techniques.* John Wiley & Sons Ltd., 1993

[UsBr 96]   Usländer, T.; Brunne, H: *Management View upon CORBA Clients and Servers.* In: Schill, A.; Mittasch, Chr.; Spaniol, O.; Popien, C. (Hrsg.): Distributed Platforms, Proceedings of the IFIP/IEEE International Conference on Distributed Platforms, Chapman & Hall, London 1996, 165-169

[VaMa 88]   Vasanthavada, N.; Marinos, P.: *Synchronisation of Fault-Tolerant Clocks in the Presence of Malicious Failures.* In: IEEE Trans. Comput., Bd. 37, Nr. 4, April 1988, 440 ff.

[VHN 94]   Vogt, C.; Herrtwich, R.; Nagarajan, R.: *HeiRAT: The Heidelberg Resource Administration Technique – Design Philosophy and Goals.* 2nd International Workshop IWACA´94 Proceedings, 1994

[Vi 96]   *VisiBroker for C++.* Visigenic. WWW: http://odbc.visigenic.com/prod/vbcpd.html, 1996

[Voy 97]   Object Space: *Voyager Core Technology*. Version 1.0.1, 1997, http:// www.objectspace.com/voyager/

[WaMo 85]   Wang, Y.; Morris, R.: *Load Sharing in Distributed Systems*. In: IEEE Transactions on Computers; 34(1985)3, 207-217

[We 97]   Wegmann, H.: *Entwicklung und Bewertung von CORBA-Diensten zur Realisierung von Gruppenkommunikation in Finanzinformationssystemen*. Diplomarbeit am Lehrstuhl für Informatik IV der RWTH Aachen, April 1997

[Wi 97]   Withof, M.: *Microsofts DCOM für Unix*. iX 8/1997, 52-57

[YaGr 94]   Yavatkar, R.; Griffioen, J.: *Clique: A Toolkit for Group Communication using IP Multicast*. In: Proceedings of the Workshop on Services in Distributed and Networked Environments, 1994

[Za 86]   Zahedi, F.: *The AHP – A survey of the method and its applications*. Interfaces, 16(1986)4, 96-108

[Zi 91]   Zimmermann, H.-J.: *Fuzzy Set Theory and its Applications*, 2nd edition. Kluwer Academic Publishers, 1991

[Zl 96]   Zlatintsis, S.: *Entwurf und Bewertung eines Trader Gateways zwischen ANSAware und ORB Systemen*. Diplomarbeit am Lehrstuhl für Informatik IV der RWTH Aachen, Februar 1996

[ZMG 98]   Zapf, M.; Müller, H.; Geihs, K.: *Security Requirements for Mobile Agents in Electronic Markets*. In: Proceedings of the IFIP International Conference Trends in Distributed Systems for Electronic Commerce, Lecture Notes of Computer Science 1402, Springer, 1998, 205-217

Index

Springer und Umwelt

Als internationaler wissenschaftlicher Verlag sind wir uns unserer besonderen Verpflichtung der Umwelt gegenüber bewußt und beziehen umweltorientierte Grundsätze in Unternehmensentscheidungen mit ein. Von unseren Geschäftspartnern (Druckereien, Papierfabriken, Verpackungsherstellern usw.) verlangen wir, daß sie sowohl beim Herstellungsprozess selbst als auch beim Einsatz der zur Verwendung kommenden Materialien ökologische Gesichtspunkte berücksichtigen.
Das für dieses Buch verwendete Papier ist aus chlorfrei bzw. chlorarm hergestelltem Zellstoff gefertigt und im pH-Wert neutral.

Springer